MOSTAR · LIEBE, KLATSCH UND WELTGESCHICHTE

Herrmann Mostar

Liebe Klatsch und Weltgeschichte

Menschliches und Allzumenschliches

in Versen und Prosa

von Herrmann Mostar

Illustriert von Kurt Halbritter

Herbig

© by F. A. Herbig Verlagsbuchhandlung München · Berlin
Alle Rechte, auch die des auszugsweisen Nachdrucks,
der fotomechanischen Wiedergabe und der Übersetzung,
vorbehalten.
Umschlag-Zeichnungen von Kurt Halbritter
Typographie des Umschlags von Christel Aumann
Gesamtherstellung: Clausen & Bosse, Leck
Printed in Germany 1984
ISBN 3-7766-0756-4

Der gute Ton
in allen Liebeslagen

Geneigter Leser,

sein wir ehrlich:
Ein Anstandsbuch scheint heut
  entbehrlich,
Da man im Amt wie im Betriebe,
In Politik, Kultur und Liebe
Teils zeitgehetzt, teils zweckbestimmt
Von jedem Anstand Abstand nimmt.

Wo ist er hin, der Mann von Welt,
Der noch mit Anstand Abstand hält,
Der mit Erbleichen und Erröten
Ein Mädchen anspricht wie bei
  Goethen:
»Mein schönes Fräulein, darf ich's
  wagen,
Arm und Geleit Euch anzutragen?«
Wo ist die Maid, die frank und frei
Erklärt, daß sie kein Fräulein sei,
Und sorgt, daß nichts sich überstürzt?
Heut wird die Szene stark gekürzt:
»Mein Fräulein, darf ich?« –
  »Bitte sehr –
Man bloß was tun wir hinterher ...?«

Kurzum, der Mensch, man sieht es
  stündlich,
Ward unanständig, und das gründlich,
Ja, mancher sonst ganz liebe Christ
Weiß nicht mal mehr, was Anstand ist.
Und nur der Waidmann, sonst nicht
  eben
Der feinern Ausdrucksart ergeben,
Pflegt ihn noch heute und mit Lust
Und definiert ihn fachbewußt:
Wenn nämlich einer heimlich-still
Die Beute, die er haben will,
Belauscht, beäugt, beschleicht, beriecht
Und schließlich in die Stellung kriegt,
Wo sie dem ersten Schuß erliegt,
Und all das so, daß nichts sie warnte –
Dann war's der Anstand, der ihn
  tarnte.
Zwar dieser Anstand liegt im Baum,
Der unsre mehr im Seelenraum,
Doch die Erläutrung stimmt bestimmt,
Auch wenn man sie nicht jagdlich
  nimmt:
Stets geht's der Beute an den Leib,
Ob Reh, ob Has, ob Hirsch, ob Weib.

5

Was Anstand war und noch bedeute,
Denn wird auch heut die Sitten*predigt*
Kaum noch gedruckt und scheint
    erledigt –
Im stillen Eck, doch wohlgelitten
Steht die *Historie* der Sitten.

Und sollte etwa einer sagen,
Es sei in unsren bösen Tagen
Von dem, was wir so Liebe nennen,
Das Unanständige nicht zu trennen –
Auch Unanständiges tut gut,
Sofern man es mit Anstand tut.
So denke ich. Ich bin so frei.
In diesem Sinn
            Ihr Knigge II

So wär der Anstand nur Umgarnung,
Nur äußerst komplizierte Tarnung
Für Dinge, die wir auch erreichen,
Wenn wir sie nicht so lang
    umschleichen?

Gewiß. Jedoch der Anstand gilt
Nur für die Jagd auf Edelwild.
Gelüstet's dich nach leichten Siegen,
So jage nur, was leicht zu kriegen,
Das läuft nicht fort, das nimmt nichts
    krumm,
Legst du drauf an, schon legst du's um;
Doch triffst du, wenn dir das gelingt,
Nur Hausgetier, auf Wild geschminkt:
Geschöpfe, die so schnell erliegen,
Sind Lämmer, Ferkel oder Ziegen.

Pflegt drum der Mensch im Liebesleben
Sich unanständig dumm zu geben,
So lehrt dies Buch, wie er das gleiche
Mit Anstand – und noch mehr erreiche.
Zudem beweist's ihm durch Berichte
Aus der gesamten Weltgeschichte
Von den Phöniziern bis heute,

Geneigter Freund,

   die Kunst, zu buhlen,
Erlernt man nicht auf unsern Schulen,
Obwohl es doch kein Lehrfach gibt,
Das so verbreitet und beliebt –
Sogar das Schreiben und das Lesen
Sind nie so populär gewesen.
Doch wer dem schöneren Geschlechte
Den Meister zeigen soll und möchte,
Ihn läßt man, aller Technik bloß,
Als Lehrling auf die Liebe los,
Unfähig, Damen zu erfassen,
Die sich von ihm versuchen lassen,

Unkundig selbst der Anfangsgründe,
Die nötig zum Vollzug der Sünde –
Meist macht er nur mit sehr viel Glück
Nach Jahren sein Gesellenstück.
Hingegen der geschickte Mann
Versucht nur das, was er auch kann,
Und sucht sich sein Versuchsobjekt
Nur dort, wo es auch wirklich steckt.

Da war's doch, wie nicht zu bestreiten,
Weit besser in den alten Zeiten!
Damals bedurfte keiner Beichte
Die Liebe, speziell die leichte,
Und keines sittlichen Erbarmens
Die schöne Kunst des Sichumarmens –
Im Gegenteil! Die Götter liebten
Die Herren, die da Liebe übten,
Drum war es frommer Damen Streben,
Besagter Übung nachzuleben.

Dicht bei Karthago zum Exempel
Geschah dies im Melittatempel.
Der Seemann sah (und sah es gerne!)
Des Tempels Leuchtturm schon von
    ferne,
Und nie hat dieses Licht gebrochen,
Was es dem Wandersmann
    versprochen:
Er trat in diesen Fichtenhain
Ganz ohne frommen Schauder ein,
Er sah mit lustgeschärftem Blicke
Ins Dunkel führen hundert Stricke,
Er ließ an einer von den Schnüren
Sich in die heiligen Büsche führen,
Er fiel an jedes Schnürchens Ende
In zarte, doch geschickte Hände,

Die Nacht war lau, die Taxe billig,
Die Göttin mild, das Mädchen willig –
Kurz, war man erst durch's Tempel-
    türchen,
Ging alles Weitere wie am Schnürchen!
Man fühlte sich, fern von Problemen,
Nicht nur bei einem angenehmen,
Nein, auch bei einem frommen Werke,
Und dies Gefühl gibt Männern Stärke;
Was man hier tat, war gottgeweiht
Und stand im Schutz der Geistlichkeit.
(PS. Von heutgen Theologen
Wird es nur ehelich vollzogen
Und nur, wofern sie unter Türken,
Als Rabbi oder Pastor wirken,
Denn einem richtigen Hochwürden
Ist sowas gar nicht aufzubürden.
So zeigt sich heutgen Tags der Klerus
Weit sittlicher als bei Homerus,
Und nur die alten Heidenpriester,
Das waren Biester!)
Jedoch der Zulauf, den sie hatten,
Stellt alles Heutge in den Schatten.
Zwar kann, wer keusch bleibt, ruhig
    sterben,
Doch will man für die Keuschheit
    werben,
So ist die Wirkung äußerst mager –
Und das begriffen die Karthager.
Und durfte auch in diesen Hain
Kein männlicher Karthager rein

(Er konnte unterwegs auf Reisen
In andern Hainen sich beweisen),
So ward die Kundschaft doch nicht
    knapp,
Der Fremdenstrom riß niemals ab,
Devisen waren stets vorhanden,
Und in Melittas Tempel wanden
Europa, Afrika und Asien
Sich in Ekstasen, ja, Ekstasien.
Denn was Karthagos Herrn verwehrt,
War bei den Damen umgekehrt:
Hier durfte keine Fremde minnen –
Hier durften nur Karthagerinnen!
Was heißt: sie durften? Nein: sie
    mußten!
Wie tüchtige Chronisten wußten
Und wie selbst Herodot berichtet,
Hat man sie einfach dienstverpflichtet:
Sobald sie nämlich mannbar waren,
Indessen sonst noch unerfahren,
Begann die Tempelminnepflicht
Als quasi Glaubensunterricht,

Wobei sie auf der Göttin Spuren
Das Nötige und mehr erfuhren,
Zumal weil just der künftige Gatte
Das dringlichste Intresse hatte,
Denn ohne Liebesdienstpflichtjahr
Kam keine an den Traualtar.
Man sieht, die Bräuche waren strenge,
Doch reizvoll für die große Menge:
Zwar kam für's Recht der ersten Nacht
Der Gatte selbst nicht in Betracht,
Indessen fand er, hierin ehrlich,
Dergleichen schwierig und beschwerlich,
Er schätzte nicht, was allzu neu,
Und war in dem Punkt arbeitsscheu:
Die prima nox, das ist die Crux,
Ist zwar ein jus, doch meist kein Jux.
Und geht's im Ehebett schon glatt,
Wenn *einer* die Erfahrung hat –
Zur Offenbarung wird die Paarung
Bei beiderseitiger Erfahrung!
Hinzu kommt, daß es beide Gatten
Bisher ja nur mit Fremden hatten,
Und zwar mit fremden Herrn die einen,
Die anderen in fremden Hainen –
Der Mann, als Mann nach Ferne
    süchtig,
Erweist sich meist auf Reisen tüchtig,
Das Weib, voll schlichtem Heimatsinn,
Gibt sich auch gern zu Hause hin,

Falls nämlich der, bei dem sie lernt,
Sich nachher möglichst weit entfernt –
Dem Gatten sind zehn Fremde lieber
Als ein Herr Schmidt von gegenüber.
Man soll nicht, Nietzsche hat's
  geschrieben,
Den Nächsten, nein, den Fernsten
  lieben!
Und schließlich, wie war dies System
In puncto Mitgift angenehm!
Im Tempel zahlte pro Genuß
Der Fremde einen Obolus,
Nun, und je häufiger die Genüsse,
Je häufiger die Obolüsse.
Brautväter konnten ruhig schlafen
Dank ihren Töchtern, ihren braven;
Die taten eisern ihre Pflicht,
Ein Jahr, wenn hübsch, vier Jahr,
  wenn nicht,
Und traten in die Ehewelt
Mit durchaus selbstverdientem Geld.
Ja, eine, die im Tempeljahr
Die fleißigste und beste war,
Ward auch, das wußte man genau,
Die fleißigste und beste Frau!

(Doch gab es Damen höchster Kreise,
Die hielten es wie beispielsweise
Die Tochter des Ägypterkönigs,
Und die hielt von der Ehe eh nix;
Sie war so fromm und drum so lieb,
Daß sie gleich ganz im Tempel blieb;
Sie nahm kein Geld, weil Königs-
  tochter,

Doch machte sie's noch ausgekochter
Und forderte pro Mal und Knabe
Je einen Stein als Liebesgabe,
Daß sie ein Denkmal sich errichte
Aus dem, was sie zusammenkriegte –
Sie baute, eh sie sanft verschieden,
Die mittlere der Pyramiden.)

Was lehrt dies alles, hör ich fragen,
Für unsre heutgen Liebeslagen?
Heut haben sich die Theologen
Vom Liebeswerk zurückgezogen
Und finden's, weil sie meistens ältlich,
Selbst unentgeltlich viel zu weltlich;
Die Tempelhaine sind geschlossen,
Die Liebe wird profan genossen,
Melitta taucht im Tageslauf
Nur noch als Kaffeefilter auf
Und frönte doch einst so beflissen
Den ungefilterten Genüssen!

Und wer's als Jüngling wagt, zu
    schmusen
Am nackten Busen leichter Musen,
Kriegt das Consilium abeundi –
Naja. Sic transit gloria mundi.

Doch ward die Göttin auch vertrieben,
Ihr Segen ist uns doch geblieben.
Denn immer, wenn ein junges Blut
In eines Jungen Armen ruht,
Zum allererstem Mal im Leben
Angstvoll bereit, sich zu ergeben,
Und ob sie keß und sehr frivol tut,
Und ob sie's unter Alkohol tut,
Und ob es dunkel oder hell ist,
Im Walde oder im Hotel ist –
Setzt das gewisse Schweigen ein,
So ist sie in Melittas Hain,
Und rauscht ihr Blut, rauscht etwas
    mit:
Im Tempellaub Melittas Schritt,
Und flüstert sie ihr erstes »Komm!« –
Der Knabe spürt: sie flüstert's fromm.
Sie ist Melittas Priesterin:
Sie ist von Sinnen und voll Sinn.

Gesetzt, geneigter Freund und Christ,
Daß du einst jener Knabe bist,
Dann sollst du jetzt beschworen sein:
Benimm dich wie im heilgen Hain.
Heut ist dein Hannchen oder Kätchen
In Deinem Tempel Tempelmädchen,
Und Tempelmädchen sind zerbrechlich.
Darum sei zart. Zart ist nicht
    schwächlich.
Sei zart beim Tun und zart beim
    Spielen,
Sonst zählt sie morgen zu den Vielen,
Die unter ihrem ersten Knaben
Viel Knaben lang zu leiden haben.
Nur was du willst, daß sie dir tu,
Das füg ihr zu.

Glück auf! Melitta steh' dir bei!
In diesem Sinn
    Dein Knigge II

Verehrter Freund,

die Konfessionen
Samt Rabbis, Priestern, Diakonen,
Sie haben halt in unsrer Zeit
Nichts übrig für die Sinnlichkeit
Und weigern sich korrekt und finster,
Kapellen, Kirchen, Klöster, Münster
Samt Synagogen oder Tempeln
Als Liebeshaine abzustempeln;
Hier sind, welch seltene Erscheinung,
Sogar die Kirchen einer Meinung.
Nur auf des Kirchhofs stillen Wegen
Kann man der Liebe heimlich pflegen,
Und wenigstens der Hain für Tote
Kriegt so die höchst lebendige Note,
Was man jedoch nicht ganz genießt,
Weil man auch ihn am Abend schließt.
So fragst du denn zum zweiten Mal:

Wer liefert mir das Weib nach Wahl?
Die Kirche sorgt für's Innenleben –
Doch wer sorgt für mein Sinnenleben?
Warum weiß nicht der Vater Staat
In Sinnenlebensfragen Rat?
Er gibt mir, denn er hält's vonnöten,
Gelegenheit zum Menschen*töten*,
Warum nicht auch, trotz Mord und
    Waffen,
Gelegenheit zum Menschen*schaffen*?
Man finanziert die Jagd der Düsen
Und ignoriert die Macht der Drüsen,
Bis ich, gedrängt von Sinnenreife,
Am Weib des Nächsten mich vergreife!

Nun, du fragst richtig. Drum beachte,
Wie's einst der weise Solon machte.
Der hat so lange zugesehn,
Wie man alltäglich zu Athen
Ein Dutzend Ehebrecher fing,
Bis ihm das auf die Nerven ging:
Man hatte nämlich dortzuland
Stets schwarze Rettiche zur Hand

Und trieb sie als solide Keile
Den Ärmsten in die Hinterteile,
Was sie aus Schmerz wie aus
    Empörung,
Indem sie doch die Ehestörung
Nicht mal mit diesem Teil vollführten,
Durch schreckliches Geschrei quit-
    tierten.
Nun, Solon, wegen seiner Nerven,
Beschloß, den Rettich zu entschärfen.
Zwar war auch jetzt, es blieb dabei,
Des andern Weib nicht vogelfrei,
Doch er diktierte dies dem Schreiber:
»Athener Männer wie auch Weiber
Ausrufungszeichen
Um bessre Sitten zu erreichen
Beistrich
Verbiet ich den Athener Freistrich
Und gründe hiermit in Person
Das staatliche Dikterion
Klammer
Es werden dort bei freier Kammer
Der Liebe kundige Damen wohnen
Mit Staatsbeamtinnenfunktionen
Und Recht auf Alterspensionen
Klammer geschlossen
Als Kundschaft sind die Volks-
    genossen
Ganz ohne Unterschied der Klassen
Bei gleichen Preisen zugelassen
Vom Chef des Staats bis zum Adjunkt
Punkt

Ständig geöffnet Semikolon
Auch sonntags Punkt Der weise Solon«
Wie klang das feierlich und innig:
Dikterion! Es mahnte sinnig
An Kretas schöne Fürstin Dikte,
Die sich erotisch sehr beglückte,
Indem sie nackt und bleich, jedoch
Beherzt in eine Holzkuh kroch
Und so den Stieren, die sie schätzte,
Entgegenkam, bis auf das Letzte,
Was man ihr später sehr verdachte,
Obwohl es sie unsterblich machte;
Der Weise aber sagt sich heiter:
Sie war halt stierlieb – und was
   weiter?
In jedem Fall: für Solons Gründung
Bot sie die beste Namensfindung.
Oh, daß sie ewig grünen bliebe,
Die schöne Zeit der Staatsbetriebe!
Ich grüße dich, du Mädchenschar,
Wo jede Staatsbeamtin war
Und dennoch selbst bei Hochbetrieb
Zum Publikum stets höflich blieb!
Und stand man manchmal noch so
   lange
Und spät vor ihrer Kammer Schlange,
Ob Reicher, Armer, Junger, Alter,
Die Staatsbeamtin blieb am Schalter,
Mit jedem hatte sie Kontakt,
Sie kannte gründlich jeden Akt,
Weshalb es jeden froh erregte,

Wenn sie ihn zu den Akten legte.
Der Staat, in seinem Hang zur Norm,
Verlieh ihr eine Uniform;
Es sollten sich die Staatsdienstmaiden
Von den Zivilen unterscheiden,
Damit man's gleich von außen sehe:
Die tut's im Amt, die in der Ehe.
Man ward, geschmacklich unbeschwert,
Fast deutlicher als wünschenswert:
Denn waren bei den Ehefrauen
Nur die Gesichter frei zu schauen,
Die Brüste immerhin bedeckt,
Die Schenkel aber dicht versteckt,
So waren beim Dikterionweibchen
Verhüllt Gesicht und Oberleibchen
Hingegen unterhalb der Hüften
War alles frei und konnte lüften.
So sah man zweifellos und flink,
Um was es im Dikterion ging.
Die Mode wirkte kaum erhebend,
Doch auf das Straßenbild belebend
Und würde in den Stadtbezirken
Von heute noch genauso wirken,
Doch heutgen Tags sind solche Sachen
Mit Staatsbeamten nicht zu machen.

Und doch schuf Solon diese Mode
Als reine Anstandslehrmethode,
Die gilt auch noch in unsern Tagen,
Und kurzum, Solon wollte sagen:
Gehst du in die Dikterien,
Dann gib der Seele Ferien.
Die Damen, die dich dort umgirrn,
Verkaufen nicht ihr Herz und Hirn.
Versuche nicht, ihr Herz zu brechen
Und ihre Seele anzusprechen,
Und hüte dich, vor ihren Ohren
Im eignen Seelengrund zu bohren –
Denn hat der Körper seine Chance,
Dann spare deine Sentiments!
Doch ach, du weißt, die Stunde naht
Teils vor, teils bei, teils nach der Tat,

Da zeigst du, als treudeutscher Sünder,
Die Bilder deiner blonden Kinder,
Du zeigst das Bildnis deines Weibes
Auch falls es etwas üppigen Leibes,
Es ist so häuslich und so gut,
Und daß man trotzdem *sowas* tut,
Das zeigt, wie sehr man doch verrucht
  ist –
Ein Hochgefühl, das sehr gesucht ist.
Du fragst das Mädchen dann, ganz
  zart,
Wieso denn sie »so eine« ward,
Du lauscht ihr feuchten Augs und froh,
Denn Gottseidank, du bist nicht so,
Du schicktest nur dein Weib und dich
Soeben seelisch auf den Strich.
Geneigter Freund, bezähme dich,
Und Solons Beispiel lähme dich:
Wie er's im Staatsbetrieb gehalten,
So halt du's in Privatanstalten!
Man zahlt hier, des sei dir bewußt,
Nur für den Raum von Knie bis
  Brust –
Für Liebeslust plus Seelenqualen
Muß man bedeutend mehr bezahlen.
Von Damen, die mit Seele lieben,
Ward mancher zum Ruin getrieben:
Gab's etwa am Athener Hafen
Für jeden Seemann was zum Schlafen,
So gab es etliche Sirenen,
Die taten's nur mit Kapitänen,
Und zwei davon, das wußte jeder,
Die trieben es nur mit dem Reeder;
Und weil nach ein paar Jährchen Spaß

Der Reeder auf dem Trocknen saß,
Wie das so geht, wenn man verliebt is,
Hieß man sie »Scylla und Charybdis«:
Sie hatten, wie's Homer gesungen,
Den Schiffer samt dem Kahn ver-
  schlungen.
Drum soll man nie zuviel riskieren
Und Damen maßvoll soutenieren,
Denn eine Maid, die nicht gut haushält,
Hält man nur aus, solang man's
  aushält!

Dagegen war ein Schwesternpaar,
Das auf Sizilien tätig war,
Moralisch ebenso verderblich,
Doch dafür künstlerisch unsterblich.
Auch ihre Gunst war nicht umsunst,
Doch gaben sie aus Hang zur Kunst
Als Schwestern, die zur Eintracht
  neigen,
Sich auch dem gleichen Mann zu eigen,
Der Bilder malte wie auch haute
Und deshalb sehr auf Formen schaute:
Nur konnte er sich nicht entscheiden,
Wer hierin mehr bot von den beiden.
Vorn schien die Ältre intensiver,
Der Jüngern Reiz ging rückwärts
  tiefer,

Und zum beständigen Vergleichen,
Da wollte halt sein Geld nicht reichen.
So sagte er denn eines Tages:
»Ich muß euch kündigen und beklag es.
Doch daß ich einst als alter Knabe
Euch wenigstens in Marmor habe,
Bild ich euch jetzt aus diesem Stein –
Nun ja, er ist für zwei zu klein,
Doch jede war von euch die Meinige:
Gestattet, daß ich euch vereinige!«
Und siehe da, in Stein erstand
Ein Frauenbild aus Meisterhand,
Der Ältern Brust ist zart
   geschwungen,
Doch rückwärts zieht's uns zu der
   Jungen!
Du kennst das Werk, Freund und
   Genoss',
Als Venus – hm! – Kallipygos –
Auf deutsch mit weniger Sprachniveau
Ganz einfach Venus Schönpopo.
Moral: Stets ist das Weib umstritten,
Das Zahlung nimmt für seine Gunst,
Es ist ein Unheil für die Sitten,
Doch eine Wohltat für die Kunst!

Nun aber zu den Nobeldamen,
Die zwar viel Geld von Bürgern
   nahmen,
Indes nach allen Zeitberichtern
Niemals von Denkern oder Dichtern,
Um für das Dichten oder Denken
Sich schließlich gratis zu verschenken!
Doch stand dabei stets zur Debatte,
Ob einer gut geschrieben hatte:
»Mein Freund, heut wird nur kurz
   geliebt,
Dieweil ihr nur fünf Zeilen schriebt;
Menander hat weit mehr gemacht
Und kriegt dafür die ganze Nacht!«
Schrieb also einer kurze Lieder,
Dann durfte er nur hin und wieder;
Wer Stücke schrieb von Abendlänge,
Kam schon beträchtlich ins Gedränge;
Doch wer da breite Epen schrieb,
Auf dessen Bett war Hochbetrieb –
Aus diesem Grund bestaunt man sehr
Den großen Epiker Homer.

Bei diesen Damen gab's indessen
Selbst mathematische Intressen.
Wenn bei der schönen Nikorete
Die halbe Stadt um Liebe flehte,
Dann sprach sie kühl: »Was soll
   mir das?
Beweist mir den Pythagoras!«
Doch maltest du bei Nikoreten
Quadrate über die Katheten
Und über die Hypotenuse,

Schon ward sie schwach, schon fiel die
   Bluse –
Des Dreiecks Schenkel wirkten eben
Und machten auch die ihren beben.
Auch führte sie ein Denkspiel ein:
Man löste Gleichungen zu zwein,
Wobei denn er aufs Ingeniöste
Die Gleichung, sie den Gürtel löste;
So, kaum bedarfs der Unterstreichung,
Ging alles auf, nicht nur die Gleichung.
Doch führte fast zu Katastrophen
Das Liebesspiel mit Philosophen.
Zwar diese sind, das weiß der Kenner,
Gelehrte, aber arme Männer
Und halten im Gelehrtenstübchen
Sich darum nur bescheidne Liebchen;
Indes Diogenes und Schüler
Florierten als Prinzipienwühler:
Wer irgend etwas heimlich tat,
Der war für sie kein Demokrat,
Sie hielten vielmehr unerbittlich
Nur öffentliches Tun für sittlich.
Als Krates drum, der auch so dachte,
Hipparchia zur Seinen machte
(Hipparchia voll Geistesstärke
Schrieb selber sieben Standardwerke),
Befahl er ihr, auch Ehepflichten
Auf offener Straße zu verrichten.
Nun, und Hipparchia liebte Krates,
Er war ihr Mann – Hipparchia tat es.
Wie Krates hier als Ehegatte

Trieb's auch, wer nur Mätressen hatte:
Diogenes, sonst sittlich groß,
War hierin gleichfalls rigoros,
Genoß die Wonne in der Sonne
Und kroch dazu nicht in die Tonne.
Man sieht, selbst beim Philosophieren
Kann einem allerhand passieren,
Doch liegt das Akademikern
Wie Heidegger und Jaspers fern,
Es wäre selbst für Jean Paul Sartre
Und für Simone eine Marter –
Man geht seit Kierkegaard und Husserl
Auf Straßen höchstens bis zum Busserl.

Mein Freund, der du kein Husserl bist:
Selbst dies tu nur, wenn's dunkel ist!
Zu Knigges Zeiten (hier des Ersten),
Da hatte man es noch am schwersten,
Man ging mit seinem großen Schwarm
Im allerhöchsten Fall per Arm.
Heut darfst du in mehr stillen Gassen
Die Deine um die Taille fassen,
Doch dürfen deine Fingerspitzen
Sich nur auf diese Taille stützen,
Die Busenspitzen und dazu
Die vordre Mitte sind tabu.
Doch sollte deine Hand zuzeiten
Mal auf ihr hintres Rund entgleiten,
So scheint dies zwar nicht durchaus
   päßlich,
Jedoch als Anstandssünde läßlich;

15

Es weckt, so innig ihr auch seid,
Nur öffentliche Heiterkeit.
Kurz, körperlich sowohl wie psychisch
Ist heut der Anstand nicht mehr
　griechisch;
Erotik öffentlich zu meistern,
Das überlasse größern Geistern!

Geneigter Leser, wolle nun
Das Deine für die Liebe tun!
Schau, Mädchen für Dikterien,
Die gibt's in ganzen Serien,
Moralisch gar nicht so verächtlich,
Im Leistungsquantum höchst
　beträchtlich,

Nur daß du, wie du leicht begreifst,
Bei ihnen kaum erotisch reifst.
Doch die da kunst- und geistbeflissen,
Obwohl sie was verdienen müssen,
Bei ihnen wird, sehr fern von Brunst,

Der Körper Geist, die Liebe Kunst.
Denn dir ist Schillers Wort vertraut
Vom Geist, der sich den Körper baut –
Nun schau dir *diese* Körper an,
Ob man *den* Geist verachten kann!
Darum verehre die Hetären,
Auch wenn es nicht die jüngsten
　wären:
Die viel geliebt, die kann wie neu sein,
Die viel geliebt, kann einem treu sein.

Glykere etwa, lange schön,
Sehr hoch bezahlt, mit Geist obszön,
War, als sie nicht mehr ganz so neu,
Menander, dem Poeten, treu.
Als er einst spät nach Hause kam,
Bot sie ihm eine Schüssel Rahm.
Der Schlechtgelaunte lehnte knapp
Den Rahm als ungenießbar ab:
»Die Haut hier oben«, schrie er bissig,
»Ist wie die deine: alt und rissig!«
Sie lachte nur und bat zu Tisch:
»Der Rahm ist unten noch ganz frisch;
Drum laß doch einfach«, schloß die
　Muntre,
»Das Obre weg – und nimm das
　Untre!«
Wer hat das dumme Wort geschrieben,
Die Dummen wüßten gut zu lieben?
Nein, kluge Frauen gleich Glykeren,
Die mußt du schätzen und verehren,
Und kriegst du sowas – bleib dabei!
In diesem Sinn
　　　Dein Knigge II

Geneigter Leser,

  tief beklommen
Hast du als Moralist vernommen,
Wie zu Athen die Halbweltdamen
Auf die Entwicklung Einfluß nahmen.
Denn Großstadt sein kann jede Stadt,
Wenn sie genügend Bürger hat,
Doch ist es erst, genau bedacht,
Die Halbwelt, die die Weltstadt macht.
Hingegen hast du froh gelesen,
Wie sittlich man in Rom gewesen,
Dort konnten, mindestens im alten,
Sich schräge Damen gar nicht halten!
Nur leider Gotts, dies alte Rom
Ist wissenschaftlich ein Phantom;
Die Damen, die man shocking findet,
Die haben es sogar gegründet!
In Latium nämlich, wüst und leer,
Strich eine Hirtin kreuz und quer,
Die, was nach Arbeit roch, verfluchte
Und sich ihr Brot als »Wölfin« suchte –
So hießen bei den Griechen schon
Die Damen schräger Profession.
Man sah sie durch die Gegend
  streunen,

Durch alle Hütten, alle Scheunen,
Man sah sie dort mit allen braven
Latiner Ureinwohnern schlafen,
Sie nahm als Lohn ein Stückchen Land
Von jedem, der sie willig fand,
Sie brachte es voll Biedersinn
Bald zur Großgrundbesitzerin
Von tausend Hektar Land, na bitte,
Mit sieben Hügeln in der Mitte –
Die erste, die es fertigbrachte
Und aus zwei Hügeln sieben machte.
Hier, müd der Ambulanzgeschäfte,
Doch noch im Vollbesitz der Kräfte,
Bot sie im Eigenheim sich dar,
Ringsum genannt »Das Lupanar«
(Was sich nicht gut vermeiden ließ,
Weil »Wölfin« nämlich »Lupa« hieß)
Und nährte bald mit Mutterlust
Zwei Söhne an geübter Brust,
Die waren wirklich, jeder fand es,
Die Söhne dieses ganzen Landes.
Dank Mutters lohnendem Gewerbe
Erhielten sie's denn auch als Erbe
Und bauten Rom, die große Stadt,
Die heut noch sieben Hügel hat;
Ihr hochberühmtes Zentrum war
Und blieb fortan das Lupanar;
Die Brüder (denn das mußt du wissen,
Du hast's ja eisern lernen müssen,
Wie's jeder unter Ach und Weh muß),
Die hießen Romulus und Remus.
So las man's bei Valerius,
Der es ja schließlich wissen muß.

Jedoch dem Stolz der Enkelkinder
Schien Omamas Beruf so minder,
Daß man auf einen Ausweg kam
Und »Wölfin« einfach wörtlich nahm:
Sie ward zum Säuge-Tier im Märchen
Vom ausgesetzten Brüderpärchen,
Aus Stein und bald aus Überzeugung
Sah man die Wölfin bei der Säugung,
Ein stolzeres Symbol und auch
Erleichternd für den Schulgebrauch:
Die Brustpartie von Muttertieren
Kann man als Knabe schon studieren;
Die Brustpartie des Menschenweibes
Bleibt Anlaß spätern Zeitvertreibes.

Indes der Trick mit Tiersymbolen
Ließ sich nicht immer wiederholen.
Als nämlich Rom schon größer war,
Zog Flora in das Lupanar.
Auch sie nahm den Beruf sehr wichtig,
Sie lag ihm ob und lag so richtig,
Daß sie, die sich dabei gern sonnte,
Sich eine Wiese leisten konnte,
Die sie mit Blumen reich bestückte
Und wo sie pflanzte, goß und pflückte
Sie starb sehr sanft und hinterließ
Dem Staat dies Blumenparadies.
(Als einzige Wölfin in ganz Rom
War Flora freilich autonom,
Denn sie betreute, rechnen Kenner,
Rund 23 000 Männer.)

Auch diese Wölfin augenscheinlich
War aber dem Senate peinlich,
Und setzte man die erste munter
Zum Tier herab und einen runter,
So war die schöne Flora jetzt
Als Göttin einen raufgesetzt,
Indem man ihres Hobbys dachte
Und sie zur Blumengöttin machte,
Zum holden Sinnbild keuscher Bräute,
Und Flora, nun, floriert noch heute.
Bei allen Wölfinnen indessen
Ward niemals Floras Tag vergessen:
Sie bildeten den Hauptgenuß
Beim Fest im Zirkus Maximus,
Denn immer pflegt's ein Fest zu
      würzen,
Wenn Damen aus Maxime zirzen.
Sie tanzten vor des Volkes Menge
Und fanden bald das Kleid zu enge,
So daß sie Stück um Stück bei süßen
Musikakkorden fallen ließen,
Sie tanzten so bei Fackellichte
Den ersten Strip-tease der Geschichte.
Und war erreicht das Ziel der Blöße,
Dann schmetterten Trompetenstöße,

Und fröhlich ging beim dritten Stoß
Das Mannsvolk auf die Damen los,
Die heut die Göttin Flora ehrten
Und Teuerstes umsonst gewährten.
(Jetzt streicht man meist die letzte
      Szene,
Weil schmetternde Trompetentöne
Uns heut kaum noch die Sinne
      schärfen,
Im Gegenteile: sie entnerven.)
Als Cato, zwar sehr streng von Sitten,
Jedoch als Zensor wohlgelitten,
Den Zirkus einmal selbst betreten,
Kam's nicht zum Einsatz der
      Trompeten;
Doch Cato blickte voller Huld
Auf seines Volkes Ungeduld
Und ging bedeckten Augs hinaus,
Umbraust von jubelndem Applaus –
Dann holte mit gewaltgem Krach
Man den Trompeteneinsatz nach.
(Der Vorfall scheint mir beispielhaft
Auch für die heutge Zensorschaft:
Hier hat ein Zensor von Verstand
Die Grenzen der Zensur erkannt.)

Auch außerhalb des Florafestes
Tat jede Wölfin stets ihr Bestes
Zur Ehrung jener Vielgeliebten,
Die den Beruf als erste übten:
Die Damen in den Lupanaren,
So blumenliebend wie erfahren,
Bestreuten stets das Bett mit Rosen,
Um so bei leichten Angstpsychosen
Die Herrn durch Düfte anzuspornen,
In schweren Fällen mehr durch Dornen;
Die Damen, die vor allen Dingen
Am ambulanten Handel hingen,
Verschönten oft die Ambulanz
Durch ihrer Sänfte Eleganz,
Die, weil getragen von acht Sklaven,
Stabil war auch für's Zweisamschlafen:
Die Dame hob den Vorhang ...
    blickte ...

Der Kunde hob die Augen ...
    nickte ...
Die Dame rief: »Die Sänfte
    nieder!« ...
Der Herr stieg ein ... sie hob sich
    wieder ...
»Im Gleichschritt marsch!« ... der
    Vorhang fiel,
Und dank gekonntem Kräftespiel
Durch leichtes Schwanken mild
    erregend

Schwebt sanft die Sänfte durch die
    Gegend,
Die so, obwohl ein Lupanar,
In jedem Sinne tragbar war;
Die Damen schließlich, die das Lieben
Im Freien und zu Fuß betrieben,
Die heulten den gesuchten Mann
Wie eine Wölfin winselnd an,
Was dieser äußerst reizvoll fand,
So daß er selten widerstand –
Da klingt doch heute sehr viel feiner
Das schlichte: »Na, wie wär's denn,
    Kleiner?«

Dank Kundendienst und Leistungsgüte
Kam der Beruf zu höchster Blüte.
Die Polizei, Chef wie Polyp,
Erlaubte ständigen Betrieb
Und pflegte ihn zu untersagen
Nur an besonders heißen Tagen –
Man war halt hygienisch gründlich
Und selbst ästhetisch recht empfindlich.
Die Ärzte kamen auch entgegen:
In Fällen von verdorbnen Mägen,
Verstopfung und Melancholie
Empfahlen und verschrieben sie
Den Umgang mit gewissen Damen,
Wobei sie alles wichtig nahmen:
Ob lang, ob oft, ob sanft, ob heftig,
Denn der war schwach und jener
    kräftig –
Und das für Kunden jeder Klasse,
Privatpatient wie Krankenkasse!
So diente sie denn allen Ständen,
Die Kunst der vielgewandten Lenden,
Und ward von jedermann erbeten,
Von Sklaven wie von Majestäten,
Bis eine solche Vielgewandte,
Die man als Domitilla kannte,
Sich einen Kunden hörig machte,
Der's schließlich bis zum Kaiser
    brachte,

Worauf sie, was ihn sehr entzückte,
Ihn prompt mit einem Sohn beglückte.
Und dieses Mal lag alles drin:
Man krönte sie zur Kaiserin
Und ihren Sohn zum Kaiser Titus –
Wie sinnreich ist ein Krönungsritus,
Bei dem man eine Dame krönte,
Die einst halb Rom die Nacht ver-
    schönte!
So übertraf sie denn zum Schluß
Die Mutter selbst des Romulus.

Geneigter Leser, Blitzkarrieren
Wie diese können dich belehren,
Wie man sich auf der Lagerstatt
Erfolgreich zu benehmen hat.
Die Wölfin tat, was jede sollte:
Sie kriegte raus, was jeder wollte,
Sogar wenn jeder gar nicht wußte,
Was er denn wollte – oder mußte.
So such auch du in allen Fällen
Stets nach dem Individuellen!

Bei Goethe und bei dir nicht minder
War höchstes Glück der Erdenkinder
Auch bei dem holden Spiel zu zweit
Noch immer die Persönlichkeit.

Doch gab's auch manchen, wie
    gewöhnlich,
Der wurde nun gleich *zu* persönlich:
Den trieb's, um seiner Not zu helfen,
Statt zu der Wölfin zu den Wölfen –
Will sagen zu sehr schönen Knaben,
Die sich jedoch als Mädchen gaben,
Und die zum Schmerz der echten
    Damen
Dafür noch viel mehr Geld bekamen,
War man auf sie doch angewiesen:
Wer *so* war, durfte nur mit diesen.
Denn wenn ein freier Mann begann,
Zu einem andern freien Mann
Zu lieb zu sein und zu gesellig,
Gleich war die Todesstrafe fällig,
Indes der Richter ihn verschonte,

Wofern er Herren bar entlohnte,
Die in der Branche schon seit Jahren
Und hauptberuflich tätig waren –
Das zählte zu den Rechtsgeschäften
Mit fachlich vorgeschulten Kräften;
Kurz, dem, der vom Gesetz betroffen,
Blieb hier ein Hintertürchen offen.
Doch war auch dies nicht ohne Qualen,
Oft mußte er umsonst bezahlen,
Denn mancher Knabe trieb dabei
Erotische Zechprellerei:
Der Kunde muß, war sein Begehren,
Erst soviel Becher Weines leeren,
Wie er, der hoffnungsvolle Knabe,
In seinem Namen Lettern habe.
Der Gaukler Galba etwa goß
Aufs Wohl von Freund und Bettgenoß
27 Glas hinunter,
Doch war er dann nicht mehr sehr
    munter:
Er schlief, so daß er das Erstrebte
Im besten Fall im Traum erlebte.

(Wir kennen diese Zahl genau,
Denn Galbas Lustfreund hieß Thesau-
rochrysonicochrysides,
Und heißt man so, dann nützt man es:
Der Knabe blieb auf diese Weise
Stets Jungfrau und stets hoch im
    Preise.)
Geneigter Freund, du mußt verzeihn:
Ich kann hierin kein Fachmann sein
Und für den Umgang mit Epheben
Hier keine Anstandsregeln geben.
Auch wahrt man besser das Dekorum.
Doch will mit mir mal einer so rum,
Dann weiß ja nicht nur der Jurist,
Daß dies jetzt ganz verboten ist.
So können denn die heutgen Knaben,
Die das Geschäft begriffen haben,
Das Opfer gänzlich nach Ermessen
In Ruhe bis aufs Blut erpressen,
Drum überlege dir die Wahl
Noch hundertfünfundsiebzigmal.
Roms Damen mit den Strichtalenten
Ward's schwül bei solchen
    Konkurrenten,
Doch spürten sie mit noch mehr Grauen
Die Konkurrenz der Ehefrauen.
Wo war die gute alte Zeit,
Da sich die Frau dem Haus geweiht,
Korrekt und eisern monogam,
Bis Gott den Gatten zu sich nahm,
Worauf sie sich, da man sie ließ,
Als eisern polygam erwies –
Es billigten selbst ihre Söhne,
Daß sie ihr Leben so verschöne,
Drum taten Witwen damals offen,
Worauf sie heut nur heimlich hoffen.

Doch seit die meisten Ehegatten
Sich Knaben zugewendet hatten,
Um auf die ehelichen Pflichten
Teils oder gänzlich zu verzichten,
Geschah's, daß sich auch ihre Damen

Als Witwen fühlten und benahmen.
So gingen sie denn nächtelang
In Scharen auf den Männerfang
Und kleideten zu dem Behuf
Sich wie die Damen von Beruf,
Um jeden Zweifel auszuschließen,
Wozu sie sich verwenden ließen.
Und weil ihr dunkles Römerhaar
Hierbei desgleichen störend war
(Denn Konkubinen und dergleichen
Befahl der Staat, ihr Haar zu bleichen),
Drum bleichten sie das ihre auch –
So kam das Blondhaar in Gebrauch,
Und Männer wußten wie auch Knaben:
Die da ist blond, die ist zu haben.

Dies, wohlgeneigte Leserin,
Weist auf die Gründe dafür hin,
Warum im Süden, hinterm Brenner,
Italiens hochfrequente Männer
Noch heute auf Blondinen fliegen
Und überzeugt sind, daß sie siegen.
Wenn sie der Maid aus Deutschlands
    Gauen
Versengend in die Augen schauen,

Vor Damen von amore reden
Aus Holland, Dänemark und Schweden
Und gradezu um Liebe winseln
Vor Ladies von den Briteninseln –
Glaub's nicht. Sie sind halt alte Römer
Und halten Blonde für bequemer,
Nach ihrer ständigen Erfahrung
Drängt blondes Haar zu rascher
    Paarung
Und ist im Süden leicht zu kirren –
Na Gott sei Dank, daß sie sich irren ...
Du aber, Leser, mußt bedenken:
Ein Ehemann ist leicht zu kränken.
Betrog er auch sein Weib stets gerne
So in Antike wie Moderne,

Und ist er auch in dem Punkt träge,
An dem der Seinen so viel läge,
Ja, duldet er sogar im stillen,
Daß sie auch anderen zu Willen,
So daß er, keineswegs erregt,
Mit Grazie seine Hörner trägt,
So hat er doch fast nie geschätzt
Den Herrn, der sie ihm aufgesetzt
Und zeigt sich, sonst zu allen friedlich,
Ihm gegenüber ungemütlich.
Kannst du dir's also nicht verkneifen,
Zu deines Nächsten Weib zu greifen,
So sichre dir, vergiß das nie,
Zunächst des Nächsten Sympathie,
Der grade, wenn er sehr bequem ist,
Den Hausfreund wünscht, der ihm
    genehm ist.
Das nahm man auch in Rom genau,
Wo ein Poet samt junger Frau
Dereinst bei einem Mahl zu sehn war,
Das gab ein Mann, der sein Mäzen war.
Als nun nach vielen Gläsern Weins
Der trunkne Hausherr nachts um eins
Des Dichters hübsches Weibchen nahm
Und tat, was ihr durchaus bekam,
Da schlief der brave Ehemann
Prompt ein und fing zu schnarchen an.
Doch als ein anderer der Gäste
Die willige Kleine an sich preßte
Mit kühnem Griff ins voller Mieder,
Da hob der Schlafende die Lider
Und sprach mit lächelndem Gesicht:
»Mein Freund, für jeden schlaf ich
    nicht!«

Und weil man daraus lernen muß,
Drum fließe zum Kapitelschluß
Ein guter Rat aus meiner Feder:
Geneigter Freund, sei niemals jeder,
Denn sonst blamierst du dich dabei!
In diesem Sinn
                Dein Knigge II

Geneigte Leserin,
    entschuldige!
Du weißt, wie gern ich dir sonst
    huldige,
Doch leider zeigen die Berichte
Der frühen christlichen Geschichte,
Daß man zwar selbst die Konkubinen,
Wofern sie fromm und reuig schienen,
Durchs Taufen wieder ehrlich machte
Und früh'rer Sünden nicht gedachte
(Drum sind sie heut noch jung sehr
    weltlich,
Jedoch sehr kirchlich, wenn sie
    ältlich) –
Daß man jedoch von dem, was Weib
    war,
So ziemlich alles strich, was Leib war:
Die Frauen, lehrten die Konzilien,
Sind Satans Lieblingsutensilien,
Die Lüste, die in ihnen wohnen,
Sie gleichen tausend Giftskorpionen,

Und an dem ganz geheimen Orte,
Da tragen sie die Höllenpforte!
In die hinein, so schrieb Sankt Clemens
Als Fachmann keuschen Sich-
    benehmens,
Darf nur zu einem Zweck der Mann:
Damit ein Kind nach draußen kann;
Sie sei im andern Fall, fand Clemens,
Nichts als ein Anlaß des Sichschämens,
Und sündig seien Ehegatten,
Die noch Genuß bei sowas hatten,
Das war für einen Mann wie Clemens
Erotisches Delirium tremens.

Stets möglichst viel uralte Gäste,
Und wo beim Mahl ein junges Paar
Verschiedenen Geschlechtes war,
Da setzte man an solchen Tischen
Aus Vorsicht einen Greis dazwischen;
Doch ward uns aus berufnem Munde
Von manchem frühen Christen Kunde,
Der aus der Kirche, wo er weilte,
Direkt zum Lupanare eilte –
So schrieb's dem Papste voll Verdruß
Der heilige Chrysostomus.
Indes, man ward nicht müd, zu
    kämpfen

Indessen ach, der Mensch ist schwach!
Lies bei den Kirchenvätern nach,
Du findest dort sehr viel des Klagens
Ob schlechten christlichen Betragens.
Verschloß man auch die Katakomben
Vor Unberufnen selbst durch
    Plomben –
Die Neuen, die die Taufe nahmen,
Die waren nackt, sogar die Damen,
Was manchmal hier und da versteckte,
Doch heftige Begierden weckte.
Zwar lud man zu dem Glaubensfeste

Und rigoros den Trieb zu dämpfen,
Und wußte denn auch in der Tat
Bald in ganz andern Fällen Rat:
Im Laufe der Jahrhunderte
Entstand das vielbewunderte
System der Fleischentziehungsstrafen
Fürs fleischliche Zusammenschlafen:
Wer einmal fleischlich sich vergessen,
Bekam zehnmal kein Fleisch zu essen;
Der, dem's zur Fastenzeit geschah,
Stand vierzig Tage fleischlos da;
Wenn's einer liebte, beizuwohnen

26

In Vandevelde-Positionen,
So lautete der Spruch summarisch
Schon auf drei Jahre vegetarisch:
Für die, so gleichgeschlechtlich waren,
Gab's Fleischentzug von sieben Jahren;
War einer oder eine lüstern
Nach Vätern, Müttern und
    Geschwistern
Und umgekehrt, bekamen diese
Für fünfzehn Jahre nur Gemüse;
Doch lebenslänglich Fleischentzug
Bekam, wer Lust zu Tieren trug,
Und überdies ward stets verbrannt
Das Tier, das er so reizend fand –
In Bern, um eines Hirten willen,
Verbrannte man nebst sieben Füllen
Und dreizehn Kühen zwanzig Pferde:
Er liebte seine ganze Herde.
Doch sind die Strafen noch so scharf –
Die Menschheit sündigt nach Bedarf.
So war zu Rom ein Haus der Sünden
Auch für den Fremdling leicht zu
    finden:
Man hing an jede Freudenmauer
Als Hinweis einen Vogelbauer,
In diesem, nach gestrenger Regel,
Trillierten zwei Kanarienvögel,
Und so war Rom bei jedem Wetter
Ein einzig Klingen und Geschmetter!
Keusch blieb hingegen zu Venedig
Die Landestochter, wenn sie ledig.
An stillen, seitlichen Kanälen
Gab's zwar die Häuser, die nie fehlen,
Jedoch verzierte man sie innen
Zum Schutz der Venetianerinnen

Durch den Import nur deutscher
    Damen,
Die auch in rauhen Mengen kamen,
Wie immer tüchtig im Betriebe –
Der liebliche Geruch der Liebe
Verband sich so mit dem Gedanken
An die Kanäle, welche stanken.
Doch wie da erst Neapel blühte,
Wo Mann wie Weib vor Lust erglühte!
Da war die Königin Johanna,
Für die war Liebe süß wie Mannah,
Wenn die im frischen grünen Gras
Am Posilip beim Lieben saß,
Hat man mit kalten Wassergüssen
Des Leibes Hitze kühlen müssen,
Sonst wär das Gras, so steht's zu lesen,
Nach zehn Minuten Heu gewesen;
Da war der König Ferdinand,
Der es moralisch nötig fand,
Den Hoftheaterballetteusen,
Für die die Staats- und sonstigen
    Größen
Im Feuer der Begierde brieten,
Trikots in Rosa zu verbieten
Und zwecks Beruhigung der Massen
Trikots in Giftgrün zu verpassen.
Doch schweigen laßt mich von Florenz!

Dort sprach ein Mann von Konsequenz
Nur seinesgleichen höflich an:
»Herr, auf ein Wort – von Mann zu
     Mann!«
So kam es, daß man dazumal
Italienreisenden empfahl,
In Rom die Ohren zuzuhalten
(Weil dort Kanarienlieder schallten),
Die Nase aber zu Venetia
(Der Düfte wegen, man versteht's ja),
In Napoli sogar die Augen
(Weil Trikots grün zur Lust nicht
     taugen),
Und in Florenz – nun, wer Gefühl
Für Anstand hat, schließt dort le cul.

Doch schnell zurück zur Damenwelt,
Die dir erlaubt, was ihr gefällt,
Für die sich speziell Paris
Als wahres Paradies erwies,

Und die in Amtsfunktion sogar
Am Königshof vertreten war:
Denn, welche Sittenkatastrophe,
Ein Ehrenfräulein stand bei Hofe

Dem immer sehr vergnügten Chor
Der königlichen Dirnen vor,
Wobei sie dieses Amt versah
Als »Dame des filles de joie«,
Kurzum, das wär der deutsche Name,
Als Freudenmädchen-Ehrendame.
Es lag für ihre Tätigkeit
Sogar ein Honorar bereit:
Wenn man ein Eheweib erwischte,
Das sich unehelich vermischte,
So fiel pro Ehebruch ein Sou
Besagter Ehrendame zu –
An sich nicht viel, doch in Paris,
Wie man verstehn wird, lohnte dies.
Indes der Freudenmädchenpark,
Der störte dann Johanna d'Arc,
Als sie nach der Befreiungsschlacht
Am Königshof Besuch gemacht,
Denn hier ward's ihr mit Schrecken
     klar,

Daß sie die einzige Jungfrau war,
Worauf sie, heiligen Zornes Beute,
Die Damen mit dem Schwert verbläute.
Doch dieses Schwert, von Gott
  geschenkt,
Das sie von Sieg zu Sieg gelenkt,
Vor dem die Briten, die verruchten,
Zu Tausenden das Weite suchten –
Auf jenen Minnemädchenrücken
Zerbrach's zu Stücken.
Drum merke, Freund: die scharfen
  Triebe
Bekämpft man nicht durch scharfe
  Hiebe,
Da ist mit andern scharfen Sachen
Bei solchen Damen mehr zu machen.

Jedoch gab's für Johannas Wut
Noch einen Grund, und der war gut:
Just wegen solcher freien Sitten
War man zerstritten mit den Briten.

Herrn Ludwig, König der Franzosen,
War nämlich mal was zugestoßen.
Sein Weib, Lenore von Bordeaux,
Besaß zwar Geld und Gut en gros
Und sollte einst, nach Papas Sterben,
Bordeaux und seinen Wein ererben;
Doch weil sie diesem Land entstammt,
War sie so wein- und lustentflammt,
Daß sie die Männer täglich tauschte
Und sich an Tisch plus Bett berauschte.
Als Ludwig zog zum heiligen Lande,
Sah er sich also nicht imstande,
Sie ganz allein zurückzulassen,
Und nahm sie mit, um aufzupassen.
Doch ach, wie sorgte erst Lenörchen
Bei diesem Kreuzzug für Histörchen!
Die Dirnen, die in rauhen Scharen
Mit Ludwigs Heer gekommen waren,
Gruppierte sie zu Formationen,
Um hübsch geordnet beizuwohnen,
Und ließ vorm Zelt, wo dies geschehen,

Die königliche Fahne wehen;
Sie selbst ging auch im heiligen Land
Von Christenhand zu Christenhand,
Bis daß sie's, wenn sie's recht erwog,
Doch mehr zum Türkensultan zog:
Der liebte nämlich, ging die Kunde,
Wie Mohammed: elfmal je Stunde.
So schlich sie denn statt zur Gemeinde
Sich Nacht für Nacht zum Glaubens-
　　feinde,
Der sich im besten Lichte zeigte,
Wenn's auch nicht zum Propheten
　　reichte.
Als König Ludwig dies erfuhr,
Da ging's ihm wider die Natur,
Denn der sich nachts soviel erlaubt,
Schlug ihn des Tags auch noch aufs
　　Haupt,
Und wenn's den Christen schon erregt,
Daß ihn im Feld ein Heide schlägt,
Wie störend wirkt der Glaubens-
　　fremde,
Sieht er des Christen Weib im Hemde!
Dergleichen mußte man vermeiden.
Ludwig sah's ein und ließ sich scheiden.
Oh, hätte er's doch unterlassen!
Lenörchen wußte sich zu fassen:

Sie setzte über zu den Briten,
Weil sie in Frankreich so gelitten,
Und stieg, noch immer reich und nett,
In König Heinrichs Ehebett.
Ihr höchst verständiger Gemahl,
Der pfiff auf Tugend und Skandal,
Wogegen er, schnell von Begriff,
Aufs Land Bordeaux durchaus nicht
　　pfiff,
Das denn auch bald zu England kam,
Womit ein Krieg den Anfang nahm,
Der rund dreihundert Jahre währte,
Der Wein verzehrte, Dirnen nährte,
Für Männer gab es Blut zu saufen,
Für Jungfraun gab's den Scheiter-
　　haufen –
Nur weil Herr Ludwig Leonoren
Verbot, wozu sie doch geboren.
Drum sitzt mal einer still und froh
Mit seinem Weibe beim Bordeaux,
Das hübsch ist und im Fall des Falles
Noch Zaster hat – der tue alles,
Daß er nicht zu empfindlich ist,

Wenn solch ein Weib mal sündlich ist,
Der sei nicht gleich total verbiestert,
Weil sie ihm eine Nacht verdüstert,
Denn mancher Tag verlief nur glatt,
Weil sie ihn so vergoldet hat ...

Inzwischen ward nach Britenart
Lenores Tradition gewahrt.
Nie brauchten englische Soldaten
Geschulter Mädchen zu entraten:
Der Neuerwerb von Kolonien
War ohne sie nicht zu vollziehen.
Denn wenn die Briten sich auch diesen
Gern schwarz auf weiß bestät'gen
    ließen,
Sie duldeten um keinen Preis
Erotisches Schwarz *unter* Weiß.
Selbst Königin Victoria,
Die sowas sonst nicht gerne sah,
Entsandte Schiff um Schiff mit Damen,
Die aus den Slums von London kamen,
Nach Indiens siedend heißer Küste,
Auf daß ein Tommy, der voll Lüste,
Sich ob der englisch-blonden Kühle
Der Damen wie zu Hause fühle.
Lustzelte, die voll Mädchen waren
Von höchstens zweiundzwanzig
    Jahren,

So englisch-bleich wie englisch-mager,
Verschönten jedes Truppenlager,
Man hißte auch auf diesem Fleck
Allmorgendlich den Union-Jack
Und schützte so voll Pietät
Die »Damen ihrer Majestät«,
Die denn ob diesem stolzen Namen
Auch priesterlichen Schutz bekamen
(Heut' wär' das kaum im Sinn des
   Klerus,
Elisabeths und Pandit Nehrus).

Doch auch am Königshof verfuhren
Die Kings auf Leonorens Spuren
Nach freiem sinnlichen Ermessen
Und hielten öffentlich Mätressen;

Hingegen Mätres bei den Queens
Gab's nie. So war das (oder schien's).
Na, jedenfalls: The first King George,
Einst ziemlich forsch, dann ziemlich
   morsch,
Hat einst ein Horoskop gelesen,
Daß er dem meistgeliebten Wesen
Nach seinem Abschied von der Erde
In Vogelform erscheinen werde.
Er glaubt' es, freute sich und starb.
Und sieh, ein Rabe kohlenfarb
Erschien zur Nacht, ein schwarzer
   Schreck,
Am Bett der Gräfin Kielmannsegg;
Dann flog er fort zu weitern Taten
Ins Boudoir der Gräfin Platen;
Dann pickte er ins Nachthemdbändel
Der hübschen Herzogin von Kendall
Und hielt noch fünf Minuten durch
Beim Bett der Gräfin Schulenburg.
Jedoch war er nicht pflichtvergessen
Und dachte nicht nur der Mätressen:
Man sah in dieser Nacht den Raben
Noch bei sechs blonden Edelknaben.

Geneigter Leser, wenn sich's fügt,
Daß eine dir halt nicht genügt,
So fordern Anstand und Moral:
Verteile deine Kraft neutral.
Glaub nicht, daß seelisches Geschwätze
Bei mancher anderes ersetze,
Denn legt sie auch viel Wert auf Seele,
Sie will nicht, daß das andre fehle.
Drum sei gerecht, verhalte dich
So kämpferisch und königlich,
So ohne Zaudern und Gemogel
Wie jener Königsrabenvogel,
Der zwar, weil allzu polygam,
Ein bißchen sehr ins Flattern kam,
Doch wahre Liebesweisheit übte
Und jegliche am meisten liebte.

Und nun, geneigter Leser, bitte
Ein Blick noch auf Europas Mitte,
Wo wir, die braven Deutschen,
  wohnen,
Vor kurzem zwar noch in vier Zonen,
Doch dauernder und allgemeiner
Und klimamäßig nur in einer,
Die die gemäßigte sich nennt
Von wegen unserm Temperament,
Weil wir erotisch nichts riskieren
Und nur politisch explodieren.
Denn da wir in der Mitte liegen
Und nur gemäßigt uns vergnügen,
So findet uns die Welt, so les' ich,
In puncto Liebe mittelmäßig.
Und eins ist wahr: Der Deutsche
  schätzt,
Wenn Venus ihn zum Tische setzt,
Nicht leichten Wein und wilden Most,
Nein, die gesunde Hausmannskost:
Die Brüste prall und nicht zu niedlich
Und wie zwei Knödel appetitlich,
Die Arme voll von Hand bis Nacken
Wie jene Würste, die da knacken,
Die Hinterschinken gut durchwachsen
Und rosig rund und fest die Haxen,
Das Ganze noch nicht angebraucht,
Nicht scharf gewürzt, nur leicht
  geraucht,
Die Temperierung nach Gefühl,
Nicht allzu hitzig, nicht zu kühl,
Das Haar so blond wie deutsches
  Bier –
Den Finger drauf, das nehmen wir!
So löste man bei uns die Frage,
Ob man den Mädchen schräger Lage,
Die es nach freier Liebe dränge,
Mehr Milde zeige oder Strenge,

Ein Brettchen während vierzig Tagen
Vorm Schoß und vor der Stirne tragen,
Und auf dem Brettchen stand
  geschrieben,
Wie und mit wem sie es getrieben –
Indessen war doch andrerseits
Das Brettchen von gewissem Reiz,
Den Männern freierer Gesittung
Erschien es mehr als Leistungsquittung;
Was tat ein Schmusen, das obszön war,
Bei einem Busen, der so schön war!

Gewiß, sehr streng war Columbanus,
Wenn er mit eigner Hand den anus
Des Mönchs, der eine Frau verführte,
Mit zwanzig Rutenstreichen zierte –
Indessen war doch andrerseits
Die Liebe von zu großem Reiz,
Denn ach! Es kam so mancher Brave
Ein Stündlein nach der letzten Strafe
Und sprach, obwohl er sehr gelitten:

Nicht heiß und nicht fanatisch-südlich,
Nein, höchst korrekt und fast
  gemütlich.
Gewiß, sehr streng war Karl der Große,
Denn Mädchen mit zu willigem Schoße,
Die er auf frischer Tat gepackt,
Die mußten, bis zum Gürtel nackt,

»Ich muß um weitere zwanzig bitten!«
Gewiß, sehr streng war die
  Verpflichtung
Zur prompten Ehegeldentrichtung
Der Braut an ihren Landesvater;
Der war berechtigt (und das tat er!),
Dafür, daß er, der sittlich Zarte,
Das Recht der ersten Nacht nicht
  wahrte,
Des Bräutchens nackte Hinterbacken
Mit Silbergroschen vollzupacken –
Wie schön, wenn sie da einiges hatte!
(Die Groschen lieferte der Gatte.)
Indessen war doch andrerseits
Die Sitte von gewissem Reiz:
Der Landesvater sah im Städtchen
Die dürftigen Hüften kleiner Mädchen,
Sah sie mit freudigen Gebärden
Zu seinem Vorteil runder werden
Und sah im Geist schon hoffnungsfroh
Der Zukunft üppigen Popo,
Der sich, dank seinen Kennerblicken,
Bewerten ließ in Silberstücken –

Wo gibt's noch heut Popoidyllen,
Die Landesväterkassen füllen?
Ach, heut gibt's nur Popoaffären,
Die Landesväterkassen leeren!

Gewiß, sehr streng war das Regime
Für Mädchen vom Vergnügungsteam,
Sie durften nur in stillen Gassen
Im Doppelsinn sich niederlassen;
Man sperrte sie in Wien sogar
Glatt ein, solange Fasching war,
Denn wenn auch bürgerliche Damen
In dieser Zeit nichts dafür nahmen,
Man stand der Konkurrenz vom Fach
Im Können doch beträchtlich nach –
Indessen hatte andrerseits
Die gelbe Karte ihren Reiz:
In Nürnberg, wo viel solche waren,
War's ihre Pflicht, in ganzen Scharen
Beim Hochzeitsfest von Fürstlichkeiten

Die Braut zur Kirche zu geleiten –
Man glaubte so, wie anzumerken,
Die Kraft des Bräutigams zu stärken;
So stand die Dame vom Berufe
Gesellschaftlich auf hoher Stufe.
In Wien, fast noch im gegenwärtigen,
Ließ sie Reklamezettel fertigen
Mit Namen, Wohnung und Tarif,
Wo, wann, wofür und wie sie schlief,
Und durfte sie bei Walzerklängen

An alle Praterbäume hängen.
Doch kam die Kundendienstgestaltung
In Flensburg erst zur Vollentfaltung:
Man schlug, war man kein Mann vom
    Fach,
Im amtlichen Adreßbuch nach
Und fand auch die gewünschte Stelle,
Prompt unter B, Rubrik Bordelle –
Für die Behörde beispielhaft
Und nützlich für die Bürgerschaft.

Geneigte Leserin, laß dir sagen:
Versuche nicht erst nachzuschlagen,
Du wirst das aus diversen Gründen
Heut im Adreßbuch nicht mehr finden.
Indes sei nicht so dumm und meine,
Daß Er, der göttliche, der Deine
Nur darum nicht in sowas geht,
Weil es nicht im Adreßbuch steht.
Doch schilt ihn nicht ob solcher
  Sachen –
Hier gibt's nur eines: Bessermachen!
Drum merkst du etwas: lächelnd
  schweigen
Und mehr gekonnte Liebe zeigen –
Der Liebe Kunst der Liebe Lohn,
Das ist im Eros guter Ton.
Man liebt sich ein und liebt sich frei!
In diesem Sinn
  Dein Knigge II

Geneigter Leser,
  wer beschriebe
Nicht gern den Augenblick der Liebe,
Da er bereit ist, sie bereit ist,
Da beide wissen, daß es Zeit ist,
Da, weil die Technik ja kommun ist,
Nur noch zu tun ist, was zu tun ist!
Jedoch du fürchtest, und das sehr,
Den bangen Augenblick vorher.
Wie bring ich uns, ist deine Frage,
Mit Anstand in die rechte Lage?
So viel man sich auch vorgenommen,
Wie leicht kann was dazwischen-
  kommen,
Denn vor den Liebesutensilien
Befinden sich fast stets Textilien.

Mein Freund, schon denkst du an das
  Märchen

Von jenem ersten Menschenpärchen,
Das stets bereit zum Liebespakt war,
Weil es noch paradiesisch nackt war;
Schon sehnst du dich nach Nacktkultur
Und fühlst dich auf der rechten Spur:
Gibt's nicht noch heute im Gelände
Dezente Wiesen oder Strände,
Zum Beispiel auf der Insel Sylt,
Wo es von Nacktheit nur so quillt
Und wo als solcher Nacktheit Lohn
Die Hemmung durch die Konfektion
Beim Spiel textilophober Brüste
Ganz automatisch schwinden müßte?
Schon fragst du nach den Schiffahrts-
   linien
Gen Sylt, ins deutsche Abessinien –
Oh, fahre nicht! Oh, bleibe, bleibe,
Denn so gelangst du nie zum Weibe!
Bedenke, schon die Adamiten,
Die sich auf Grund gestrenger Riten
Verschworen, alles nackt zu machen

In irdischen wie Glaubenssachen,
Berührten sich nie gegenseitig,
Ja, taten's auch nicht anderweitig
Und mußten nach St. Augustin
Sich nicht einmal darum bemühn:
Denn Nacktheit, die man ständig sieht,
Wirkt deprimierend aufs Gemüt
Und ist darum, laut Augustinus,
Erotisch unbedingt ein Minus.
Willst du es nacktkultürlich treiben,
Wenn so selbst Kirchenväter schreiben?

Doch ist noch andres zu bedenken:
Am nackten Weib kann manches
   kränken.
Du hast zum Beispiel Sommersprossen
An mancher Maid direkt genossen,
Rings um das Näschen sind sie süß
Und hinterm Öhrchen mehr als dies;
Doch glaubst du, daß dich's auch
   erquickt,

Wenn man sie überall erblickt,
Weil sie die ganze Maid besprenkeln
Samt Busen, Hüften, Schoß und
   Schenkeln?
Und dann: die wirklich schönen Frauen
Sind nur in Filmen nackt zu schauen,
Beim Striptease und privaterweise –
Sie kennen nämlich ihre Preise.
Doch gratis sieht man meist nur Busen,
Vor denen schütteln sich die Musen.
Wohltätig ist des Busens Macht,
Wofern er durch Textil bewacht,
Doch furchtbar wird des Busens Kraft,
Wenn er der Fessel sich entrafft
Und kühn heraustritt auf die Flur,
Ein freies Machwerk der Natur,

Ein Gebild, von Menschenhand
Praktisch nicht mehr zu umfassen –
Wehe, wenn er losgelassen,
Wächst er ohne Widerstand!
Soviel vom Busen. Laß mich schweigen
Von Dingen, die sich rückwärts zeigen!
Zwei Wochen nur in diesem Stil,
Und du hast Heimweh nach Textil.
(Und triffst du etwa doch auf Sylt
Ein wahrhaft süßes Mädchenbild,
Dann wirst du ihr verschämt gestehen:
»Sie möcht ich mal in Kleidern sehen!«
Und sie wird hold errötend flüstern:
»Ach bitte, sein Sie nicht so lüstern!«)
Doch sonst steht fest: für diesen Sport
Ist Nacktkultur ein falsches Wort.

Hier wird nur Nackt*natur* betrieben,
Denn Nackt*kultur* gibt's nur beim
Lieben!

Kulturhistorisch gilt als Fakt:
Die Primitiven waren nackt.
Das führt uns zu dem Umkehrschluß,
Daß Nacktheit primitiv sein muß,
Und wo sie sich in Massen zeigt,
Stutzt selbst die Liebe und entweicht.
Seit man dies einzusehn begann,
Zieht man sich an.
Nun, daß die Frauen seither Männer
Durch Anziehn anziehn, weiß der
Kenner,
Jedoch ein Einwand scheint gewichtig:
Wie sie sich anziehn, ist's nicht richtig.
Nimm an, das macht die Sache klarer,
Du rast als guter Autofahrer
Zum Ziel mit voller Motorkraft
Und hast es um ein Haar geschafft –

Da schreckst du aus den Tempo-
träumen:
Ein Hindernis ist wegzuräumen,
Es sperrt die schöne Einbahnstraße
Und stört dich in besonderm Maße,
Weil auch ein Motor, der gut läuft,
Bei falscher Reaktion versäuft –
Wenn das die Mode doch begriffe
Und auf die Hindernisse pfiffe!

Da hatten es die alten Römer
Mit ihrer Römerin bequemer.
Sie trug nur wallende Gewänder
Ganz ohne Knöpfe, Schnüre, Bänder,
Die schon beim ersten Lustgedanken
Durch einen Griff zu Boden sanken,
So daß sie aus dem Kleid erblühte
Wie aus dem Meere Aphrodite.
Nach weitern fünfzehnhundert Jahren
Gelang's französischen Vikaren,
Aus sittlich durchaus saubern Gründen
Die Damenhemden zu erfinden –
Der Kleiderstoff war damals dünnlich,
Und was man durchsah, machte
sinnlich.
Doch durften damals nur Marquisen
Je eines Hemdes Schutz genießen.

Und nur die Königin hatte zwei,
Damit das Wechseln möglich sei –
Ja, bei Maria von Anjou,
Da ging's halt sehr verschwenderisch
    zu!
Indessen blieb der Reiz des Hemdes
Auch für die Bürgersfrau nichts
    Fremdes,
Indem es sich zwar so gehörte,
Doch bei der Liebe selbst nicht störte.
Um sechzehnhundert ward's noch
    strenger,
Der Weg zum Ziel ward nochmals
    länger:
Daß man's noch sicherer verstecke,
Erfand man jetzt die Unterröcke.
Doch man vergaß, daß es recht vielen
Vergnügen macht, Versteck zu spielen;
So trug man bald und höchst durch-
    trieben
Statt eines Unterröckchens sieben.
Für jeden, der gewohnt zu lauschen,

Fing nun die Liebe an zu rauschen,
Und was als Hindernis gedacht,
Erhöhte noch den Reiz der Nacht:
Ein Casanova nahm die Dame
Blitzschnell und als Momentaufnahme,
In einem Nu schlug er die Bresche
Durch Reifrock und durch Unter-
    wäsche
Und hatte meistens in Sekunden,
Wie er erzählt, ins Ziel gefunden.
Selbst der Bewundrer Casanovas
Fragt hier verdutzt: Wo gibt's denn
    sowas?
Doch hier war Casanova ehrlich,
Sein Tempo war durchaus erklärlich:
Zwar gab es steife Unterröckchen
Für liebesreife Unterstöckchen,
Doch schutzlos blieben alle Schößchen:
Die Dame trug noch keine Höschen!
So zeigt uns die Kulturgeschichte
Die Sache in ganz anderm Lichte.
Leicht hatte es der Kavalier

Vom Altertum bis zum Empire:
Einfach war die Liebesfeier,
Schiller sagt's uns frank und frei,
Mit dem Gürtel, mit dem Schleier
Riß der schöne Wahn entzwei,
Aber seit dem Biedermeier
War zuviel Textil dabei.
Goethe, der beim Liebeshandel
Stets nach Gründlichkeit gestrebt,
Hat den jähen Modewandel
Leise schaudernd miterlebt:
Frau von Stein war ohne Frage
Hierin noch ganz Rokoko,

Doch ganz anders war die Lage
Bei der kleinen Levetzow,
Und wer weiß, was ihm das zarte
Kind durch seinen Korb ersparte.
Denn damals war das Kleidungsstück
Enttäuschend für den Forscherblick:
Und weder praktisch noch ästhetisch,
Das Ungetüm, stets aus Flanell,
Meist rot, oft grün, doch immer grell,
Verschloß hermetisch, was nicht
  ethisch,
So daß nur legitime Gatten
Den Mut zu solchem Anblick hatten –

Zur außerehelichen Sünde
Verlockte es nur Farbenblinde.
Und nun, mein Freund, laß uns
  betrachten,
Was unsre Damen daraus machten!
Sie schritten mit vergnügten Sinnen
Vom Buntflanell zum weißen Linnen,
Von da, erotisch immer fleißig,
Zu Seide, Nylon und was weiß ich;
Daß uns die Farbe nicht mehr martere,
Ward nun das Zartere das Apartere;
Daß uns die Länge nicht bestürze,
Liegt nun die Würze in der Kürze;
Daß uns nicht viel zu nesteln blieb,
Herrscht nun der Slip mit Gleitprinzip:
Hauchdünn, flaumleicht, in Handbreit-
  größe

Deckt er ein Mindestmaß an Blöße
Und ist auch von nicht Farbenblinden,
Falls ausgezogen, kaum zu finden.
(Drum lob ich die Pariser Sitten
Zur Zeit Napoleons des Dritten:
Als der Minister de la Tour
Mit einer Tänzerin Droschke fuhr,
Ließ sie solch zartes Kleidungsstück
Versehentlich darin zurück.
Der Kutscher hat's noch in der Nacht
Korrekt zur Polizei gebracht,
Die schlug nur nach im Hofregister
Und übergab's dann dem Minister:
Das süße bißchen Seide trug
In Goldstich seinen Namenszug.
Ob er, der so pariserisch
Und überlegt genießerisch,
Bei uns, im Bonner Kabinette,
Nicht manche Schwierigkeiten hätte?)

Moral für lustbeflissene Herren:
Dessous sind keine Straßensperren.
Sie werden nicht mit Muskelkraft
Zwecks schneller Durchfahrt fort-
  geschafft;

Sie weichen, wenn man ihnen
  schmeichelt,
Und sind dann bald hinweg-
  gestreichelt,
Denn zum so sehr erwünschten Ende
Führt stets die Höflichkeit der Hände.

Hingegen ist oft fehl am Orte
Die leere Höflichkeit der Worte;
Die sonst bewährte Konvention
Gibt hier zumeist den falschen Ton.
Sprichst du zum Gatten, der dich just
Erwischt an seines Weibes Brust:
»Entschuldigen Sie die Ehestörung!«,
Weckt diese Floskel meist Empörung;
Denn Liebe, was nicht zu bestreiten,
Liebt die gewagten Höflichkeiten,
Und dazu, mancher Scherz beweist es,
Bedarf's der Höflichkeit des Geistes.
(Es sprach Frau Gabrièle d'Estrées,
Die schönste der Mätressen,
Zu Bassompierre, der schon seit je
Auf Schmeichelei versessen:
»Ich stünde gern, mon chèr cousin,
Mit einem Fuß in St. Germain
Und, wenn sich das nur machen ließ',
Mit meinem andern in Paris!«
Galant verneigt sich Bassompierre:
»Dann hab ich eine Bitte:

Versetzt mich diesfalls nach Nanterre –
Denn das liegt in der Mitte!«)
Doch war Esprit zu jeder Zeit
Beim Lieben eine Seltenheit:
Der Geist, den Theologen nach,
Ist willig, und das Fleisch ist schwach;
Doch in der Liebe ist zumeist
Willig das Fleisch – und schwach der
     Geist.

Indes, noch in drei andern Sparten
Rentiert sich's, wenn ihr höflich seid:
Die Kunst, beim Lieben abzuwarten,
Ist auch ein Teil der Höflichkeit.
Zwar schnell einander beizuwohnen,
Ist sehr modern und kann sich lohnen,
Doch schwieriger ist meist für zwei
Das bloße Wohnen ohne bei,
Und wahrhaft schrecklich auf den Leim
     geht,
Wer allzu früh ins eigne Heim geht.
Hier zeigt dein Schatz, das sanfte Ding,
Auf einmal seine Schärfen;
Das Weib, das dir zu Herzen ging,
Hier geht's dir auf die Nerven;
Die Ehe, wenn man's recht besieht,
Ist ein Vexier-Expander:
Was allzu schnell zusammenzieht,

Geht wieder auseinander,
Weshalb der wahrhaft Weise spricht:
Wohnet bei, doch wohnet nicht!

Der Hausfreund, wie noch zu berichten,
Hat ebenfalls ganz eigne Pflichten.
Zwar fordert man von diesem Gaste,
Daß er den Ehemann entlaste,
Doch haßt man ihn mit viel
     Begründung,
Führt die Entlastung zur Entbindung –
Beim liberalsten Mann gibt's Sachen,
Die will man schließlich selber machen!
So lauscht man denn des Hausfreunds
     Stimme
Zum Teil voll tiefer Dankbarkeit,
Zum Teil in ahnungsvollem Grimme,
Wie wenn im Lenz der Kuckuck schreit:
Den Kuckuck liebt man mit Bedacht,
Weil er so reizend »Kuckuck« macht,
Doch man begrüßt mit Wehgeschrei
Im eignen Nest das Kuckucksei.
Was ausschlüpft, schlüpft nicht ganz in
     Ehren
Und ist auch schwierig zu ernähren,
So daß man (nur für jeden Fall!)
Sein Geld sowohl beim Kuckucksschall
Wie bei des Hausfreunds Stimme
     schüttelt,

Besonders wenn man schwach
  bemittelt.
Darum als Hausfreund mit Kultur
Halt dich in Zaum und tue nur
Als halber Kuckuck deine Pflicht:
Mach Kuckuck, aber lege nicht!

(Hier zeigte sehr viel Contenance
Sire Henri deux, roi de France.
Der suchte einst im Negligé
Dianen auf von Poitiers –
Doch lag bei ihr, es wurde packend,
Marschall Brissac, und der war
  nackend;
Er zog im letzten Augenblick
Sich eilig unters Bett zurück.
Der König wünschte guten Abend,
Anscheinend nichts gesehen habend,
Und wirklich ward der Abend gut;
Als er sich danach ausgeruht,
Nahm er Dianens Nußkonfekt,
Um dann, nachdem es ihm geschmeckt,
Die Hälfte unters Bett zu geben:
»Da, Brissac. Jeder möchte leben.«)

Und endlich Anstandsregel sechs:
Bekämpfe den Après-Komplex!
Post coitum, so steht's zu lesen,
Sei triste jedes Lebewesen.
Ovid, der diesen Satz geschrieben,
Verstand zwar technisch viel vom
  Lieben,
Doch müßte er sich wohl bequemen,
Gewisse Leute auszunehmen.
Durchaus nicht alle – aber du,
Geneigter Leser, zählst dazu
Und, wenn ich recht im Bilde bin,
Auch du, geneigte Leserin.
Hat, wer mit dir der Liebe pflegt,
Zum Leibe auch das Herz gelegt,
Dann wirst du leicht und froh
  erwachen,

Beherzte Liebe weiß zu lachen –
Post coitum ist man nur trübe,
Wenn man geliebt hat ohne Liebe.
Drum soll man's wie die Griechen
  halten –
Diesmal die neuen, nicht die alten.
Wenn dort im Fischerdorf am Strand
Der Liebste sich zur Liebsten fand
Und nun, vom jungen Tag geleitet,
Das Mädchen hin zum Brunnen
  schreitet,
Dann singt sie, falls die Nacht geriet,
Nach altem Brauch ein Jubellied.
Das ganze Dorf lauscht dann ver-
  stohlen:

Die lange Zeit auf Fischfang war,
Im Hafen an und geht von Bord,
Singt anderntags der ganze Ort,
So jubelnd hell, so sinnlich weich,
Und ach! so wiederholungsreich!
So wird schon tausend Jahr gesungen,
Und niemals gab's Beanstandungen –
Drum merkt euch diesen Satz fürs
   Leben,
Er gilt für jeden, der da liebt:
Anstände wird es niemals geben,
Wo's Anstand gibt.

Und da ich nun am Ende bin,
Wünsch ich, nebst andern schönen
   Sachen,
Dem Leser und der Leserin
Ein allzeit fröhliches Erwachen.
Ich hoffe sehr, ihr singt dabei!
In diesem Sinne
     Knigge II

Wie oft wird sie es wiederholen? –
Denn von Dacapos der Musik
Schließt man auf andere zurück.
Und legt des Dorfes Männerschar,

Geschichte durchs Schlüsselloch betrachtet

ERSTER EINBLICK: AN DER ZEITWENDE

*Meistens lebten die Lateiner
Grade so wie unsereiner.*

ie Griechen waren, von den Spartanern vielleicht abgesehen, ein Volk der Künstler und der reisenden Kaufleute; deshalb blühte bei ihnen der Klatsch. Denn der Künstler bedarf der Phantasie, um dem lieben, aber meist wenig malerischen Nächsten, den er porträtieren soll, zu schmeicheln, und der reisende Kaufmann bedarf der Zungenfertigkeit, um den lieben, aber meist wenig wohlhabenden Nächsten, dem er das Geld aus der Tasche locken will, hereinzulegen. Und eben dessen bedarf der Klatsch auch: der Phantasie und der Zungenfertigkeit.

Die Römer hingegen, die mit der übrigen Welt nun auch Griechenland eroberten, waren kein Volk der Reisenden, sondern der Reisigen, und kein Volk der Künstler, sondern der Juristen. Soldaten pflegen keine Rednergabe zu haben und Juristen keine Phantasie; so konnten sie die Welt zuerst ziemlich brutal erobern und dann ziemlich gerecht regieren, konnten sie also zivilisieren. Was man aber so Kultur nennt, also Religion, Philosophie, Kunst und Klatsch, das mußten sie von den Unterworfenen beziehen – und bezogen es denn auch ausgiebig, besonders den Klatsch. Tatsächlich kann der Klatschforscher nur sein Haupt verhüllen, wenn er der Römer gedenkt. Ehe sie Athen besetzten, lebten sie von jenen nationalen Kitschgeschichten, die sie ohne jede eigene Zutat aus Griechenland importierten, die sie aber stur und allen Ernstes für ihre nationale Geschichte hielten. Der gute Livius, zweifellos einer der größten Beschönigungshofräte aller Zeiten, verseucht unsere Schulen noch heute mit solchen Anekdoten, in denen der Besiegte fast immer von Niedertracht, der Sieger aber, also der Römer, unter allen Umständen von Edelmut trieft. Wo aber der Klatsch nicht der Skepsis begegnet, fehlt ihm die Eleganz; er wird zur langweilig-lehrhaften Fabel. Und fällt also aus.

Kaum ist aber Athen besetzt, und kaum wandert mit den griechischen Künstlern, Hauslehrern und Hetären auch der Klatsch nach Rom, da befleißigen sich dessen Tyrannen und gute Gesellschaftskreise, das wirklich zu tun, was die Griechen den ihren nur nachsagten; sie handeln wirklich so grausam, sind wirklich so verdorben, wie der Klatsch es von ihnen verlangt; sie wollen sich auch hierin nichts Falsches nachsagen lassen. Und an diesem ihrem abgründigen Talent zur Konsequenz und zur Langeweile, wie es allen Militärvölkern nun einmal eigen ist, scheitert der Klatsch abermals. Was bleibt, ist eine chronique scandaleuse, unbedingt wahr, aber ohne jeden Charme. Die Hetäre Phryne hatte Charme; die Kaiserin Messalina hatte ihn nicht. Daß Phryne in Reichtum und Frieden starb und Messalina hingerichtet wurde, ist ein schwacher Trost. Aber immer siegen in dieser Welt die langweiligen Völker über die kurzweiligen – wenn auch nicht *für* immer.

Deshalb bemächtigte sich auch der Weltklatsch nur der zivilisatorischen und technischen Leistungen Roms, und die allerdings waren so immens, daß darüber zu klatschen sich lohnte und noch immer lohnt. Es geschahen damals Dinge zwischen römischem Himmel und römischer Erde, von denen noch unsere heutige Schulweisheit sich nichts träumen läßt. Darum sei hier einiges von dem zusammengetragen, was die Mit- und Nachwelt über solche Leistungen zu berichten – und zu klatschen weiß, und der geneigte Leser sei gebeten, sich bei jeder erstaunlichen Behauptung zu überlegen, ob er sie für verbürgt hält oder nicht. Zu diesem listigen und lustigen Zweck wollen wir den Alltag eines jungen Paares im Rom etwa zur Lebenszeit Christi spielen lassen, also vor etwa neunzehnhundert Jahren. Von der Zeitwende, die durch Christi Geburt eintrat, ist mithin damals in Rom noch nichts bekannt. Wir wollen die junge Römerin Lätitia und den jungen Römer Gajus nennen, und wir wollen uns nur die eine Freiheit nehmen, beide im Stil und in den Begriffen unseres Heute sprechen zu lassen. Also auf ins Rom ums Jahr dreißig oder fünfzig – und merken Sie sich bitte an, was nach Ihrer Kenntnis und Meinung stimmt und was nicht stimmt!

Lätitia also erwachte an jenem Morgen, blickte lange in das *Glas des Wand-*
spiegels und fand sich dann jung und schön wie je; die beiden *künstlichen*
Zähne, die ihr der Zahnarzt vor drei Wochen hatte einsetzen müssen, waren
beim besten oder vielmehr bösesten Willen als solche nicht zu erkennen, was
angesichts der Kunst dieses Mannes kein Wunder war: hatte er doch für Lätitias
gereifte, aber noch immer eitle Mutter ein ganzes *künstliches Gebiß* geschaffen,
das sich ebenfalls von einem echten nicht unterscheiden ließ. Dann allerdings
gab es einen kleinen Ärger: als Lätitia ihr Morgenbad nehmen wollte, fand sie
die Wanne leer. Sie glaubte zunächst, sie habe vielleicht das *Wassergeld* an die
Stadt zu zahlen vergessen; doch fand sich dann, daß aus der Zapfstelle über
dem Waschbecken das Wasser floß wie immer; die städtische Wasserleitung
funktionierte also. Die herbeigerufene Dienerin erklärte denn auch das Versagen
der Badewanne: die *Baupolizei* hatte bei einem ihrer regelmäßigen Kontrollgänge bemerkt, daß die Wand im Badezimmer feucht geworden war, und die
Abstellung des Schadens verlangt. »Um Gottes willen!«, jammerte Lätitia, »was
wird das wieder kosten! Wir können ja nicht einmal die Zinsen für die *Hypo-*
theken zahlen, die auf die Hause liegen!« Die Dienerin jedoch meinte tröstend,
sie kenne einen Handwerker, der sich mit einem *vordatierten Scheck* zufrieden-
geben würde; und damit war die kleine Mißstimmung denn behoben.

Der *Masseur* erschien; aus Schönheitsgründen hatte ihn die schlanke und gut
gewachsene Lätitia zwar nicht nötig, doch hatte ihr der Hausarzt die Massage
zur Anregung des *Blutkreislaufs* verordnet. Dieser Maßnahme folgte eine
zweite, eine *Kneippkur*, die einer leichten Bleichsucht steuern sollte und darin
bestand, daß sich Lätitia Kaltwassergüsse versetzen lassen und mit nassen Füßen
im Sande des Gartens waten mußte; wie der Arzt dazu erklärt hatte, war auch
Kaiser Augustus durch diese moderne Therapie geheilt worden. Endlich erschien
auch jener Arzt selbst und entschuldigte seine Verspätung: er habe einem Patienten noch *den Star stechen* müssen, auch eine *Schädeltrepanation* liege bereits hinter ihm; er habe in die Schädeldecke des Patienten ein Loch von Tau-

51

beneigröße bohren müssen, doch werde es durch reichliche Knochenneubildung sich von selbst wieder füllen. Man habe die Operation zunächst durch *Vivisektion* an Hunden erprobt, und heute biete sie keine wesentlichen Schwierigkeiten mehr. Dennoch erblaßte die empfindsame Lätitia vor Schreck und Mitgefühl. Der Arme müsse doch furchtbare Schmerzen erduldet haben, meinte sie. Aber der Arzt lächelte: der habe nicht das geringste gespürt, denn man habe jetzt ein neues *Narkosemittel*, das drei bis vier Stunden lang wirke.

So konnte Lätitia denn zur Schilderung ihrer eigenen Leiden übergehen. Trotz der Kneippkur, sagte sie, seien ihre Kopfschmerzen wiedergekehrt. Der Arzt stellte eine für Lätitia erstaunliche Gegenfrage: ob sie nämlich in letzter Zeit in einem Sumpfgebiet gewesen sei; und als sie verneinte: ob sie in letzter Zeit mit einem Menschen zusammengekommen sei, der aus einem Sumpfgebiet kam. Richtig, entsann sie sich, ihr neuer Koch stammte aus einem Dorf in den Pontinischen Sümpfen! »Sehn Sie«, sagte der Arzt, »in Sümpfen gibt es *winzige Lebewesen*, so winzig, daß man sie gar nicht sehen kann. Sie dringen aus der Luft in Mund und Nase ein und infizieren geschwächte Persönchen wie Sie mit Fieber. Auch Ihr Koch kann die Krankheit auf Sie übertragen; deshalb verlangen Sie von ihm, daß er beim Kochen *Handschuhe* trägt und ein *Tuch vor den Mund* bindet, wenn er mit Ihnen spricht, damit er Sie weder durch Schweiß noch durch Atem anstecken kann.« Indessen ergab sich dann, daß Lätitia kein Fieber hatte, und der Arzt beschloß, das Kopfweh durch *elektrische Schocktherapie* zu heilen. Richtig waren die Schmerzen nach dem ersten Stromstoß bereits nicht mehr zu spüren; und nachdem er ihr eines leichten *Herzklappenfehlers* wegen noch möglichste Ruhe verordnet hatte, empfahl sich der Arzt.

Es war auch höchste Zeit, denn mit einem leisen Aufschrei entsann sich Lätitia, daß sie schon seit einer halben Stunde mit ihrem Freunde Gajus an der *Normaluhr* verabredet war!

Aber es dauerte noch gut anderthalb Stunden, ehe sie dort eintraf, was nicht nur am Toiletten-, sondern auch am Verkehrsproblem lag. Die schienengebundenen Verkehrsmittel nämlich, diese veralteten Einrichtungen, gestatteten ihrem Wagen nur ein langsames Vorwärtskommen, vor allem in den engen Straßen, wo die *Schienen* nur eingleisig geführt und nach ihrer Meinung zu wenig Ausweichstellen vorhanden waren.

Gajus seinerseits hatte sich die Zeit so gut wie möglich vertrieben. Von Beruf war er *Parlamentsstenograph*, und Lätitia konnte nie begreifen, wie er den Rednern nachkommen konnte; doch beherrschte er etwa fünftausend Zeichen und Sigel und schrieb schneller, als die Abgeordneten reden konnten; der Dichter Martial hatte solcher Leistung ein Distichon gewidmet. Heute jedoch hatte er seinen freien Tag; so hatte er sich denn ein *Pfeifchen* nach dem anderen angesteckt und den Rauch in den blauen Tag geblasen, der nach dem *Windmesser* auf der Normaluhr, der leichten Nordwind anzeigte, schön zu bleiben versprach.

Die Langeweile hatte ihn auch öfter als nötig in die nahe *öffentliche Bedürfnisanstalt* getrieben, obwohl der Aufenthalt dort teuer geworden war, seit der Kaiser *die Klosettfrauen so hoch besteuerte.* Da das aber schließlich und endlich doch nur eine indirekte Steuer war, und da er als römischer Bürger *nicht eine einzige direkte Steuer* zu zahlen hatte, es sei denn in dem Fall, daß eine entfernte Verwandte ihm mehr als zwanzigtausend Mark hinterlassen würde, und auch da nur 5 Prozent Erbschaftssteuer – so gab er sich schließlich brummend zufrieden; und siehe: in diesem Augenblick kam sie, die er erwartete!

Der Tag lag vor ihnen, und sie überlegten, wie er zu verbringen sei. Er schlenderte mit ihr zur nächsten *Plakatsäule,* an deren vielen Reklameplakaten der Nordwind vergeblich zauste: das *Gummiarabicum* hielt. An ständigen Vergnügungen aber waren heute nur ein Platzkonzert und eine Revue im Forum vorgesehen; bis zum Theaterbeginn war es noch lang, und das Platzkonzert mußte leider ausfallen, weil die Musiker wieder einmal in den *Streik* getreten waren, gezwungen durch ihre *Gewerkschaft;* so gingen sie denn ein paar Schritte weiter bis zur Zeitungssäule, um die *Römische Tageszeitung* zu lesen. Er, als fortschrittlicher junger Mann, schimpfte sehr darüber, daß man die Zeitung in der Hauptstadt der Welt nur angeschlagen und nicht gedruckt ins Haus liefern könne, während man auf Kreta doch längst die *Buchdruckerkunst mit beweglichen Lettern* erfunden habe, und während doch die ˏrömischen Abc-Schützen das Lesen bereits mit Hilfe beweglicher *Metall-Lettern* erlernten! Und dann erschrak er, als er, der Parlamentsstenograph, in der Zeitung eine Parlamentssitzung angekündigt sah – sollte er die vergessen haben? Aber schließlich atmete er erleichtert auf: es handelte sich nur um eine Fest- und Sondersitzung der *weiblichen Parlamentsmitglieder,* die es im Interesse der Frauenemanzipation und der Gleichberechtigung feiern wollten, daß man in Kleinasien einer verdienten *Ärztin* ein Denkmal errichtet hatte.

»Möchtest du nicht auch Ärztin werden oder dergleichen?« fragte er.

Aber sie antwortete: »Nein. Ich möchte nur dein werden.«

Er errötete und sagte: »Dann mußt du mich heiraten.«

Indessen sie wich einen Schritt zurück vor Abwehr: »Aber das geht doch nicht. Man kann doch nicht den heiraten, den man liebt. Das gibt doch ein Unglück, und das ist doch *gegen die guten Sitten*, jedenfalls in der guten Gesellschaft. Mein Vater würde mir das nie gestatten. Schweig davon.«

Er tat es, aber er beschloß bei sich, es nicht für immer zu tun. Für jetzt lenkte er ab, indem er ihr den übrigen Inhalt der Zeitung vorlas. Dem römischen Feldherrn in Belgien hatte man das pfeilverletzte Bein amputieren müssen, vor wenigen Stunden erst, die Nachricht war per *Brieftaube* eingetroffen. Wenn man *dressierte Schwalben* zur Verfügung gehabt hätte, wäre es noch schneller gegangen. Näheres konnten erst die Boten bringen, die ja selbst im tiefen Winter *240 Kilometer täglich* zurücklegten, und das neun Tage lang hintereinander. Nun, der arme Feldherr, meinte er, wäre nicht gar zu übel dran: man würde ihm eine jener ausgezeichneten, beweglichen und kaum als solche erkennbaren *Beinprothesen* machen, wie sie sich entwickelt hatten, seit vor zweihundert Jahren der »*Ritter mit der eisernen Hand*« Wunderdinge im Punischen Kriege vollbrachte. War doch sogar ein *künstliches Auge* keine Affäre mehr ...

Aber von Ärzten hatte Lätitia heute morgen bereits genug gehört, und auch die Nachricht, daß man in Karaman die *Gasheizung* eingeführt hatte, interessierte sie nicht sonderlich. Auch meldete sich der Magen; und wenn Gajus, der nicht eben gut bezahlt war, sonst auch sein Essen um einen Obolus aus einem der zahlreichen *Automatenbuffets* zu ziehen pflegte – heute ging er mit Lätitia in eines der *vegetarischen Restaurants*, die sie liebte, und deren Anzahl ebenfalls anwuchs, seit Seneca und Plutarch sie eingeführt hatten, wenn sie es auch ablehnte, einem der vielen *Antialkoholikervereine* beizutreten.

Als sie aber gegessen hatten, Eier frisch aus dem *Brutofen*, und in den Park beim Forum gegangen waren, spielten dort die Kinder. Sie spielten *Blindekuh*, *Räuber und Soldaten*, *der Plumpsack geht um*, *Drittenabschlagen* und *Schinkenklopfen*, sie spielten mit *Puppen*, *Steckenpferden*, *Peitschen und Kreiseln*, und eines hatte sogar einen *Brummkreisel*. Lätitia sah ihnen lange zu; da riß es ihn wieder, und er sagte recht rauh: »Das werden wir nie haben.«

Aber sie fragte arglos: »Wieso denn nicht? Wen ich auch heirate – die Kinder können doch von dir sein!«

»Oder vom Kaiser!« sagte er böse.

»Nun ja, das ist doch sein Recht!« erwiderte sie. »Wenn ich *bei Hofe* eingeführt werde, und er nimmt mich nicht und übersieht mich – die Schande würde ich nicht überleben, und mein Vater auch nicht! So was erträgt keine gute Familie ...«

»Ich wollte«, sagte er, »du wärest wie ich aus einer schlechten!«

In diesem Augenblick aber zuckte ein Blitzstrahl herunter – sie hatten gar nicht bemerkt, wie der Himmel sich bewölkt hatte. Sie erschrak furchtbar: »Da siehst du! Sprich so etwas nicht aus! Jupiter zürnt!«

»Du als Mithrasgläubige solltest so etwas nicht reden!« sagte er. »Das ist überwundener Aberglaube. Und Angst brauchst du nicht zu haben – es stehn ja ringsum *Blitzableiter*. Du darfst es nur nicht machen wie Tullus Hostilius und zu nahe herantreten, sonst trifft's dich!«

Der Regen trieb sie in eine kleine Weinstube. Sie tranken eine *Bowle* und bemerkten gar nicht, daß die nicht aus Früchten, sondern auf chemischem Wege durch eine *Essenz* zubereitet war, denn sie waren allein und tranken sozusagen sich selbst und einander auf. Bald jedoch packte ihn wieder der alte Kummer.

»Ich halte das hier nicht aus, ohne dich zu haben«, sagte er. »Ich muß weg. Ich habe Talent zum *Wünschelrutengänger*. Ich werde in die *üppige, fruchtbare Sahara* gehn und dort Brunnen suchen, die bohren sie dort zweihundert Meter tief. Oder ich werde auf den Athos gehen und dort den Plan des Bildhauers Stasikrates ausführen helfen. Der wird den ganzen felsigen *Berg Athos* in eine *Kolossalstatue des großen Alexander* verwandeln, die wird in der linken Hand eine Stadt halten mit zehntausend Einwohnern und in der rechten eine Urne, aus der ein Strom sich ins Meer ergießt.«

»Aber Gajus!« lächelte sie. »Solch größenwahnsinnige Bauprojekte hat man, solche Wolkenkratzer baut man doch nur im Westen, jenseits des Ozeans, in Indien!«

Er gab nicht nach. »Dann werde ich nach Indien gehen. Da wir wissen, daß *die Erde eine Kugel* ist, muß Indien von Spanien aus bei Ostwind in kurzer Zeit zu erreichen sein, denn der Umfang der Erde, das wissen wir auch, beträgt ungefähr vierzigtausend Kilometer. Und weil wir ferner wissen, *daß die Erde sich um die Sonne dreht,* muß in Indien dieselbe Sonne scheinen wie hier.«

»Aber du kannst doch gar nicht bauen!«

»Nun, dann werde ich den Indern beibringen, was wir hier schon wissen und sie vielleicht noch nicht. Daß die Materie einheitlich ist zum Beispiel, aber aus *Atomen* besteht, und daß Materie und Energie dasselbe sind.«

»Siehst du«, sagte sie, »so bist du nun. Kaum hast du mich entdeckt, da willst du schon Indien entdecken.«

»Ja, weil ich Indien behalten könnte und dich nicht!«

Sie stand schnell auf. »Laß doch. Es hilft uns ja nichts. Und es ist Zeit fürs Theater.«

Nun, sie kamen zum Forum und betraten einen der zwölf *Aufzüge,* die insgesamt sechzig Personen befördern konnten. Sie stiegen im höchsten Stockwerk aus und konnten von ihrem Platz aus den Kaiser sehen, wie er durchs *Monokel* hinunter in die Arena blickte, denn auf einem Auge war er sehr kurzsichtig. Sie sahen ihn die von ihm bezahlte *Claque* dirigieren, die wohl an fünfhundert Mann zählte. Er war gnädig heute, aber man sagte, daß er *Glasfenster* einzuwerfen pflegte, wenn er wütend war. Sie sahen den *Kunstschützen* Anaxagoras, der 500 Meter weit mit dem Bogen zu schießen wußte, und den Star Phöbos, der *für jedes Auftreten 4715 Mark* bekam, und den Flötenvirtuosen Ismenios, dessen Instrument aus Korinth stammte und über *30 000 Mark* gekostet hatte. In der Pause aßen sie Austern und gefüllte Datteln in Olivenöl, und die reiche Lätitia beauftragte den Kaufmann, von beidem an ihre Verwandten in der Schweiz zu schicken; verderben oder gefälscht werden konnten die Waren ja nicht, denn die Austern wurden *in Eis* befördert und die Datteln in Originalkrügen mit dem *Garantiestempel* der Firma.

Aber sie waren beide nicht recht bei der Sache. »Das ist alles so gleichgültig, und mir ist so ernst«, sagte er. »Ich habe eine Bitte, eine große Bitte: komm mit zum Gottesdienst.« Sie nickte nur.

Sie traten auf die Straße, als eben die *Straßenbeleuchtung* entzündet wurde. Hand in Hand gingen sie vorüber am Tempel der Demeter, die den Dionysos gebar, und gedachten der *Heiligen Jungfrau.* Haupt an Haupt gelehnt blickten sie auf zum gestirnten Himmel und erschauerten im Gedanken an die *Sieben*

Todsünden. Dann standen sie vor dem Gotteshaus ihrer Glaubensgemeinschaft, dem Tempel des persischen Mithras – es war ja die Mithrasreligion die verbreitetste im damaligen Rom. Sie warfen ihren Obolus in den *Weihwasserautomaten* und besprengten sich mit dem geweihten Naß, sie nahmen teil *am heiligen Mahl* mit dem geweihten Brot und dem Kelch voll Wasser und Wein, sie stiegen symbolisch mit dem Gott, der sich geopfert hatte, hinab in die Hölle und erstanden mit ihm nach drei Tagen, wieder geboren.

Es war kühle Nacht, als sie wieder auf die Straße traten, und Lätitia fröstelte; so rief er eine *Taxidroschke* herbei. Eng aneinander saßen sie im Fond und fragten sich, wann und woher wohl einmal eine Religion kommen würde, die keinen Unterschied mehr kennen würde zwischen armen und reichen Liebenden, die fordern würde, daß nur die einander heiraten dürfen, die einander lieben – die überhaupt nichts anbeten würde als die Liebe. Ja, beide fragten es sich, aber keiner fragte es den andern: sie wußten, daß sie das gleiche dachten, und schwiegen.

Die Droschke hielt kurz vor Lätitias Haus, ließ sie aussteigen und führte ihn davon, und als der Kutscher dann aus dem *Taxameter* die gefahrenen Kilometer ablas, mußte Gajus ihm sein letztes Geld geben. Aber er tat es gerne, er war nicht arm heute; und als er in seinem Zimmer war, kniete er nieder vor dem *Reliquienschrein* des Hauses und betete um die neue Religion und schlief lächelnd ein.

Und Sie, geneigte Leser, lächeln nun auch. Wie viele Unwahrheiten, Ungereimtheiten, Anachronismen, Fabeln und technische Klatschereien, denken Sie, hat er uns wohl versetzt mit dieser Geschichte von Gajus und Lätitia, der Geschichte von zwei modernen Menschen in einer modernen Welt, die er einfach um zweitausend Jahre zurückdatiert hat! Haben Sie gezählt, wie viele es waren?

Nun, ich habe Sie ein wenig aufs Glatteis gelockt, ich habe Sie ein bißchen an der Nase herumgeführt. Es war nämlich nicht eine einzige Unwahrheit dabei; es ist alles verbürgt, was ich aufzählte; es hat alles gestimmt!

Es gab Wandspiegel aus allerdings noch dunklem, nicht mit Silber unterlegtem Glas, so wie es in der römischen Kaiserzeit schon Glasfenster gab und Anschlüsse an die Wasserleitung für jeden, für die auch jeder bezahlen mußte, und Straßenbeleuchtung und vegetarische Restaurants und Automatenbuffets und Weihwasserautomaten, die wir gottlob noch nicht wieder haben. Die Baupolizei gab es bereits in Athen, ebenso die Normaluhr, wobei allerdings die Tageszeit durch die Sonnenuhr und die Windstärke durch einfache Fähnchen bestimmt wurden. Der Zinsgroschen wurde von den öffentlichen Klosettfrauen schon zur Kaiserzeit erhoben, wobei ja ein Kaiser das berüchtigte Wort sprach: Er stinkt nicht! Schienen, allerdings aus Stein und in den Steinboden der Straßen eingelassen, aber mit richtigen und regelmäßigen Ausweichstellen, hatte man im ganzen Imperium von Arabien bis zu den Alpen, und ihre Spurweite glich mit 1,44 Metern fast genau der Spurweite unserer heutigen Vollbahnen. Auf solchen Straßen konnten denn die Kuriere auch ihre 240 Kilometer täglich zurücklegen, das Vielfache der Tagesleistungen vom Mittelalter bis weit in die Neuzeit hinein, und die Beförderung von eisgekühlten Austern und von Früchten in Ölkrügen mit Fabrikstempeln bot keine Schwierigkeit. Die Römische Tageszeitung, die »Acta diurna«, gründete Cäsar schon 59 vor Christus, und daß die Römer, deren Kinder bereits mit beweglichen Metallbuchstaben spielten, nicht schon Gutenbergs Erfindung vorwegnahmen, ist eigentlich nicht recht erklärlich: sie standen nahe davor. Daß man außer den Brieftauben auch Briefschwalben zu dressieren und zu benutzen verstand, weiß schon Plinius; mit Erdgas heizte man 400 vor Christus die Häuser dort, wo es vorkam, und transportierte es später sogar nach Byzanz; die künstliche Bebrütung von Eiern in Brutöfen, worin die Eier alle sechs Stunden gewendet und nach zehn Tagen noch höherer Temperatur ausgesetzt wurden, kannten die alten Ägypter, die auch den Blitzableiter erfanden, 1300 vor Christus, wobei man nur die Erdung noch nicht anzuwenden wußte; deshalb wurde jener Tullus Hostilius nach dem alten Livius auch vom Blitz neben dem Blitzableiter erschlagen. Wünschelrutengänger waren bereits zunftmäßig organisiert, und ohne sie wäre die Bewässerung der Sahara kaum durchführbar gewesen; mit welchen technischen Mitteln man aber zweihundert Meter tief bohren konnte, wissen wir noch nicht. Ihre Zunft oder Gewerkschaft hatten auch die Musiker Roms, sie streikten zum ersten Male 311 vor Christus, weil man ihnen einen Staatszuschuß gestrichen hatte; der Streik hatte Erfolg, die Zensoren mußten nachgeben und den Zuschuß wieder zahlen, wie Ovid berichtet. Entweder hatten also damals die frei schaffenden Künstler eine energischere Gewerkschaft – oder einen kunstfreundlicheren Staat. Das letzte ist das Wahrscheinlichere, da man ja auch ein Projekt wie den Umbau des Berges Athos zu einer Riesenbildsäule durchaus ernst nahm.

Bowlen trank man gern, und Rosenbowle verstand man auch ohne Rosen auf künstlichem Wege herzustellen, das Rezept ist uns durch Apicius erhalten; übrigens war auch die heutige Worcestersauce bekannt. Sie war teuer, aber selbst das heitere Künstlervölkchen konnte sie sich leisten: die angeführten Riesengagen sind überliefert. Desgleichen scheinen die Taxis nicht allzu teuer gewesen zu sein, und die Taxameter konnten vom Fahrgast kontrolliert werden, so daß es keine Betrugsmöglichkeit gab; jedesmal nämlich, wenn eine Meile zurückgelegt war, fiel ein Steinchen mit hörbarem Ton in ein Bronzegefäß, ein mit der Achse verbundener Apparat bewirkte das. Gab's dennoch Streit, zählte man nach der Fahrt einfach die Steinchen, und der in Wien sehr fragwürdige Fiakerspruch »Mir wern kaan Richter brauchen« hat also in Rom seine Geltung. Hatte aber der Fahrgast kein Bargeld, dann konnte er ruhig seinen Scheck zükken — Schecks, Wechsel und Hypotheken gab es bereits bei den Babyloniern, und es ist anzunehmen, daß auch der Turmbau zu Babel nur durch Wechselschulden und Hypothekenbeschaffung finanziert werden konnte.

Ja, es gab eine Claque im Theater, und Nero benutzte einen geschliffenen Smaragd als Monokel; ja, man vermochte mit dem Bogen einen halben Kilometer weit zu schießen, obwohl das selbst für einen Gewehrschuß nicht ohne ist; ja, es gab Aufzüge für sechzig Personen im Forum, die zwölf Liftschächte mit den riesigen Tuffsteinblöcken, die als Gegengewichte des Hebewerks dienten, sind heute noch erhalten — und erst nach anderthalb Jahrtausenden wurde der erste Lift wieder neu erfunden, und zwar zu Jena in Thüringen. Spielten somit die Erwachsenen die gleichen technischen Spiele wie heute, so wird es keinen wundern, daß es auch die Kinder taten: Der Brummkreisel existierte, so gut wie die Litfaßsäule, und nur unsere vielen Steuern — die existierten für römische Bürger in Italien tatsächlich nicht! Aber den Kampf um die Gleichberechtigung der Frauen, den gab's: ausgerechnet der böse Heliogabal richtete ein Weiberparlament ein, das allerdings im wesentlichen über Kleider-, Gesellschafts- und Standesfragen zu entscheiden hatte, und jene Statue, die über die Leistungen eines tüchtigen weiblichen Arztes berichtete, fand man 1892 zu Tlos in Kleinasien.

Damit sind wir denn bei den medizinischen Errungenschaften der Zeit um Christus. Ein künstliches Gebiß von damals zeigt man noch heute im Museum von Corneto in Italien, drittes Zimmer, und es stammt schon aus etruskischer, also vorrömischer Zeit; Schädeltrepanationen reichen auch auf deutschem Boden bis in die Bronzezeit zurück; Massagen empfiehlt Hippokrates 400, Kneippkuren Asklepiades 100 vor Christus. Die Vivisektion ist noch älter, und die moderne Staroperation ist viertausend Jahre alt, wie ein Papyrus beweist. Zur gleichen Zeit heilten die ägyptischen Ärzte beginnende Herzklappenerkrankungen, wie die unseren, durch Ruhe, und den Blutkreislauf, erst 1619 von Harvey neu entdeckt, kannte schon der Leibarzt des Königs Seleukos 300 vor Christus. Wirksame Narkosen, namentlich durch Mandragora, Bilsenkraut und Opium, wendet man seit Homer an; die erste geradezu künstlerisch ausgeführte Beinprothese liegt im Britischen Museum, und das Grab zu Capua, worin man sie fand, ist zweitausenddreihundert Jahre alt; der Urgroßvater des Verschwörers Catilina vollbrachte tatsächlich mit einer eisernen Hand unvergeßliche – jedenfalls damals unvergeßliche – Kriegstaten, ein Götz des Altertums; Zitate jedoch sind von ihm nicht überliefert; ihm fehlte ein Goethe. Auf die Idee, daß die Malaria von unsichtbar kleinen Lebewesen, also Bazillen, herrührt, kommt bereits Varro um 100 vor Christus, und erst Dr. Knott kommt achtzehnhundert Jahre später zum zweiten Male darauf; ein Tuch vor den Mund nehmen muß aber bereits der Bäcker des Griechen Anaxarch. Mit der Heilkunde scheint ursprünglich auch die Erfindung des Rauchens zusammenzuhängen, doch wird es, wie der Mensch schon ist, bald zur Sucht; in prähistorischen und römischen Grabhügeln fand man Pfeifenköpfe aus Ton, Eisen und Bronze in Menge, nur wissen wir nicht, *was* man rauchte; die Skythen jedenfalls rauchten Hanf, also Haschisch. Bleibt die Geschichte von der Anwendung elektrischer Stromstöße gegen Kopfweh: nun, man legte Zitterrochen auf die Stirn, Fische also, die Elektrizität ausstrahlen, und wiederholte die Kur mit weiteren Fischen, bis es half!

Und wenn man Reliquienschreine kannte, in denen man zum Beispiel das »Ei der Leda« zeigte: lachen wir nicht – man zeigte auch im Mittelalter noch ein Stück der ägyptischen Finsternis. Man kannte den Begriff der Sieben Todsünden aus der heidnischen Astrologie, die Begriffe des Abendmahls und der Auferstehung aus den Kulten des Marduk und des Mithras, den Begriff der Heiligen Jungfrau aus dem Demeterkult; aber man kannte auch die allermodernsten, scheinbar unserem Jahrhundert gehörenden Begriffe des Atoms und sogar der Identität von Energie und Materie, und vor dem erst nachchristlichen Ptolemäus fiel es niemandem ein, zu glauben, daß die Sonne sich um die Erde drehe. Nein, für die Alten drehte sich die Erde um die Sonne und war eine Kugel, deren Umfang man ziemlich genau errechnet hatte; Strabo berichtete vom Gedanken des Poseidonios, daß man Indien von Spanien aus erreichen müsse, wenn man westwärts segele; Strabo aber wurde nachweislich im Jahre 1470 übersetzt und war ebenso nachweislich dem Kolumbus bekannt – also führte Kolumbus eine Idee durch, die siebzehnhundert Jahre zuvor gedacht wurde. Er war eben der erste, der eine Wahrheit nicht für Klatsch hielt; leider wurde er dadurch zum Gründer auch der Stadt Hollywood, wo man heute jeden Klatsch für eine Wahrheit hält; und leider hat Hollywood seinerseits uns inzwischen rückentdeckt, so daß diese Methode mithin auch bei uns Schule gemacht hat ...

Aber davon erst später – viel später. Die Wahrheit hat immer Zeit, und der Klatsch kommt nie zu spät.

Wahre Liebe kann sich lohnen,
Manchmal selbst auf Kaiserthronen.

ines jener Geschichtsklischees besagt: Nicht nur Frömmigkeit und Klugheit der Jesuiten, nicht nur Luthers schlechte und des Papstes gute Politik bewirkten die Erfolge der Gegenreformation, sondern auch das Talent der Habsburger, ihre Söhne und Töchter nach gut katholischen und vor allem nach gut politischen Gesichtspunkten zu verehelichen – getreu dem alten Wort: »Andere mögen Kriege führen; du, glückliches Österreich, brauchst nur zu heiraten!«

Es war nicht so; es war Gott sei Dank nicht so. Nicht die Gabe, Geld und Macht zu erheiraten, machte Habsburg groß; wäre das ausreichend, dann könnte jeder Spießer ein Weltreich gründen. Was die Habsburger groß machte, war die Gabe, zu lieben, ganz irdisch und ganz sinnlich und ganz seelisch zu lieben. Solange sie diese Gabe besaßen, solange sie jubelnde Herren und blutende Sklaven der Liebe blieben, blieben sie groß; als sie sie verloren, wurden sie klein. Und in ihrem jahrhundertelangen Kampf gegen Frankreich waren es immer die französischen Herrscher, die die Liebe vergewaltigten, um Territorien zu gewinnen; die Habsburger gewannen Territorien, indem sie der Liebe gehorchten. Auf dem Boden der Liebe wurde dieser Kampf denn auch ausgetragen; die Franzosen raubten den Österreichern immer zuerst nicht Länder, sondern Bräute; die Entscheidungsschlachten wurden erst nachträglich auf der Walstatt geschlagen, zunächst aber im Bett.

Anne de Bretagne, wir wissen es schon, war die erste geraubte Braut: Karl VIII. von Frankreich stahl sie Maximilian, dem ersten Kaiser seines Namens und dem letzten Ritter. Der ließ sich durch ein paar Herzogtümer beschwichtigen und überwand den Diebstahl leicht; er hatte es aber auch leicht, ihn zu verwinden. Denn er liebte eine andere, und daß sie damals schon tot war, machte nichts aus; er liebte sie über den Tod hinaus. Diese andere war die schöne Maria von Burgund.

Zwölf Freier hatten um sie geworben, und es waren reichere darunter als Maximilian, dem die Stiefschwiegermutter erst hunderttausend Gulden pumpen mußte, damit er überhaupt seine Brautfahrt nach Gent antreten konnte, wo Maria lebte. Sie aber hatte einmal sein Bild gesehen und sich in dieses Bild verliebt, und sie hatte ihm spontan ihren Ring geschickt. Und als er nun zu Gent abgestiegen war, sandte sie ihm, ganz gegen die Sitte, sofort einen Boten in sein Quartier, er möge zu ihr kommen, gleich, gleich; sie konnte es nicht erwarten. Um elf Uhr nachts, bei Fackelschein, ritt er zu ihrem Palast. Sie ging ihm entgegen, sie trafen sich auf der Straße. Als sie einander sahen, riß es sie in die Knie. Ja, sie knieten voreinander und sanken sich in die Arme, »vor allen Leuten«. »Und«, fährt der alte Chronist fort, »Maria begann zu weinen und sagte: ›Seid mir willkommen. Ich habe so lange nach dir verlangt. Nun sehe ich dich bei mir mit Freuden!‹ Und schon am dritten Tage darauf wurde die Vermählung vollzogen.«

Nur fünfeinhalb Jahre blieben sie zusammen; nur fünfeinhalb Jahre durften sie sich lieben. Dann stürzte Maria, als sie zum dritten Male guter Hoffnung war, bei einer Reiherjagd vom Pferd und verletzte sich »auf die gefährlichste Art, aber sie verhehlte es aus Scham«, wie der Chronist wieder sagt. So kam der Arzt zu spät, und sie starb mit fünfundzwanzig Jahren. »Nie«, schrie Max an ihrer Leiche auf, »nie werde ich dieses trauten Weibes vergessen können – nie solange ich lebe!«

Die Wahrheit hatte aus ihm geschrien. Zwar heiratete er nach zwölf Jahren Trauer um Maria noch einmal, und diesmal wirklich aus rein politischen und finanziellen Gründen, aber er wurde nicht glücklich mit der Neuen, und die Kinder blieben aus und damit der politische Effekt: der Schatten der Toten stand ihm oder vielmehr der Neuen im Wege. Wenn man Marias Namen nannte, zerfloß er in Tränen, und einmal flehte er den damals als Beschwörer berühmten Abt Trittheim zu Würzburg auf den Knien an, sie ihm noch einmal heraufzurufen ins Leben. Der Abt tat es unter der alten Beschwörerbedingung, daß Max die Erscheinung nicht ansprechen dürfe; aber das vermochte der so wenig wie einst Orpheus, er »redete zu ihr in den süßesten Worten«, und die geliebte Gestalt zerrann. So konnte er nichts tun, als die Ehrfurcht vor ihr und seine Liebe auf alle, aber auch auf alle ihres Geschlechtes übertragen: er, der mächtige Männer rauh anzufahren und Köpfe rollen zu lassen wußte, sprach nie eine Frau, auch die einfachste Bäuerin nicht, mit »Du« an, er zog vor jedem Weib tief den Hut; und als sich bei seinem Einzug in Regensburg die »fahrenden Fräuleins« bei ihm beklagten, man habe sie um seinetwillen aus der Stadt verwiesen, hieß er die erste Schöne, sich festzuhalten am Schweif seines Rosses und die nächste an die Hand zu nehmen und so fort, und so zogen die fahrenden Fräuleins unter kaiserlichem Schutz in Regensburg wieder ein und ließen als Dank eine Messe lesen zu Ehren der toten Kaiserin Maria von Burgund. So wußte der letzte Ritter zu lieben.

Ihm blieb von seiner Maria sein heißgeliebter Sohn Philipp, eines männlichen Vaters und einer schönen Mutter Sohn und darum zu Recht Philipp der Schöne genannt; dennoch: in ihm verging sich Max gegen das Gesetz der Liebe, die ihn gesegnet hatte; er vermählte ihn, als er achtzehn Jahre alt war, mit der siebzehnjährigen Johanna von Spanien, weil sie Erbin der spanischen Monarchie war. Der Verrat an der Liebe sollte sich furchtbar rächen: Philipp, ein gar galanter Herr, liebelte mit vielen im Lande, aber die heißblütige Spanierin liebte er nicht; um so mehr liebte sie ihn – und sah sich oft betrogen. Und als sie sich nach zehnjähriger Ehe zu Burgos wiederum betrogen glaubte, gab sie ihm Gift. Er starb elendiglich, erst achtundzwanzig Jahre alt, und seinem Vater wagte niemand die Wahrheit zu sagen, aus Furcht, er möchte sich ein Leid antun vor Jammer. So erfand man eine Krankheit, die man von Woche zu Woche sich verschlimmern ließ, und erst viele Monate nach dem Mord erfuhr Maximilian von des geliebten und einzigen Sohnes vermeintlich schleichendem Tode.

Wie es aber den Eifersüchtigen zu gehn pflegt: Johanna, die Vielbetrogene, hatte sich gerade in dem Fall, um dessentwillen sie ihren Mann vergiftete, geirrt – diesmal hatte sie ihn zu Unrecht verdächtigt, unschuldig war er gestorben; und als sie das erfuhr und damit das Ausmaß ihrer Schuld, verfiel sie in Wahnsinn. Sie ließ den Geliebten und Ermordeten wieder ausgraben, einbalsamieren, prächtig kleiden, in einen gläsernen Sarg legen, in ihr Zimmer stellen. Sie wachte Tag und Nacht bei ihm, sie starrte ihn unverwandt an, kein weibliches Geschöpf außer ihr durfte das Zimmer betreten – die Eifersucht wird nicht nur älter als die Liebe, wie Jean Paul meint, sie wird auch älter als der Tod.

Schließlich nahm man Johanna den Leichnam wieder weg und setzte ihn nochmals bei; nun aber schrie sie so, daß man ihn ihr wiedergeben mußte. Aus Furcht, man könne ihn stehlen, begann sie zu reisen – immer mit dem Sarg, und immer nur nachts. Vierzehn Jahre lang irrte sie so durch Europa, der Leichnam wurde ihr vorangetragen, zwischen brennenden Fackeln. Ein Märchen hielt sie aufrecht, das ihr ein Karthäusermönch erzählt hatte, wohl in der guten Absicht, sie zu trösten. Es handelte von einem König, der einstmals ermordet worden und nach vierzehn Jahren wieder aufgewacht sei. »Also harrete sie«, erzählt der Chronist, »vierzehn Jahre lang auf solch seligen Tag gleich als ein Kind; da er aber endlich heranbrach und Philippus gleichwohl tot blieb, ward sie ganz rasend.« Man mußte sie in einen festen Turm sperren, wo sie bis zu ihrem Ende mit Katzen spielte, denen sie von ihrem Philipp erzählte, und die Zeit schenkte ihr nichts: fünfzig volle Jahre überlebte sie ihren Mord und ihren Geliebten. Bis neun Monate vor seiner eigenen Abdankung mußte ihr Sohn Karl V. in Spanien unter ihrem Namen regieren. An der Spitze all seiner Erlasse stand der Name Johannas der Wahnsinnigen, die so geliebt hatte, daß sie morden mußte, und die ein Leben lang lieben mußte, weil sie gemordet hatte.

So oft Habsburg die Liebe verriet, so oft hat sich die Liebe an Habsburg gerächt.

Zwei Söhne hatte Johanna dem schönen Philipp geschenkt: Karl und Ferdinand; und Karl, in dessen Reiche nachmals die Sonne nicht untergehen sollte, hat wohl den dunkelsten und merkwürdigsten Geburtsort aller gekrönten Häupter gehabt: »Seine Majestät«, sagen die Urkunden, »kamen zu Gent ganz unerwartet zur Welt, indem dero Mutter bei der Gelegenheit eines Hoffestes auf dem heimlichen Gemache von der Geburt überrascht wurde …« Ein höchst unkaiserliches Kreißzimmer also, und Karls Feinde haben es später nicht unterlassen können, aus dem grotesken Vorgang recht unzarte Schlüsse zu ziehen.

Zunächst schien dies Omen denn auch ungünstig zu sein. Denn Karl, der von seiner wahnsinnigen Mutter einen Hang zur Melancholie mit plötzlichen Zornausbrüchen, dazu eine krankhafte Freßwut, die seinen schwachen Magen ruinierte, und sogar eine Neigung zu häufigen epileptischen Anfällen ererbt hatte – Karl schien Unglück in der Liebe zu haben. Schon als Knabe war er mit Klaudia, der Tochter Ludwigs XII. von Frankreich, verlobt worden, um so die Streitaxt zwischen beiden Häusern endlich zu begraben. Wie jedoch seinem Großvater Maximilian die Anne von der Bretagne vom französischen König geraubt worden war, so wurde auch ihm die hübsche Klaudia vom späteren Franzosenkönig Franz I. geraubt. Der heiratete sie, Karl bekam sie nie zu sehen, und mit dem »Tu, felix Austria, nube!« schien es also wieder nichts zu werden: Klaudia wurde geklaut.

Karl hat das Franz I. nie verziehen. Zwei Brautraube in drei Generationen wirken schließlich auch auf den Sanftmütigsten verstimmend. Bereits als Knabe, als Lucas Cranach ihn malen sollte, war der ungebärdige Infant nur dadurch zur Ruhe zu bringen, daß man ihm gegenüber das Bild des Brauträubers aufhing; das starrte er nun unverwandt und haßerfüllt an, und mit diesem Wutblick auf den Erbfeind hat Cranach ihn gemalt. Übrigens sollte er sich der Kunst Lucas Cranachs weit später nochmals gegenübersehen. Sein großer Gegner Moritz von Sachsen nämlich beschoß ihn vor Ingolstadt mit Kanonen, auf die Cranach in seiner Eigenschaft als sächsischer Hofmaler höchst obszöne Bilder hatte malen müssen. Trotzdem zagte Karl vor diesen pornographischen Kanonen nicht – er, der sogar vor Spinnen bis zur Ohnmacht erschrak. Und Cranach hat er das nicht nachgetragen; Franz I. hingegen bekriegte er zeit seines Lebens, nahm ihn gefangen, luchste ihm die Kaiserkrone ab, indem er die deutschen Kurfürsten mit einigen hunderttausend Gulden bestach – die Herren nahmen das Geld ohne jede Hemmung an, obwohl sie sich doch über den Ablaßhandel des Papstes moralisch so sehr entrüstet hatten. Übrigens war auch die furchtbare Plünderung Roms durch deutsche und sonstige Landsknechte, der »Sacco di Roma«, auf die Feindschaft Karls gegen Franz zurückzuführen, so daß auch an diesem berüchtigten Verbrechen weder die Reformation noch die Gegenreformation, sondern letzten Endes die geklaute Klaudia schuld ist.

Wiederum aber sollte unrecht Gut nicht gedeihen, auch unrecht erotisch Gut nicht; wiederum sollte auch der zweite Brautraub nicht dem Räuber, sondern

dem Beraubten zum Segen werden; die Liebe läßt sich nicht spotten. Weil Karl
nämlich Klaudia von Frankreich nicht bekommen konnte, mußte er Isabella von
Portugal nehmen; und die galt nun als die schönste Frau ihrer Zeit, und Karl
geschah, was seinem Großvater Maximilian geschehen war: er liebte Isabella,
liebte sie mehr als sein Leben, jedenfalls mehr als das Leben, das er bisher geführt hatte. Seine Melancholie verschwand, seine Zornausbrüche, ja seine epileptischen Anfälle blieben aus, sobald er sie geheiratet hatte. Er hatte sogar
keine Angst vor Spinnen mehr – und was noch mehr wiegt, wie der weise
Chronist findet: er änderte ihr zuliebe seine Diät, seine Freßwut erlosch. Er,
berüchtigt wegen seines geradezu hysterischen Hangs zur steifsten Etikette,
wurde selbst in dieser Beziehung vernünftig, ja, überlegen. Als sich damals eine
kastilianische und eine napolitanische Gräfin in der Brüsseler Hofkapelle um
den Vorrang stritten und Karl die Frage vorgelegt wurde, wer von den beiden
Damen den Vortritt habe, entschied er: »Die Dümmste!« – eine Regel, durch
die sich noch heute jeder Rangstreit mühelos vermeiden ließe. Und als an seinem Hofe der Klatsch überhandnahm, ordnete er an, daß jeder Verleumder am
Morgen sich einstellen, ein paar Stunden auf allen vieren umherkriechen und
wie ein Hund bellen müsse. Das freilich ließ sich nicht durchhalten: der
Klatschvettern waren es so viele, daß seine Räte vorstellig wurden, sie könnten
nicht mehr arbeiten vor lauter Gebell . . .
Aber auch diese zweite große Liebe unter den Habsburgern dauerte nur kurz;
schon nach dreizehn Jahren starb die schönste Frau der Welt, starb Kaiserin Isabella an der Geburt ihres vierten Kindes, starb auch sie, weil sie aus Scham keinen Arzt zu Hilfe nehmen wollte. Karl saß tagelang stumm an ihrer Leiche,
versteinert; nur wer ihn trösten wollte, auf den fuhr er los mit gezücktem Dol-
che. Und dann war alles wieder da: die Epilepsie, die Melancholie, die Spinnen-
angst, die tödlich steife Etikette. Noch als er abgedankt hat und ins Kloster
St. Just geht, nimmt er ein halbes Dutzend Köche mit und lehnt die Klosterkost

nach einem einzigen Versuch empört ab. Vorher versucht der trübseligste Kaiser der Welt manchmal, sich trösten zu lassen durch andere, flüchtig genommene und wieder verlassene Frauen – so durch die Regensburger Bürgerstochter Barbara Blomberg, die so lieblich singt und ihn dadurch für ein paar Stunden aufheitert, und die ihm den Don Juan d'Austria gebiert. Mit Liebe aber hat das nichts zu tun. Allen Heiratsangeboten widersteht er, und sein letzter Blick vor seinem Tode gilt Isabellas Bild.

Dennoch geht es ihm mit seinem Erstgeborenen ähnlich wie seinem Großvater Maximilian. Um seinetwillen hat er abgedankt, durch diese Abdankung wird Philipp II. König von Spanien – aber der dankt ihm's nicht; er läßt sich bei seinem Vater nicht mehr sehen, er kürzt ihm sogar, geizig wie er ist, die Apanage um die Hälfte, so daß der kaiserliche Greis in peinliche Geldschwierigkeiten gerät. Bei Karl aber ist, um ihn spielt wie ein letzter Abglanz der Sonne, die in seinem Reiche nicht unterging, der kleine Juan, der Sohn der Bürgerin Blomberg, und er wird dereinst durch den Sieg bei Lepanto das Reich erretten. Er ist des sterbenden Kaisers letzte Freude, nicht seine Uhrensammlung, deren Pendel er, wie wir alle gelernt haben, vergebens in gleichmäßigen Gang zu bringen versucht haben soll.

Er konnte das nämlich nicht versuchen, weil es damals noch keine Pendeluhren gab.

Nein, nicht auf den geizigen, grausamen und bigotten Philipp vererbt sich der Liebessegen des Hauses Habsburg, sondern auf den weit weniger geliebten jüngeren Bruder Karls, der als Ferdinand I. über Österreich herrscht, der mit der schönen und gescheiten Jagellonin Anna von Polen in sechsundzwanzigjähriger glücklichster, verliebtester Ehe fünfzehn schöne und gescheite Kinder zeugt, bis sie an einem abermaligen Kindbett stirbt. Und seltsam: wiederum ist es nicht dieses Kaisers erster Sohn und Thronfolger Max II., der zu lieben weiß, sondern der Zweitgeborene, Ferdinand von Tirol. Er ist es, der sich zu Augsburg in die schöne Philippine Welser verliebt und sie gegen alle Widerstände und unter Verzicht auf die Thronnachfolge heiratet, und zwar nicht, weil sie so reich gewesen wäre: sie war gar nicht die Tochter des »reichen« Welser, von dem sich der Kaiser und seine Söhne freilich abhängig wußten, sondern eines weit weniger reichen und total einflußlosen Verwandten. Nicht ihres Geldes wegen heiratete sie Ferdinand, und nicht ihres Geldes wegen verzieh ihr der Kaiser, sondern was Sohn und Vater taten, taten sie um Philippines Schönheit willen, von der es heißt, daß »der Rist ihres Füßleins also hoch war, daß wohl ein Zeislein darunter mochte Platz haben«, und »die Haut ihres Hälsleins also zart, daß man den roten Wein, so sie trank, durch ihre Kehle konnte rinnen sehn« – weshalb sie denn, als typische Frau, ausschließlich Rotwein trank. Und was ihren Mann betraf, so mochte ihn noch eine andere Eigenschaft ein Vierteljahrhundert an sie gefesselt haben, denn erst dann starb sie, just an ihrem Hochzeitstage: sie hinterließ nämlich fünf handgeschriebene Folianten mit ausgezeichneten –

Kochrezepten. Aber ob auch Schönheit zu Kochkunst und Kochkunst zu Klugheit und Klugheit zu Treue kam – nehmt alles nur in allem: was ihn an sie und sie an ihn band, war Liebe; die letzte rechte Liebe im Hause Habsburg.

Denn Ferdinands Bruder Max, den Kronenträger, verrät man abermals an die Politik; obwohl schon sein Erzieher sich in der Donau ertränkte aus Schwermut über eine ungeliebte Frau, beachtete man die Warnung nicht und verheiratete ihn mit Maria von Spanien, der frommen Tochter Karls V., aber damit auch der Enkelin Johannas der Wahnsinnigen. Gewiß, die strenge, harte, düsterkirchliche Frau gebiert dem duldsamen, nicht unfrohen Max sechzehn Kinder, aber es ist eine lieblose Ehe, und kaum ist Max plötzlich gestorben, wie es heißt, vergiftet, da geht Maria, sofort nach seiner Bestattung, nach Spanien zurück, denn, so sagt sie, »ich will wenigstens auf rein katholischer Erde sterben«. Und Freude hat Kaiser Maximilian II. nur an seiner unehelichen und unebenbürtigen Tochter, der bildhübschen Helene Scharsegin; um sie bewerben sich ein kärntnerischer und ein spanischer Freiherr, und weil beide Riesen an Gestalt und Kraft sind, läßt der Kaiser sie miteinander ringen. Und siehe, der Kärntner ringt den Spanier nieder, steckt ihn in einen Sack, legt ihn vor dem Kaiser auf die Erde und gewinnt die »Schöne Helena Österreichs«, und die ist dessen herzlich froh, hatte sie sich doch schon längst in des Kärntners unüberbietbare männliche Zier verliebt: er hatte nämlich einen mit größter Sorgfalt gepflegten Bart von viereinhalb Schuh Länge, der reichte vom Kinn bis auf die Erde und wieder zurück bis an den Gürtel. Maximilian, der in seiner Ehe wenig zu lachen hatte, lachte bei diesem Zweikampf und vor diesem Barte Tränen, und das war das letzte Lachen um Liebe im Geschlechte Habsburg.

Maximilians und Marias Söhne nämlich, Rudolf und Matthias, trugen nun gedoppelt das schlimme Erbe der unglücklichen, wahnsinnigen Johanna im Blut; und Rudolf, der als der zweite seines Namens den Kaiserthron besteigt, muß es geschehen, daß er das dritte Opfer der französischen Bräuteräuberei wird: Heinrich IV. von Frankreich schnappt ihm im letzten Augenblick die reiche Maria von Medici weg! Da bleibt der düstere, menschenscheue, liebearme, nur den dunklen Geheimwissenschaften verschworene Rudolf unvermählt, sperrt sich ein auf seiner Prager Burg, wechselt nur alle Woche die Mädchen, die immer nur Dirnen sind, die er auch nie bis in sein Zimmer läßt, sondern nur bis in seinen Stall, wo seine Lieblinge stehen, die weißen Stuten, die er immer nur streichelt und niemals reitet, denn er verläßt ja den Hradschin nicht. Sechs Söhne hat er von jenen Mädchen; auch sie liebt er nicht, er vermag nicht mehr zu lieben. Der älteste wird zu Wien bei einem Aufruhr um einer öffentlichen Dirne willen erschlagen, der jüngste vergewaltigt ein Edelfräulein und ermordet es dann; da läßt Rudolf ihn ermorden, indem er ihn zwingt, sich in einem warmen Bade die Adern zu öffnen, wie Nero es einst dem Seneca tat. Und dann drängt den Kaiser sein eigener Bruder vom Thron, Matthias, dem Rudolf das Heiraten untersagt hatte; mit Hilfe der Prager gefangengesetzt auf dem Hradschin, öffnet der Entthronte noch einmal das Fenster seines Zimmers und schreit seinen Fluch über die Goldene Stadt bis in unsere Tage hinein: »Prag, undankbares Prag, das du die verstößt, die dich erhöhet haben – die Rache Gottes soll dich verfolgen und der Fluch kommen über dich und das ganze Böhmerland!«

Matthias erfreut sich des Thronraubs nicht lange: nur sieben Jahre, dann verdrängt ihn sein Vetter, wie er seinen Bruder verdrängte; er hat seine Cousine geheiratet, aber ohne Liebe, und Kinder bleiben ihm versagt; er ist manisch-depressiv wie Rudolf aus dem gleichen Bluterbe heraus. Nach Wochen der Melancholie stürzt er sich in prunkvolle Feste und ist dann der leidenschaftlichste Tänzer, der je auf einem Throne saß; auch die anderen müssen tanzen, er will es so; und so tanzen denn bei seiner Krönung zu Frankfurt Anno 1612 Der von Sachsen mit einer von Kassel, Der von Brandenburg mit einer von Heidelberg, Der von Württemberg mit einer von der Pfalz und so fort und so fort – zum letzten Male; denn sechs Jahre später bricht, unter des Tänzers Matthias Regierung, der Dreißigjährige Krieg aus, im goldenen, verfluchten Prag.

Damals aber, bei der Krönung, waren alle Reichsfürsten noch einmal zusammengekommen, »und es war«, sagt der zeitgenössische Chronist ahnungsvoll, »als wollten sie Abschied voneinander nehmen für immer«.

Sie tanzten die Liebe, sie tanzten den Frieden zu Grabe.

Auch Heilige dürsten nur dann, wenn sie müssen.
Auch geistliche Fürsten verstehen zu küssen.
Die Herren vom Stand sind im Stande der Liebe.
Die Höchsten im Land sind voll niederer Triebe.

ie Rheinfahrt des Kaisers Probus führte stromaufwärts von Köln bis Mainz und ist Geschichte; die Rheinfahrt des heiligen Theonest führte stromabwärts von Mainz bis Caub und ist Legende. Der Geschichte nach haben also die späten Römer, der Legende nach die frühen Christen den Wein an den Rhein gebracht. Nun, Geschichte ist meist beweisbar, aber oft ohne jeden Sinn; Legenden sind oft unbeweisbar, aber meist voll sehr tiefem Sinn: sind sie nicht wirklich, so sind sie doch wahr.

Den heiligen Theonest also hatten sie zu Mainz auf den Tod gemartert, seines Glaubens wegen; dann hatten sie den vermeintlichen Leichnam achtlos in eine Kufe geworfen, die mit gärenden Trauben gefüllt war, und die Kufe mit ein paar Fußtritten in den Rhein gestoßen. Nun glitt der Märtyrer auf seinem Traubenbett zwischen den Hügeln hinab, und an den Wänden der Kufe rauschte der Rhein, und in der Kufe rauschte der werdende Wein und tat ihm zweierlei Gutes auf einmal: der Dunst des Mostes belebte ihn, so daß er zu sich kam, und betäubte ihn zugleich, so daß er keine Schmerzen empfand. Und alldieweil Theonest bibelfest war wie jeder zünftige Heilige, hielt er sich an die Heilige Schrift: nahm also zuerst einmal einen stärkenden Schluck, denn »er wird machen ein Mahl von reinem Wein« (Jesaja 25), der ja »des Menschen Herz erquickt« (Psalm 104) und »mäßig getrunken Leib und Seele erfreut« (Sirach 31); reinigte alsdann sein Gewand, denn »er wird sein Kleid in Wein waschen« (1. Mose 49), kühlte mit dem weinfeuchten Stoff seinen mißhandelten Leib als sein eigener Samariter, »verband also seine Wunden und goß Wein darein« (Lukas 10) und stieß schließlich einen Jubelschrei aus, »wie ein Starker jauchzet, der vom Weine kommt« (Psalm 78). Um den knurrenden Hunger zu beruhigen, genehmigte er sich einen zweiten Schluck, getreu dem Wort des Apostels bei Timotheus 1: »Brauche ein wenig Wein um deines Magens willen«, und bei genauer theologischer Überlegung kam er trotz aller Bescheidenheit zu dem Schluß, daß Gott selbst dies Genesungswunder veranstaltet haben mußte: geheilt hatten ihn ja die Früchte des Weinstocks, und war nicht nach Johannes 15 Christus selbst »der rechte Weinstock und Gottvater der Weingärtner«? Also nahm er sich vor, dort, wo die Kufe landen würde, Wein zu bauen gleich Noah und den Heiden zu sagen gleich dem Propheten: »Pflanzet Weinberge und genießet ihre Früchte« (1. Könige 19), dann »werdet ihr sicher wohnen, ein jeglicher unter seinem Weinstock« (1. Könige 5), und »dein Weib wird sein wie ein fruchtbarer Weinstock« (Psalm 128). Hier errötete der keusche Heilige beträchtlich, aber siehe, da landete die Kufe schon, und Theonest nannte das Weindorf, das er dort erbaute, nach seiner Kufe »Cuba«, denn er war ein guter Lateiner, und die Eingeborenen als weniger gute Lateiner nannten es hinfort »Caub«. Sie ließen sich taufen und verehrten statt des heidnischen Weingottes Bacchus hinfort den christlichen Weinheiligen Urban – im Gedenken an den ersten Papst dieses Namens, der zwar nicht, wie es die Legende will, den Bluttod des Märtyrers gestorben war, sondern, wie die Geschichte behauptet, den Weintod am Zipperlein, der aber die Anordnung getroffen hatte, daß beim Abendmahl hinfort nur garantiert reiner Wein aus silbernen Kelchen getrunken werden dürfe. Die Legende hatte also recht: brachten die Christen auch nicht den Wein als solchen, so doch den Naturwein an den Rhein; und ein bißchen heidnisch blieben die Leute am Rhein nur insoweit, als sie bis ins vorige Jahrhundert hinein die Statuen des heiligen Urban mit Weinkrügen und Weingläsern behingen, falls er für gutes Weinwetter gesorgt hatte; hatte er das aber nicht getan, dann warfen sie sein Abbild zur Strafe in die Jauchengrube – mit allem schuldigen Respekt; denn schließlich müssen auch Heilige ihre verdammte Pflicht und Schuldigkeit tun.

Die Priester und Mönche des neuen Glaubens freilich – die kannten ihre Weinpflichten. Hatte nicht selbst der heilige Augustin seinem Gotte gestanden: »Zuweilen ist ein Räuschlein über Deinen Knecht gekommen«, denn »spiritus non potest habitare in sicco«, »im Trockenen kann der Geist nicht wohnen«; und hatte nicht der große Kirchenvater Kyrill erklärt: »Keiner soll Priester werden, der den Wein nicht mag!« Sorgte doch ein reiner Wein, wie beim Abendmahl für die geistige, so bei den Mahlzeiten für die körperliche innere Reinigung, was dringend notwendig war, weil die äußere in den Klöstern nur zweimal pro Jahr stattfinden durfte, nur vor Weihnachten und Pfingsten durfte gebadet werden – rasieren durften sich die Mönche gegenseitig zwar alle drei Wochen, mußten aber dabei Psalmen singen. Wo jedenfalls im Rheinland ein Kloster gegründet wurde, da gehörte auch ein guter Weinberg dazu, und wo sich ein guter Weinboden fand, da wurde auch ein Kloster gegründet – eins der schönsten mit dem schönsten und reinsten Wein auf dem Bischofsberg bei Geisenheim und Östrich, den die Sintflut als einziges Stück vom Paradies übriggelassen haben sollte, und den die Benediktiner ums Jahr tausend in »Johannisberg« umtauften: aus durchaus stichhaltigem Grund. Weil nämlich der Apostel Johannes einen Heiden dereinst dadurch bekehrte, daß er einen Giftbecher ohne Schaden für sich leerte gleich einem Becher reinen Weins, reichte man nun den Gläubigen nach der Kommunion und vor dem Sterben ein Glas Wein, das dem Johannes geweiht war: nach Albrecht Dürers Bericht begehrte auch seine alte Mutter vor dem Tode »zu trynken Sent Johans segn«. Im Volke jedoch wurde leider Johannes, der Lieblingsjünger Christi, verwechselt mit Johannes dem Täufer – und ihn hatte man zum Patron der Gastwirte gemacht mit der sinnigen Begründung, daß ja sein abgehauener Kopf bei der lustigen Zechgesellschaft des Herodes herumgereicht worden war. So trank man denn im Rheinland den »Johannessegen« oder die »Johannisminne« nicht nur in Kirchen und Sterbezimmern, nicht nur beim Abschied vom Leben, sondern in Kneipen und Lusthäusern und bei jedem Abschied überhaupt, beim Abschied des Freundes, beim Abschied der Geliebten, beim Abschied nach der Sauferei, und das nicht schlückchen-, sondern eimerweise. Jüngere Pärchen tranken ihn zwischen ihren heißen Küssen, auf daß er sie kühle, ältere, auf daß er sie erwärme, Berauschte, auf daß er sie ernüchtere, Nüchterne, auf daß er sie berausche. Und schließlich mußte die Kirche seinen Genuß wenigstens bei Leichenzügen verbieten: in den

Weindörfern und Weinstädtchen hielt das Trauergefolge mit dem Sarge vor jedem Hause an und wurde mit Johanniswein traktiert, und wenn man auf dem Friedhof ankam, war es zwar nicht gewiß, ob der Tote selig werden würde – die Leidtragenden aber waren es bestimmt schon. Eine betrübliche Abirrung, die indes dem Rufe der Klosterweine keinen Abbruch tun konnte; Flaschen, die die christlichen Abtsembleme, Ring und Stab, auf der Etikette trugen, sogenannte »Theologenweine«, waren gewißlich rein; und noch der nicht allzu kirchenfromme, aber weinfromme Friedrich Schiller wußte genau:

»Ring und Stab! Oh, seid mir auf Rheinweinflaschen willkommen,
Denn wer die Schafe so tränket, der heißt mir ein Hirt!«

Und der noch ungläubigere Heinrich Heine fügte hinzu: »Wenn ich doch soviel Glauben in mir hätte, daß ich Berge versetzen könnte – den Johannisberg ließe ich mir überallhin nachkommen!«

Wenn also Sankt Theonest auf so erfolgreiche Weise das reine Christentum mit dem reinen Wein gekoppelt hatte, so blieb es doch seinem Nachfolger Sankt Goar vorbehalten, dies gottgefällige Geschäft im großen zu organisieren. Er kam aus Frankreich an den Rhein und muß schon dort ein heiligmäßiger Mann gewesen sein, denn er brachte ein Faß voll guten Weines mit, das sich niemals leerte, es mochten so viele Leute so viele Krüge daraus trinken, wie sie wollten; und da er nur an solche Herrlein und Fräulein Wein ausschenkte, die sich zuvor bekehrt hatten, so folgte in seiner Felsenhöhle jeder Massenwassertaufe eine ausgiebige Massenweintaufe. Von diesen frommfröhlichen Gelagen erfuhr aber Rusticus der Zweite, seines Zeichen von 564 bis 573 Erzbischof zu Trier, und weil er hinter Sankt Goars Gastereien mancherlei Unmäßigkeit und Unsittlichkeit witterte, befahl er den Eremiten nach Trier. Hier soll er voller Hochmut dem armen Mönch einen Haken verweigert haben, sein Mäntelchen daran aufzuhängen, worauf es der Heilige kurzerhand an einen Sonnenstrahl hing – unbedingt ein Wunder, und unbedingt eine Legende. Daraufhin aber ließ der Erzbischof aus dem nahen Nonnenkloster ein Findelkind holen, das man dort soeben aufgefunden hatte, und forderte Sankt Goar auf, ihm die Namen von des Findlings Eltern zu nennen – dann sei er frei. Und Sankt Goar verlieh dem Säugling unter Anrufung der Heiligen Dreifaltigkeit die Gabe, zu gehen und zu sprechen, und der Kleine trat auf Erzbischof Rusticus zu und sagte mit klarer Stimme: »Mein Papa bist du – und die Nonne Afflaja ist meine Mutter!« Und das war ebenfalls unbedingt ein Wunder, aber nicht unbedingt eine Legende, denn Rusticus mußte sein Amt sofort niederlegen: hatte die Sache mit dem sprechenden Säugling auch wohl kaum ihre Richtigkeit, so doch die Sache mit der Nonne Afflaja. Der Heilige aber lebte taufend und trinkend bis zum 6. Juli 576, und an der Stätte seines segensreichen Wirkens erhebt sich heute der Weinort Sankt Goar.

Ach, leider enthielt auch diese Legende wieder die Wahrheit – hinsichtlich der Nonnen sowohl wie hinsichtlich der Bischöfe. Die Nonnen hatten sich den Verführungen durch die Johannisminne nur allzu zugänglich erwiesen, sonderlich während der langen Fastenzeit; hieß es doch in der Kirchenregel: »Humidum non rumpit jejunium«, »Was feucht ist, bricht die Fasten nicht.« Und welche Feuchtigkeit lag am Rhein greifbarer als der Wein? Gewiß, auch er machte dick, und gottgefällig waren nur magere Nonnen – die molligen aber wußten sich zu helfen, beschafften sich breite und feste Gürtel, schnürten sich auf das heftigste und zählen auf diese Weise zu den Erfinderinnen des Korsetts, das also eine recht klerikale Vergangenheit hat. Allerdings erfanden sie zum Ausgleich auch etwas weit Positiveres, sie tranken nämlich aus Weinkrügen ohne Deckel; in den oft verwanzten Mönchsklöstern bedurfte man geschlossener Gläser, damit das Ungeziefer nicht von der Decke in den Wein falle, in den immer blitzsauberen Nonnenklöstern indessen brauchte man solche Schutzmittel nicht. Und was die unliebsamen Folgen übermäßigen Trinkens anging – nun, nicht umsonst steht die berühmte Rochuskapelle zu Bingen unweit vom Benediktinerinnenkloster der heiligen Hildegard. Sankt Rochus war zwar ursprünglich nur ein Pestheiliger – waren jene Folgen aber denen der Pest nicht ähnlich, und fürchtete man sie nicht wie die Pest? So erhoben denn die Nonnen nach St. Urban, St. Theonest und St. Goar den guten St. Rochus zum vierten Weinheiligen am Rhein, zum Nothelfer wider des Weines Nachwirkungen – und Rochus half.

Aber nicht nur Kopfweh und Übelkeit linderte Sankt Rochus; nein, er verlieh auch Trinkfestigkeit. Goethe berichtet von jenem Weihbischof, der beim Rochusfest zu Bingen die Mäßigkeit pries und die Unmäßigkeit verdammte und nach der Überlieferung also fortfuhr: »Unter meinen Zuhörern ist wohl keiner, der nicht zwei Maß Wein ohne Folgen vertrüge. Wer aber bei drei bis vier Maß zornig und böse wird, der höre zu trinken auf; wer jedoch nach vier, fünf oder sechs Maß noch imstande ist, seinem Nebenchristen liebevoll unter die Arme zu greifen, der genieße sein bescheiden Teil mit Dank. Was aber mich selbst betrifft, so hat der grundgütige Gott mich, seinen Knecht, gewürdigt, acht Maß trinken zu können. Und so bitte ich euch denn, meine Lieben, tut wie ich: seid mäßig, mäßig, mäßig!«

Wenn also auch bei den Nönnchen dem Rhein nur der Wein gefolgt wäre, so wäre das hingegangen, man war nicht so; leider jedoch folgte auch hier wie einst bei den Heiden oft dem Rhenus die Venus. Zwar hatte die Klosterregel des heiligen Benedikt diese Möglichkeit vorausgesehen und weise Vorsorge getroffen, »falls etwa eine Schwester nach leichtsinnigem Gebaren mit Männern schwanger werden sollte. In diesem Fall soll sie ihr Geheimnis dem Beichtvater offenbaren, und die Äbtissin soll, bevor sich der Zustand durch äußere Zeichen kundgibt, die Gefallene sorgfältig verwahren, damit niemand etwas davon erfahre. Die Strafe soll auch erst nach der Geburt des Kindes erfolgen, damit sich die Unglückliche nicht etwa zu einem Kindsmord verleiten lasse. Niederkunft und Kindtaufe sollen womöglich außerhalb des Klosters stattfinden, und dem Kinde soll auch eine Amme gegeben werden. Dann darf die Gefallene wieder ins Kloster treten, um Buße zu tun.«

Sehr schlau, sehr menschlich, sehr modern – nur ist in strengen Strafbestimmungen Karls des Großen eben auch die Rede »von Nonnen, die frei herumschweifen und in den Städten auf der Reise auf minder ehrbare Art ihre Reisemittel zu ergänzen suchen«, ferner »von Frauenklöstern, die dicht neben Mönchsklöstern angelegt werden und dadurch Gelegenheiten zu unerlaubtem Verkehr bieten«, und schließlich sogar »vom Stift Nivelles bei Lüttich, worin beide Geschlechter beisammen wohnen«. Und zu allem übrigen wurde so mancher Fehltritt trotz ausgiebiger Verwendung des Mantels der christlichen Nächstenliebe zuweilen eben doch bekannt, oft gerade durch überzeugte und fromme Anhänger der Kirche – wie im Falle der Nonne Afflaja und des Bischofs Rusticus.

Denn ach, auch Rusticus fand unter seinen Amtsbrüdern auf den Erzbischofsstühlen zu Trier, Mainz und Köln Nachahmer genug! Was da geschah am jungen und somit noch grünen Holze der Nonnen, das geschah auch am weit älteren und somit dürren Holze der Erzpriester – es gab eben am Rhein, wie ein Mainzer Domherr philosophierte, »zu viel Wein für die Messen und zu wenig, um die Mühlen damit zu treiben, also muß man ihn trinken«! Bereits die Geschichte vom Mainzer Erzbischof Hatto, der dem hungernden Volke das Brotkorn verweigert haben und deshalb in seinem »Mäuseturm« zu Bingen von den Kornmäusen aufgefressen worden sein soll, war eine bösartige Erfindung seiner Feinde; die Bingener wußten es besser: Hatto sei ganz im Gegenteil ein großer Freund des Volkes, aber auch des Weines gewesen und habe deshalb seinen Turm im weinfreudigen Bingen gebaut – wurde doch in Bingen nur derjenige Vollbürger, der tatsächlich mindestens einmal »voll« gewesen war, und fand sich doch, als der Bürgermeister von Bingen während einer Sitzung seine Ratsherren um einen Bleistift bat, in keiner Tasche ein Bleistift, wohl aber in jeder ein Pfropfenzieher! So sind denn die Mäuse, die der weinselige Bischof, und nur er, gesehen hat, vermutlich die bekannten weißen Mäuse gewesen.

Das aber war noch in jener legendären Zeit, da einfache Bauernsöhne wie Rusticus und Hatto nur auf dem mühsamen Wege über das Mönchtum zu Erzbischöfen avancieren konnten; später blieben die hohen Ämter den Adelssöhnen und den Fürstensöhnen vorbehalten, und nun gesellte sich in voller Öffentlichkeit zur Johannisminne auch die Frauenminne. Das war nicht einmal ganz unstatthaft, denn meistens ließen sich die hohen Herren in ihrer Jugend nur die niederen Weihen geben und erst im Alter auch die höheren, gelobten also Keuschheit erst dann, wenn sie automatisch eingesetzt hatte, und beschränkten sich für die Zeit ihrer Manneskraft auf das Gelübde der Ehelosigkeit – begingen also lediglich Sünden, von denen die Päpste sie loszusprechen pflegten, oft genug im Hinblick auf sich selbst: rechnete doch das Konzil zu Konstanz Anno 1415 dem Papste Johannes dem Zweiundzwanzigsten den vertrauten Umgang mit dreihundert Nonnen nach, vom Umgang mit der eigenen Schwägerin ganz abgesehen. Weit strenger freilich war man gegen etwaige abwegige Gelüste: zum Laster der Sodomie gehörte nicht nur der Umgang mit Tieren und Knaben, sondern auch mit Heidinnen, Ketzerinnen und Jüdinnen, und weil im Betretungsfalle beide Sünder verbrannt wurden, ließ man die Jüdinnen zuvor taufen. Man muß sich zu helfen wissen.

Aber dergleichen Sakrilegien kamen am Rhein nicht vor. Der Hohenzoller Kardinal Albrecht, Erzbischof von Mainz und Liebhaber des Bacharachers wie einst Kaiser Wenzel, zog abwechselnd die schöne Schmiedstochter Käthe Stolzenfels und die ebenso attraktive Bäckerstochter Ernestine Mehandel an seinen üppigen Hof und in sein üppiges Bett, und von den Reizen der beiden Damen kann man sich heute noch überzeugen: Ernestine ließ er von Lucas Cranach als heilige Ursula porträtieren und sich selbst als heiligen Martin daneben, Käthe malte Matthias Grünewald schon sinngemäßer als »Heilige Katharina in der mystischen Ehe«, und Albrecht Dürer kam den Tatsachen vollends nahe: er stellte Ernestine und Käthe gemeinsam dar als Lots Töchter, die ihren Vater verführen. Wie man sieht, verstand dieser Hohenzollernsproß nicht nur einiges von Weinen und Frauen, sondern vor allem sehr viel von guten Malern – was man von anderen Hohenzollern nicht unbedingt sagen konnte.

Gewiß, es kamen dann geistliche Kurfürsten, die sich mehr aufs Geistige beschränkten, insofern Wein ein geistiges Getränk ist: Albrechts Nachfolger feierte seine Wahl, indem er und sein Gefolge »zu Schiff gangen und bis gen Eltville gefahren, allda die Nacht blieben, gegessen und getrunken und fröhlich gewest«, und der gescheite und gerechte Johann Philipp von Schönborn galt sogar als ausgesprochen nüchtern; bei der Mittagstafel »trank er aus seinem Glase nie mehr als ein Schlückchen von drei Fingern Breite«; weil solche Tafel aber von zwölf Uhr mittags bis sechs Uhr abends dauerte, weil er stets mit mindestens dreißig Gästen speiste und nicht nur deren Wohl, sondern auch das der Abwesenden auszubringen pflegte, deren es meist vierzig waren, »so hat Ihre Eminenz, wenn sie aufstehen, solchergestalt dennoch nie weniger denn sechs Kannen getrunken, aber ohne aus seiner gelassenen Fassung nur im geringsten zu kommen«. Gerechterweise muß man freilich sagen, daß das Erzbistum Mainz in gutem Wein förmlich ertrank, der Wein war sein Reichtum, und jener Mainzer Domherr hatte recht: es war schwer, damit fertig zu werden; gab es doch unter dem letzten Kurfürsten siebenunddreißig solcher Domherren, die zwar wenig gelernt hatten, dafür aber mindestens sechzehn adlige Ahnen nachweisen mußten, und die zwar außer erstaunlichen Bareinnahmen über üppigste Weindeputate verfügten, dafür aber nur einmal im Jahr in der Stiftskirche zum Chorsingen erscheinen mußten – der »teuerste Gesangverein der Geschichte« war also doch nicht Hitlers Reichstag, sondern das Domkapitel zu Mainz. Was tat's? Als der gleiche Kurfürst, Joseph von Erthal, die Universität Mainz stiftete und in zwei aufgelassenen Nonnenklöstern unterbrachte, fand man in den Klosterkellern für eine halbe Million Taler Wein – er wurde verkauft und reichte aus, um den ganzen Lehrbetrieb zu finanzieren. Aus Wein wird Weisheit.

Vor allem aber kamen unter diesem Rokoko-Bischof endlich die Damen wieder zum Zuge. Es waren ihrer sechs, und er nannte sie »seine Griechinnen« und redete sie als Aspasia, Danaë, Thaïs, Kratina, Laïs und Phryne an, also mit Hetärennamen; indessen teilte der adelsstolze Herr die entwürdigende Vorliebe seines Vorgängers Albrecht von Hohenzollern für bürgerliche und ledige Schmieds- und Bäckerstöchter keineswegs: die Aspasia etwa war seine Nichte Freifrau von Coudenhove, die Danaë Frau von Ferret und die Thaïs eine Frau von Straus, und während ihm der Mann der ersten als General diente, dienten ihm die Männer der übrigen als Staatsräte. Als er zur letzten Kaiserkrönung nach Frankfurt reiste, zeigte er sich mit allen seinen Griechinnen in der Theaterloge, natürlich ohne ihre Männer, und für »des Leibes Notdurft« war in jedem Sinne vorgesorgt: unter seinen anderthalbtausend Gefolgsleuten befand sich neben einem Kapaunenstopfer auch eine Hebamme. Ärzte waren natürlich mehrere dabei, denn seiner Thaïs »hatte er durch einen geilen Biß den Brustkrebs zugezogen«, wie die Chronik vermeldet.

Im übrigen hatte er Humor – denn die Chronik vermeldet auch, daß er der jungen Universität Mainz als erste Preisaufgabe das Thema stellte: »Der beste Beweis für die Nützlichkeit des Zölibats.«

Im Erzbistum Köln hingegen hatte man solche Nützlichkeit ursprünglich sehr ernst genommen – und noch ernster die Liebe. Jahrhunderte hindurch hatten die hohen Herren höchstens ihre Lieblingstiere zu harmlosen Bettgenossen, der eine seine Hunde, der andere seine Katzen, und einer, Wilhelm von Gennep, sogar einen Affen, in den er »ganz vernarret war«, bis das Tier toll wurde und ihn biß, so daß er »unter erschröcklichen Konvulsionen und Grimassen unseliglichen verschied« – ein Vorfall, der damals am ganzen Rhein Aufsehen erregte, dem man sogar ein Denkmal setzte, und dessen Gedächtnis bis heute erhalten blieb in der bekannten Frage an einen etwas närrisch sich gebenden Menschen: »Dich hat wohl der Affe gebissen?« Wenn aber Kölner Erzbischöfe sich in

Frauen verliebten, dann war ihnen das heiliger Ernst, und drei von ihnen zogen die Konsequenzen und opferten ihr hohes Amt ihrer großen Liebe. So hielt es im vierzehnten Jahrhundert Graf Adolf von der Mark, der die schöne Gräfin Elfriede von Dassel kennenlernte, der Bischofswürde entsagte und seine Friedel heiratete, und im sechzehnten Jahrhundert Graf Salentin von Isenburg, der sein Pallium und die damit verbundenen hohen Einnahmen der »sehr süßen« Antonie von Aremberg zu Füßen legte und mit ihr ins Brautbett stieg. Nur sein Nachfolger Gebhard Truchseß von Waldburg hielt es etwas anders. Er fiel dem damals berüchtigten Italiener Scotto zum Opfer, der zwar als Italiener selbst in die Liebe verliebt war und später die Herzogin von Coburg zum Ehebruch verleitete, der sich aber auch unter dem Vorwand, er könne zaubern, als geschickter Heiratsvermittler für andere erwies: dem damals erst dreißigjährigen Erzbischof zeigte er in einem »Zauberspiegel« eine bildschöne Unbekannte, in die sich der geistliche Herr sofort verliebte – wie erstaunt und beglückt mußte er also sein, als ihm wenig später bei einer Prozession zu Bonn aus dem Erker eines Hauses Blumen vor die Füße fielen, und als er beim Hinaufsehen eben jene Wunderspiegeldame erblickte, deren zarter Hand die Blumen »versehentlich« entglitten waren! Es handelte sich zwar um ein Chorfräulein, die Gräfin Agnes von Mansfeld – aber Chorfräulein hin, Erzbischof her, schon am Abend nach der Prozession besuchte sie ihn auf seinem Lustschloß Brühl: schließlich hatte ja der Himmel selbst ihm die Erwählte gezeigt. Aber siehe, die indiskrete Vorsehung schien auch des Fräuleins Brüder und deren zahlreichen und gut bewaffneten Anhang informiert zu haben: sie drangen in das Schlafzimmer des geistlichen Herrn ein und verlangten gebieterisch seine umgehende Heirat mit Agnes, anderenfalls sie ihm ebenso umgehend einen Verlust beizubringen drohten, der weitere Liebesabenteuer radikal unmöglich machen würde. Gebhard wich der Gewalt der Liebe und der Waffen, er heiratete und verzichtete – nein, nicht auf sein Amt, sondern auf seinen Glauben: er trat zum Calvinismus über und blieb Erzbischof. Es gab natürlich sofort Krieg deswegen, schon drei Tage nach der Hochzeit mußte er mit seiner Gemahlin fliehen; aber er schickte sie zur Königin Elisabeth von England, die ihm als Mitprotestantin helfen sollte, natürlich aus rein religiösen Gründen. Elisabeth versprach auch ihren Beistand, mußte aber dann entdecken, daß das vielgewandte Chorfräulein oder daß vielmehr die Frau Erzbischof durch freigebige Anwendung ihrer beträchtlichen Reize auch den Grafen Essex bezirzt hatte, auf den doch die jungfräuliche Königin selbst begründete Ansprüche erhob – weshalb die schöne Agnes umgehend über den Kanal zurückgeschickt wurde und jede Hilfe unterblieb, trotz aller Verbundenheit im Glauben. Gebhard mußte nun doch zurücktreten, Köln blieb katholisch, der weiland Erzbischof floh zum halbprotestantischen Domkapitel nach Straßburg, und die Frau Erzbischof beschloß ihr Leben als bald verwitwete Frau Domdechant.

Und dann wurde die Gefahr weiterer Reformationen durch Liebe vom vorsichtigen Papst gebannt: als Gebhards Nachfolger betrat Herzog Ernst von Bay-

ern die Bonner Szene, und ihm wieder folgten fast hundertachtzig Jahre lang lauter Mitglieder des treukatholischen Hauses Wittelsbach auf dem Kölner Stuhl, immer Neffe auf Neffe. Unter ihnen aber herrschte ein anderer Geist: sie gaben zwar dem Glauben, was des Glaubens war, aber auch der Liebe, was der Liebe war, oder was sie Liebe nannten, und sie dachten nicht daran, das eine dem andern zu opfern. Sie waren handfeste Trinker und handfeste Liebhaber, sie rechtfertigten vollauf die Bemerkung der scharfzüngigen Liselotte von der Pfalz: »Bei den Wittelsbachern vatert sich's so gut!«, und wenn andererseits der heilige Kirchenvater Hieronymus bemerkt hatte: »Diaboli virtus in lumbis«, »die Kraft des Teufels sitzt in den Lenden«, so wußten sie, wie man diesen Teufel am bequemsten loswurde. Bereits der erste bayrische Erzbischof verzichtete auf die höheren Weihen, ebenso wie sein Neffe und Nachfolger, und tauschte dagegen nicht nur drei offizielle Mätressen, sondern vor allem die Gewohnheit ein, eifrige Umgänge bei seinen weiblichen Beichtkindern zu halten und die Zahl seiner männlichen Beichtkinder dadurch zu vermehren: kaum einer seiner Umgänge blieb erfolglos, und geboren wurden fast immer nur Söhne. Im übrigen jedoch war er ein milder und gerechter Herr, der zum Beispiel die bitterarmen Töpfer des »Kannenbäckerlandes« für Jahrhunderte in Brot setzte, indem er die Maßkrüge für seine bierselige bayrische Heimat bei ihnen bestellte; so nahm man ihm denn seine bevölkerungspolitische Tätigkeit nicht übel, nicht einmal jener gehörnte Bürger von Bonn, der Seine Eminenz bei seiner Frau wußte, aus schuldigem Respekt aber ruhig gewähren ließ; vielmehr stellte er sich in sein Haustor und erteilte den Leuten auf der Gasse den Segen mit der Begründung: »Seine Eminenz vertreten gegenwärtig meinen Platz, also vertrete ich den seinigen!« Man war fröhlich am Rhein, man lachte; und man lächelte verständnisvoll, als man später auf des Erzbischofs Grabstein die beziehungsreichen Worte las: »Dem Vater des Vaterlandes, der stärksten Säule des Glaubens, unserem Bevölkerer!«

Sein Neffe hielt es zwar mehr mit Jagden und Umtrünken als mit Frauen und Umgängen, kam aber gerade dadurch in den Geruch der Heiligkeit: als er nach einer Jagd und vor einer ausgiebigen Trinkerei in einem Wirtshaus die Abendmesse lesen mußte, drangen auch einige Hammel und Schafe in die Gaststube ein, und prompt verglich man diesen Ferdinand von Bayern mit Franz von Assisi. Sein Großneffe Joseph Clemens jedoch setzte am Kölner Hof zu Bonn die Damen wieder in ihre Rechte ein; zwei davon, die Gräfin Fugger und Madame de Raysbeck, waren sogar nicht nur schön, sondern auch geistvoll, und er nahm beide denn auch mit ins Exil: weil er sich nämlich im Spanischen Erbfolgekrieg auf die Seite Frankreichs gestellt hatte und nicht auf die Seite der siegreichen Engländer, mußte er einige Jahre im welschen Städtchen Valenciennes verbringen. Nun, er nahm's nicht tragisch: die Zeit verlief unter Jagd-, Wein- und Liebesfreuden, weshalb man höchst erstaunt war, als plötzlich angekündigt wurde, der Erzbischof werde am ersten April zum ersten Male persönlich predigen. Die

Kirche von Valenciennes war ob dieses unerwarteten Wunders überfüllt; und richtig, Clemens kam, erstieg die Kanzel, verbeugte sich, schlug ein Kreuz und rief: »April, April!« Und unter Trompetenschall und Gelächter verließ er Kanzel und Kirche und ward dort nicht mehr gesehn, obgleich er kurz nach diesem geistlichen Aprilscherz immerhin die höheren Weihen nahm – in Paris, damit man ihm Köln zurückgebe. Indessen verhalf ihm dazu nicht seine Frömmigkeit, denn Frankreich siegte nicht, sondern eine über- oder richtiger unterkonfessionelle Beziehung seiner lieben Madame Raysbeck zu Miß Pultney in London, die ihrerseits dem englischen Außenminister Lord Bolingbroke ebenso lieb war wie die Raysbeck dem Erzbischof; die eine hatte sich an die andere gewandt, man hatte unter sich verhandelt, »unter uns Mätressen« sozusagen, und die Mätressen hatten in London mehr Glück als seinerzeit das Chorfräulein: Lord Bolingbroke gab im Friedensvertrag von Utrecht Clemens August sein Erzbistum wirklich zurück – der wüste, aber witzige Lord unterschrieb diesen Vertrag nämlich im Schlafzimmer seiner lieben Pultney und auf deren »runden, weißen, vollen und festen Lenden«.

Köln, früher einmal beinahe verlorengegangen durch Liebe, war gerettet durch etwas, was man auch Liebe nennt – gerettet für den letzten Kölner Kurfürsten aus dem Hause Bayern, Clemens August. Er liebte die Pracht so, daß »der Jud Oppenheimer, weil alle Einkünfte des Bistums schon vorweggenommen und er auch sonst kein Geld nicht erhalte, keinen Vorschuß mehr geben will, auch erst gestern zwei Wechsel mit Protest zurückgegangen sind«; er liebte die Frauen so, daß er »wegen zweier bildschöner italienischer Sängerinnen zu Rom verleumdet ward und eine Reise dahin machen mußte«; er liebte das Spiel, so daß er bei dieser Reise die Bank in Venedig sprengte und ihr die Hälfte des enormen gewonnenen Betrages zurückschenkte, damit man weiterspielen könne; und er liebte den Tanz so, daß er, als schwerkranker und hoch fiebernder Sechzigjähriger, bei einem Fest auf dem Ehrenbreitstein mit diversen Damen noch mindestens fünfzig Touren tanzte, am nächsten Tage vor Überanstrengung einen Blutsturz erlitt und selig entschlief – er hatte sich »buchstäblich aus dem Leben getanzt«.

Dem Hause Bayern folgte nach kurzer Unterbrechung das Haus Österreich: es schickte den Kaisersohn Max Franz nach Köln. Das schien eine gute Wahl für beide Teile zu sein: er war erst achtundzwanzig Jahre alt, er würde also vermutlich lange regieren und Habsburgs Macht von der Donau bis zum Rhein ausdehnen; er war liebenswürdig und musikliebend wie seine Mutter Maria Theresia, einfach, aufgeklärt und sparsam wie sein Bruder Kaiser Josef und würde also auch gut regieren; und dazu war er lebensfreudig und tanzte zu Bonn so gern und so gut wie seine Schwester Maria Antoinette zu Paris – nur war er viermal so schwer wie sie: er wog fast fünfhundert Pfund. Frauen gegenüber war er galant, aber bescheiden, der bayerische Teufel saß ihm nicht in den Lenden; während bei der Kaiserwahl zu Frankfurt sein Kollege Erthal von Mainz in der Theaterloge ungeniert mit seinen Griechinnen koste, wollte Max Franz vor dem Römer die schöne Gräfin B. lediglich artig mit dem Kurzepter grüßen, vergaß aber dabei, daß er hoch zu Roß war; das Zepter landete zwischen den Ohren des Pferdes und der Erzbischof mit seinen fünfhundert Pfund und einem gewaltigen Klatscher auf dem Pflaster. Die Frankfurter lachten herzlich, hielten den Sturz aber für ein böses Omen.

Es war eines. Max Franz starb, erst vierundvierzig Jahre alt, zu Wien, und man empfand seinen plötzlichen Tod als stillos für einen Kurfürsten am Rhein: er hätte sich zu Tode beten oder trinken oder lieben oder tanzen dürfen, aber er hatte sich zu Tode gefressen. Diesen Stilbruch überlebte sein Kurfürstentum nicht: mit ihm verschwand es aus der Geschichte.

Und durch diesen dicksten aller geistlichen Rheinfürsten verschwand auch der größte Sohn des Rheinlandes aus Bonn und geriet an die Donau: Max Franz war es, der den jungen Beethoven nach Wien empfahl. Der landläufigen Auffassung nach soll er sich dort zwar keineswegs rheinländisch oder wienerisch gezeigt haben; man schließt aus dem Bilde des kranken, alternden und menschenfeindlichen Mannes auf das Bild des Jünglings zurück. Und das ist falsch: der da vom kleinen Bonn ins große Wien kam, war ein durchaus flotter, fast allzu flotter, ein durchaus leichtsinniger, fast allzu leichtsinniger, ein durchaus liebebedürftiger, fast allzu liebebedürftiger Junge vom Rhein. Er entdeckte sehr bald, daß man in Österreich das holländische »van« vor seinem Namen für ein »von« hielt; das richtigzustellen, wäre bei einem so jungen Blut zuviel verlangt gewesen; er hielt sich also ein Reitpferd und einen Reitburschen und spielte den Adligen ebensogut wie den Klavierlehrer. Dabei war er für die Frauen und Töchter, die ihm von seinen fürstlichen, gräflichen und ritterlichen »Standesgenossen« anvertraut wurden, ein äußerst gefährlicher Lehrer: die Damen erlagen nicht nur den Reizen seines Klavierspiels und er nicht nur den Reizen des ihrigen, vielmehr bewies er, daß er mehr konnte als Klavierspielen, und daß er dies Mehr auch beizubringen wußte. Er machte nach dem Bericht eines Jugendfreundes »aristokratische Herzenseroberungen, um die ihn mancher Adonis beneidet haben würde«, und er hätte vermutlich sogar eine Aristokratin heiraten können, wenn er nicht eines Tages einer Vormundschaftsklage wegen das Gericht hätte in Anspruch nehmen müssen; er muß damals selbst bereits vergessen haben, daß er kein Herr von Stand war, denn er wandte sich ans Adelsgericht – und wurde nach Prüfung seiner Papiere prompt ans bürgerliche Gericht verwiesen. Das traf ihn tief; wo er sich zu Hause gewähnt hatte, war er plötzlich der »Eindringling«, und er zog von da ab bürgerlichen Umgang vor, bis schließlich nur noch der große und damals doch fast vergessene Einsame übrigblieb, als der er starb. Indessen starb er trotzdem als rechter Rheinlandssohn, er griff zum gleichen Tröster, der auch den Erzbischöfen seiner Heimat so oft ein seligliches Sterben vergönnt hatte: in einem seiner letzten Briefe bat er seinen Verleger in Mainz um »einige Bouteillen sehr alten Rheinweins«. Und er bekam sie, und sie waren fast zwanzig Jahre alt: es war »Rüdesheimer Berg«, Jahrgang 1808.

Die geistlichen Rhein- und Weinherren waren ursprünglich Leute aus sehr unterschiedlichen Berufen gewesen: Bauern, Schiffsknechte, Schreiber, Handwerker – der erste Erzbischof von Mainz zum Beispiel war Willigis, der Sohn eines Wagenmachers; er prägte den Wahlspruch: »Willigis, Willigis, deines Ursprungs nit vergiß!«, und sein Wappen mit dem Wagenrad führt Mainz heute noch. Die Vorfahren der weltlichen Rhein- und Weinherren hingegen, der Ritter, Grafen, Fürsten, Herzöge, hatten fast alle den gleichen Beruf gehabt: Straßenräuber. Weil der Kriegsdienst in des Kaisers Heer nichts einbrachte, sondern eher noch kostete, saßen sie zuerst in ihren Raubnestern über den Gebirgsstraßen und plünderten die Kaufleute aus; als die Kaufleute dann die breitere Wasserstraße des Rheins vorzuziehen begannen, folgten sie ihnen nach, bauten ihre Burgen auf den Uferbergen und avancierten von Straßenräubern zu Stromräubern. Mit den größeren Einnahmen wurde auch ihr Wortschatz vornehmer, und ihre systematischen Brandschatzungen der Reisenden an den Grenzen ihrer Länder nannten sie hinfort »Zoll« – wie der Staat heute noch. Und wenn es für die Schiffe der Kaufleute hinfort ein schlechtes Fahren auf dem Rheine war, so fuhren die Zollherren nicht schlecht dabei: zu Geisenheim erhoben die Wild- und Rheingrafen, auf ihrer Feste bei Bingerbrück die Ritter von Rheinstein von jedem Schiff ein Pfund Pfeffer, und weil Pfeffer damals so teuer war, brachte ihnen das Woche um Woche fünfzehnhundert Mark ein, was den Wild- und Rheingrafen immerhin die segensreiche Stiftung des Weinklosters Johannisberg ermöglichte, denn Zollgeld stinkt nicht. Um so trüber muß es jeden Freund ritterlichen Lebenswandels stimmen, daß die gleiche Feste Rheinstein, inzwischen zur Ruine geworden, sechshundert Jahre später um vier Laubtaler, also um ganze zwanzig Mark verkauft wurde. Aber seit Seine kaiserliche Majestät Wilhelm der Erste im Burggarten »allergnädigst mit dero höchsteigener Hand eine Platane zu pflanzen geruhten«, wurde die alte Raubburg bei seinem treuen Volke wieder populär, und im zwanzigsten Jahrhundert dürften allein die Ansichtskarten mit den Bildern dieses meistfotografierten und meistgemalten Rheinschlosses mehr einbringen als der Pfefferzoll im dreizehnten Jahrhundert. Man kommt vorwärts und wird bei steigenden Einnahmen dennoch humaner – eine schöne Gewißheit mehr.

Lebten also damals die Kaufleute von ihrem Handel und die Rittersleute von ihren Händeln, so ward doch aus dem Handel bald der Weinhandel, und die Händel wurden zu Liebeshändeln, man war ja am Rhein; und solch ein rhein-ritterlicher Liebeshandel entschied schließlich einen welthistorischen Streit zwischen Kaisertum, Papsttum und Erzbistum und ging in die Geschichte ein. An der rheinischen Weingrenze nämlich, Namedy gegenüber, wo der Weißweinbau aufhört und der Rotweinbau beginnt, liegt die schöne Ruine Hammerstein; als sie noch eine höchst trotzige Burg war, geschah es dem Grafen Otto von Hammerstein, daß er sich in eine gewisse Irmingard verliebte und sie kurzerhand heiratete – wogegen nichts einzuwenden gewesen wäre, wenn es sich nicht um eine sehr, sehr nahe Verwandte, vermutlich um seine Halbschwester gehandelt hätte. Das war wider kirchliches Recht, das war Blutschande, und der Erzbischof von Mainz erklärte die Ehe denn auch prompt für ungültig und verlangte, daß sich die Liebenden trennten. Der Haudegen Otto zwar wahrte seine erotischen Rechte ebenso eifersüchtig wie seine Zollrechte und überfiel nach alter, guter Gewohnheit auf nächtlicher Straße den Erzbischof, der nur mit Mühe entkam; nun aber rückte Kaiser Heinrich der Zweite mit gewaltiger Heeresmacht zur Strafaktion heran, obwohl es keineswegs feststeht, daß die Ehe auch nach dem weltlichen Recht von damals als Blutschande galt – man nahm dergleichen sonst durchaus nicht so genau, und keinem anderen Kaiser wäre dieser kleine Liebeshandel einen so großen Kriegshandel wert gewesen.

Mit dem frommen Heinrich dem Zweiten und seiner frommen Gemahlin Kunigunde war es jedoch eine besondere Sache: das Paar wurde später von der Kirche heiliggesprochen, weil es, wie man glaubte, auf Grund eines freiwilligen Keuschheitsgelübdes eine Josefsehe geführt hatte, weshalb denn auch das sächsische Kaiserhaus mit Heinrich dem Zweiten logischerweise ausstarb. Die Zeitgenossen indessen wußten es anders: sie nannten ihren Kaiser nicht »Heinrich den Heiligen«, sondern Heinrich den Lahmen, weil er hinkte; sie wußten auch, warum er hinkte: bei seiner Krönung zu Pavia hatte es einen Volksaufstand wider ihn gegeben, er hatte im vollen Ornat aus einem Fenster auf die Straße springen müssen; und sie wußten endlich, warum er fortan keusch war und so-

gar auf Nachkommenschaft verzichtete: er hatte sich beim Sturz nicht nur am
Fuß verletzt. Seither erst hatte er seine Kunigunde mit an sich verständlicher
Eifersucht verfolgt und sie gezwungen, zum Beweis ihrer Unschuld barfuß über
sieben scharfe Pflugscharen zu schreiten; das hatte sie jedoch gesund überstanden, und nunmehr war es in Anerkennung der nun einmal gegebenen betrüblichen Tatsachen zum beiderseitigen Keuschheitsgelübde gekommen – meinten
die Zeitgenossen. Jedenfalls hatte dies Paar nicht den geringsten Humor einem
Paar gegenüber, das als Halbgeschwister ganz ungeniert das tat, was Kaiser und
Kaiserin sich versagen mußten; drei Monate lang belagerten sie den fast unein-
nehmbaren Hammerstein, neunzig Tage und insbesondere neunzig Nächte hindurch mußten sie sich vorstellen, wie die da oben sündigten – dann endlich
wurde der Hunger stärker als die Liebe, die Festung mußte sich ergeben, und
als die Liebenden sich weigerten, einander zu verlassen, wurden sie titellos und
mittellos auf die Straße gejagt: vogelfrei – denn zur Reichsacht durch den frommen Kaiser fügte der Erzbischof Aribo den Kirchenbann.

Zwei Jahre lang irrten Otto und Irmingard durch die rheinischen Lande, öffentlich verfolgt und heimlich beschützt durch das rheinische Volk, das von so
viel treuer Liebe gerührt ward; dann wurde Otto schwach und unterwarf sich
einer Synode zu Mainz, welcher der Erzbischof präsidierte: Otto gelobte Besserung und sollte seine Burg wiederbekommen, Irmingard aber sollte ins Kloster
gehen. Indessen sie ging nicht ins Kloster, sondern zum Papst nach Rom – und
später hieß es, auch Papst Benedikt der Achte sei ob solchem Mut und solcher
Treue ergriffen gewesen.

Doch so war es nicht: die Geschichte handelt nicht sentimental, und Päpste dürfen es nicht. Es war vielmehr so, daß Irmingard nicht nur ein heißes liebendes Herz, sondern auch ein kluges politisches Köpfchen hatte. Sie wußte erstens, daß Erzbischof Aribo, ein gelehrter und streitbarer Theologe, auf jener gleichen Synode sich gewissen Machtansprüchen des Papstes widersetzt und somit dessen Sympathien verloren hatte, und sie wußte zweitens, daß sie und ihr Otto beim neuen Kaiser Konrad, der dem inzwischen selig und keusch gestorbenen Kaiser Heinrich gefolgt war, gerade ob ihrer Liebe an Sympathien gewonnen hatten. Denn der höchst rüstige Kaiser Konrad hatte eine ebenso rüstige junge schwäbische Witwe geheiratet, entgegen der Warnung des Apostels Paulus, der da schreibt: »Jüngere Witwen weise zurück, denn wenn sie im Gegensatz zur Hingabe an Christus sinnlich erregt worden sind, wollen sie wieder heiraten ... und wenn eine Witwe in Wollust lebt, so ist sie schon bei Lebzeiten tot.« Nun, Konrads resche und hübsche Schwäbin war keineswegs schon tot, sie würde das neue Kaiserhaus nicht aussterben lassen, denn bereits neun Monate nach der Hochzeit war prompt der Thronerbe dagewesen; was konnte dies Kaiserpaar gegen Liebende haben, da es doch selbst so erfolgreich liebte?

So rechnete die kluge Irmingard, und sie verrechnete sich nicht. Nicht im Papste, der begeistert die Gelegenheit ergriff, die Macht des Papsttums einem widerspenstigen Bischof gegenüber zu festigen: er erklärte Irmingards Ehe für gültig, hob den Bannfluch auf und schickte sie unter kirchlichem Schutzgeleit zurück zum Hammerstein, und als der strenge und stolze Aribo sich widerspenstig zeigte, wurde er kurzerhand abgesetzt. Er griff zu den Waffen; aber Klerus, Adel und Volk am Rhein stellten sich begeistert hinter das liebende Paar vom Rhein, Erzbischof Aribo mußte nach Rom und demütig Buße tun, und auf der Rückreise starb er zu Como. Und auch im Kaiser Konrad täuschte sich Irmingard nicht: er zog sie und ihren Otto an seinen Hof, und sie lebten in Lust, Liebe und Pracht und in Frieden mit dem alten Papst, dem jungen Kaiser und dem nächsten Erzbischof von Mainz. Ihre Burg Hammerstein freilich wurde später zur Ruine und blieb es lange; aber es ist, als wolle die Geschichte es nicht vergessen, daß hier einmal kraftvolle Jugend über greisenhafte Vorurteile gesiegt hatte: heute ist Hammerstein die größte Jugendburg am Rhein – und so mögen denn die jungen Leute von heute den Otto und die Irmingard von einst auch nicht vergessen!

Wenn aber hier Liebe durch Mut gesiegt hatte, so siegte auf der Wasserburg bei Caub anderthalb Jahrhunderte später Liebe durch List; und auch das machte Geschichte. Alle lernten wir in der Schule, daß Heinrich der Löwe und Kaiser Rotbart einander haßten mit einem Haß, der als Parteiruf »Hie Welf, hie Waiblingen!« durch die Jahrhunderte hallte; keine Schule aber lehrt, daß der persönliche Haß zwischen dem alten Löwen, dem Welfen, und Kaiser Barbarossas jungem Sohn, dem Waiblinger, hier begraben wurde. Nannte man nämlich den Sohn des Rotbarts »Heinrich den Ernsthaften«, so nannte man den Sohn des Löwen

»Heinrich den Schönen«, und beides mit Grund; als aber der Schöne die ebenso schöne Agnes von der Pfalz heiraten wollte, da duldete das der Ernsthafte nicht, denn erstens war Agnes seine Kusine und durfte nicht gegen den Familienhaß meutern, und zweitens war sie des Pfalzgrafen einziges Kind und würde dem Erbfeind die schöne Pfalz als Heiratsgut zubringen – was gleichfalls vermieden werden mußte. So setzte denn der Pfalzgraf, um dem Kaiser zu Willen zu sein, seine Tochter unter der Aufsicht ihrer gestrengen Mutter auf seiner Wasserburg bei Caub gefangen: hier war sie nach allen Seiten vom Rhein umschlossen und mithin nach allen Seiten von der Liebe getrennt, und dies um so mehr, als auch der alte Löwe seinerseits nicht daran dachte, seinen schönen Welfensohn an eine Waiblingerin abzugeben. Indessen erwies sich der Schöne als schlechter Sohn, aber als guter Liebhaber und noch besserer Schwimmer: während die Mutter des süßen Rheinweins voll war – denn dem war sie ob der kalten Einsamkeit des Wasserschlosses verfallen –, durchschwamm er den Rhein, erklomm die Mauer und brachte seine Werbung bei der Tochter persönlich vor nach der Losung: Was Welf, was Waiblingen! – mit solchem Erfolg, daß es, als die Mutter aus ihrem Rausch erwachte, bereits zu spät war, und daß Heinrich der Löwe und Heinrich der Ernsthafte sich einfach versöhnen mußten, und das schleunigst, denn die Hochzeit des Schönen mit seiner Agnes konnte nur noch unter Ausschluß der Öffentlichkeit stattfinden – der vorgeschriebene Myrtenkranz auf dem Köpfchen der Braut wäre ihrer wenig bräutlichen Formen wegen deplaciert gewesen. Der Ehe entsprossen mehrere übrigens kerngesunde welfische Waiblinge oder waiblinger Welfen, wie man nun will; bei ihnen konnte der Familienhaß nicht mehr zum Zuge kommen, denn schließlich konnte keiner sich selbst hassen; einen gewissen Schaden erlitten nur die künftigen Pfalzgräfinnen bei Rhein, denn sie mußten aus Traditionsgründen ihre diversen Niederkünfte im selben feuchtkalten Wasserburgkämmerchen zu Caub erwarten, wo jene Versöhnung begonnen hatte. Als aber, wieder etwa hundertfünfzig Jahre später, Ludwig der Bayer das Liebesschloß durch einen festen Turm doch noch zum Zollschraubstock umbaute, da brachte ihm das kein Glück: der Papst erklärte, daß Ludwig »die fluchbeladenen Steuern und Zölle nur noch härter eintreiben wolle«, und tat ihn in den Bann. Der Liebe soll man eben nicht spotten.

Die großzügigsten Schnapphähne am Rhein indessen waren die Grafen von Katzenelnbogen: sie sperrten den Strom am gründlichsten ab, auf daß kein Schiff ihnen entwische. Deshalb erbauten sie nicht nur über St. Goar die mächtige Burg Rheinfels, sondern genau gegenüber noch eine Pendantfeste, die nach ihrem Namen noch jetzt »Die Katz« heißt – obwohl »Katzenelnbogen« weder mit Katzen noch mit Ellenbogen etwas zu tun hat, sondern vom lateinischen Bergnamen »Cattimelibocus« herrührt, dem alten Hexenberge Melibocus, dem heutigen Malchen, im Lande der Katten, der heutigen Hessen. Mit dem hessischen Fürstenhause waren die von Katzenelnbogen denn auch so eng verwandt, daß es sie nach ihrem Aussterben beerben sollte, und dieser betrübliche Fall schien nach dreihundert Jahren fröhlichen und ergiebigen Zollraubs einzutreten: dem siebzigjährigen Grafen Philipp war sein zänkisches Weib Anna von Württemberg weggestorben, zu seiner freimütig einbekannten größten Freude, aber auch sein einziger Sohn, zu seinem größten Kummer. Schon hielten die Hessen ihre Beute für sicher – da heiratete der pflichtbewußte Landesvater nochmals, und zwar eine zweite Anna, aber diesmal eine junge und verträgliche aus dem Hause Nassau: ein neuer Erbprinz trat in den Bereich der Möglichkeit, dem mußte man vorbeugen, und man tat es. Die liebe Verwandtschaft griff tief in den Beutel und bestach den Schloßkaplan auf dem Rheinfels mit tausend Gulden; der geistliche Herr griff zum Abendmahlskelch, tat ein wirksames Gift hinein und reichte ihn der Landesmutter; aber ein freundlicher Zufall »ließ diesen Kelch an ihr vorübergehen«, was damals wie ein Wunder war, die Sache kam auf, und der Kaplan wurde verbrannt. Indessen blieben die Bemühungen des greisen Landesvaters um Nachkommenschaft vergeblich, was auch damals kein Wunder war, er starb nach fünf Jahren, und die Verwandtschaft erbte doch: erbte Rheinfels, Katz, Braubach, Sankt Goar und Boppard, erbte sehr viel Wein – und brachte sehr viel Sinnenfreude mit.

Beim Landgrafen Philipp dem Großmütigen von Hessen hatte sich diese Sinnenfreude ganz auf den Hang zum Weibe und zum Zeugen geschlagen; wie er für sein Land, als Freund Luthers und Melanchthons, die Reformation einführte, so führte er für sich die Doppelehe ein. Als er mit seiner ersten Gemahlin Christine von Sachsen zehn Kinder gezeugt hatte, heiratete er die hübsche Margarethe von der Saal hinzu und zeugte mit ihr noch sieben Söhne. Zwar stand auf Bigamie die Todesstrafe, und in der Bibel war sie verboten; aber Philipps erste Frau, die wohl ihre Ruhe haben wollte, war sofort einverstanden, und Luther wie Melanchthon nach langem Zögern ebenfalls: sie erteilten ihrem mächtigen Freunde eine Ausnahmegenehmigung »der besonderen obwaltenden Umstände halber«, wobei diese besonderen Umstände in einer ärztlich nachgewiesenen anatomischen Merkwürdigkeit des Landgrafen bestanden – wenn der gewöhnlich Sterbliche zum Zwecke der Zeugung nur die gewisse Zweiheit benötigt, so verfügte Philipp über eine Dreiheit. Ob sich dies physische Wunder auf seine Nachfolger vererbte, ist unbekannt; seine Zeugungskraft vererbte sich

zweifellos: nur wenige Hessenfürsten hatten weniger Kinder als er, viele hatten ihrer mehr, und Hessens letzter Kurfürst hatte ihrer siebenundzwanzig. So erklärt es sich, daß unter der Herrschaft des Hauses Hessen nicht nur prunkvolle Residenzschlösser in den Hauptstädten, sondern auch viele »Wohnschlösser« in den Kleinstädten gebaut wurden; sie wiesen statt weniger Festräume ganze Fluchten kleiner Einzelzimmer auf, bestimmt, die zahlreiche Nachkommenschaft der Herren aufzunehmen und der berüchtigten »hessischen Wohnungsnot« zu steuern; als die Philippsburg zu Braubach preußisch wurde und die Fürstensprößlinge ausziehen mußten, konnte man in den Burgzimmern eine ganze Gemeinde von armen Leuten unterbringen.

Den Rheinfels freilich überließ Philipp der Großmütige seinem gleichnamigen jüngeren Sohne, »des vielen Weines wegen, denn er hat von allen den größten Durst«; und das muß wohl so gewesen sein, denn nannte man schon Philipps ältesten Sohn und Nachfolger »Wilhelm den Trinker«, so hieß man den jüngeren »Philipp den Säufer«. Er erwies sich denn auch als wahrer deutscher Bonosus und starb schon mit zweiundvierzig Jahren, kinderlos, dank zu vielen Weinchen. Nach kaum fünfzig Jahren indessen tauchte auf den Rheinfelsen auch ein deutscher Proculus auf, ein verhinderter allerdings: verhindert dank zu vielen Weibchen.

Er war freilich nicht immer verhindert gewesen, dieser Ernst von Hessen-Rheinfels, sonst hätte ihm seine Gemahlin in ihren jungen Ehejahren nicht zwei Söhne geboren. Dann aber zog es ihn, wie der geistreiche Mann seinem großen Philosophenfreunde Leibniz schrieb, »dreizehnmal nach Italien, um die Mysterien und Dogmen der katholischen Religion zu studieren« – eine Darstellung, die er dann allerdings durch das Geständnis ergänzte, er habe sich »dreizehn Jahre lang mit italienischen Curtisanen versündigt« und sei seither »außer Stande, Kinder zu erzeugen«. So saß denn seine Frau vergrämt, enttäuscht und gekränkt zu Boppard, während Ernst, den zu viel Liebe unfähig gemacht hatte zur Liebe, dennoch von der Liebe nicht lassen konnte und sich auf Schloß Rheinfels zum Entsetzen seiner Verwandten einen – Harem einrichtete; notgedrungen allerdings einen platonischen. Über Lust und Leid, die diese paradoxe Einrichtung mit sich brachte, über die erotischen Dienste, welche die darin beschäftigten Damen dem alten Herrn trotz seiner Verhinderung zu leisten hatten, und über die noble Art, in der er sie belohnte, führte er gewissenhaft Buch, und dies Buch ist erhalten. Er zählt seine Lieblinge der Reihe nach auf. Etwa so:

»Erstens: Genoveva Thiault aus Paris, eine Brünette von erst vierzehn Jahren. Abgesehen von den etwas breiten Händen und dem durch einen Naturfehler zu kurzen Mittelfinger war sie sowohl die erste wie die schönste von allen und verstand mich überdies so angenehm zu liebkosen, daß es sicherlich ein Wunder war, was nicht ausschließt, daß ich meinerseits weder mit ihr noch mit den anderen jeweils etwas getan habe, was gegen ihr Gewissen und ihre Ehre war. Aber sie war allzu hochmütig und eitel, log zuweilen so, daß es nicht auszuhalten war, und konnte keine Rivalin neben sich dulden. So habe ich sie denn mit ihrer Mutter nach Paris zurückgeschickt, nachdem sie mich viel gekostet hatte.

Zweitens: Charlotte Wirthin, Tochter eines Majors oder Oberschultheißen aus Nassau, hatte blonde Haare und eine wenn auch kleine, so doch ganz entzückende Figur. Obgleich auch ihre Hände nicht so weiß, langfingrig und von so köstlicher Haut waren, wie ich mir das in meiner Phantasie wünsche, sondern ausgedörrt und mager, war sie im ganzen doch leidlich wohlgestaltet und hübsch. Ich habe sie verheiratet.

Drittens: Anna Maria Cochenhain, Tochter eines hiesigen Kapitäns, war ein brünettes Mädchen von außerordentlich schöner Figur, auch blaß genug und mit Händen zum Hinschauen, schön und wie gedrechselt. Verheiratet.

Viertens: Marie Margarethe Wagnerin, Anwaltstochter aus St. Goar. Verheiratet.

Fünftens: Antonia Jacomina Gioria, aus Venedig. Zurückgeschickt, nachdem ich ihr eine Aussteuer bezahlt habe.

Sechstens: Jeanne Claire Eremit, Tochter eines Ehrenmannes aus Avignon, brünett, recht hübsch von Gesicht und auch körperlich gut gebaut, von vorbildlicher Frömmigkeit und Tugend und immer guter Laune. Sie wohnt jetzt mit ihrer Mutter bei mir, und wenn sie noch ein paar Fehler hat, sind sie gottlob zu beheben, zum Beispiel spricht sie noch ein bißchen zu viel in ihrem französischen Bauerndialekt; vor allem ist sie mir gegenüber zu ängstlich und respektvoll – ich hätte sie lieber ein bißchen freier und verwegener!«

Indessen scheint Jeanne aus Avignon nicht verwegener geworden zu sein, oder auch ihre Hände entsprachen nicht, oder sie erlernte die attraktiven großstädtischen Liebkosungen der Genoveva aus Paris niemals: jedenfalls muß sie ebenfalls verheiratet oder zurückgeschickt worden sein. Denn Landgraf Ernst verliebte sich im zarten Alter von siebenundsechzig Jahren derart in die siebzehnjährige Alexandrine Dürnitzel, Tochter eines Unteroffiziers aus St. Goar, daß er seinen Harem auflöste und sie zur linken Hand heiratete – als Grund gab er an, er leide an Schlaflosigkeit. Dies Leiden muß sie gelindert haben, denn als er nach drei Jahren starb, vermachte er ihr »aus Dankbarkeit« eine Leibrente von jährlich sechshundert Talern. Im ganzen beweist das Beispiel des braven Ernst, daß ein Erotiker nicht unbedingt ein Potenzler sein muß, und daß menschliche Anständigkeit auch im Harem gedeihen kann. Und er war denn auch mit sich so im reinen, daß er in seinem letzten Briefe an seinen Freund Leibniz bewegte Klage führte »über den Verfall der Sittlichkeit und den Abfall vom einfachen Christentum«.

Seine beiden Söhne scheinen, gewarnt durch des Vaters Beispiel, den Sündenpfuhl Venedig gemieden zu haben: der eine führte zwar eine unzufriedene Ehe, erzeugte aber darin immerhin sieben Kinder, der andere schlief zwar außer mit seinen Frauen auch mit seinem Kutscher, brachte es aber in zwei glücklichen Ehen auf fünfzehn Kinder – darunter die berühmte Maria Amalia, die den Beweis antrat, daß die Erbmasse des Hauses Hessen auch in seinen Töchtern lebendig blieb: sie heiratete den ungarischen Freiheitshelden Franz Rakoczi und befreite ihn mit Heldenmut aus dem Gefängnis, war aber anderen Männern gegenüber ebenfalls so mutig, daß Liselotte von der Pfalz ihren Sohn warnte, mit ihr allein zu bleiben – habe sie doch selbst den Zaren Peter den Großen genotzüchtigt! Sie wurde an solch erotischem Wagemut nachmals nur vom hessischen Landgrafen Friedrich übertroffen, der den gleichen Mut sogar gegen sich selbst kehrte: er ließ seine vielen Mätressen bis ins hohe Alter hinein »keine Nacht in Ruhe, wiewohl er jedesmal danach in tiefe Ohnmacht fiel und durch künstliche Mittel in neue Tätigkeit gesetzt werden mußte« – und brachte es trotzdem zum König von Schweden.

Jene Vergewaltigung Peters des Großen blieb übrigens am russischen Zarenhof unvergessen: man freute sich der hessischen Sinnenstärke und nützte sie, man sagte: »Wer viel und gut liebt, wird auch viel und gut gebären«, und man gab darum den Zarensöhnen mit Vorliebe hessische Prinzessinnen zu Frauen – oft genug mit dem erwarteten Erfolg. So hielt es auch die große Katharina, welche die Landgräfin Caroline mit ihren drei Töchtern zu sich nach Petersburg

einlud, um unter ihnen die richtige Gattin für den Zarewitsch Paul zu wählen. Als die vier Damen sich der russischen Hauptstadt näherten, ergriff sie beträchtliche Angst vor der Begegnung mit der energischen Zarin; so tranken sie sich gründlich Mut an – guten Wein vom Rheinfels hatten sie ja mitgenommen. Im Lustschloß Gatschina vor Petersburg gedachten sie noch ein wenig auszuruhen und sich des genossenen Weines zu entledigen, sahen sich aber unvermutet der Zarin gegenüber, die ihnen überraschend entgegengereist war. Was nun geschah, umschreibt der Höfling Schrautenbach mit folgenden höfischen Worten: »Die Landgräfin-Mutter stand diese erste, lange Begegnung recht gut durch; da sich die Prinzessinnen aber in der höchsten Not befanden, die sich denken läßt, hatten sie Mühe, sich auf den Beinen zu halten, und traten dauernd von einem Fuß auf den andern ...« Die Prinzessin Wilhelmine stand diese »höchste« Not am besten durch und wurde von Katharina prompt zur Schwiegertochter gewählt: die Zarin als Freundin vieler guter Tropfen hatte Sinn für solche Leistungen. Und Wilhelmine wäre auch Kaiserin geworden, wenn sie nicht schon nach dreijähriger Ehe gestorben wäre.

Das war bitter für das Haus Hessen; die Verwandtschaft mit dem Zaren hätte viel Geld in die magere Hofkasse gebracht. Aber man wußte sich zu helfen: Wilhelmines Bruder, der Erbprinz Franz, trat dem verwitweten Zarewitsch seine eigene Braut ab, die hübsche Sophie Dorothee von Württemberg, und bekam dafür Jahr für Jahr eine Abfindung von zehntausend Rubeln, sein ganzes Leben lang. Er aber heiratete auf dieser soliden wirtschaftlichen Basis seine Kusine Luise, die Tochter von seines Vaters Bruder und somit aus gutem Hessenblut, die zwar »eine sehr begehrliche Dame war und in offenem Verhältnis mit einer Reihe von Anbetern lebte«, trotzdem aber in über fünfzigjähriger Ehe Zeit fand, ihm vier einwandfrei legale Söhne zu gebären.

So starb denn das Haus Hessen bis heute nicht aus. Und wenn hingegen die letzte Nachkommin des Hauses Hessen-Rheinfels leider doch kinderlos starb, so hatte das seinen Grund, und zwar den einzigen Grund, den es angesichts der Sinnenfreudigkeit rheinhessischer Prinzessinnen haben konnte: sie war eine Nonne.

Schloß Rheinfels mit St. Goar und Boppard war also an das ferne Hessen-Kassel gekommen, das keinen Fürsten mehr in die verwaiste Festung schickte, sondern lediglich eine Garnison. Aber auch sie konnte sich dem Genius loci nicht entziehen: wo der Heilige Goar einst seine feuchtfröhlichen Taufen gehalten hatte, wurde weitergetrunken; wo Landgraf Ernst über seinen Harem Buch geführt hatte, wurde weiter geliebt, ohne Buchführung. Nur zweimal mußten die Soldaten in Aktion treten, einmal aus innenpolitischen und einmal aus außenpolitischen Gründen. Innenpolitisch ging es sogar gegen das zarte Geschlecht: die als ebenso schön wie energisch bekannten Frauen von Boppard hatten eine Militärstreife verdroschen, die geglaubt hatte, sie dürfe aus strategischen Gründen die Weinberge auch kurz vor der Lese betreten; eine Strafexpedition von dreihundert Mann rückte von Rheinfels wider Boppard, »gewann aber die Oberhand über die Damen durch eine ganz andere Art Krieg, für die sie weit besser gerüstet schienen«. Außenpolitisch hingegen war die Lage wirklich ernst; im Siebenjährigen Krieg rückten die Franzosen gegen Rheinfels heran, was aber niemand bemerkte, denn die Offiziere gaben gerade einen Ball für die Weiblichkeit von St. Goar, und die vollkommen unkontrollierten Wachen benutzten die Gelegenheit, sich aus dem unerschöpflichen Weinfaß des Heiligen Goar zu betrinken. Und plötzlich betrat der französische Kommandant Marquis de Castries mit Gefolge den Ballsaal, gebot der Musik mit einer Handbewegung Einhalt, bat die Herren Hessen sehr höflich, aus dem Saal zu gehen und sich draußen entwaffnen zu lassen, rief der Musik zu: »Weiterspielen!«, bat das

nächste hübsche Mädchen zum Tanz, und seine Offiziere taten's ihm nach, und die Schönen von Goar hatten nichts dagegen, und man tanzte die ganze Nacht – so »fiel« am 1. Dezember 1758 die »uneinnehmbare« Feste Rheinfels. Die Franzosen blieben für diesmal nur drei Jahre und machten nach der leichten Eroberung der Festung noch viele ebenso leichte Eroberungen der Liebe; dann verschwanden sie, viel beweint; sie würden wiederkehren ...

Einmal waren sie schon an den Rhein gekommen und geblieben, aber gekommen als Flüchtlinge und geblieben in Nüchternheit und Sittenstrenge; Hugenotten, ihres Glaubens wegen vertrieben, hatten sich in Neuwied niedergelassen. Mit Grund und klug, denn die Stadt war von einem weisen Grafen von Wied zu dem einzigen und genau formulierten Zwecke gegründet worden, »eine Freistätte der Toleranz zu schaffen für alle, die schuldlos ihre Heimat verlassen müssen und meinem Lande nützen können«. Das Ideale lag in der ersten Voraussetzung, das Praktische in der zweiten: ungestört lebten hier nebeneinander Reformierte, Lutherische, Katholiken, Juden, Herrnhuter, Wiedertäufer, Mennoniten und Quäker; sie genossen, etwas damals ganz Unerhörtes, volle Religionsfreiheit, wenn auch nur die reformierte Kirche Glocken haben durfte – ihr gehörte der Landesherr an, und eine Rangordnung mußte sein. Und sie waren dankbar und tüchtig, sie gründeten Handelshäuser und Fabriken, und Wied blühte auf; sein Wohlstand beruhte vor allem auf dem Export von »Sanitätsgeschirren« – auf dieser aristokratischen Bezeichnung hatte das Herrscherhaus aus Reputationsgründen bestanden, wenn es sich dabei auch um die damals in halb Europa bekannten »rheinischen Nachttöpfe Original Wied« handelte.

Aber wenn die Neuwieder auf solche Art für die körperliche Hygiene anderer wirkten, so war ihre eigene seelische Hygiene noch bewundernswerter; ihre Freiheit gründete sich auf die strengste Innehaltung ihrer strengsten Glaubensvorschriften, in erster Linie der sittlichen. Da waren die beiden Geschlechter nicht nur in den herrnhutischen Schulen säuberlich getrennt, da lebten sie auch nachher in scharf bewachten und weit auseinander gelegenen Jünglings- und Jungfrauenhäusern, bis sie heiraten und eine eigene Wohnung nehmen durften. Und solch eine Heirat war eine schwierige Sache: hatte ein Jüngling ein ihm zusagendes Mädchen im Bethause gesehen, denn woanders sah er kein Mädchen, so konnte er ihr nicht etwa seine Wünsche vortragen, denn sprechen durfte er mit keinem Mädchen; er mußte sich an die Gemeindevorsteher wenden, die umständliche Erkundigungen über Vermögens- und Seelenlage der Erwählten einzogen, lange und gründlich überlegten, die Zustimmung der Eltern einholten und dann, falls sie selbst zu einem günstigen Ergebnis gekommen waren, die Zustimmung Gottes: ihm unterbreiteten sie die Angelegenheit im Gebet, und dann – warfen sie das Los; fiel es günstig, hatte Gott ja gesagt. Und wie selten würde nun das Mädchen noch wagen, nein zu sagen!

Dennoch erschien selbst dieser Totalausschluß der Sinnlichkeit aus der Ehe dem Fürsten Friedrich Carl von Wied noch nicht zureichend. Er war ein eifriger Bibelleser und ein Friedensfreund dazu, und schließlich argumentierte er so: »Die Erzeugung von Kindern muß sündhaft sein, denn Kinder erzeugen Mist und Urin wie das Vieh. Aus Mist und Urin entsteht Salpeter. Aus Salpeter entsteht Pulver. Pulver führt zum Krieg. Folglich muß ich enthaltsam leben. Das kann ich nicht, wegen des Fleisches Lust. Folglich muß ich den Körperteil beseitigen, mit dem ich zeugen könnte.« Und er hätte die Operation tatsächlich an sich vollzogen wie weiland der Kirchenvater Origenes, wenn ihm nicht das Reichskammergericht zu Wetzlar bedeutet hätte, in diesem Falle werde man ihn für verrückt erklären und absetzen. Darauf ließ er mitteilen, er befinde sich »bei unbeschränktem Regentenverstande«, und blieb ganz.

Aber ach: gerade er mußte erleben, daß sich der Sinnenteufel dennoch einschlich zu Neuwied – und das in seiner nächsten Umgebung! Er hatte nämlich seinen Kanzleidirektor eines Rechtsstreits wegen für einige Jahre nach Wien schicken müssen, und als dieser höchst fromme Beamte zurückkehrte und seine Kostenrechnung überreichte, fand sich am Ende der Liste der Posten: »Für entbehrte eheliche Freuden: 2000 Gulden.« Der Fürst schrie ihn an: »Kerl, ist er verrückt?« »Wieso, Durchlaucht?« fragte der Brave verständnislos zurück. »Mich hat's 'n Wirklichkeit viel mehr gekostet!«

Peinlich selbst im Hoftheater
wirkt der Landesrabenvater.

ie Geschichtsbücher, die da immerfort behaupten, der Kurfürst Johann Sigismund habe seinen Untertanen freie Religionsausübung verstattet, und damit habe das Hohenzollerntum zuerst den Gedanken der religiösen Toleranz verwirklicht und die geistige Führung in Deutschland übernommen – diese Geschichtsbücher schwindeln leider. Preußen hat sich anderthalb Jahrhunderte lang verzweifelt gegen die ihm aufgezwungene Toleranz gewehrt.

Johann Sigismund trat überhaupt nur zum reformierten Glauben über, um die Folgen einer Düsseldorfer Ohrfeige wiedergutzumachen; als er aber einmal übergetreten war, dachte er nicht an Toleranz, sondern versuchte mit allen Mitteln, seine lutherischen Untertanen gewaltsam zu Calvin zu bekehren. Es gelang ihm nur nicht, weil er zu schwach und das Luthertum zu stark war. Widerwillig mußte er sich beugen, jahrzehntelang zankten sich von den Kanzeln die lutherischen Volksprediger mit den reformierten Hofpredigern herum, es gab sogar bewaffnete Auseinandersetzungen, und der Große Kurfürst warf endlich einen besonders störrischen lutherischen Pastor aus Berlin hinaus. Dieser Pastor tröstete sich damals durch einen Choral, den er sich selber schrieb. Der Pastor hieß Paul Gerhardt und der Choral »Befiehl du deine Wege«. Auch er wäre ohne die Düsseldorfer Ohrfeige nie entstanden.

Für Johann Sigismund aber gab es keinen Trost. Er mußte abdanken, überworfen mit seinem andersgläubigen Volk, und starb in Gewissensskrupeln; ihm erschien zum ersten Male strafend die berühmte »Weiße Frau«, die seitdem immer auftauchte, wenn im Hohenzollernhause ein Unglück bevorstand. Sie war das Symbol des Fluches, der vom Glaubensverrat dieses Hohenzollern ausging; die Ohrfeige von Düsseldorf war teuer bezahlt. An die Weiße Frau glaubte man fest; 1651, unter dem Großen Kurfürsten, zeigte sie sich wieder. Aber der Kammerjunker von Burgsdorf, ein beherzter Mann, lauerte ihr an der Stiege auf und brüllte sie gut preußisch und höchst respektlos an: »Du alte sakramentische

Hure du, hast du noch nicht genug Fürstenblut gesoffen, willst du noch mehr haben?« Die Weiße Dame jedoch packte ihn statt jeder Antwort beim Kragen und warf ihn die Treppen hinunter, daß ihm die Rippen krachten. Aber selbst so viel unweibliche Kraftentfaltung machte niemanden stutzig; auch nicht die seltsam girrenden und stöhnenden Laute, die sie nächtelang hören ließ, als sie unter Friedrich des Großen Vater wieder erschien. Endlich ward sie doch von der Wache festgenommen – und da stellte es sich denn heraus, daß sich ein Soldat der Maske bedient hatte, um ungestört zu seiner Liebsten, der Kammerjungfer, zu schleichen. Die merkwürdigen Laute waren also für diesmal erklärt; an die »Weiße Frau« glaubte man gleichwohl weiter.

Richtig allerdings ist, daß in der Familie des Großen Kurfürsten immer jemand starb, wenn sie auftauchte. Aber das Volk wußte ganz genau, wer an diesen Todesfällen wirklich schuld war: des Kurfürsten zweite Gemahlin Dorothea. Die liebte man nicht; erstens, weil sie ihrem Mann zuliebe zum verhaßten reformierten Glauben übergetreten war; zweitens, weil sie so geizig und geschäftstüchtig war, daß sie, die Kurfürstin persönlich, in Berlin vor dem Spandauer Tor einen Wein- und Bierschank und sogar ein Gasthaus für Hamburger Fuhrleute einrichtete, wo es nicht eben moralisch zuging, und dadurch anderen Leuten das Brot nahm; und drittens eben, weil sie die Kinder ihres Mannes aus erster Ehe sowie sonstige Thronfolgekandidaten teils zu vergiften versucht, teils vergiftet haben sollte, damit ihre eigenen Kinder zum Zuge kämen. Tatsächlich starb der kerngesunde Kurprinz ganz plötzlich im Lager zu Straßburg, während seine Stiefmutter anwesend war, und die Soldaten bezichtigten sie laut des Mordes. Sein Bruder, der nachmalige erste König von Preußen, erkrankte schwer, nachdem er bei Stiefmütterlein eine Tasse Kaffee getrunken hatte, und wurde für tot in sein Zimmer getragen, dann aber durch ein Brechpulver gerettet, das er ahnungsvoll und vorsichtig vor dem Besuch zu sich gesteckt hatte. Der dritte Bruder schließlich starb nach einem Ball, den Stiefmütterchen veranstaltet und bei dem sie ihm eine Orange von ganz besonderer Größe serviert hatte. Ebenso rätselhaft und plötzlich verschieden des Kurprinzen erste Frau sowie seine beiden ersten Söhne aus zweiter Ehe, worauf er es vorzog, die Nähe Stiefmütterchens zu meiden und nach Kassel zu fliehen. Das wieder empörte den Großen Kurfürsten so, daß er ihn nun wirklich zugunsten der Kinder Dorotheas teilweise enterbte. Gerade dadurch jedoch wurde der Verdacht gegen sie so laut, daß ein Gerichtsverfahren eingeleitet wurde; das schlug der Kurfürst zwar nieder, doch dann starb er, und Stiefmütterchen wurde krank und starb auch bald – so daß des Kurprinzen und nunmehrigen Kurfürsten dritter Sohn, der Friedrich des Großen Vater werden sollte, endlich in Ruhe geboren werden und am Leben bleiben konnte.

Kein Wunder, daß der neue Herrscher ob der Beendigung so unerquicklicher Familienverhältnisse aufatmete und sein nun endlich nicht mehr bedrohtes Leben zu genießen beschloß, zu welchem Zwecke er sich nach dem Vorbild des von ihm angebeteten Ludwig XIV. von Frankreich eine Mätresse anschaffte. Das war die Tochter eines Wirtes vom Rhein, der für den Großen Kurfürsten den Wein geliefert hatte; sie war auf den Namen Katharina getauft worden, »die Reine«, was sie nicht hinderte, mit einem Kammerdiener als Zugabe zur Weinlieferung durchzugehen und sich in Berlin über viele Zwischenstationen zur Frau von Kolbe und schließlich sogar zur Gräfin Wartenberg emporzuliebeln. Nun war zwar die Frau des neuen Fürsten schön und gescheit, sie war nicht umsonst des großen Philosophen Leibniz Freundin; das Käthchen vom Rhein aber war schön und dumm, und das gefiel dem gekrönten Haupt besser – wie so manchem ungekrönten ja auch. Zwar setzte sie ihm, ehe er sich selbst die Krone aufsetzte, so manchen anderen Kopfschmuck auf; sie ging dabei überfallartig vor, und die Umschlingung ihrer mächtigen Arme war so kraftvoll, daß ihr keiner entrann. Nur August der Starke von Sachsen konnte sich ihrer nach hartem Kampf erwehren, obwohl der doch sonst gar nicht so war – nun, er hieß nicht umsonst der Starke. Den neuen, schwächlichen und buckligen König von Preußen übrigens genierte dergleichen nicht; er hatte die Mätresse nur, weil sich das eben so gehörte, und konsumierte das Verhältnis gar nicht, er war da bedürfnislos, er tat nur so, indem er sommers im Garten und winters im Zimmer eine Stunde mit ihr auf und ab ging ... sie war also nur Renommier-Mätresse. Diesen Posten aber nahm sie ernst: als Friedrich des Großen Schwester Wilhelmine aus der Taufe gehoben wurde, geriet sie mit der Frau des holländischen Gesandten in Streit über den Vortritt: die beiden Damen, berichtet der Chronist, fuhren einander in die Haare, der Puder ihrer Frisuren bildete eine

Wolke um sie, und als der Oberzeremonienmeister sie endlich auseinanderbringen konnte, hatte Käthchen das Feld bereits behauptet: ein der Widersacherin ausgerissenes Haarbüschel als Siegeszeichen schwenkend betrat sie die Kirche. Eine wahrhaft königliche Taufe, eine wahrhaft stimmungsvolle Feier.

Und als die schöne Katharina endlich doch gestürzt war, ging sie, wie denn nicht, nach Paris. Über ihre dortigen Amouren weiß die Königin der Klatschbasen, Liselotte von der Pfalz, also zu berichten: »Die Gräfin von Wartenberg führt ein tolles Leben. Sie hat es mit einem jungen Sachsen gehabt, der hat ihr alle Juwelen gestohlen und ist damit durchgegangen. Sie hat ihn verklagt, er hat aber geschrieben, daß er keinen Diebstahl begangen hat, denn sie hätte vor ihm einen Polen gehabt und ihm 50000 Franken versprochen, weil er einmal die Franzosen von ihr bekommen hat. Nun sei es gewiß, daß ihm, dem Sachsen, das zweimal von ihr geschehen sei, also müßte er ja doppelt bezahlt werden. Der Cavalier ist freigesprochen worden ...« Mit sechzig Jahren starb sie, aktiv bis zuletzt, in Scheveningen. Ihre letzten Worte sind überliefert: »Eher könnte man die Muscheln am Strand von Scheveningen zählen denn meine galanten Abenteuer.« Nun, man wird ihr wenigstens zugeben müssen, daß sie weder aus ihrem Herzen noch aus anderem eine Mördergrube gemacht hat.

Ihren einzigen platonischen Liebhaber zu Berlin hatte sie viel gekostet – mehr beinahe als die Königskrone, die auch nicht billig war, denn außer anderen Leuten und Mächten war vor allem der Kaiser zu Wien dagegen, daß ein Brandenburger König wurde. Also mußte bestochen werden, und das besorgte als Gesandter in Wien wieder ein Dohna aus dem Ohrfeigergeschlecht. Aber es half nichts, und Dohna wollte schon abreisen, als ihn eine Depesche aus Berlin erreichte: er solle noch einen weiteren einflußreichen Mann zu bestechen versuchen, doch rate man ihm, den Baron von Lüdinghausen zu vermeiden. Dem traute man nicht. Nun las aber Dohna versehentlich statt »vermeiden« »verwenden« – er verwendete also den Baron, den er vermeiden sollte, und siehe: der nahm die Summe an! So wurde der Kurfürst König – durch ein Versehen, durch Zahlungen an Wien von insgesamt sechs Millionen Talern und durch das Versprechen, künftig zu allen Kriegen Österreichs zehntausend preußische Soldaten zu stellen.

Übrigens gab es auch Proteste: es protestierte der Papst, der bis nach Friedrich des Großen Tode, sechsundachtzig Jahre lang, keinen König von Preußen, sondern nur einen Marquis von Brandenburg anerkannte, und – der Pfalzgraf von Neuburg. Er kam über die Ohrfeige, die sein Ahn zu Düsseldorf erhalten hatte, noch immer nicht hinweg.

Weniger wichtig sah die Kronenangelegenheit die gescheite Königin. Sie nahm im Dom zu Königsberg während der endlosen, pompösen Krönungszeremonie in aller Gemütsruhe eine Prise Schnupftabak. Der König wies sie zurecht, aber sie lächelte nur: sie kannte seine hysterische Prunksucht. Kurz ehe sie, lange vor ihm, starb, sagte sie heiter zu einer ihrer Hofdamen: »Was den

König betrifft, so kann er mit meinem frühen Tode zufrieden sein, denn ich verschaffe ihm durch mein Leichenbegängnis eine Gelegenheit zu größerer Prachtentfaltung!«

Und doch war diese Prachtliebe wiederholt von tödlicher Wirkung gewesen: was des Königs Stiefmutter bei ihm durch Gift nicht erreicht hatte, erreichte er selbst bei seinen Enkeln mühelos durch Prunk. Der erste starb mit einem halben Jahr, weil ihn sein Großvater zum Prinzen von Oranien ausrufen und dabei eine Unmenge von Kanonen dicht vor dem Schloß derart knallen ließ, daß das arme Kind zu Tode erschrak, das »böse Wesen« bekam und verschied. Der nächste Enkel verblich schon bei der Taufe, weil ihm der Großvater eine so schwere Goldkrone auf das Köpfchen gesetzt hatte, daß es das dünne Schädelchen nicht ertrug. Nach diesen Erfahrungen wurde beim dritten Enkel nicht so laut geknallt und nur ein sehr kleines, wenn auch kostbares Krönchen verwendet – so blieb dies Kind denn am Leben und wurde Friedrich der Große. Vielleicht wären aus seinen beiden an Prunk gestorbenen Brüdern nur kleine Könige geworden. Man weiß eben nie, wozu etwas gut ist.

Sein Großvater freilich sollte am Ende seiner Tage den Fluch der Ohrfeige von Düsseldorf und des Sigismundschen Glaubensverrats noch zu spüren bekommen. Er ehelichte als dritte Frau eine aus dem Hause Mecklenburg, Sophie Luise, und die war streng lutherisch. Kein Reformierter, erklärte sie in heftigen Auftritten ihrem Mann ein übers andere Mal, könne selig werden. »Nun«, wendete er ein, »wenn ich nun vor dir sterben sollte, wirst du aber doch von mir sagen müssen: Der selige König!« Aber sie erwiderte trotzig: »Nein. Ich werde sagen: Der verstorbene König.« Von dieser Stunde an, versichert der Chronist, ward er in seinem Herzen gegen sie kalt. Was schließlich verständlich ist.

Sie aber nahm sich diese Abkühlung ihrerseits so zu Herzen, daß sie Anfälle von Geistesstörung bekam. Dem schon kranken König sagte man nichts davon. Bei solch einem Anfall jedoch entlief sie ihrer Bewachung, rannte im langen, weißen Nachthemd zu den Gemächern des Königs, schlug eine Glastüre ein, befleckte sich dadurch mit Blut und warf sich in diesem Zustande über den König, der geschlummert hatte. Der König erwachte, sah die unheimliche Gestalt und schrie auf: »Ich sehe die Weiße Frau, ich muß sterben!« Bediente eilten herbei und rissen Sophie Luisen weg; den König aber packte vor Schreck das Fieber, und nach sechs Wochen war er tot. Ob die Witwe von ihm als vom »seligen« oder vom »verstorbenen« König sprach, erfuhr man nie; man schaffte sie nach Mecklenburg zurück und sah sie in Berlin nicht wieder.

Den Thron bestieg Friedrich Wilhelm I., den man den »Soldatenkönig« nennt. Die Soldaten sollten sich das verbitten; es beleidigte sie. Eifrige Geschichtsschreiber haben das politische Bild dieses Königs zu retten versucht, was teilweise, nur sehr teilweise, gelungen ist; sein menschliches Bild ist nicht zu retten.

Als »lustiger Jugendstreich« ist von ihm überliefert, daß er, noch als Kronprinz, gemeinsam mit dem alten, damals noch jungen Dessauer einen Spaziergang nach Zehlendorf machte und dabei einen Kuhhirten schlafend fand, weshalb sich die beiden Herren »den Spaß machten«, den Kühen die Schwänze abzuschneiden. Ich kann nichts Lustiges und Spaßhaftes daran finden. Über sein Benehmen bei Tisch schrieb der österreichische Gesandte: »Seine Majestät war gestern mein Gast. Er dinierte, soupierte und kotzte wie ein Wolf.« Er galt und hielt sich für fromm, aber er ließ seine Werber auf der Jagd nach langen Kerls während des Gottesdienstes in die Kirche einbrechen und die Beter samt dem Pfarrer verschleppen. Er zahlte Hunderte von Talern für jeden einzelnen dieser langen Kerle, die militärisch vollkommen sinnlos waren; er wurde schwermütig und wollte abdanken, als andere Länder ihm seine wüsten Werbemethoden verboten und er fürchten mußte, keine langen Kerls mehr zu bekommen – aber er bewilligte der Berliner Bibliothek im ganzen Jahre 1734 ganze vier und im ganzen Jahre 1735 ganze fünf Taler für Bücher, und die Besoldung aller Bibliotheksbeamten strich er. Er läßt den großen Philosophen Wolff aus Halle vertreiben, weil man ihm einredet, dessen Philosophie könne seine langen Kerls zur Desertion verführen, und er bezeichnete Leibniz, den Freund seiner Mutter, als einen närrischen Kerl, der nicht mal zum Wachestehen zu brauchen sei. Seinen Haß gegen die Wissenschaft tobt er hemmungslos aus: er zwingt zwei bekannte Gelehrte, vor johlenden Studenten über das Thema zu diskutieren: »Gelehrte sind Salbader und Tröpfe«; die Akademie der Wissenschaften dient ihm nur zum Spott, und einmal befiehlt er ihr, für ihn zu ermitteln, warum der Champagner brause. Hier fällt er allerdings herein, denn die Herren Professoren erklären, um das feststellen zu können, benötigten sie fünfzig Flaschen von solchem Champagner, und die liefert er selbstverständlich nicht, zumindest nicht

an Gelehrte. Nur den Direktor der Kunstakademie bezahlt er leidlich, denn der muß ihm die Porträts seiner Generale, »Selbstporträts« und Jagdszenen in Umrissen aufzeichnen, und der König tuscht sie dann aus – eine Leistung, auf die er sehr eitel ist, so eitel, daß er jedem fremden Diplomaten sein neuestes Machwerk zeigt und ihn fragt, was es denn wohl wert sei. Natürlich nennt der Politicus aus diplomatischen Gründen einen höchst schmeichelhaften Preis, und nun freilich fällt der Diplomat herein, denn der König sagt: »Schön, für den Preis können Sie's haben!« – und der Arme muß zahlen. Endlich liebt der König auch die Musik, er läßt sich sogar Händel vorspielen – aber nur, weil er so gut dabei einschläft, und außerdem muß es natürlich Blechmusik sein.

Triumphe feierte seine Verachtung von Kunst und Wissenschaft in dem immer so »gemütlich« geschilderten Tabakskollegium; nur um sie zeigen zu können, wurde ·es überhaupt geschaffen. Da er einen närrischen Gelehrten zum Lächerlichmachen braucht, aber nicht selbst bezahlen will, ernennt er den Vorleser im Tabakskollegium Gundling zum Präsidenten der Akademie der Wissenschaften – als Nachfolger von Leibniz! Die Späße, die er und seine Kumpane mit dem ängstlichen Gundling treiben, sind rabiat. Der muß einen roten Phantasierock mit goldenen Knopflöchern tragen, dazu eine Perücke aus Ziegenhaaren und einen großen Hut mit Straußenfedern. Dann wird ein Affe ebenso gekleidet und neben Gundling gesetzt. Der König behauptet nun, der Affe sei Gundlings natürlicher Sohn, und Gundling muß den Affen umarmen – Seine Majestät lacht wiehernd. Abend für Abend wird Gundling betrunken gemacht,

Gundling, der einen schwachen Gelehrtenmagen hat; als er im Winter betrunken nach Hause taumelt, müssen ihn auf des Königs Befehl vier lange Kerls an Stricken so lange in den gefrorenen Schloßgraben hinunterlassen, bis er das Eis aufgestoßen hat, und diese besonders komische Szene wird ein paarmal wiederholt und dann sogar gemalt. Kommt er dann nach Hause, hat man sein Zimmer zugemauert, und Gundling muß im Kalten schlafen; oder man hat junge Bären in sein Bett gelegt, deren Vorderfüße der König zwar vorher hat verstümmeln lassen, die aber den Armen dennoch so zurichten, daß er tagelang Blut hustet.

Endlich entflieht Gundling zu seinem Bruder nach Halle, aber Majestät läßt ihn gefangen zurückbringen, droht dem Ängstlichen, ihn als Deserteur erschießen zu lassen, und ernennt den Wimmernden dann zum Freiherrn mit sechzehn Ahnen väterlicher- wie mütterlicherseits, die der König natürlich erfunden hat. Er läßt durch einen gewissen Faßmann eine Spottschrift gegen Gundling schreiben und zwingt Gundling, sie in Anwesenheit Faßmanns und des ganzen Tabakkollegiums vorzulesen. Als er sich wehrt, bearbeitet man ihn so mit heißen Pfannen auf dem entblößten Hintern, daß er vier Wochen lang nicht sitzen kann. Als er endlich stirbt, stellen die Ärzte bei der Sektion fest, daß der Alkohol ihm den Magen zerfressen hat. Den König rührt und beschämt das nicht; er läßt ihn in einem Weinfaß einsargen und zwingt, er, der fromme König, die Geistlichen, ihn in diesem Faß auf dem Bornstädter Friedhof zu begraben.

Ähnlich humorvoll verlaufen die Jagden. Die erlegten Wildschweine werden einfach Beamten und Kaufleuten zugeschickt, die sie teuer bezahlen müssen, mit besonderer Wollust aber Juden, weil die ja kein Schweinefleisch essen dürfen – ein immer neu bejohlter Witz. Anders und weit effektvoller wird mit den erlegten Hirschen verfahren. Sie werden zerteilt, wieder mit ihrem Fell bedeckt und dann in ein Gatter gelegt, vor dem die hungrigen Hunde der Meute warten, bis sie vor Hunger heulen. Nun erst erscheint der König: das Gatter wird geöffnet, die Hunde dürfen hinein, aber anrühren dürfen sie den Hirsch nicht. Man schwenkt das blutige Fleisch vor ihnen und kartätscht sie zusammen, wenn sie zubeißen wollen. Endlich erklingt Blechmusik – und zu Händelschen Klängen dürfen nun die Hunde schlingen, und Majestät schaut hingerissen zu, bis sie fertig sind.

Dann geht's zum Ball. Hier gibt es aber keine Damen; Majestät mag keine Frauengesellschaft. Die Offiziere tanzen miteinander, nur Männer mit Männern, bis spät in die Nacht, und bis sie betrunken sind. Sie blieben lange üblich in den Kasinos, diese Männerbälle Friedrich Wilhelms I. Die Witze, die dabei gerissen wurden, dürften die Urahnen des Kasinohumors und Kasinostumpfsinns sein.

Gut. Geschmackssache. Aber war der König nicht ein König des Volkes, ein König fürs Volk? Der auch Bürgerliche adelte, grafte, baronisierte? Gewiß, wenn sie dafür bezahlten; je mehr Geld, desto mehr Ahnen. Oder auch, allerdings, wenn sie bauten. Der König sah es gern, wenn in Berlin gebaut wurde, und wenn's ihn nichts kostete. So adelte er 1736 den Geheimrat Piper mit der ausdrücklichen und einzigen Begründung, »weil er ein schön magnifique Haus baut«. Aber wenn er auch sagte: »Barone machen ist mir eine lumpige Bagatelle!«, so befahl er andererseits doch dem so bagatellisierten Adel, »sich nicht zu unterstehen, eines geringen Bürgers oder Bauers Tochter oder Witwe zu heiraten«.

Haben sie ihn nun geliebt, die geringen Bürger und Bauern? Sie liefen davon, wenn er durch die Straßen ritt, denn wen er arbeitsunlustig fand oder glaubte, den prügelte er persönlich durch. In Berlin schlossen sich alle Fenster und Türen, wenn er auftauchte. So riß auch einmal ein Jude vor ihm aus; man wußte, daß er die Juden nicht liebte. Der König setzte ihm nach, holte ihn ein: »Weshalb bist du weggerannt, Jud?« »Weil ich mich gefürchtet habe«, antwortete der Zitternde wahrheitsgemäß. Da drosch der König mit beiden Fäusten auf ihn ein und brüllte bei jedem Schlag: »Lieben, lieben sollt ihr mich, nicht fürchten!« Was immerhin noch eine bessere Maxime war als die umgekehrte, die in der späteren deutschen Geschichte leider auch ihre Vertreter fand.

Nur ließ sie sich nicht durchführen. Denn der Schrecken ging vor dem König her. Er prügelte Richter durch, die einen langen Kerl wegen Diebstahls nach dem Gesetz zu verurteilen gewagt hatten; sonst aber haßte er die Juristen, weil sie ihm zu weich waren. Er verschärfte fast jedes ihrer Urteile, er sprach gern die Todesstrafe aus und wohnte ihrer Vollziehung gern persönlich bei. Ein Jude, des Diebstahls angeklagt, war gefoltert worden und hatte dennoch seine Unschuld beteuert; also mußte man ihn freisprechen; aber der König erklärte: »Den Hundsfott nehme ich auf mein Gewissen!« – und ließ ihn hängen. Denn, wie er oft in seinen Kabinettorders schrieb: »Wir sind Herr und König und tun, was wir wollen.« Das war die vielgerühmte Souveränität, die er aufgerichtet hatte wie einen rocher de bronze.

Er, der mit Schutzärmeln arbeitete und diese Sitte im preußischen Beamtentum eingeführt hat – er trug diese Schutzärmel auch, wenn er seine Bedienten bestrafte; er tat das mit Hilfe zweier Pistolen, die immer neben ihm liegen mußten; sie waren mit Salz geladen, und versahen die Lakaien etwas, so feuerte er sie auf sie ab. Einer erlitt eine furchtbare Hautverletzung, ein anderer verlor ein Auge. Einmal war der König krank; man fürchtete für ihn. Aber dann kam, nach dem Bericht des österreichischen Gesandten, die beruhigende Meldung: »Seine Majestät prügeln wieder. Die Krisis ist vorüber.«

Wie sein Leben war, so war sein Sterben. Er war entsetzlich dick geworden, »sein Gesicht rot, blau, gelb und grün«, »sein Anblick geradezu fürchterlich«. Er ließ sich den Choral vorsingen: »Warum sollt' ich mich denn grämen?« Aber als man an die Stelle kam: »Nackend werd' auch ich hinziehen«, brüllte er: »Unsinn! Ich will in Uniform begraben sein!« Die Königin bat ihn, ihrem Bruder Georg von England zu vergeben, den er haßte. »Gut«, sagte er, »schreib ihm, daß ich ihm vergebe – aber wart, bis ich tot bin.« Seinem Freunde, dem alten Dessauer, wollte er noch ein Pferd schenken und ließ es vorführen, und der alte Dessauer war gerührt. Aber kaum sah der Sterbende, daß die im Angesicht des Todes verwirrten Bedienten das Pferd nicht vorschriftsmäßig gesattelt hatten, da schüttelte er die Fäuste und schrie: »Geht doch hinunter und prügelt die Schurken!« Und als der Arzt ihm sagte: »Der Puls steht still!« – da schüttelte er nochmals die Faust und rief: »Er soll nicht stillstehen!!«

Aber das war sein letztes Fäusteschütteln und sein letztes Wort. Der Tod ließ sich nicht kommandieren.

Sein Sohn und Nachfolger, der am meisten unter ihm gelitten hatte, suchte als erster sein Andenken zu retten und sogar diese Sterbestunde in seiner Darstellung zu verschönen. Das war staatsklug – damals. Heute jedoch erscheint uns der Tyrann wie der Ahnherr eines anderen Tyrannen, der lange nach ihm kam, und den wir noch erlebten. Und heute wissen wir, daß mit Friedrich Wilhelm der letzte und furchtbarste Kämpfer gegen jene Toleranz dahinging, die die Ohrfeige von Düsseldorf seinem Vorfahren aufgezwungen hatte, und daß mit Friedrich dem Großen der erste kam, der sich zur Toleranz bekannte. Und richtig hat denn auch die Geschichte gleich bei Friedrichs erster Tat einen ihrer listigen und lustigen Einfälle bereit; gleich erinnert sie sich ihrer Ohrfeigen.

Zunächst: der Erbansprüche seines Hauses auf Jülich und Schlesien wegen beginnt Friedrich der Große seinen ersten Krieg, der Länder also, die durch die Ohrfeigen von Düsseldorf und Liegnitz verlorengegangen waren.

Aber noch weiter: er zieht gegen Breslau. Doch er findet keinen Widerstand. Kein Schuß fällt. Nur am ersten Schlagbaum steht eine pflichtbewußte Schildwache, die den Schlagbaum zuziehen will. Da haut der General von Münchow diesem wackeren Posten eine herunter – und der Schlagbaum bleibt offen, die Preußen ziehen ein.

Und so war Friedrichs erste Waffentat – eine Ohrfeige.

Aber alles ist in Butter,
Funktioniert die Landesmutter!

Erdulden müssen hatte Friedrich die Ohrfeigen dutzendweise, und nicht nur Ohrfeigen, sondern auch Fausthiebe, Stockschläge, Würgegriffe, Säbelstiche – von seinem Vater. Dem sei es dabei um die Moral gegangen, heißt es. Ach nein: es ging ihm um die Souveraineté – wie er sie verstand.

Als er mit dem sechzehnjährigen Friedrich Dresden besuchte, führte August der Starke Vater und Sohn in ein Gemach, darin auf dem Divan eine Tänzerin lag, »schöner denn Venus und angezogen gleich Eva vor dem Sündenfall«, wie der Chronist vermerkte; der Alte aber ließ sich weder von der Schönheit noch von der Sünde verlocken, sondern beschränkte sich darauf, dem Jungen seinen Hut vors Gesicht zu halten, auf daß er nichts sehe. Friedrich freilich hatte schon gesehen, und der Sündenfall mit der Tänzerin fand doch statt, gefolgt von einem Sündenfall mit der Gräfin Orselska, Augusts Tochter und Geliebten – wie denn Sündenfälle überhaupt die Neigung haben, sich zu wiederholen, moralische Siege weniger. Der Vater wußte davon, aber er duldete es – es ging ja nur um »Affairen«, nicht um Liebe. Als er jedoch später erfuhr, daß Friedrich eine Liebe hinter sich hatte, eine reine Knabenliebe übrigens, bei der er mit der Erwählten nur musiziert und Geschenke ausgetauscht hatte – da ließ er die Sechzehnjährige, die Kantorstochter Doris Ritter, mit entblößtem Rücken öffentlich auspeitschen, und zwar, gründlich wie er war, gleich sechsmal: vor dem Potsdamer Rathaus, vor ihres Vaters Haus und an allen vier Stadtecken. Dann steckte er die Blutende für drei Jahre ins Spinnhaus.

Aber Friedrich ging es weiter um Liebe, so weit die Politik sie irgend gestattete – nicht nur um Amouren. Seine gescheite Mutter wollte ihn mit der englischen Königstochter vermählen, und ihr schickte Friedrich ein Medaillon mit seinem Bildnis; sie trug es auf dem Herzen bis an ihren Tod. Indessen wenn auch der König von England einverstanden war, der deutsche Kaiser war es nicht; genauer gesagt: Prinz Eugen war es nicht. Er wollte die künftige deutsche Kaiserin mit dem künftigen preußischen König verheiraten, wollte dadurch Katholiken und Protestanten versöhnen, wollte Frieden stiften; so übersandte er Friedrich heimlich das Porträt der ihm zugedachten Gattin: Maria Theresia. Und der empfindsame Kronprinz vergaß auf der Stelle die Engländerin und verliebte sich auf der Stelle in die Österreicherin, denn Maria Theresia war schön.

Er beschloß zu fliehen, über Holland nach Wien, zu ihr. Aber die Flucht mißlang. Sein Vater riß ihn an den Haaren zu Boden, würgte ihn, schlug ihm mit dem schweren Silberknauf seines Stockes das Gesicht blutig, hätte ihn zweimal erstochen, wenn sich nicht zweimal Generale dazwischengeworfen hätten, ließ ihn zum Tode verurteilen. Lediglich Maria Theresias Vater erwirkte seine Begnadigung zu Gefängnis, sehr gegen den Willen des Königs, der den Widerspenstigen gern tot gewußt hätte, um einen anderen Sohn, den dummen, aber gehorsamen August Wilhelm, zum Thronfolger zu machen. Friedrich schöpfte Hoffnung aus der Gnadenaktion des Kaisers und warb nun durch einen geheimen Brief selbst um Maria Theresias Hand – da wies man ihn ab!

Prinz Eugen selbst wies ihn zurück. Der Versuch des größten Preußen, endlich die Ohrfeigenatmosphäre zu säubern, den Ohrfeigenfluch abzuwaschen, endlich Liebe mit Politik und Politik mit Liebe zu vermählen, war jammervoll gescheitert. Er mußte, auf väterlichen und kaiserlichen Druck hin, die wenig schöne und wenig gescheite, die menschlich und politisch unwichtige Prinzessin von Braunschweig-Bevern heiraten, obwohl er, der Stolze, seinen Vater geradezu anwinselte: er wolle lieber eine Kokotte ehelichen als eine Dumme. Er konnte sich die Befreiung aus der Haft nur durch die Zustimmung zu der erpreßten Heirat erkaufen, dadurch, daß er dem »Soldatenkönig« die Soldatenstiefel küßte, vor dem gesamten Hofstaat. Er hatte erlebt, wie sein Vater seinen liebsten Freund Katte hinrichten ließ, der *nicht* zum Tode verurteilt worden war, und er mußte noch erleben, wie dieser selbe und schon gelähmte und im Rollstuhl gefahrene Vater seine liebste Schwester an der Hoftafel erstechen wollte und nur dadurch gehindert wurde, daß ein Lakai den Rollstuhl herumriß, worauf er auch sie zu einer liebe- und sinnlosen Ehe zwang wie den Sohn. Man hatte Friedrich die Frauenliebe ausgeprügelt – die Größe hatte man ihm nicht ausprügeln können; aber man hatte ihn geschlagen und geschlagen und geschlagen, und so wurde er nicht nur der größte, sondern auch der verschlagenste König Preußens; wie recht hat doch die Sprache mit diesem Ausdruck »ein verschlagener Mensch«!

Warum aber hat man ihn die hassen gelehrt, die für ihn bestimmt war: Maria Theresia? Was war zu Wien geschehen?

Vom Hause Österreich war seit dem Bruderzwist zwischen den Halbirren Rudolf und Matthias die Gabe des Liebens gewichen, die es großgemacht hatte. Ferdinand II. hatte nacheinander zwei sehr fromme Frauen, die er nicht liebte; er hatte auch gar keine Zeit zum Lieben, er hatte viel zu tun: »Besser eine Wüste als ein Land voll Ketzer!« sagte er und handelte danach, und ungehorsame Soldaten ließ er bis auf den Kopf im Sand eingraben, und ihre Kameraden mußten nach ihren Köpfen kegeln, bis sie tot waren. Seinem Enkel Leopold, dem Dümmling mit dem immer offenen Mund, starben zwei Frauen, ehe sie Kinder hatten, und die dritte, Eleonore, entstammte dem Hause Pfalz-Neuburg, das seit dem durch die Düsseldorfer Ohrfeige verursachten Übertritt zum Katholizismus sehr bigott geworden war: so bigott, daß Eleonore lieber ins Kloster gehen wollte als Leopold heiraten, daß sie ihn abzuschrecken versuchte, indem sie sich künstlich häßlich machte, und daß sie, als ihr das mißlang, sich bis aufs Blut geißelte, Armbänder mit Eisenspitzen trug, barfuß ging und selbst während der Oper, neben dem Kaiser sitzend, heimlich Psalmen las, die sie ins Operntextbuch hatte einbinden lassen. Ihr erster Sohn Josef I. hatte denn auch keinen Sinn für echtes Lieben geerbt, er betrog seine dumme, unschöne, aber fromme Frau durch endlose Amouren und starb ohne Kinder; sein Bruder und Nachfolger Carl VI. hingegen verstand zu lieben, wie so oft die Zweitgeborenen im Hause Habsburg.

Er liebte eine sehr schöne und kluge Frau, Elisabeth von Braunschweig, obwohl sie als heimliche Protestantin galt; aber sie liebte ihn nicht, und so mußte er sich mit einer napolitanischen Konkubine trösten. Dennoch verlangte man, daß Elisabeth ihm Söhne gebäre, sie mußte starke Weine und Liköre, die sie nicht mochte, in furchtbaren Mengen trinken, um sich fruchtbar zu machen, so daß das Gesicht der schönen Frau rot und gedunsen ward und blieb; schließlich bemalte man die Wände ihrer Zimmer in all ihren Schlössern mit höchst erotischen Bildern, »um ihre Phantasie auf die Männlichkeit zu lenken«, aber es half nichts: die Arme brachte außer einem Sohn, der schon als Säugling starb, nur drei Töchter zur Welt. Nur ein Sohn konnte nach dem Gesetz die Krone erben, und so mußte denn Carl VI. seine ganze Regierungszeit damit verbringen, bei den Fürsten des Reiches herumzubetteln, daß sie die Thronbesteigung der ältesten jener drei Töchter gestatten möchten: Maria Theresias – und nach einem Manne zu suchen für diese Maria Theresia, der nun reich oder arm sein mochte, politisch wichtig oder unwichtig, wenn er nur die Gewähr dafür bot, daß seine Frau von ihm Kinder bekommen würde: männliche Kinder!

So standen die Dinge, als Prinz Eugen dem preußischen Kronprinzen sein Angebot und dieser daraufhin seinen Fluchtversuch machte; da aber – da lief am Kaiserhofe die Nachricht ein, Friedrich habe durch seine Liebesabenteuer mit August des Starken Tänzerin und August des Starken Tochter seine Zeugungsfähigkeit verloren! Das erwies sich zwar später als Irrtum, Friedrich zeugte hernach noch mindestens ein uneheliches Kind; damals aber genügte es für Carl VI., den armen Friedrich fallen und anderweit vermählen zu lassen; so

hatte der Klatsch in Friedrichs Leben, in die Weltgeschichte eingegriffen; abermals!

Und siehe: einmal noch hatte das Haus Habsburg Glück, und es kam wiederum aus der Liebe!

Seit nämlich Maria Theresias Urahn Kaiser Maximilian sich für den Raub seiner Braut durch den Franzosenkönig unter anderem mit dem Herzogtum Lothringen hatte entschädigen lassen, hatte das Tauziehen um Lothringen zwischen Österreich und Frankreich nicht aufgehört. Schließlich wollte man die schöne Prinzessin Claudia von Lothringen mit jenem französischen Königsbruder Gaston vermählen, der Richelieu die erste Pariser Ohrfeige versetzt hatte; Claudia jedoch liebte ihren Verwandten Franz von Lothringen, der Geistlicher war, und er liebte sie; so warf er den Kardinalshut von sich und heiratete Claudia – heimlich. Zwar wurde die Ehe entdeckt, beide wurden von Frankreich gefangengenommen und getrennt; Claudia jedoch entkam, indem sie sich als Page verkleidete, gelangte so zu ihrem Gatten und verkleidete ihn und sich nun als biedere Landleute. So flohen beide auf Umwegen nach Wien. Ihr Sohn heiratete eine Habsburger Prinzessin und rettete Wien vor den Türken; da war es denn verständlich, daß dessen Enkel Franz mit der Kaisertochter zusammen aufgezogen wurde. Diese gemeinsame Kindheit begann bereits, als er dreizehn und Maria Theresia vier Jahre alt war. Und wie es dem Nachkommen eines Geschlechts, das sich aus einer so romantischen Liebesgeschichte herleitete, nicht anders geschehen konnte: aus der Kinderfreundschaft mit dem hübschen, wenn auch nicht gerade hypergescheiten Burschen wurde bei Maria Theresia Liebe und Treue; bei ihm selbst hingegen zwar so etwas wie Liebe, keineswegs aber Treue.

Indessen gerade seine Neigung zur Untreue verschaffte der Kaisertochter den Mann ihres Herzens: mochte er politisch und menschlich bedeutungslos sein – seine Zeugungsfähigkeit jedenfalls hatte er durch seine mitnichten ergebnislosen Amouren unter Beweis gestellt. So durfte sie ihn denn 1736 heiraten – drei Jahre, nachdem der abgeblitzte Friedrich seine unglückliche Braunschweig-Bevern hatte heiraten müssen, wobei der Kaiserhof sich derart um das Zustandekommen der preußischen Ehe bemüht hatte, daß er der ungeschickten und armen Prinzessin sogar einen Tanzmeister bezahlte; denn Friedrich tanzte gern und gut und sie nicht. Indessen trotz diesem Tanzmeisterstück der österreichischen Diplomatie wurde die Ehe überhaupt keine Ehe, die Ehe Maria Theresias hingegen eine nahezu vollkommene. Im Anfang freilich schien es gar nicht so: die Kinder blieben aus; aber dann wurde der berühmte Leibarzt van Swieten konsultiert und schrieb den ebenso berühmten, von wahrhaft vandeveldeschem Geist erfüllten Satz: »Praeterea censeo vulvam Vestrae Sacratissimae Majestatis ante coitum diutius esse titillandam«; und nachdem somit die Präliminarien in die Reihe gebracht worden waren, begann die endlose Reihe der Kinder: insgesamt wurden es sechzehn, fünf Söhne und elf Töchter. Vor allem aber die fünf

Söhne: Habsburg bekam wieder Männer, denn es liebte wieder – wenn diese Männer hinfort auch Lothringer waren!

Und wie liebte Maria Theresia ihren Franz! Als sie ihn in Frankfurt zum Kaiser krönen ließ, rief sie als erste das »Vivat Kaiser Franz!«, und rief es mit solchem Entzücken, daß alles vor Freude und Rührung jubelte und schluchzte. Und nur die Liebe zu ihm war es, die die anfangs so Umschwärmte bei ihren Untertanen unbeliebt zu machen begann: an den Frauen, mit denen er sie betrog, rächte sie sich hart, und, gerecht wie sie war, auch an denen, die es mit anderen Männern trieben. Gegen sie setzte sie ihre berüchtigten Keuschheitskommissionen ein. Fünfhundert solcher Schnüffler streiften durch Wien, um jedes allein gehende Frauenzimmer zu verhaften – es sei denn, es trage einen Rosenkranz in der Hand; Rosenkränze fanden damals zu Wien erstaunlich viele und höchst unerwartete Abnehmerinnen, und wer mit ihnen handelte, wurde reich. Die rosenkranzlosen Damen hingegen wurden in alljährlichen Riesentransporten an die Militärgrenze im schlimmen Balkan verschickt, so daß es ihnen nicht einmal besser ging als den bösen Protestanten, denen dasselbe Schicksal widerfuhr; ich selbst sah noch im Banat und in der Batschka Dörfer, die damals mit den käuflichen Mädchen Wiens besiedelt worden waren, und ich versichere an Eides Statt: man erkannte diese Dörfer noch immer daran, daß sie die entzückendsten Frauen hatten – was kaum auf die verschickten Protestanten zurückzuführen sein dürfte.

Indessen wurde Maria Theresia auch ein Mißtrauen gegen Damen von Stand und mit Rosenkranz nicht los; auch über deren Eskapaden war sie ausführlich, wenn auch nicht immer genau unterrichtet. Denn sie empfing jeden und jede von jedem Stand zur Audienz; wer ihr etwas Derartiges zu sagen hatte, durfte es ihr sogar ins Ohr sagen. So erfuhr sie allen Klatsch und glaubte ihm blindlings, und manche Gräfin, die bisher am Hofe Zutritt gehabt hatte, sah sich plötzlich bis an ihr Lebensende in ein finsteres Provinznest versetzt. Freilich hörten trotzdem die »Jagdpartien« ihres guten Franz nicht auf, und sie ahnte, was für Wild da gejagt wurde. Da sie ihn aber nun einmal liebte, schob sie seine Sünden schließlich auf seinen Müßiggang und sagte warnend zu ihrer Kammerfrau: »Heirate bloß nie einen Mann, der nichts zu tun hat!« Am Ende war sie leidlich zufrieden, als Franzl etwas treuer wurde, wenn auch einer anderen, nämlich der bildschönen Wilhelmine von Auersperg. Das hatte sie erfahren wie jeder im Land, denn Franzl suchte nicht nur Wilhelmines von ihm eingerichtetes Haus, sondern auch ihre Loge im Theater auf; und wenn die Loge auch verschlossen wurde, auf daß keiner hineinsehen und hineinkommen könne, so litt Franzl doch an einem chronischen Katarrh mit einem spezifischen Husten, und sobald die Opernmusik etwas leiser wurde, vernahm man den wohlbekannten Kaiserhusten aus der Loge der Fürstin Auersperg.

Maria Theresia, dicker und weiser geworden, zog hieraus zwei Konsequenzen. Einmal wurde bei den Damen fortan *ein* ständiger Liebhaber nicht gezählt, wenn sie dem nur treu blieben; erst vom dritten ab war es um sie geschehen. So ließen denn die frommen Frauen Wiens außer für ihren Mann auch für ihren Liebhaber regelmäßig Messen lesen, denn Kirchlichkeit gefiel der Kaiserin wohl. Zum anderen beschloß sie den Sinn ihres Gatten in den Kindern zu sehen, die sie ihm, und später in den Enkeln, die ihre Kinderschar ihr schenkte; hatte Graf Podewils mit seiner der Gesellschaft mitgeteilten Definition recht, daß Kaiser Franz »mehr zu ihrem Vergnügen als zu ihrem Nutzen« geschaffen sei, so gewann sie doch das ganze Herz ihres Volkes, als sie eines Abends erfuhr, ihr Sohn Leopold habe seinerseits einen Sohn bekommen, den späteren Kaiser Franz; sie stürmte im Nachtgewand durch Zimmer, Vorzimmer und Gänge hinüber ins Burgtheater, bog sich weit über die Logenbrüstung und rief mitten in die Vorstellung ins Parterre hinunter, jubelnd vor Glück: »Denkt's denk, der Poldl hat an Buaben, und grad auf mein' Hochzeitstag – alstern der is galant, is net wahr?« Und wieder tobten und weinten die Leute vor Freude und Rührung. Und demgemäß und aus ihrem Trotz-allem-Eheglück heraus war sie dafür, daß alle Menschen heirateten: sie war die ruchloseste kaiserliche Heiratsvermittlerin aller Zeiten und zwang Leute zur Ehe, die gar nicht an dergleichen gedacht hatten. So verkuppelte sie einmal den gutmütigen Grafen Esterhazy mit der bösartigen Gräfin Starhemberg; die ließ sich von einem Grafen Schulenburg nach kurzer Ehe in die Schweiz entführen; die Kaiserin aber ließ ihn sich ausliefern und verurteilte ihn als Ehebrecher zum Tode. Aber siehe: der rechtmäßige Gatte Esterhazy bat ihn los und überhäufte ihn mit Dankesbezeugungen; so froh war er, daß er seine Frau los war. Heiratsvermitteln will eben gelernt sein. Es dürfte schwerer sein als Regieren.

Übrigens verlor sie den Kampf um die Sittlichkeit nicht nur bei ihrem Mann. Wenn ihr großer Ministerpräsident Kaunitz ihr seine Aufwartung machte, wartete immer unten in seiner Kutsche eine seiner zahlreichen Mätressen, und nach der Besprechung stieg er wieder ein zu der Kurtisane vom Dienst. Und übrigens irrte sie auch, wenn sie glaubte, ihr Franzl habe nichts zu tun: er machte sich was zu tun. Er machte nämlich Geschäfte. Er hielt sich an die alte Maxime, daß Österreich nicht durch Taten, sondern durch Tätigkeit groß geworden sei – und er war sehr tätig. Er verlieh Geld auf Zinsen, er gründete Banken, er leitete heimlich die Staatslotterie und verdiente unheimlich dabei, er trat in Fabrikunternehmen ein, besonders im Ausland, und er brachte es sogar fertig, während des Siebenjährigen Krieges den Heeresproviant für den Erbfeind zu liefern, nämlich für Friedrich den Großen. Als die Kaiserin ihn deshalb zur Rede stellte, erklärte er treuherzig, er habe ja zu Wucherpreisen geliefert und den Feind dadurch geschädigt. Auf solche Weise kam er zu sehr viel Geld und brauchte es auch, da die Fürstin Auersperg es brauchte.

Dennoch, alles in Maria Theresia war Liebe zu Franz, und als er lange vor ihr zu Innsbruck starb, weigerte sie sich tagelang, auch nur einen Menschen zu sehen. Als sie seinen Sarg dann nach Wien holte, sah sie, wie die Fürstin Auersperg, seine Geliebte, von allen Höflingen gemieden wurde – und trat auf die Weinende zu und gab ihr die Hand und sagte laut: »Wir beide haben wahrlich viel verloren, meine Liebe!« Und das tat sie gewiß nur aus ihrer Liebe zu Franz. Nach seinem Tode freilich, als sie allen Damen am Hofe verboten hatte, sich jemals wieder zu schminken, als Zeichen ihrer Trauer um Franz – da erschien bei ihr trotz dem Verbot eine einzige geschminkt: die Fürstin Auersperg. Aber vielleicht war das ein Zeichen *ihrer* Art Liebe zu ihm . . .

Maria Theresia richtete an der Stätte seines Todes ein adliges Damenstift ein, dessen Insassinnen keusch leben und im Sterbezimmer ständig für ihn beten mußten – was sicher eine sinnreiche Liebesbezeugung, noch sicherer aber eine sinnreiche Rache war und im Gedenken an Franzls Neigung zu Damen der Komik nicht entbehrte. Sie überlebte ihn noch um fünfzehn Jahre, eine einsame Frau, die sich sofort nach seinem Tode äußerlich zu vernachlässigen begann. Sie ließ sich ihr schönes Haar abschneiden. Sie bewohnte die Zimmer nicht mehr, in denen sie mit ihm glücklich gewesen war, und ließ die kargen Räume, in denen sie nun hauste, mit schwarzem Samt ausschlagen. An jedem Monatstag seines Todes und jeden ganzen Todesmonat lang schloß sie sich ein. Mehrere Stunden täglich kniete sie vor seinem Bild, das ihn im Sarge darstellte, und vor dem ihren, das sie selbst so darstellte, wie sie einst im Sarge aussehen würde.

Das Bild trog. Denn sie, die Schöne, wurde gleich ihrer schönen Mutter im Alter so maßlos dick, daß sie nicht mehr gehen und nur mit Hilfe umständlicher Fahrmaschinen von Stock zu Stock, von Raum zu Raum gebracht werden konnte. Trotzdem ließ sie sich mehrmals mit einem solchen Stuhl an einem Seil in die Kapuzinergruft hinunter, wo sein Sarg stand. Einmal, als man sie wieder hinaufziehen wollte, riß das Seil; sie sagte: »Er will mich behalten. Ich komme bald.« Wenige Tage darauf wurde sie krank und stand nicht wieder auf. Nur in der Agonie wollte sie sich erheben; ihr Sohn Josef II. stützte sie und fragte: »Wohin wollen Sie, Mutter?« – und sie antwortete: »Zu Dir. Ich komme.« Sie kam. Sie kam zu ihrem Franzl.

Aber sie wußte: ihm und ihr würden Söhne folgen, die schon wieder Söhne hatten. Eine große Liebe hatte Österreich gerettet.

Zart gebaut, doch hart gesotten
Sind die Rokokokokotten.

enn auch der Pfalzgraf von Neuburg in den Katholizismus nur sozusagen hineingeohrfeigt worden war – als er sich durch die Ehe mit der Bayernprinzessin auch noch in ihn hineingeheiratet hatte, nahm er ihn gründlich. Alle Pfalzgrafen aller Linien und Linchen nahmen ihr Glaubensbekenntnis gründlich, ihr jeweiliges nämlich: denn es gab lutherische, calvinische und katholische, und sie spielten gern »Verwechselt, verwechselt das Bäumelein« und konvertierten eifrig herüber und hinüber; von ihren Untertanen aber verlangten sie unnachsichtlich dasselbe, und so waren die Pfälzer denn die Leidtragenden. Man werfe nur einen Blick auf den Geschichskalender:

1544: der Kurfürst wird lutherisch und »bekehrt«, bedrückt oder verjagt die Katholiken;

1559: der neue Kurfürst wird calvinisch und »bekehrt«, bedrückt oder verjagt die Lutherischen;

1576: sein Sohn wird lutherisch und »bekehrt«, bedrückt und verjagt die Calvinisten;

1583: der Nachfolger wird calvinisch, siehe oben;

1685: das geohrfeigte Neuburgergeschlecht kommt zur Herrschaft, ist noch immer katholisch und »bekehrt«, bedrückt oder verjagt sowohl Lutherische wie Calvinisten ...

Also: rin in die Kartoffeln, raus aus die Kartoffeln. Nur kostete das viel Blut und Not; die reiche Pfalz verarmte, und Zehntausende von Pfälzern, die ihr Bekenntnis nicht so rasch zu wechseln verstanden wie ihre Fürsten, wanderten nach Amerika aus.

Dabei waren die letzten protestantischen Vorgänger der Neuburger schon recht tolerant gewesen; bei Karl Ludwig war das so weit gegangen, daß er auf eine von ihm gebaute Kirche in Mannheim kurzerhand drei Kreuze setzen ließ, eins für die Calvinisten, eins für die Lutherischen und eins für die Katholiken; ein viertes Kreuz hatte ihn so duldsam gemacht: das Kreuz seiner Ehe. Seine Hausehre nämlich, eine aus dem Hause Hessen, war eine allzu resolute Person; sie gebar ihm zwar drei Kinder, darunter die Liselotte von der Pfalz, aber seine Herzensfreundin Luise von Degenfeld gebar ihm dreizehn. Dergleichen macht eifersüchtig, und so beschoß die Kurfürstin die allzu fruchtbare Luise denn mit Pistolen. Sie traf zwar nicht, und deshalb mochte das noch hingehen; als sie aber vor versammeltem Reichstage zu Regensburg ihren Gatten »mit Entblößung des Leibes beschimpfte«, wie der Chronist das Vorgehen dieses weiblichen Götz von Berlichingen höflich ausdrückte, da verstieß sie der Kurfürst. Sie ging heim nach Kassel, blieb aber zänkisch genug, ihr Testament nicht als ihren »letzten Willen«, sondern als ihren »letzten Unwillen« zu überschreiben. Karl Ludwig seinerseits schrieb der geliebten Luise nun in Ruhe seine herrlichen lateinischen Liebesbriefe, die man lange bewunderte, bis sich nach seinem Tode herausstellte, daß er sie aus einem Liebesroman abgeschrieben hatte, dessen Verfasser, nebenbei bemerkt, der spätere Papst Pius II. gewesen war. Zu Lebzeiten Karl Ludwigs wäre es übrigens nicht ratsam gewesen, jenes Plagiat aufzudecken: einen Genfer Schriftsteller, der über ihn und Luise berichtet hatte, zwang er, das Manuskript mit den anstößigen Stellen aufzuessen, und er achtete scharf darauf, daß auch gründlich gekaut und nicht einfach geschluckt wurde. Diese seine Energie hatte seine Tochter Liselotte geerbt, wie ihre Pariser Ohrfeige bewies, seine Toleranz aber auch: sie, die legale Nachkommin, wechselte zeit ihres Lebens zärtliche Klatschbriefe mit der nur »natürlichen« Tochter aus dem schönen Schoß der Luise, der »Raugräfin«, und beide Halbschwestern bemühen sich, weitere Sprößlinge ihres Vaters von weiteren Geliebten aufzutreiben, um auch sie in den Schoß der Familie aufzunehmen. Man nähert sich eben dem Rokoko, das eine an sich alte Erfahrung zur öffentlichen Maxime erhob: die Erfahrung nämlich, daß Vollzug und Genuß der ehelichen Liebe grundsätzlich anderer Art sind als Vollzug und Genuß der außerehelichen, und daß also beide sehr wohl nebeneinander existieren können. »Was schadet es«, schrieb ein Dichter dieser galanten Zeit, »daß meine Geliebte die Frau eines anderen ist? Ich liebe sie ja auch anders als er!«

Aber vorerst kamen in Heidelberg, Mannheim und Düsseldorf die glaubensstrengen Pfalz-Neuburger und dann die ebenso glaubensstrengen Pfalz-Sulzbacher ans Ruder; offiziell und fürs Volk war es mit so freier Auffassung wieder Schluß, inoffiziell und für die Fürsten freilich nicht: des forschen Jan Willems italienische Gattin hatte ebensoviel Grund zur Eifersucht wie die hessische Gattin Karl Ludwigs und schlich ihm oft in Maske durch Düsseldorfs nächtliche Straßen nach, um hinter seine amoureusen Abenteuer zu kommen – ganz gelang ihr das nie, es waren zu viele. Offiziell indessen herrschte Frömmigkeit strengster Observanz. Wenn bei der Mannheimer Wachtparade gebetet wurde, dann ging das so vor sich: erster Trommelschlag: Helm ab; zweiter Trommelschlag: Gebet; dritter Trommelschlag: Helm wieder auf – und wer auch nur einen Moment länger betete als vorgeschrieben, bekam zehn Stockhiebe. Und Offiziere, um aufzupassen, gab's genug; die ganze fünftausend Mann zählende pfälzische Armee hatte allein fünfundzwanzig Generale; auf jeden General kamen also zweihundertundfünfzig Mann. Erhalten wurde diese Armee durch den Verkauf aller zivilen Ämter an die Meistbietenden; Väter konnten die Ämter für ihre eben geborenen Söhne im voraus kaufen; so bestand etwa das höchste Gericht des Ländchens aus so viel Minderjährigen, daß man es allenthalben »das jüngste Gericht« nannte. Immerhin tat es viel für den Glauben, indem es jedem Verurteilten, der zur rechtmäßigen Kirche übertrat, die Hälfte der Strafe erließ.

Und auch der Kurfürst Karl Theodor demütigte sich um des Glaubens willen: alljährlich am Gründonnerstag wusch er zwölf armen alten Männern, den sogenannten »Aposteln«, die Füße – das heißt in Wirklichkeit und vorsichtshalber mußten sie sich die Füße schon vorher gewaschen haben, darauf wurde scharf geachtet. Der Apostelposten war begehrt: die zwölf Greise durften nämlich das ganze Jahr hindurch in Mannheim betteln, und keiner durfte ihnen eine Gabe verweigern, und überdies gab ihnen der Kurfürst je fünf Gulden. Nur dem Darsteller des Judas brauchte der Fürst die Füße nicht zu waschen, und also brauchte er selbst sie sich auch nicht zu waschen, und überdies bekam er nicht fünf, sondern zehn Gulden. Infolgedessen war die Judasrolle zu Mannheim die allerbegehrteste.

Kein Wunder, daß so viel Dienst an Gott dem braven Karl Theodor nur wenig Zeit für den Dienst an der Liebe ließ. So hatte er denn in Mannheim von seiner Frau gar kein Kind und von nur zwei Mätressen nur fünf Kinder, und auch hinsichtlich dieser Mätressen zeigte er seine Demut und Bescheidenheit: die eine, Fräulein Huber, war eine Bäckerstochter, die andere, Fräulein Seyffert, eine kleine, eine schon sehr kleine Schauspielerin. Die Pfalz war halt ein kleines Land. Man mußte sich nach der Decke strecken — auch nach der Bettdecke.

Da aber, Anno 1777, starb Kurfürst Max Josef von Bayern und hatte Karl Theodor zum Erben eingesetzt. Der zog also ein ins reiche München — und nun mußte sich alles, alles wenden.

Auch Bayern war katholisch, viel katholischer als die Pfalz — aber es war fröhlich-katholisch. Die Gegenreformation hatte ja, was man immer vergißt, nicht nur mit der Inquisition gearbeitet und gesiegt, sondern vor allem mit der Festesfreude, der Buntheit, der Fröhlichkeit. Damit hatte sie bei südlichen Gemütern leichtes Spiel gegen den düsteren, schwarzen, verzankten Protestantismus des Nordens, der Luthers Lebenslust so rasch vergessen hatte. Gewiß, auch in Bayern hatten Andersgläubige und Arme nichts zu lachen: es gab auch hier viel Verfolgung, Ausbeutung und Korruption; auch in Bayern hatten gekrönte Ehemänner oft nichts zu lachen: es gab auch hier viele Hörner und viel Streit. Aber, weiß der liebe Gott, wie und woher das kam: in Bayern wurde immer irgendwie alles zur Gaude, zur »Hetz«!

Da war die berühmte Fronleichnamsprozession, von der keiner sich drücken durfte und darf, vom Staatsoberhaupt bis zum letzten Beamten, von der aber doch gesungen wurde und wird: »Schön ist's mit dem Umgang gehn ... mit der Kerzn in die Händ, die wo gar net brennt!«, und bei der »St. Georg der schönste Mann der ganzen Stadt sein muß, um den Rachen des Lindwurms richtig zu durchbohren, damit die darin verborgene riesige Blutwurst das zuschauende Frauenzimmer selbst bis zum zweiten Stock und alles Volk umher unter allgemeinem Gelächter mit dunkelem Blute übergieße«! Da war ferner die Karfreitagsprozession in Beilngries, bei welcher der Tagelöhner, der den Herrn Christus darzustellen hatte, gelegentlich der Geißelszene erst einmal herzhaft verprügelt wurde — wofür er freilich, wenn er dann am Kreuze hing und das »Mich dürstet« sprach, keinen Essigschwamm, sondern ein Glas Starkbier hinaufgereicht bekam. Bis dann, gerade zu Karl Theodors Zeiten, ein Herr von B. Landrichter von Beilngries war. Der war einerseits »volksnahe«: deshalb hetzte er während der Geißelszene »zu größerer Verherrlichung der Darstellung« noch seinen Lieblingshund auf den »Herrn Christus«, worob der Tagelöhner aber so erschrak, daß er ausriß und ins Wasser sprang, so daß er mit Mühe herausgezogen und naß ans Kreuz geschlagen werden mußte. Weil aber der Landrichter andererseits auch sparsam war, ließ er nun dem Dürstenden statt des gewohnten Starkbiers ein

Glas Dünnbier hinaufreichen – und nun riß dem Geplagten die Geduld. Mit dem üblichen bayrischen Gruß schrie er wütend um sein Starkbier – worauf Herr von B., der drittens auch ein gestrenger Herr war, die Strafe des Kreuzes in eine Strafe von fünfundzwanzig Stockhieben aufs Gesäß umwandeln und auf der Stelle vollziehen ließ. Er verlor daraufhin zwar seinen Posten, aber, so schließt der Bericht, »die Gläubigen haben sehr gelacht«. Mit Recht: eben dieses Lachen zeigt, wie gesund ihr Glaube war und ist; wie fern ihm jede Verwechslung liegt zwischen ewiger Wahrheit und irdisch gebundener Nachahmung; wie unzugänglich der bleichsüchtigen Angst vor der Blasphemie – wie echt. Nur er ermöglicht die Oberammergauer Passionsspiele, »Spiele« eben – bis heute.

Wie's Gescherre, so der Herre – bei aller Frömmigkeit und aller Krisenstimmung hatten auch die Kurfürsten, Karl Theodors Vorgänger, nie den Sinn für die Gaude verloren. Wenn die Schloßkapelle zu Nymphenburg der Büßerin Magdalena geweiht und mit erschreckenden Bildern ihrer Bußübungen ausgeschmückt wurde, so stand doch dicht daneben das Badehaus, das mit höchst erotischen Gemälden geziert war sowie mit den Porträts der sechzehn Damen, die mit dem Kurfürsten »unter sanfter Musik im Bade herumschwammen«. Das war durchaus zu verantworten, denn, wie Max II. einmal schrieb: »Meine Liebschaften haben den Grund nicht in meinem Herzen, sondern in der Politik. Diese meine Untreuen lasse ich mir nicht verwehren, weder von Gott noch von den Menschen. Und wenn Gott mich fallen läßt, so geschieht das immer fein säuberlich unter der Hand und ganz heimlich.« Das schrieb er wütend seiner Gemahlin, denn bei ihr geschah dergleichen keineswegs heimlich, sondern geradezu unheimlich. Schließlich zog sie der Stadt München die Stadt Venedig und ihren Beichtvater Dorotheus Schmacke aus Lüttich dem Kurfürsten vor; immerhin brachte das kein Geld ins Haus, denn Max zahlte für seine eigenen Amouren genug und hatte keine Lust, auch noch für die Amouren seiner Gemahlin zu zahlen. Da jedoch hatte die Kurfürstin den Einfall ihres Lebens: sie adoptierte kurzerhand einen Knaben, der durch Taufschein als armenischer Königssproß und durch einen mitgebrachten Schatz als wohlhabend legitimiert war, und nun jauchzte der Oberst-hofmeister von Preysing in einem Briefe auf: »Erst ging es uns in Venedig ziemlich scheißig, dann aber kam der armenische Knabe, hei, da war der Himmel voller Geigen und wir alle wieder wohlauf!« Ganz und gar nicht voller Geigen hing der Himmel hingegen fortan dem armenischen Prinzen: zwar hatte er in seiner Kindheit den Vortritt vor den Kurfürstensöhnen, denn er war nun einmal königlicher und nicht bloß kurfürstlicher Abkunft, und die legitimen Sprößlinge ärgerte das grün und blau; als er aber als junger Mann einen Lakaien erstach, wurde er zwar nicht, wie man's mit jedem gewöhnlichen Sterblichen getan hätte, geköpft, aber er verlor seine Prinzenwürde und mußte als schlichter und armer Hauptzollmeister nach Ingolstadt gehen, und der gute Preysing konnte abermals aufjubeln: »Daß der Armenier den Lakaien erstach, ist traurig, hat aber auch sein Gutes: wir sind ihn los!« Und wie war man ihn los: als seine Adoptivmutter starb, verteilte man den Rest seiner Schätze an die Söhne des Kurfürsten, er selbst hatte das Nachsehen, und erst kurz vor seinem eigenen Tode machte man ihn wenigstens zum Freiherrn von Aretin und bestätigte seine armenische Abstammung. Korrekterweise fehlt sein Name denn auch in der höchst umfangreichen Liste der illegitimen Nachkommen des kurfürstlichen Hauses, die jeder Herrscher Bayerns persönlich führte, denn Ordnung muß sein, und die bis heute erhalten ist – die Nachkommenschaft übrigens auch. Die Aretins aber, hochintelligent wie alle Armenier, dienten hinfort mit Treue und Erfolg dem bayerischen Staat, und einer von ihnen ist heute, ungeachtet seiner armenischen Abstammung, sogar ein führendes Mitglied der Bayernpartei.

Wie's Gescherre, so der Herre – wie der Vater, so der Sohn. »Wenn sich's bei den Bayernprinzen vatert, so laufen sie den Grisetten nach«, schrieb Liselotte von der Pfalz. Sie behielt recht: bei Karl Albrecht, dem Konkurrenten Franz von Lothringens im Kampf um die Kaiserkrone, vaterte sich's ausgezeichnet. Er hinterließ an die vierzig außereheliche Kinder. Es half seiner frommen Gemahlin wenig, daß sie als Beweis für die eheliche Liebe, die ihr Mann ihr angedeihen ließ, oft eine Schachtel voller Haare herumzeigte, die er ihr ausgerauft hatte.

Nun, der Nachfolger dieser Herren und der Wahrer ihrer Tradition wurde also Karl Theodor von der Pfalz; er konnte sich jetzt nach einer bedeutend längeren Decke strecken und tat's: er nahm keine Bäckerstöchter und Statistinnen mehr zu Mätressen, sondern ausschließlich leibhaftige Gräfinnen, eine Törring-Seefeld etwa, eine Schenk zu Castel. Bei all dem war seine Vaterliebe zu seinen natürlichen Kindern geradezu rührend: um ihre Zukunft sicherzustellen, wollte er Bayern zum größten Teil an Österreich verkaufen, es lag ihm mehr an den Lendenkindern als an den Landeskindern. Nur Friedrich der Große verhinderte das Geschäft, indem er seine Truppen marschieren ließ: Karl Theodor hat's ihm nie verziehen. Immerhin: Bayern, gräßlich zu sagen, war durch Preußen gerettet, und somit gewinnt jener Lapsus der Bayernpartei aus dem Jahre 1954 seinen unfreiwilligen historischen Sinn: nach dem Parteitag dieses Jahres nämlich, bei welchem manch markige antipreußische Rede gehalten wurde, wohl auch vom Armenier Aretin, marschierte man durch die Straßen zu den Klängen von – – »Preußens Gloria«!

Karl Theodor aber mußte nun sein Bayern regieren, ob er wollte oder nicht. Er tat's auf seine Art, besonders in militärischer Hinsicht. Ein früherer Bayernfürst hatte seine Bauern nur dadurch bewegen können, Miliziuniformen anzuziehen, daß er, als alle Strafen versagt hatten, jedem in der alten Ziviltracht auftauchenden Bauernknaben den Eintritt ins Bräuhaus verbot – das hatte sofort geholfen. Karl Theodor machte es wie in der Pfalz: er verkaufte Posten, hier aber nicht nur die Beamtenstellen, sondern auch die Offizierschargen. So kamen denn jetzt auf dreitausend Mann dreißig Generale, auf jeden also nur hundert Mann, jeder vierte Mann war Offizier, und für die drei Rheinschiffe der bayerischen Flotte ernannte er einen »Großadmiral«. Viele Offiziere bettelten allerdings auf der Straße die Fremden an, weil die Löhnung fast nie gezahlt wurde, bis Karl Theodor 1793 auf die alles lösende Idee kam: er beurlaubte den größten Teil seiner Soldaten und – behielt ihren Sold für sich.

Übrigens zahlte er auch seine Zivilisten ungern und nach Möglichkeit gar nicht. Als bei einem Volksaufstand in London die Menge in die Hauskapelle des als sehr fromm bekannten bayerischen Gesandten eindrang, war auf und unter dem Altar, auf und unter der Kanzel, war überall Tee, Kaffee, Schokolade und Whisky gelagert. Der Herr Gesandte Graf Haslang hatte vom Schwarzhandel gelebt – leben müssen.

Dennoch: einiges geschah auch unter Karl Theodors Regierung. Feste über Feste gab es, und deshalb – Adlige über Adlige, denn die Feste wollten bezahlt sein: 190 wohlhabende Familien wurden von ihm geadelt, 23 gegraft. Auch der Englische Garten wurde geschaffen, aber von einem tüchtigen Engländer, dem Grafen von Rumford, der auch die ersten Armensuppen einführte, um dem verelendeten Volk zu helfen – von ihm stammt die »Rumfordsuppe«, von ihm auch jene Inschrift im Englischen Garten: »Harmlos wandelt hier, dann kehrt gestärkt zu jeder Pflicht zurück.« Eine etwas optimistische Inschrift, denn harmlos ward und wird im Englischen Garten nicht immer gewandelt, aber – a Gaudi und a Hetz is es halt!

Noch eine amtliche Formulierung erwies sich als allzu optimistisch: als der Kurfürst mit einundsiebzig Jahren zum zweiten Male heiratete, hieß es, er habe zu Innsbruck »das Beilager vollzogen«. Das war wohl übertrieben; legale Erben blieben jedenfalls aus, es vaterte sich nicht mehr, und Thronfolger wurde ein Pfalz-Zweibrückener.

In einer wirklich guten Stunde jedoch gründete Karl Theodor das erste deutsche Nationaltheater in Mannheim. Hier wurde das Erstlingswerk eines deutschen Dichters aufgeführt, das sich gegen die Tyrannen wandte und »Die Räuber« hieß. Karl Theodor hätte den Titel symbolisch nehmen können; aber er bezog ihn nicht auf sich. Warum auch? Die vier großen bayerischen F hatte er dem Volke nicht rauben können: die Frömmigkeit seines Herzens, die Fröhlichkeit seines Gemüts, die Frische seiner innigen Volkskunst und die Freiheit seiner Beziehungen zwischen hoch und nieder, reich und arm, Mann und Weib.

Währenddessen herrschten im schwäbischen Nachbarländle Ernst, Fleiß, Sparsamkeit und Tüchtigkeit. Aber auch diese zu Recht vielgerühmten Bürgertugenden hatten ihre höchst unbürgerliche Geschichte. Sie beginnen zur Zeit Luthers, aber sie hatten ursprünglich mit Luther nichts zu tun. Ursprünglich!

Herzog Ulrich von Württemberg nämlich, der »Wilde«, mochte seine sanfte Frau Sabina von Bayern nicht. Er bewies das dadurch, daß er seinen Hund auf sie hetzte, sie mit Füßen trat, ja sie sogar zwang, ihn auf allen vieren zu tragen, als wäre sie ein Pferd, wobei er ihr kräftig die Sporen gab. Ulrich gab das dem Kaiser gegenüber zu, sogar schriftlich, fand seine Schläge aber »dennoch nicht zu hart«; die Herzogin jedoch war anderer Meinung und floh zur Mama nach München. Der Verlassene tröstete sich mit Ursula, der Tochter seines Schloßhauptmanns, und als ihm deren Ehemann Hans von Hutten dabei im Wege stand, ging er mit dem Ahnungslosen allein auf die Jagd im Böblinger Wald, stach ihn nieder und hing ihn mit dem Gürtel an einen Baum. Das schöne Urschele war nunmehr frei, aber der Mord ward ruchbar; und da der Tote einen mächtigen Verwandten hatte, nämlich Ulrich von Hutten, da zudem die Kurfürstin eine Nichte des Kaisers war, und da schließlich Württembergs Bürger und Bauern mit dem wilden Herzog nichts weniger als zufrieden waren, überzog ihn

Ulrich von Hutten mit Fehde und vertrieb ihn, brach der Aufstand des »Armen Konrad« aus und erklärte ihn der Kaiser in die Reichsacht. Der gesamte Adel Württembergs aber sagte sich von ihm los und unterstellte sich unmittelbar dem Kaiser. Und diese letzte Maßnahme sollte Württemberg zum Segen gereichen.

Denn die Leiden einer langen Emigration läuterten Ulrich dann doch, er durfte zurückkehren, und als er und seine Nachfolger wieder regieren durften – da mußten sie ohne Adel regieren, der ihnen ja nicht mehr unterstand. Und so wurde Württemberg und nur Württemberg fortan mit Hilfe seiner Bürger und damit zu ihren Gunsten verwaltet und nicht mit Hilfe der Herren und damit zu deren Gunsten. Und so oft auch Gewaltherrscher kamen und die damals erworbenen Rechte der Schaffenden im Lande verletzten: es dauerte mehr oder weniger lange, dann waren sie zurückerobert. Schwaben wurde demokratisch, weil der Ahnherr seiner Fürsten allzu undemokratisch gewesen war. Und daß diese Fürsten auch in puncto Frauenbehandlung am bösen Beispiel ihres Vorfahren gelernt hatten, bewies schon Herzog Friedrich: als er 1608 gestorben war, ließ sein Sohn alle Damen Stuttgarts verhaften, mit denen sein Papa außerehelich zu tun gehabt hatte. Aber als er bei der zwölften angelangt war, stellte er die weitere Untersuchung ein, »um der väterlichen Ehre zu schonen«.

Das war klug, denn das Volk verstand in diesen Dingen keinen Spaß. Es blieb bieder und neigte nur dazu, sich in störrischem Sektengezänk zu verlieren; über die Frage etwa, ob der Mensch auch im Grabe noch bis zum Jüngsten Tage die Sünde selbst sei, oder ob er nicht vielmehr nur vor der Wiedergeburt die Sünde selbst, nach der Wiedergeburt aber lediglich eine getötete Sünde sei, konnte man sich streiten bis aufs Blut – buchstäblich bis aufs Blut: das letzte Wort des Pastors Funk, den sie einer heute längst vergessenen Ketzerei wegen hinrichteten, lautete: »Ich sterbe gern, denn in wenigen Sekunden werde ich wissen, daß ich recht gehabt habe.«

Ja, störrisch waren und blieben die Schwaben, sie wurden das Volk der Sekten, sie lebten förmlich in Sekten; und diese Zerrissenheit war es, die sie dann doch eine Zeitlang zu Sklaven von Fürsten machte, die auch in Sekten lebten, aber in Sekten anderer Art: in Fluten von Champagner. So konnte es geschehen, daß sie von der Mätresse Eberhard Ludwigs regiert wurden, der Landverderberin Grävenitz, die schließlich sogar den moraltriefenden »Soldatenkönig« von Preußen auf ihre Seite brachte, indem sie ihm alljährlich zu seinem Geburtstag ein Bündel »langer Kerls« schickte – statt Blumen sozusagen. Gestürzt wurde sie endlich nur, weil sie den Herzog mit seiner rechtmäßigen Gemahlin entzweite und sogar eine Scheidung durchsetzen wollte, und weil man eine neue Mätresse für Eberhard Ludwig fand, die in dieser Beziehung bescheidener und überdies hübscher und jünger war. Ihr hinterließ der Gute fünfzigtausend Gulden bar und 8000 Gulden Jahresrente mit der sinnreichen und zweifellos hübsch ausgedrückten Begründung, »daß sie ihm beim Versöhnungswerk mit seiner Gemahlin assistiert habe«. Nun ja, so kann man's auch sagen. Und es zahlte ja das Volk.

Geleistet hatte Eberhard Ludwig immerhin auch etwas: er hatte das Land gemehrt, indem er die Grafschaft Mömpelgard erbte, denn die dort herrschende Seitenlinie seines Geschlechts war ausgestorben, und das mit Recht: gegen den letzten Herzog jener Linie war er geradezu ein Sittenheld. Der, Leopold hieß er, konnte zwar nicht lesen und schreiben, dafür aber heiraten – heiraten, wen er wollte. Zuerst ein Kammermädchen: den Pfarrer hatte er mit vorgehaltener Pi-

stole zur Trauung gezwungen, ohne ihm zu sagen, wer die Braut war. Leider lernte er kurz nach dieser Hochzeit vier Schneiderstöchter kennen, und da er auch auf diese Schönen nicht verzichten zu können glaubte, trat er kurzerhand zum Mohammedanismus über, und seine Gattin mußte die vier in ihren Hofstaat aufnehmen und mit ihnen unter einem Dache leben, wo es denn nichts gab als Zanken, Keifen, Raufen, Schlagen und Beißen; der Lärm rief den Herzog herbei, der sich natürlich auf die Seite der Schwestern stellte, und so erlag die Gattin denn der Mehrheit und wurde, nachdem sie mit vereinten Kräften halbtot geprügelt worden war, von Lakaien aus dem Zimmer getragen. Schließlich ließ sich Leopold von ihr scheiden und heiratete die dritte der Schwestern. Kinder hatte er von der geschiedenen wie von der neu angetrauten Frau, je einen Sohn und eine Tochter, und nun trieb er den Mohammedanismus selbst für seine Zeit und seinen Stand zu weit: er verheiratete die vier untereinander und machte aus ihnen zwei Ehepaare. Indessen das war dem Kaiser zu bunt. Er erkannte die Nachkommen aus diesen Geschwisterehen nicht als erbberechtigt an – und wie gesagt, Eberhard Ludwig erbte Mömpelgard. So kommt man zu Land.

Hier herrschte dann Herzog Karl Eugen – eben der, der den Freiheitsdichter Schubart auf der Festung Hohenasperg festsetzte. Schubart freilich verstand sich nach einiger Zeit wirklich strenger Haft mit dem Festungskommandanten so gut, daß er nach dem Reisebericht des Prinzen von Baden allabendlich für ihn und seine Gesellschaft Klavier spielte, mit ihm trank und schließlich sternhagelvoll in seine Zelle gebracht werden mußte. Dort besuchte ihn bekanntlich eines Morgens der junge Schiller und fand ihn so elend aussehend, daß der Tyrannenhaß in dem werdenden Genie geweckt wurde; Schubart dürfte jedoch nur seinen allmorgendlichen Kater gehabt haben. Je nun, kleine Ursachen, große Wirkungen ... Mit dem Herzog selbst aber war wirklich nicht zu spaßen; wenn er auch die mit Recht berühmte Karlsschule gründete, so war er doch so wenig Volksfürst, daß er deren adlige und bürgerliche Zöglinge gesondert speisen ließ, daß die Adligen wöchentlich dreimal, die Bürgerlichen aber nur zweimal weiße Wäsche erhielten, und daß nur die Adligen sich die Haare pudern durften – mit einer Ausnahme: Schiller. Der hatte als einziger Bürgerlicher das Recht, sich zu pudern, aber nicht etwa in Anerkennung seines Genies, sondern weil er rote Haare hatte; die konnte der Herzog nämlich nicht sehen, obgleich – oder weil er selbst rote Haare hatte.

Im übrigen malträtierte, betrog und bedrückte er sein Volk so, daß es vollends verelendete und – wie die Pfälzer – in Scharen nach Amerika auswanderte, und schließlich nahm er ihm die alte, freiheitliche Verfassung. Da aber kam Rettung von draußen: Friedrich der Große tat sich mit den beiden anderen protestantischen deutschen Höfen zusammen, Hannover und Holstein, und erzwang die Wiederherstellung der alten Volksrechte in vollem Umfang. Er hatte Bayern gerettet, er rettete nun auch Württemberg. Und Karl Eugen selbst, den Menschen Karl Eugen – den rettete eine Frau.

Bis es dahin kam, hatte er so viele illegitime Sprößlinge gezeugt, daß er ein Regiment bilden wollte, dessen gesamtes Offizierskorps aus seinen Söhnen bestehen sollte. Nun aber trat Franziska von Hohenheim in sein Lieben und in sein Leben, und was sein Urahn Herzog Ulrich der Reformation verdankte, das verdankte er ihr: er läuterte sich. Zu seinem fünfzigsten Geburtstag ließ er von allen Kanzeln sogar ein Sünden- und Reuebekenntnis verlesen, in welchem er sich vor seinem Volk nicht schonte und Besserung versprach. Ganz konnte er das Versprechen nicht halten: es mußten weiterhin Landeskinder als Soldaten verkauft, denn es mußten ja weiterhin kostbare Schlösser gebaut werden; schließlich führte er den prunkvollsten Hof Deutschlands, und dergleichen verpflichtet. Aber kein Casanova brauchte ihm mehr Mätressen zuzuführen, er hatte das Schwabenalter erreicht und blieb seiner Franzl treu, seine Liebesbriefe sind entzückend; sein Volk war ihm schon für den guten Willen dankbar, und er wurde nun wirklich beliebt, zumal er die Verfassung nicht mehr antastete; Franziska zuliebe befaßte er sich sogar ernstlich mit Volks- und Landwirtschaft, und hatte man ihn früher nur sein Volk melken sehen, so sah man ihn nun auch beim Melken der Kühe.

Auf die Dauer mußten sich also Württembergs Fürsten nach Württembergs Volk richten; Württemberg wurde wieder demokratisch und ist es geblieben bis auf den heutigen Tag. Es hatte dabei nur eine Konkurrenz: das »Muschterländle« Baden gleich nebenan, und mit dem hat es sich ja nun auch zusammengetan. Wie dies Musterland aber zum Musterland wurde – das ist ein Musterbeispiel für die göttliche List der Geschichte.

Markgraf Eduard Fortunatus, so um 1600 herum, war kein Musterfürst gewesen: er trieb Falschmünzerei, er überfiel aus den Kornfeldern heraus die Reisenden persönlich und beraubte sie, er heiratete die Kammerjungfer eines Engländers, die zugleich dessen Geliebte gewesen war, und erschien bei der Trauung in Pantoffeln und ohne Rock, das Hemd zur Hose heraushängend, dennoch aber, wie der artige Hofprediger es ansieht, »mit Züchten«, und er starb schließlich recht jäh, indem er total betrunken eine Treppe hinunterstürzte und sich den Hals brach. Markgraf Ernst hingegen, etwa zur selben Zeit, war ein Musterfürst, sparsam und leutselig zugleich: als er vom Fenster aus sah, wie sein Küchenmeister einen gestohlenen Karpfen unter dem Mantel davontrug, wobei der Karpfenschwanz unter dem Mantel hervorsah, da rief er nur weise: »Entweder du nimmst einen längeren Mantel oder einen kürzeren Fisch!« Er ist damit der Ahnherr eines heute als jüdisch geltenden Witzes geworden. Auch jüdische Witze können arische Großväter haben – wie deutsche Schnurren jüdische. Markgraf Karl Wilhelm jedoch, so nach 1700 – der war ein Musterfürst und kein Musterfürst in einem.

Er regierte höchst autokratisch, aber höchst tüchtig, er gründete Karlsruhe – aber er hatte es auch mit den Mädchen und mit dem Wein. Sein Hofbiograph drückte das höchst diplomatisch so aus: »Da die Natur unschlüssig war, ob sie einen Herkules oder einen Sohn der Venus aus ihm machen sollte, machte sie beides aus ihm.« Ein Späterer sagt es genauer: »Mit den angestrengtesten Tagesbeschäftigungen wechselten die deliziösesten Vergnügungen der Nacht.« Für die letzteren hatte er genau einhundertundsechzig Gartenmädchen eingestellt. Sie waren alle verteufelt hübsch, sie waren in süße Husarenuniformen gekleidet, die prall ansaßen, sie wohnten im Schloß und reisten mit ihrem Herrn, acht von ihnen hatten täglich die Wache und bedienten ihn bei der Tafel. Wichtiger aber war die Nacht. Allabendlich nämlich wurde mit ihnen Tarock gespielt, und zwar mit achtundsiebzig von ihnen, weil das Tarockspiel achtundsiebzig Karten hatte; und weil sie in zwei Gruppen geteilt waren, von denen heute die eine und morgen die andere dran kam, und weil ja auch mal eine oder zwei krank werden und ausfallen konnten, brauchte Karl Wilhelm zwei Gruppen zu je achtzig, mithin genau jene hundertsechzig, denn er verstand zu rechnen. Und die nun im Spiel den Trumpf bekam – der gehörte die Nacht. Es war also ein schönes und ein gerechtes Spiel, mit gleichen Chancen für alle. Schien jedoch die Nacht nicht ausreichend ausgefüllt oder hatte dem Markgrafen diese oder jene besonders gefallen, wenn sie vor ihm tanzte oder sang, eine Theaterrolle oder ein Instrument spielte, denn all das verstanden die Gartenmädchen auch – dann gab es 160 Klingelzüge in seinem Schlafzimmer, mit 160 Namen versehen, und jede Klingel führte in eines der 160 Boudoirs, und die Gewünschte kam. Und das Ganze nannte sich – Karls Ruhe.

Natürlich kostete die Idylle einiges, aber dafür sparte Karl Wilhelm an anderem Ort: am Militär. Er hatte hundertsechzig Mädchen, aber im ganzen Lande nur vierhundert Mann Miliz. Diese vierhundert waren so miserabel uniformiert und exerzierten so schlecht, daß ihre Manöver unweigerlich zum Lachen reizten. Wer aber lachte, der wurde sofort festgenommen und eingezogen – eben zu dieser Miliz. Und da dennoch immer wieder mal einer lachen mußte, blieb der Stand von vierhundert die ganze Regierungszeit Karl Wilhelms hindurch aufrechterhalten.

Da er außer den Mädchen auch den Wein liebte, teilte der so amouröse wie gestrenge Herr seinen Untertanen den Wein zu. Ein großer Teil seiner Tätigkeit als Selbstherrscher bestand denn auch in der Beantwortung von Gesuchen um höhere Weindeputate. Hier machte er genaue Unterschiede und schrieb etwa an den Rand der Gesuche: »Dem Förster St. gebe ich gar keinen Wein mehr, denn er sauft zu viel, das sehe ich ihm an seinen drei Nasen an.« Wenn sich aber einer besonders um den Staat verdient gemacht hatte, erfolgte als besondere Anerkennung der eigenhändige Vermerk: »Vom alten! Carl.«

Da nun aber der Markgraf ebenso beliebt wie gefürchtet war, trank sich so mancher Untertan, der persönlich um mehr Wein einkommen wollte, vorher Mut an. Da gab es dann Verfügungen wie: »Dem Salzinspektor H. nur Wasser und Brot, weil er sich so voll in die Audienz begeben hat«, oder »Dem versoffenen Lumpenhund Förster M. drei mit der Hundepeitsche, wenn er noch einmal besoffen in die Audienz kommt!«

Im übrigen aber regierte Karl Wilhelm wirklich tüchtig und tolerant; in Karlsruhe gab es eine Kirche für die Protestanten, ein Bethaus für die Katholiken, eine Synagoge für die Juden; in seinem Sinne handelte sein Nachfolger, als er fast als erster deutscher Fürst die Todesstrafe abschaffte; er war wirklich zum Vater des Musterländles geworden. Schade, daß man ihm das schlecht lohnte, indem man ihn schließlich doch zwingen wollte, seine süßen Gartenmädchen abzuschaffen. Ganz aber ließ er sich nicht zwingen: die Hälfte behielt er bis an seinen Tod, und zwar die achtzig schönsten.

Denn, so argumentierte er, so viele mindestens brauche er zum Tarock.

Ihn betrachten wir mit stillem
Grau'n, den guten Friedrich Willem!

ls Napoleon in Wien eingezogen war, hatten die Wiener geschwiegen. Als er in Berlin einzog, jubelten die Berliner ihm zu, »tausendstimmig« – die Berliner Friedrich des Großen: Und Napoleon quittierte das »Vive l'empereur!« aus Feindeskehlen mit der kopfschüttelnden Bemerkung: »Ich weiß nicht, ob ich mich freuen oder mich schämen soll!«, und nochmals mit den ernsten Worten an seine Generale vor dem Sarge Friedrichs: »Meine Herren, wenn der noch lebte, wären wir nicht hier!«

Was war geschehen? Lag es daran, daß Preußen inzwischen das erste Weiberregiment seiner Geschichte erlebt hatte?

Es hatte begonnen als rührende Idylle. Friedrichs Neffe und späterer Nachfolger Friedrich Wilhelm der Dicke, der mit zweiundzwanzig Jahren, also noch dünn, bereits eine Ehe und ein gutes Dutzend Amouren hinter sich hatte, war nicht nur sinnlich, sondern auch sentimental. Als er eines Nachts bei der hübschen Schauspielerin Encke weilte, störte ihn deren zufällig auftauchendes dreizehnjähriges Schwesterchen Wilhelmine bei der Sinnlichkeit; und weil sich die Schauspielerin ebenfalls gestört fühlte und deshalb das unschuldige Kind jammervoll verprügelte, regte sich seine Sentimentalität: er stand sofort auf, zog sich an, ließ die Schauspielerin liegen und brachte die Kleine zu ihren Eltern; es stellte sich heraus, daß ihr Vater Trompeter war und ihre Mutter eine kleine Kneipe unterhielt, denn das Trompeten allein brachte nicht genug ein. Der Kronprinz befahl den erstaunten Eltern, dem Wilhelminchen auf seine Kosten eine gute und moralische Erziehung zu geben, und das war zweifellos eine gute Tat. Er vergaß sie aber wieder, weil er zum zweiten Male heiraten und für Nachkommen sorgen mußte, worauf er sich ausgezeichnet verstand.

Nach einem Jahre jedoch erfuhr er, daß die Schauspielerin den reichen Grafen Matuschka geheiratet hatte und mit ihm nach Venedig durchgebrannt war — und dabei fiel ihm sein vergessener Schützling wieder ein. Er sah sie, er fand sie als blühende Schönheit, als graziles, naives und in jeder Weise dankbares Wesen, schlug ihren Dank nicht aus und brachte sie aus dem Trompeter- und Kneipenmilieu heimlich ins Haus eines Getreuen. Hier indessen war er nicht nur ihr Liebhaber, sondern auch ihr Lehrer: er brachte ihr Geschichte und Erdkunde und überhaupt alles bei, nur nicht Rechtschreibung, denn die beherrschte er selber nicht. Aber er las mit ihr Rousseau und Shakespeare, wobei, wohl in der Vorahnung seines eigenen späteren Leibesumfangs und seiner sonstigen Allüren, Falstaff seine Lieblingsgestalt war. »Unter tausend fürstlichen Mätressen«, schrieb Wilhelmine später selbst, »ist vielleicht keine, die sich mit mir vergleichen läßt; sie mögen alle weit schöner und klüger gewesen sein als ich, aber keine ist von ihrem Geliebten selbst gebildet worden!« Indessen er bildete sie nicht nur, er tat noch mehr: mit eigenem Blute schrieb er einen Zettel: »Bei meinem fürstlichen Ehrenworte, ich werde dich nie verlassen. Fr. W., Prinz von Preußen.« Und sie wiederum bestätigte ihm mit ihrem Blute, daß sie ihm bis zu seinem Tode eine treue Freundin bleiben werde. Sie hat ihren Schwur gehalten.

In allem, was er ihr beibringen konnte, hatte sie sich als äußerst anstellig erwiesen; indessen verlangte der verwöhnte Liebhaber noch manches, was nicht er, sondern was nur Paris sie lehren konnte. Darum schickte er sie für ein halbes Jahr dorthin, und diese sechs Monate genügten, um sie zur vollkommensten französischen Courtisane zu machen; sie war eben wirklich hochbegabt. Der Prinz soutenierte sie nach ihrer Rückkehr aufs großzügigste, und dabei wäre es geblieben, wenn sie nicht eines Tages im Schloßpark dem alten Friedrich begegnet wäre. Der wußte Bescheid, war aber für Ordnung und fuhr sie an: »Sie hat's mit meinem Neveu. Eh bien. Aber sie hat sofort den ersten besten Mann zu heiraten. Für die Aussteuer sorge ich. Adieu, M'selle.«

So hatte es also zu geschehen, und so geschah's. Immerhin muß ihre Schönheit auch den König gewonnen haben, denn der sonst so geizige alte Herr schenkte ihr zu ihrer Hochzeit ein Landhaus um 20000 Taler. Sie hieß nun Madame Rietz, wobei Herr Rietz, ein Kammerdiener und Günstling des Kronprinzen, die Verpflichtung übernahm, nie mit ihr auch nur unter einem Dache zu wohnen. Der große, dicke Mann hielt sich daran, aber im übrigen stieg ihm seine neue Funktion doch zu Kopf. Er aß und trank nach Herzenslust, der Champagner floß in Strömen, und als er bei solch einer Gasterei zu Mannheim später einmal Goethe kennenlernte, sagte er leutselig: »Es freut mich ganz besonders, Sie zu sehen, Herr von Goethe. Man hat mir nämlich immer gesagt, Leute von Genie müßten klein und hager sein. Dabei bin ich doch wirklich nicht auf den Kopf gefallen, nur eben groß und stark. Na, und nun sehe ich: das sind Sie ja auch, und schließlich sind Sie doch auch ein Genie!«

So viel oder so wenig ist über Herrn Rietz zu sagen. Frau Rietz aber wurde, mit Friedrichs Einverständnis, vom Kronprinzen weiterhin betreut und gebar ihm einen Sohn und eine Tochter, die nach Friedrichs Tode Graf und Gräfin von der Mark wurden. Wilhelmine tat noch mehr: sie führte dem fleißigen Könige weitere Mätressen zu, so Julie von Voß und Sophie von Dönhoff, die sich dem neuen König freilich erst ergaben, als sie ihm zur linken Hand angetraut worden waren, und dann gegen die Trompeterstochter intrigierten; sie waren ja von Adel. Wilhelmine selbst verlangte keinen Titel und keinen Trauschein. Wozu sollte sie auch Gräfin werden? Sie war ja mehr: sie war die eigentliche Königin. Tatsächlich ist es nichts als eine servile Höflichkeit der Geschichtsschreiber, wenn sie noch immer behaupten, von 1786 bis 1797 habe in Preußen König Friedrich Wilhelm II. regiert. Tatsächlich regierte Wilhelmine I. geborene Encke.

Wen sie empfahl, der wurde angestellt; wen sie als ungeeignet für einen Posten erfand, der brachte es zu nichts. Alle Probleme beriet der König mit ihr und richtete seine Entscheidungen nach ihrem Urteil. Alle Versuche, sie zu stürzen, scheiterten, selbst der gefährlichste: ihre Gegner ließen vor dem an Geister glaubenden König eines Nachts den römischen Kaiser Mark Aurel, den Philosophen Leibniz und den Großen Kurfürsten erscheinen und gestatteten ihm, Fragen an die drei Herren zu richten. Er jedoch begann zu zittern und brachte keinen Laut über die Lippen; dessenungeachtet bedrohten ihn die Geister mit wilden Strafreden und moralischen Ermahnungen, vom Laster und insbesondere von Madame Rietz zu lassen und auf den Pfad der Tugend und insbesondere zu seiner Gattin zurückzukehren. Der vor Angst wimmernde König von Preußen versprach alles, bat sie jedoch inständig, ihm nur den ehebrecherischen Umgang mit Wilhelmine zu verbieten und sie ihm zu »Trost, Erheiterung und Läuterung seiner Gefühle« gnädigst zu belassen. Unbegreiflicherweise hatten die Toten heute ihr schwaches Geisterstündchen und billigten ihm das zu, und Madame Rietz war nachher klug genug, zu erklären, daß sie ihm jedes Opfer bringe und sich also hinfort mit seiner Freundschaft begnüge.

Das fiel ihr nicht allzu schwer; sie hielt sich anderweit schadlos, und der König wußte das. Mochte er sein wie er wollte: die Moral mit dem doppelten Boden hatte er nicht. Und er wußte, daß sie unbestechlich war: hunderttausend Guineen, die ihr England bot, damit sie den König im englischen Sinne beeinflusse, schlug sie aus, und ehrenvolle Heiratsanträge, deren sie Dutzende vom höchsten Adel aller Länder bekam, ebenfalls. Als sie eine Italienreise unternahm, folgte ihr ein ganzer Schwarm von Liebhabern; ein Lord, den sie abwies, wurde aus Verzweiflung Mönch; die schönsten und geistreichsten Männer der Zeit schrieben ihr die zärtlichsten Briefe, wie sie denn selbst nach allen Zeugnissen immer noch wunderschön und bestechend geistreich war. Erst durch jene Italienreise mußte sie dann doch, notgedrungen und wider Willen, Gräfin werden. Die Königin Karoline von Neapel nämlich, Maria Theresias Tochter, erklärte in sehr komischem Kaisertochterstolz, sie könne zwar der Mätresse eines Königs die höfischen Ehren bewilligen, nicht aber einer bürgerlichen Madame Rietz. So mußte es denn sein. Wilhelmine mußte sich, wie sie selbst schrieb, »den thörigten Eitelkeiten der Hof-Etiquette« beugen, ließ sich von Herrn Rietz scheiden und wurde zur Gräfin Lichtenau ernannt, mit je vier Ahnen väter- und mütterlicherseits und Adler und Krone Preußens im Wappen.

Und nun erst konnte sie nach ihrer Rückkehr auch an dem Hofe eingeführt werden, den sie seit Jahren beherrschte: am preußischen. Die Königin selbst mußte sie empfangen und ebenso der Kronprinz und seine schöne und stolze Gattin, die nachmalige Königin Luise. Ja mehr noch: sie mußten sich von der Gräfin Lichtenau empfangen *lassen*. Dieser Empfang war eine qualvolle Nacht für die allerhöchsten Herrschaften, war eine geradezu unerhörte Zumutung, ein grauenhaftes Erlebnis, dem nur noch der Weltuntergang folgen konnte; denn nicht nur daß sich die Räume der Gräfin Lichtenau, die das allerfeinste Kunstempfinden besaß, als weit geschmackvoller erwiesen denn die der königlichen Familie – die Gastgeberin hatte auch ihren sonstigen Umgang geladen. Gewiß, das waren die Künstler und Gelehrten des Landes, aber doch, fi donc, Bürgerliche; das waren die geistreichsten Frauen des Landes, die Rahel und die Arnstein und die Eybenberg, aber nun gar, doppelt und dreifach fi donc, Jüdinnen; denn fast nur Juden gaben damals und noch auf lange hinaus ihren Töchtern eine gute Bildung. Kronprinz und Kronprinzessin »bebten vor Ingrimm«, und nur Luises wunderschöne Schwester Friederike fühlte sich wohl, die es nach drei Ehen und dreißig Liebschaften schließlich doch nur zur Königin von Hannover bringen sollte; und außerdem amüsierte sich der König, indem er den Kindern seiner drei Mätressen, die eine Sonderloge füllten, in väterlichem Stolz Näschereien zuwarf.

Was die Gräfin Lichtenau ihren Gästen angetan hatte, war bitter; aber ihr Schicksal wurde es eben darum auch. Man warnte sie vor der Rache des Kronprinzen, man riet ihr, zu fliehen, der König selbst riet es ihr – aber sie blieb bei ihm, weil er seit langem sehr krank war, so krank, daß man in seiner Gegenwart nicht mehr zu sprechen wagte, und den eben deshalb der plötzliche Knall einer Champagnerflasche so erschreckte, daß er ohnmächtig weggetragen werden mußte und sich nicht mehr erholte. Er segnete den Kronprinzen, er bat die Königin unter Tränen um Verzeihung wegen seiner Untreuen, aber er sprach so leise, daß die Gräfin Lichtenau, in deren Armen er lag, die Worte wiederholen mußte. Dennoch sank die Königin der Gräfin draußen im Vorzimmer um den Hals und dankte der Nebenbuhlerin für ihre unermüdliche Ausdauer bei der Pflege des Sterbenden. Der Kronprinz aber sah sie nur verächtlich an. Als Wilhelmine ins Sterbezimmer zurückkehrte, fragte der König: »Hat mein Sohn Ihnen ein Wort des Dankes gesagt?« Wilhelmine mußte verneinen, und der Sterbende sagte: »Dann will ich meine Familie nicht mehr sehen.« Wieder war es die Lichtenau, die diesen Bescheid überbringen mußte ... und dann erkrankte sie selbst. Der Arzt log ihr vor, daß der König schlafe; so schlief sie auch, und der König starb in den bezahlten Armen des Herrn Rietz. Der Oberst, der der Gräfin die Nachricht von diesem Tode überbrachte, vollzog zugleich den Auftrag des neuen Königs, sie zu verhaften.

Man machte ihr den Prozeß: sie sollte den Krondiamanten und den Siegelring des Königs, eine Mappe mit geheimen Staatspapieren, fünfhunderttausend Taler beiseite gebracht haben. Sie konnte alles widerlegen, man konnte sie nicht verurteilen, sie war eben nur verschwenderisch gewesen. Trotzdem setzte Friedrich Wilhelm III. sie fest und beschlagnahmte alle ihre Güter; schließlich erpreßte er sie, indem er sie nur gegen ihren Verzicht auf alle ihre Ansprüche freiließ. Erst nach zehn Jahren erzwang Napoleon eine Entschädigung für sie. Sie verheiratete sich noch einmal, sehr unglücklich und sehr kurz, mit dem Theaterdichter Franz von Holbein, und lebte noch bis 1820. Der Haß der Menge wurde immer stiller, die Zuneigung der Besten immer größer. Wenn die Rede auf den toten König kam, schwieg sie und weinte. Sie hatte ihn wirklich geliebt, auf ihre Art.

Es war die schlechteste nicht.

Sie war es nicht, unter und an deren Regime Preußen zugrunde ging; es war nicht mächtiger und nicht machtloser denn zuvor, es hatte nur mehr Schulden; aber daß Friedrich ein Genie gewesen war und sie nicht, war deshalb nicht ihre Schuld. Zugrunde ging Preußen unter und an dem König, den das Volk »den Guten« nannte – wie drüben in Wien das österreichische Volk den Kaiser Franz.

Denn die Menge kommt nun einmal nicht von der Zwangsvorstellung los, ein guter Familienvater müsse sozusagen automatisch auch ein guter Volksvater sein. Friedrich Wilhelm III. war ein guter Familienvater: er liebte seine schöne, gescheite Luise und seine Kinder, er war sparsam, er trug immer die einfache Soldatenkleidung und führte dadurch als erster die langen Hosen bei Hofe ein. Wo es um seine Familie ging, konnte er, der der treueste Ehemann war und alle lasche Geschlechtsmoral haßte, sogar für die reichlich lasche Geschlechtsmoral seiner entzückenden Schwägerin Friederike eintreten: als sie den künftigen König von Hannover geheiratet hatte, wollte die alte englische Königin sie ihrer Vergangenheit wegen bei Hofe nicht empfangen; Friedrich Wilhelm aber schrieb, der vielen galanten Balken im englischen Auge gedenkend, in seinem komisch-schauerlichen Infinitivdeutsch: »Was denn das sein? Doch meine Schwägerin sein. Sehr unangenehm sein. Die Andern auch nichts nütz sein. Die Andern kein Haar besser sein!« Und Friederike wurde empfangen.

Führte er die Soldatentracht bei Hofe ein, so diktierte Königin Luise die Mode der höheren Stände überhaupt: als sie einmal für kurze Zeit einen geschwollenen Hals hatte und deshalb ein Tuch um die bezaubernde Kehle schlang, verbreitete sich zwar sofort das falsche Gerücht, sie habe einen Kropf zu verbergen, aber das Halstuch wurde gleichwohl für lange Zeit Mode. Und ausschließlich in Mode- und Hofkreisen bewegte sich das Königspaar überhaupt, Berührungen mit dem Bürger- und Künstlertum fanden seit der Vertreibung der Lichtenau kaum mehr statt, Ball folgte auf Ball, Fest auf Fest, wobei man geschmackvoll genug war, den Herrn Oberhofmarschall in Frauenkleidern als »hochschwangere Sultanin« auftreten zu lassen – laut Programm. Laut Programm tat man sogar was fürs Volk: auf den Programmen der Hofoper schrieb man »Orkester« und fügte hinzu: »Orkester ist nicht etwa ein Druckfehler, sondern wird in dieser Art abgedruckt zur Belehrung desjenigen großen Theils des Publici, der ›Orchester‹ unrichtig ›Orschester‹ ausspricht.« Für denjenigen Teil des bürgerlichen Publici, der gebildeter war als der Adel, hatte man weniger übrig: der für Hofbegriffe zu spät erst geadelte Bürgerliche Struensee war zwar der gescheiteste der Minister, konnte sich aber nie durchsetzen, weil er als Zivilist nicht gestiefelt und gespornt, sondern »nur in Schuhen und Strümpfen auftrat und als gelehrter Bürgerlicher den revolutionären Grundsätzen gewiß nicht abgeneigt sein dürfte«.

Ja, nur höchster Adel durfte dem Zauber der Königin Luise erliegen, der darin bestand, »daß jeder wie im Traume glauben mußte, dieses lebendige, regsame Frauenbild sei in ihn verliebt, und er dürfte nun auch in sie verliebt sein«, und jenen revolutionären Grundsätzen war auch sie so abhold, daß sie in aller Öffentlichkeit über Napoleon sagte, ›man müsse das Monstrum erschlagen‹! was der natürlich erfuhr. Nur der Prinz Louis Ferdinand, der mit der Rahel verkehrte und die bürgerliche Pauline Wiesel ebenso liebte wie die Hutmachertochter Demoiselle Fromm und deshalb bei Hofe nicht wohl gelitten war, ahnte etwas von Napoleons geschichtlichem Auftrag. Er fand, daß der Kaiser viele lächerliche Vorurteile beseitigt und das Glück der kommenden Generationen vorbereitet habe, und er pflegte die Lehren der französischen Revolution oft preisend darzustellen. Nichtsdestoweniger war er einer der ganz wenigen, die dann tapfer gegen Napoleon kämpften: er, der Liebling des Volkes, fiel bei Saalfeld. Er war eine Ausnahme von der Regel, die Rahel aufstellte: »Der Mensch sieht der Geschichte nicht immer ins Gesichte – wohin's die meisten setzen, da hat sie's nicht!«

Nun, um der Geschichte ins Gesichte zu sehn: wenn Königin Luise später behauptete, »unsere Armee war auf den Lorbeeren Friedrichs des Großen eingeschlafen«, so stimmte das nicht ganz. Die Armee exerzierte besser und vollkommener als zu Friedrichs Zeiten, mit jenem exakten Drill, von dem der Deutsche noch immer den sicheren Sieg erwartet hat. Nein, es lag am Geist der Offiziere oder vielmehr daran, daß sie keinen hatten. Wie unter Friedrich mußten sie noch immer von Adel sein; damals aber hatte der König den Adel beherrscht, jetzt beherrschte der Adel den König, und dazu bedurfte es bei dessen Geistesverfassung keines Geistes, bedurfte es nicht einmal des Mutes, der Hochmut genügte. Selbst für den alten Yorck, der eine Bürgerliche geheiratet hatte, waren seine Bauern nichts als »Ungeziefer«; der Bildungsstand des Offiziersadels war derart, daß über General von Bülow, den Sieger von Dennewitz, sein eigener Bruder sagte: »Unter uns Brüdern ist er der dümmste, aber in der Armee ist er noch immer der klügste Offizier!« Und die jüngeren Chargen, die bei den Hofbällen das Buffet zu stürmen und zu plündern pflegten wie die Vandalen, und die, während mit Napoleon noch über den Frieden verhandelt wurde, auf den Stufen der französischen Gesandtschaft ihre Säbel wetzten – sie waren nicht besser; nach der Schlacht von Jena erbeuteten die Franzosen ungeheure Mengen von Offiziersequipagen mit Toilettengegenständen, Leckereien, Hühnern, Weinfässern und insbesondere mit »Damen«.

144

Und der Beamtenadel? Der Minister Graf Hagen, dem seine Untergebenen zum Geburtstag einen gedruckten Glückwunsch überreichten, wies ihn mit den Worten zurück: »Sie wissen doch, ich lese prinzipiell nichts Gedrucktes. Geben Sie mir das schriftlich!« Den Minister Köckeritz, wohl der einflußreichste Mann am Hofe, nannte der Herzog von Braunschweig »einen ausgehöhlten Kürbiskopf, aber ohne Licht im Innern«. Der Minister Graf Haugwitz, der längst zum Krieg entschlossen war, hielt es für sehr schlau, seinen Pariser Gesandten von Knobelsdorff, einen Friedensfreund, hierüber nicht zu informieren; er glaubte, mit dem Gesandten zugleich Napoleon hinters Licht führen zu können; natürlich war Napoleon der Schlauere – der unglückliche Knobelsdorff aber fragte, als der Kaiser zu seinen Truppen abging, in Berlin an, »ob er ihn nicht auf seiner Lustreise begleiten solle?« Und in Preußens schlimmster Zeit, 1809, ernannte der König ein reaktionäres Ministerium, dessen erste Tat in einer Verfügung bestand, die das dringende Problem der Hoffähigkeit regelte.

Für die misera plebs aber sorgte der gute König auf seine Art. Hatte Friedrich der Große seine Regierung damit begonnen, die Tortur abzuschaffen, so blieb es ihm vorbehalten, die Prügelstrafe wieder einzuführen, »vorzüglich bei verstocktem Leugnen, gänzlichem Schweigen oder wenn der Verbrecher die Angabe der Mitschuldigen verweigert«. Er ließ es sich auch nicht nehmen, sie persönlich anzuordnen: als man bei einem Mädchen, das für Königin Luise strickte, einige der Königin gestohlene Sachen fand, befahl er, »die Inquisitin Louise M. so lange zu peitschen, bis sie ihre Mitschuldigen bekenne, und wenn sie unter den Streichen tot bleiben sollte«. Das Mädchen bekam am ersten Tag 79, am nächsten Vormittag 86 und am Nachmittag 50 Peitschenhiebe »theils auf den bloßen Hintern und theils auf den Rücken ohne Barmherzigkeit« und wurde dann zu Zuchthaus »auf des Königs Gnade« verurteilt, das heißt also, solange es dem guten König beliebte. Nicht umsonst liebte er über alles Friedrich Wilhelm I., den »Soldatenkönig«, nach dessen Namen er sich aus lauter Verehrung benannt hatte, aber er übertraf ihn schließlich bei weitem: er brachte es nämlich fertig, mit Rußland einen Vertrag zu schließen, wonach fortan alle »groben« Verbrecher den Russen übergeben und nach Sibirien verschickt wurden, »um dort zu den härtesten Arbeiten in den Bergwerken gebraucht zu werden, ohne daß ihnen einige Hoffnung bliebe, jemals wieder in Freiheit zu kommen«. Achtundfünfzig solcher Verbrecher, schloß die Mitteilung des Königs an sein Volk, seien bereits in Narwa »würklich abgeliefert worden«.

Und da dieser zweite »Soldatenkönig«, während seine Offiziere praßten, auch am gemeinen uniformierten Mann derart knauserte, daß die Westen ohne Rückenteil an die Uniformen genäht werden mußten, wodurch seine Soldaten zwar froren, aber einige hunderttausend Ellen Leinwand ersparten, kämpften sie auch schlecht; bis zum Feldwebel hinauf war fast alles napoleonisch gesinnt. Aber auch unter den Generalen kämpften nur die paar noch bürgerlich Geborenen: Nettelbeck, Gneisenau, Herrmann, Neumann, Götze und der Franzose Courbière. Als der Herzog von Weimar, Goethes Freund, den Herzog von Braunschweig bat, sein neuerbautes Schloß zu schützen, tat das dieser Feldherr und die entscheidende Schlacht wurde auch dadurch verloren – *auch* dadurch; denn ebenso schuldig war der Feldherr Fürst Hohenlohe, der die Nacht vor Jena durchschlief, während Napoleon wachte und vom Jenaer Briefträger in Hohenlohes Rücken geführt wurde, und der sich am Morgen der Schlacht zunächst frisieren, ankleiden und ein reichliches Frühstück munden ließ, während Napoleon erst nach dem Sieg frühstückte. Schuld trug der Umstand, daß man in Preußens Armee nicht nach der Leistung, sondern nur nach dem Alter avancierte: als Magdeburg übergeben wurde, befanden sich darin 19 Generale, die zusammen 1300 Jahre zählten ... und alle »Manschetten hatten«.

Darum also siegte Napoleon: weil unter ihm und nur unter ihm jeder was werden konnte, der was leistete; und darum jubelten ihm die Berliner zu: weil er ihnen Freiheit und Recht und Beseitigung der adeligen und königlichen Mißwirtschaft, weil er ihnen die Menschenrechte zu bringen schien. Sie hatten eben Schlimmeres und Hoffnungsloseres durchmachen müssen als die Wiener, die wenigstens ihren toten Kaiser Joseph und ihren lebenden Erzherzog Karl hatten und deshalb schwiegen. Damit freilich, daß er sich dieser Begeisterten schämen zu müssen glaubte, bewies Napoleon schon, daß er nicht mehr der war, als der er ausgezogen war, daß auch er nun die Adelsherrschaft und die Knechtschaft mit sich brachte und nicht mehr die Freiheit. In Paris wußte man das, da hatte man's am eigenen Leibe gespürt – und als 1813 die Verbündeten in Paris einzogen, da jubelten ihnen die Pariser genauso zu wie die Berliner Napoleon, und wiederum mißverstanden selbst wohlmeinende Preußen das Volk und schämten sich ebenfalls für die »wetterwendischen Franzosen«. Ach, diese dumme Arroganz derer, die immer das Volk für wetterwendisch halten, weil sie selbst sich längst gewendet haben! »Die Welt dreht sich noch für uns!« hatte Napoleon triumphiert, als es bei der Schlacht von Leipzig eine Weile nach Sieg für ihn aussah; ach nein, er selbst hatte sich längst gegen die Welt gedreht, mit der, durch die und für die er gekommen war. Und nun, in Paris, verstanden auch diese Sieger ihren Sieg nicht zu nutzen, verstanden auch sie nur das Volk zu enttäuschen, indem sie ihm wieder die korrupten Bourbonen vor die Nase setzten und indem sie sich so schlecht benahmen wie etwa der Held Blücher, der Napoleon gestürzt hatte, der aber nun nach Lord Byrons Wort »so tat wie ein Stein, der angebetet sein will, weil ein Mensch über ihn gestolpert ist«. Blü-

chers Benimm zu Paris war tatsächlich so schlimm wie seine Orthographie, er hatte die Stadt »ausradieren« wollen, verspielte aber nun ungeniert drei Millionen Franken, die ihm die französische Regierung gegeben hatte – die gleiche Regierung zahlte für die gesamte Befestigung des Niederrheins dann laut Friedensvertrag auch nur zwanzig Millionen. Fast ein Sechstel Westwall hätte man also von seinen Spielverlusten bauen können. Dem deutschen Volke aber wurde er als Moralwunder serviert wie der Befehlshaber der kaiserlichen Garde dem französischen Volke als Mutwunder. Der soll in der Schlacht bei Waterloo auf die Aufforderung, sich gegen freien Abzug zu ergeben, geantwortet haben: »Die Garde stirbt, doch sie ergibt sich nicht.« Man errichtete ihm in seiner Vaterstadt sogar ein Denkmal mit diesem Spruch, obwohl der alte Herr, der noch lange lebte, ihn immer abstritt. Mit Grund: erstens hatte sich die Garde sehr wohl ergeben, und zweitens hatte seine Antwort ganz anders und weit situationsgemäßer gelautet, nämlich: »Scheiße!«

Am Siege der Alliierten freilich und an der militärischen Befreiung Preußens hatte Preußens König keinen Anteil gehabt, das muß zugegeben werden. Hier hatte er sich als Pazifist erwiesen; es war nicht so gewesen, wie es damals der Dichter sang: »Der König rief, und alle, alle kamen«, sondern so, wie, auch schon damals, der Satiriker sang: »Als alle, alle riefen, kam der König endlich auch.« Und ebenso wenig Anteil hatte er an Preußens sozialer Befreiung – eher schon die Königin Luise, die das Leid nicht nur geläutert, sondern auch erleuchtet hatte, die aber allzu früh gestorben war. Die Beseitigung der Adelsvorrechte jedoch und die Einsetzung der Volksrechte, die Durchführung der Levée en masse und der Möglichkeit für jeden Bürger, Offizier zu werden, und all das große, rettende andere – das hatte keiner seiner geliebten preußischen Adligen, das hatten zwei bitter arme Kerle und ein Ausländer durchgeführt: Scharnhorst war in einer Tagelöhnerhütte geboren, Gneisenau hatte zu Erfurt als Kurrendeschüler betteln gehn müssen wie einst Luther, und Stein war zwar Reichsfreiherr, aber einer von den Liberalen aus dem Nassauischen, in England politisch gebildet, und überdies war sein Geschlecht sarazenischen Ursprungs – er war ein Urenkel Malechsalas. Napoleon selbst hatte ihn, in einer letzten Erinnerung an seine eigentliche Aufgabe, dem König empfohlen; widerwillig hatte der ihn eingestellt; und als dann Napoleon wiederum seine Abberufung verlangte, entsprach der König dem mit Freuden, und der noch einmal »gerettete« Adel jubilierte; so Yorck, der geklagt hatte: »Der Mann ist zu unserem Unglück in England gewesen!«, und der nun triumphierte: »Ein unsinniger Kopf ist schon zertreten, das andere Natterngeschmeiß wird sich im eigenen Gift auflösen!« Der König konnte sich nicht einmal enthalten, der Entlassung noch eine Fleißarbeit von Fußtritt hinzuzufügen: »Er ist ein widerspenstiger, trotziger, hartnäckiger und ungehorsamer Staatsdiener, der nicht das Beste des Staates vor Augen hat, sondern aus Leidenschaft, persönlichem Haß und Erbitterung handelt.« Als er ihn dann doch wieder holen muß, weil Preußen sonst zugrunde geht, schreibt er zwar stolz: »Von heute an gibt es in meinem Staat nur freie Leute!«, aber kaum ist er gerettet, da kann der Mohr wieder gehn und bekommt nicht einmal einen Orden oder einen Titel oder ein Amt wie alle anderen, und um die von ihm versprochene freie Verfassung drückt sich dieser König auf dummschlauere Art als seine Kollegen, die ihr Versprechen eleganter brachen; er sagt nämlich, eine Verfassung habe er dem Volke zwar versprochen, aber er habe ja nicht gesagt, für wann! Sie kommt denn auch zu seinen Lebzeiten nie.

Dennoch hält ihn das preußische Volk, wie das österreichische den guten Franz, für den lieben alten Herrn, der nur von nichts weiß. Daß er noch einmal und nicht ganz standesgemäß heiratet, macht ihn noch populärer. Er wird nun immer stumpfsinniger: liest man ihm Bücher vor, schläft er ein, und im Theater sieht er nur die seichtesten Lustspiele mit Wonne ein dutzendmal, während ihn Shakespeare, Goethe und Schiller langweilen und »Tell« sowie »Egmont« ihrer »Demagogie« wegen natürlich auch in Preußen nicht gespielt werden dürfen; doch befaßt er sich mit dem Wohl und besonders mit dem Wehe seiner Schauspieler und Schauspielerinnen insofern, als er ein streng militärisches Reglement für sie entwirft und sie bei Verfehlungen dagegen unnachsichtlich auf die – Festung schickt. Alles Neue haßte er so, daß er nicht einmal die Kleider mehr wechselte, und wen er aus unerfindlichen Gründen nicht leiden konnte, dem sagte er ungeniert: »Fataler Mensch sein!«, drehte sich um und ließ ihn stehen. Die Liebe seines Volkes erwiderte er nicht, er hielt es »für eine Nation ohne Intelligenz und Gewitztheit« – er, dem jeder Berliner Schusterjunge an Intelligenz und Gewitztheit überlegen war. Zwischen den seit der Düsseldorfer Ohrfeige immer noch streitenden Kirchen suchte er Frieden zu stiften, aber er machte auch das wieder allzu bauernschlau: er setzte einfach in jeder lutherischen Gemeinde einen reformierten Pfarrer und in jeder reformierten einen lutherischen ein. Das führte jedoch zu Auswanderungen ganzer Gemeinden, und auch zwei katholische Bischöfe glaubte er suspendieren und verbannen zu müssen. Liberale Leute jedoch flogen selbstverständlich in die Gefängnisse – man weiß das ja heute.

Viele wußten es aber wohl damals nicht, denn viele weinten, als der gute König starb. Er war halt so bescheiden und so ein guter Familienvater gewesen. Sein Nachfolger freilich wußte es besser; er hatte ihm einmal gesagt: »Ew. Majestät Regierung gleicht drei Pferden: einem mageren, einem lahmen und einem blinden. Das magere Pferd ist Ihr Volk, das lahme Ihre Bürokratie, und wer das blinde ist, wage ich aus schuldiger Ehrfurcht vor Ew. Majestät nicht zu sagen.«

Die Majestät hätte es wohl auch nicht verstanden.

GESCHICHTE UND GESCHICHTEN VOM HUND

Von heiligen Hunden

icht nur der Noah der Legende, der aus seiner Arche trat – auch der Urmensch der Wirklichkeit, der sich im ersten Morgengrauen der Menschheitsgeschichte hervorwagte aus seinem Baumwipfel, seinem Erdloch oder seiner Felsenhöhle, stieß schon bei diesem ersten Schritt in die Weite der Welt auf den Hund: fast überall, wo die Gelehrten die Knochen des frühesten Menschen ergraben, finden sie daneben die Skelette seiner Hunde. Noch verstand er nicht zu hüten oder zu ackern oder auch nur zu jagen, noch war er nur Sammler und lebte von Früchten, die er brach, Wurzeln, die er ausgrub, Getier, das sich mit der Hand greifen ließ, noch war kein Feld um ihn und keine Weide, kein Zelt und kein Haus, kein Hahn und keine Ziege – aber der Hund war schon da. Es war, als habe er auf den Menschen gewartet.

Auch der Urmensch trat mit dem Fuße nach dem Tier, aber es biß ihn nicht; er warf mit Steinen nach ihm, aber es floh nicht weiter als eben einen Steinwurf weit; er ging des Abends zurück in sein Schlupfloch, aber als er am Morgen vorsichtig wieder hinausblickte, war es noch immer da. Sie sahen einander an, Mensch und Hund: mißtrauisch und drohend der eine, sanft und ergeben der andere. Ahnten sie, daß sie füreinander bestimmt waren?

Der Mensch ahnte es nicht, er würde es erst noch lernen müssen; einstweilen lernte er, notgedrungen und widerwillig, den Hund dulden; und auch dies nur, weil er ihn nutzen lernte. Es war lange ein bescheidener Nutzen: der Hund verschlang die Essensreste, die für den Menschen unverdaulich waren und vor die Höhle geworfen wurden; er verschlang sogar den Kot. Er sorgte für Sauberkeit, aber er wurde nicht fett dabei: alle Hundegeripe, die man um die Vorzeitsiedlungen herum fand, beweisen, daß die Tiere verkümmert, ausgezehrt und halb verhungert waren. Indessen sie blieben. Warum?

Hinter des Menschen niederer Stirn begann es zu arbeiten. War es diese kärgliche Tafel, die sie lockte? Nein: er hatte sie draußen jagen sehen, er wußte, wie listig und mutig sie jedes Wild umstellten und rissen, wie gierig sie das frische Fleisch verschlangen, wieviel davon sie mühelos erbeuteten. War es die Wärme des Feuers, die sie lockte, jenes Herdfeuers, das der Mensch allein besaß? Nein: er hatte sie lange Frostnächte hindurch draußen liegen sehen, auf flachem Stein, ja auf nacktem Eis. Sie hatten ja ein Fell, er nicht; er brauchte das wärmende Feuer, sie nicht. Waren sie feige, und suchten sie Schutz bei ihm? Nein: sie griffen furchtlos den Bären an, den Wolf, den Tiger; sie waren nur ihm gegenüber demütig, so demütig, daß er manche von ihnen erschlagen und fressen konnte, wenn sein Hunger groß war; die übrigen blieben dennoch. Sie blieben, ohne daß er sie verlocken, sie jagen, ihnen Fallen stellen mußte, und obwohl er sie ausnützte und mißhandelte. Sie waren die einzigen Tiere, die freiwillig zu ihm kamen, um ihm zu dienen, und würden immer die einzigen bleiben; diese freiwillige Hingabe war ihm ein Rätsel, und sie würde für alle seine Nachkommen ein Rätsel bleiben. Denn wenn der große Tierpsychologe und Tierzüchter Dr. Heck schreibt: »Die Liebe zum Menschen steht diesen Tieren auf dem Gesicht geschrieben, sie ist ihnen angeboren!« – klärt das ein Mysterium, das bis heute zu den größten der Menschheitsgeschichte gehört? Ziemt es einem Wissenschaftler, bei einem »seelenlosen« Tier von Liebe zu sprechen? War diese Liebe des Tieres zum Menschen imstande, die Schranke zwischen beiden niederzureißen?

Nein; aber die Liebe des Menschen zum Tier war dazu imstande. Sie empfand nicht der Urmensch, jedenfalls auf lange hinaus nicht; aber seine Kinder empfanden sie. Die erste Menschenmutter muß ein tödlicher Schrecken durchzuckt haben, als sie ihre Kinder in einem unbewachten Augenblick auf die Hundeschar vor der Höhle zukriechen sah. Aber auch die Hunde hatten Kinder – und ehe man sich's versah, spielten sie miteinander, Menschenkinder und Hundejunge, und sie spielten so zärtlich und waren einander so gleich in der Lust

am Spiel, daß man ebensowohl von Menschenjungen und Hundekindern sprechen konnte. So wuchsen sie denn zusammen auf, und Menschenmutter wie Hundemutter waren's zufrieden, und die Wissenschaft meint denn auch, daß es noch am ehesten die Kinder gewesen sein könnten, die den Hund so nahe an den Menschen brachten.

Indessen dabei blieb's nicht – auch das weiß und beweist die Wissenschaft. Irgendwo, irgendwann starb einer Menschenmutter ihr Kind; da nahm sie ein Hundekind an die Brust, damit ihre Milch sie nicht bedränge. Irgendwo, irgendwann starb einem Hundekind die Mutter; da nahm eine Menschenmutter an ihre eine Brust ihr Menschenkind und an die andere die kleine Tierwaise, und Mensch und Hund wuchsen auf als Milchgeschwister. Irgendwo, irgendwann schließlich starb einem Menschenkind die Mutter; da wurde es einer Hundemutter mit an die Brust gelegt, wie Romulus und Remus an die Brust der Wölfin gelegt wurden, und wiederum entstand jene seltsame Milchbrüderschaft. Heute noch handeln Naturvölker da nicht anders; die Kluft zwischen Mensch und Tier ist dort eben noch nicht so tief. Und wer sich, als zivilisierter und zivilisationsbeflissener Zeitgenosse, von solchen Urtümlichkeiten leicht angewidert abwendet, der mag sich ruhig an die neuere Geschichte halten: noch im geradezu verzärtelt kultivierten Paris der Marie Antoinette scheuten sich die eleganten Marquisen des Rokoko keineswegs, junge Hundekinder an die Brust zu nehmen. Denn, so berichtet es der große Buffon, »diese leisten, zumal solange sie noch den Gebrauch ihres Gesichts nicht haben, vortreffliche Dienste, wenn entweder ein zu großer Überfluß an Milch oder zu tief liegende Brustwarzen die Mütter nötigen, den Vorrat der ersteren zu vermindern oder die Beschaffenheit der letzteren zu verbessern, ehe sie die noch schwachen Kinder an die Brust legen; und alle Damen, welche sich dieses Mittels jemals bedienten, versichern einstimmig, daß in beiden Fällen kein Mittel sanfter und sicherer wäre als das öftere Anlegen dieser kleinen Mietlinge.«

Gewiß, wir haben heute mechanische Mittel, welche noch »sanfter und sicherer« sind als jene lebendigen des alten Buffon und der jungen Marquisen; aber es ist ziemlich gewiß, daß solcher Dienst an Mutter und Kind sowohl in den Palästen des Rokoko wie in den Höhlen der Steinzeit die Beziehung zwischen Mensch und Hund noch inniger, noch – menschlicher gestaltete. Milch, Wiege und Lager hatten beide mitsammen geteilt; jetzt trennte sie nur noch eines: die Sprache. »Er müßte nur noch sprechen können!« sagt noch heute fast jeder Hundefreund von seinem Tier, und wenn er es bellen hören will, fragt er: »Wie spricht der Hund?« Und er weiß dabei meist nicht, daß das Bellen wirklich und wörtlich die Sprache des Hundes ist, bestimmt, entwickelt und geübt nur zum Zwecke seiner Verständigung mit dem Menschen.

Ja: als jener erste Hund zum ersten Menschen kam, da konnte er noch gar nicht bellen. Auch jeder Wildhund von heute, der mit dem Menschen noch nicht in Berührung kam, versteht nicht zu bellen. Er versteht nur zu heulen wie sein Vorfahr aus der Urzeit und nur zu jaulen wie seine Verwandten, wie Wolf, Schakal und Hyäne. Aber irgendeinmal in der Vorgeschichte – da bellte der Hund zum erstenmal. Als er lange genug beim Menschen gewesen war; als er den Menschen vor etwas warnen, etwas von ihm erbitten, zu etwas ihn hinleiten wollte: da »sprach der Hund«. Er hatte es gelernt um des Menschen willen. Und wenn Hunde vom Menschen verjagt oder verlassen werden und wieder verwildern, bellen sie gleichfalls nicht mehr; sie verlernen es wieder in kurzer Zeit, sie heulen wieder wie ihre wilden Vettern oder wie der Hofhund, der, vom schlafenden Menschen vergessen und vereinsamt, und nur dann, des Nachts den Mond anjault. Der Mensch ist das einzige Wesen, das mit natürlichen oder mechanischen Mitteln die Laute des Wildes nachahmt, um es desto sicherer zu verlocken, zu beschleichen und zu töten; der Hund aber ist das einzige Wesen, das sich eine Sprache erfand, um dem Menschen noch besser zu schmeicheln, zu nützen, zu dienen und anzugehören.

Sie ist nicht reich, diese Sprache, und sie ist nicht schön. Immer tönt des Hundes heisere Stimme, als könne und wolle sie nur drohen, schelten, keifen. Immer aber ergreift und rührt sie, weil sie nicht nur den Partner in der Liebe suchen oder den Nebenbuhler in der Liebe vertreiben will, wie das Brüllen des Löwen, das Wiehern des Pferdes, ja selbst wie das Lied der Nachtigall – sondern weil hier eine Kreatur sich hinwegsetzen will über die Grenzen, die die Natur ihr gezogen hat, hinaus will aus dem Käfig ihrer Art, hin will zum Menschen, um zu verstehen und verstanden zu werden. Den Wanderer, der die Stille der Nacht liebt, mag es verdrießen, wenn die Dorfköter sie zerbellen, und der Skeptiker mag es komisch finden, daß die Jäger das Gebelfer ihrer Meute so pathetisch als »Geläute« bezeichnen; der Urmensch aber, der getrost in seiner Höhle schlafen konnte, wenn das Bellen draußen schwieg, und der gewiß von ihm geweckt wurde, wenn Gefahr nahte: er wird sich beim Anschlag seiner Hunde genauso behütet gefühlt haben wie der Bürger von heute beim Glockenschlag.

Und wie arg waren diese Nächte gewesen, ehe der Hund da war! Gewiß, man hatte das Feuer, das Steinbeil, die Keule, den Speer, den Verstand: man konnte Wachen aufstellen. Aber das Menschenauge reichte nur so weit wie der Schein des Feuers, es versagte im Dunkel, es konnte den Feind, Mensch oder Tier, nicht ausmachen, wie das Menschenohr seine Schritte nicht vom anderen Geräusch der Nacht unterscheiden konnte – von der Nase zu schweigen, die überhaupt kaum zu wittern wußte. Wenn der Angriff kam oder der Ansprung, war es oft, nur zu oft, zu spät. Nun aber wachte der Hund, der die Gefahr schon von weitem, vom unfaßbar Weitem erlauschte und erwitterte. Man durfte getrost einschlafen, und man konnte gestärkt erwachen. Der Hund gab den Nächten des Menschen den Frieden.

Wenn aber der Tag kam, und wenn der Mensch, gezwungen durch Hunger und Durst, die schützende Höhle verließ – dann lief der Hund mit.

Welch ein trauriges Schleichen und Kriechen durch Dschungel und Steppe war das gewesen in der allerersten, der einsamen, der hundelosen Zeit! Wurzeln, Wildgräser und Beeren, Pflanzen also, waren die nahezu einzige Nahrung; von den Tieren konnte man nur die Schildkröte, den Igel, die Schlange greifen; die wohlschmeckenden unter ihnen, das Reh, die Antilope, der Hase, waren zugleich die flinken, sie waren schneller als der Mensch, und sie witterten ihn eher als er sie; sie fürchteten ihn und flohen vor ihm, aber er erreichte sie nicht. Und wenn er einmal ein verendetes Stück Wild fand: wie hastig mußte er es verschlingen! Wie ängstlich und scheu mußte er um sich blicken beim Graben der Wurzeln und beim Brechen der Beeren: im Gestrüpp konnte der Tiger, im Wipfel der Leopard, im Felsen der Bär, im Hochgras das Wolfsrudel lauern. Sie alle sahen ihn, ehe er sie sah, und sie waren stärker als er. Die Stärkeren jagten ihn, und die Schwächeren konnte er nicht jagen; sie waren eben alle älter als seine Art, sie waren alle weit besser gerüstet für den Kampf ums Dasein, sie hatten diesen Kampf Jahrmillionen hindurch führen gelernt, ehe er auftauchte.

Aber auch der Hund war alt; so alt und so gerüstet und so gelernt wie sie; ja, noch besser gerüstet und noch gelernter als sie. Voll Staunen sah der Mensch, wie seine Hunde das Reh erjagten; sie versuchten das nur, wenn sie zu zweien waren, aber dann gelang es ihnen fast immer. Der eine trieb das Tier bis zum nächsten Bach, dessen Wasser ihm Schutz zu bieten schien vor seinen Verfolgern, dessen Boden aus Stein und Schlick aber seine zerbrechlichen Läufe lähmte – und am nächsten Knick wartete der andere und riß es. Heute noch ist ein Haushund, der verwildert, deshalb so gefährlich, weil er sich sofort mit einem andern zusammentut und nach wenigen Tagen auf die gleiche Weise jagt; in Jahrhunderttausenden der Haushundschaft hat er die Künste des Wildhundes nicht verlernt. Voll Staunen sah der Mensch auch, wie seine Hunde den Keiler, den Bären, den Tiger angriffen; und das versuchten sie nur, wenn ihrer mehrere, wenn sie eine Meute waren, und siegten immer. So lehrten sie ihn die Treibjagd auf das schwächere und die Hetzjagd auf das stärkere Wild, und sie ließen ihm, als ihrem frei gewählten Herrn und Gebieter, doch den Hauptteil der Beute. Der Windhund der Beduinen, der eine Antilope gejagt hat, nimmt sich noch heute lediglich sein »Waidrecht«, ein Stück Rippenfleisch, und alles übrige bleibt seinem Besitzer; und die halbwilden Hunde des Kongo, die immer in Rudeln von dreißig bis vierzig Tieren und immer ohne menschliche Begleitung jagen, tragen sogar die Mehrzahl der gerissenen Gazellen ins nächste Dorf »zum Gebrauch der Einwohner«, wie der Missionspater Zuchelli versichert.

Indessen also der Hund noch immer darbte, besserte sich die Ernährung des Menschen, straffte sich sein Körper, ermutigte sich sein Geist; der Sammler, den der Zufall verpflegt hatte, wurde zum planenden Erbeuter, der Verfolgte zum Verfolger, der Gejagte zum Jäger. Die erste große Etappe in der Entwicklung der Menschheit war zurückgelegt, und geführt auf diesem Wege hatte der Hund; der Jäger in ihm hatte auch den Jäger im Menschen geweckt.

Aber da war in ihm ja noch jener andere Trieb: der Hütetrieb, stärker vielleicht noch als der Jagdtrieb. Veränderungen des Klimas, des Pflanzenwuchses, der Tierwelt zwangen den Menschensippen weite Wanderungen auf; der Hund machte auch sie mit. Er entdeckte als erster Feinde und Gefahren, die im noch Unbekannten lauerten, und half, sie abzuwehren; er wußte wildreiche Stellen und Wasserläufe zu finden; er hielt die Sippe, immerfort sie umkreisend, zusammen auf dem weiten Wege, er sorgte dafür, daß die Verbindung nicht abriß zwischen den Jungen, die ungeduldig voranstürmten, und den Alten, die ermüdet zurückblieben; wo ein Mensch zusammenbrach, erschöpft oder verwundet, da holte der Hund die anderen zur Hilfe herbei – er war Soldat, Pfadfinder und Sanitäter zugleich.

Und dann – dann führte wohl einmal der Pfad durch Steppen, in denen Wildrinder und Wildschafe weideten, und der Hund trieb sie den Menschen zu, so viele, daß man sie gar nicht gleich zu verzehren vermochte, so große, daß es keinen Sinn hatte, sie zu töten, weil sie zu schwer waren, um sie mittragen zu können. Da nahm man sie lebendig mit – und das vermochte man nur, weil der Hund sie vorantrieb und zusammenhielt. Wie er die Menschenherde zusammengehalten hatte. Kein Wildtier, außer der Ziege, ließ sich dereinst hüten ohne den Hund, und heute noch richtet ein Schäfer mit einem Hund mehr aus als zwanzig Hirten ohne Hund: so wurde es bewiesen. Und da war die zweite gewaltige Etappe des Menschen erreicht: wie er vom Sammler zum Jäger geworden war, so wurde er nun vom Jäger zum Hirten, und auch dies wieder wurde er durch den Hund.

Muß man es noch sagen, daß auch auf der dritten und letzten Etappe des Heimischwerdens, des Seßhaftwerdens auf der Erde der Hund der Gefährte des Menschen war? Da war irgendwo eine Weide, fetter als andere, so daß der wandernde Hirte hier etwas länger blieb und sah, wie sie abermals fetter wurde durch den Dünger seines Viehs, und abermals länger blieb – so lange schließlich, daß es sich lohnte, zu säen und zu ernten, ja daß es sich schließlich lohnte,

statt des Zeltes ein Haus zu bauen. Hätte es sich aber gelohnt, wenn der Hund nicht all das, was nun aus flüchtiger Habe bleibender Besitz geworden war, beschützt hätte vor jähem Angriff, vor Diebstahl, Raub, Brand und Mord? Aus dem Hirten konnte der Bauer werden – aber nur, weil aus dem Jagdhund der Hirtenhund und aus dem Hirtenhund der Haushund geworden war. Ist es ein Zufall, wenn die deutsche Sprache so sehr viele Wörter, die etwas Hütendes und Heimisches ausdrücken wollen, mit dem Hauchlaute H beginnen läßt – dem Laute eben, der das Erwärmende des Anhauchs hat? Halt und Habe, Herz und Haupt, Hemd und Helm, Halle und Haus, Haut und Hand, Hecke und Hain, Hirt und Herde, Heil und Hilfe, Hahn und Henne, Heim und Herberge, Herr und Herrscher, Herd und Himmel, Höhle und Hof, Hort und Hütte – und eben auch das Sinnbild des Hegenden und Hütenden schlechthin: Hund.

Es ist wahr, daß heute und bei uns der Hund meist vom Menschen lebt; aber jahrtausendelang lebte der Mensch vom Hund. Das ist der heimliche Sinn des sonst so seltsam klingenden deutschen Sprichworts: »Einen Mann hungerte manche Stund; da ging er und kaufte sich einen Hund.« Und wenn sich heute mancher mit Recht darüber empört, daß zuweilen Schoßhunde verzärtelt werden, indessen Menschen verhungern – er möge andererseits bedenken, daß der Schöpfer nicht nur die Sünden der Vorfahren an den Nachkommen vergilt bis ins letzte Glied, sondern auch die Wohltaten, und daß wir dem Haushund von heute nur vergelten, was sein Vorfahr für uns tat.

Es gibt übrigens Beweise dafür, daß sich bereits der Urmensch Rechenschaft darüber zu geben begann, was der Hund für ihn bedeutete. Er hörte zwar nicht auf, ihn zu prügeln und hungern zu lassen – damit hat er in weiten Teilen der Welt heute noch nicht aufgehört. Aber er hörte sehr bald damit auf, ihn zu schlachten und zu fressen. Die zerspaltenen Hundeschädel, aus denen man noch warm das Gehirn saugte, finden sich im allgemeinen nur in sehr frühen Vorzeitgräbern und fehlen in den späteren. Ausnahmen freilich gibt's auch hier, und auch wieder bis heute. Soweit nicht bare Hungersnot dazu zwang und zwingt, geschah das und geschieht es aus sehr unterschiedlichen und oft recht seltsamen Gründen. »Gekochte junge Hunde«, schreibt Boßmann noch um 1800, »sind bei den ägyptischen Frauenzimmern ein sehr beliebtes Gerichte. Sie glauben nämlich, es trage vieles dazu bei, eine aufgeschwollene, schlappe Fettigkeit zu erlangen, welche nun einmal mit zur ägyptischen Schönheit gehöret. Zu Angola aber, wo die Hunde gemästet, geschlachtet und auf dem Markte verkauft werden, kann man sogar für einen großen fetten Hund an zweiundzwanzig Sklaven bekommen, obgleich einer von diesen Sklaven gemeiniglich zu zehn Dukaten gerechnet wird. Denn wenn in diesen Ländern jemand so ehrgeizig ist, sich adeln lassen zu wollen, verschafft er sich den Zutritt zum König und zu dieser Würde dadurch, daß er bei Gelegenheit dem König ein verdienstvolles Geschenke mit einigen fetten Hunden machet.« Wem es hingegen nicht um die dicke Linie oder um den Adel zu tun war, sondern um die Gesundheit, der hielt sich ans Hundefett – heute noch vom Laien gegen Schwindsucht angewendet. Bereits Buffon schreibt aber mit sichtlicher Genugtuung: »Wir selbst haben ein Frauenzimmer gekennet, welches auf Anraten gewisser Afterärzte das Hundefett auf Stullen essen und in allen Suppen reichlich mitgenießen mußte. Zum Glück für diejenigen, welche vielleicht nicht ohne den äußersten Widerwillen sich zu einer ähnlichen Kur würden verurteilen lassen, starb endlich diese Märtyrerin am Überfluß des genossenen Hundefettes.« Und nur der hochwürdige Pater Theodat, der als Missionar unter den kanadischen Eskimos weilte, versichert treuherzig: »Da ich ihren Hundeschmäusen verschiedene Male beiwohnte, muß ich offen bekennen, daß ich, ungeachtet des anfänglich empfundenen Abscheus, kaum zweimal davon gekostet hatte, als ich das Hundefleisch in der Tat wohlschmeckend und im Geschmacke dem Schweinefleisch ähnlich fand.« Dem guten Pater waren eben die Schriften Bernardins de Saint-Pierre nicht bekannt: dieser Freund Rousseaus und Verfasser der berühmten Idylle »Paul et Virginie« behauptet, daß die Hundefresserei da, wo nicht die Not sie veranlaßt, immer mit der Menschenfresserei zu tun habe: sie sei entweder ein Vorläufer, ein Begleiter oder ein Überbleibsel des Kannibalismus – eine Meinung, welche die Wissenschaft seither bestätigt hat.

Der Urmensch, wie gesagt, scheute doch sehr bald vor dergleichen zurück: man tötet und man ißt nicht den Spielgefährten und Milchbruder seiner Kinder, und vor allem nicht ein Wesen, das Dinge erlauscht und wittert, die der Mensch weder hört noch sieht. Der Hund, der Feinde und Freunde schon ankündigt, wenn sie noch meilenweit entfernt sind; dem die unheimliche Nacht so vertraut ist wie dem Menschen der Tag; der verlorene oder verborgene Gegenstände, der heimlich erschlagene und begrabene Menschen aus der Erde zu scharren vermag – er mußte, nach den Vorstellungen des Naturmenschen, nicht nur schärfere Sinne, er mußte vor allem Beziehungen zu den Geistern, zu den Göttern haben, er mußte geistersichtig, geistsichtig sein. Noch Homer schildert, wie die Göttin Pallas Athene im Saale zu Ithaka erscheint und wie keiner sie sieht, auch ihr Schützling Odysseus nicht –

»Denn nicht allen sichtbar erscheinen die seligen Götter;
Nur die Hunde sahn sie und bellten nicht, sondern entflohen
Winselnd und zitternd vor ihr nach der anderen Seite des Hofes«;
und noch im späten Rom war man fest überzeugt, daß das erste weibliche
Junge, das eine Hündin warf, die Geister des Waldes zu sehen vermöge und sich
vor ihnen ängstigte.

In der Bibel aber, der sonst so hundefeindlichen Bibel, taucht ein Hund auf, der
den Gott sieht, wie die Hunde Homers und Roms, und ihn doch nicht fürchtet.
Denn es ist da ein Buch im Alten Testament, kurz nur und für die Theologen nur
apokryph, aber frisch wie ein junger Morgen und tief wie eine uralte Nacht, in
welchem eine innige Freundschaft dargestellt wird zwischen Mensch, Hund und –
Gott: das Buch Tobias. Da wird erzählt, wie der alte Vater Tobias mit den Seinen
aus Israel nach Medien verschleppt wird, und wie er in der Verbannung verarmt
und erblindet; sein Sohn aber, er heißt Tobias wie er, zieht aus, um im Lande der
Vorfahren sein Glück zu suchen. Zu ihm gesellt sich ein anderer, den er nicht
kennt und zu dem er nur Vertrauen faßt, weil es ein so strahlend schöner und
liebreicher Jüngling ist; und dann läuft noch ein Hündlein mit den beiden. Der
Jüngling ist in Wahrheit der Engel Gottes; der junge Tobias weiß das nicht; aber
das Hündlein: das weiß es. Allerlei Fährnis bestehen sie miteinander, Engel,
Mensch und Hund; gemeinsam kehren sie heim, und wie sie vor dem Hause des
blinden alten Tobias stehen, sagt der Engel dem jungen, daß er seinen Vater
wieder sehend machen werde und auf welche Weise er ihn sehend machen solle.
Der Sohn zweifelt und stockt und wagt sich nicht ans Werk und ins Haus; aber
»da lief der Hund voran, welchen sie mit sich genommen hatten, und wedelte mit
seinem Schwanz, sprang und stellte sich fröhlich«. Und das Tier behält recht mit
seiner Freude, der Vater wird geheilt, der Hund hat Gott erkannt. Darum ist er
abkonterfeit worden auf Tausenden von frommen Bildern, die den Auszug oder
die Heimkehr des jungen Tobias, die den seltsamen Dreibund darstellen zwischen
Gott, Mensch und Hund.

Ist das Groteske, ist das Blasphemie? Nein, es ist die dunkle Erinnerung an
das, was der Hund dem Menschen einst war, aufbewahrt in Mythe und Märe,
Legende und Sage aller Kulte und aller Kontinente. Wenn das Hündchen des
Tobias Gottes Begleiter wurde, so wird der Hund überhaupt bei den weißen und
schwarzen, gelben und roten Völkern der Erde zu seinem Boten an den Menschen, zum Entdecker, zum Erretter, zum Stammvater der Menschen, ja zum
Gott selbst – denn war er nicht da vor dem Menschen, und wäre der Mensch da
ohne ihn? Er war es, so erzählen die Indianer Süd- wie Nordamerikas, der ein
Loch in die Erde scharrte und die Menschen, die bis dahin unter dem Erdboden im ewigen Dunkel hindämmern mußten, herausholte in die freie Weite; er
brachte nach mexikanischem Glauben das Feuer vom Himmel und wird deshalb
dargestellt mit feurigem Kometenschweif, wie er von droben herabstürzt zu den
Menschen, die ihn jubelnd empfangen; und ihn sandten, so wissen es die Abes-

sinier, die Menschen aus, solange es noch ewige Nacht war, um den Morgen zu suchen, nachdem sie erst den Büffel und dann den Elefanten vergeblich ausgesandt hatten: der Hund jedoch nahm den Hahn mit sich und kam in das Haus des Schöpfers und sagte zum Hahn: »Rufe das Licht!« Und da kam der Morgen.

Wo aber wäre das Wissen darum, daß der Hund dem Menschen die Welt gewann und also ein Recht hatte, ganz zum Menschen zu gehören, schöner gestaltet als in einer Sintflutsage, die sich bei den Völkern Asiens ebenso findet wie bei denen Amerikas! Danach war die Erde im Anfang viel zu klein für die Menschen und Tiere, welche die Arche verließen, und drohte zu bersten. Gott aber sandte eine große schwarze Hündin aus, und sie umkreiste die Welt in immer weiteren Bögen, und mit der Größe ihrer Kreise wuchs die Größe der Erde, bis sie zureichte für alle. Die schwarze Hündin durfte sich zum Dank vom Schöpfer etwas ausbitten; und weil sie sich in einen armen Hirten verliebt hatte, verlangte sie, daß er sie heirate. Der wehrte sich verzweifelt, aber der Schöpfer zwang ihn zur Ehe; der Mensch jedoch rächte sich an seiner Hundsfrau und behandelte sie schlecht. Trotzdem gebar sie ihm Kinder, die aber wurden alle als kleine Hunde geboren und wuchsen auf wie Hunde; nur aßen sie menschliche Speise, Mürbekuchen vor allem, und gediehen dabei und hüteten des Mannes Herden, so daß sein Reichtum wuchs und wuchs. Und eines Tages bedachte der Mann, wer wohl die Mürbekuchen backe; das konnte doch keine Hündin, das mußte doch heimlich ein Menschenmädchen tun! So stellte er sich eines Morgens, als gehe er zu seiner Herde, versteckte sich aber in Wirklichkeit in seiner Hütte; und nun sah er, wie die Hündin ihr schwarzes Fell auszog und plötzlich als Menschenfrau dastand und buk, und wie sie, als die Kuchen fertig waren, ihre Kinder hereinrief und auch ihnen die Fellchen auszog, und da waren auch sie kleine Menschenkinder und aßen ebenso manierlich. Nun sprang er hervor und riß die Felle weg, ehe seine Frau und seine Kinder das verhindern konnten, und warf die Felle ins Feuer, und so blieben die Hunde Menschen, und der Mann lebte glücklich mit ihnen und wurde der Stammvater der Menschen von heute.

Und in der Tat glaubten viele Völker, daß sie von Hunden abstammten, und waren stolz darauf; auch das noble deutsche Königsgeschlecht der Welfen leitete sich dereinst von einer hündischen Urmutter ab, die ihrem Manne junge Hunde geboren hatte, »Welpen« eben; und selbst die Hessen heißen bis heute darum »blinde Hessen«, weil sie der Sage nach Hundeahnen hatten und noch eine geraume Zeit hindurch mit verschlossenen Augen geboren wurden, wie junge Hunde; und auch dieser Name war einst ein Ehrenname. So soll es ja auch den Hund ehren und seine Verwandtschaft zum Menschen andeuten, wenn ihn die Indianer zum Essen locken mit dem Rufe: »Komm her, mein Sohn!«

Will die Sage nicht sogar wissen, daß zwei so unterschiedliche Völker wie die Siamesen und die Norweger dereinst von Hundekönigen regiert wurden? Das geschah allerdings, als sie von fremden Königen unterworfen wurden, die Siamesen vom Chinesenkaiser, die Norweger vom Fürsten der Wikinger, und beide Sieger gedachten die Unterlegenen zu demütigen. Darum rief in Siam der Kaiser seinen Hund, er hieß Barkouf, und sagte: »Komm her, Barkouf, setze dich auf meinen Thron und regiere diese Elenden, und wenn du willst, so vertilge sie!« Barkouf aber nahm sich einen Chinesen zum Minister, der die Hundesprache verstand; der bellte jeweils eine Weile mit dem Hundskönig und gab dessen Beschluß dann auf siamesisch weiter. Und siehe, Barkouf herrschte so weise und gütig, daß das Land Siam einen großen Aufschwung nahm – bis es von Barbaren angegriffen wurde. Da stürzte sich der Hund an der Spitze seiner Menschentruppen in die Schlacht und schlug den Feind; er selbst jedoch wurde schwer verwundet und starb. Sein ganzes Volk beweinte ihn bitterlich und bat den Kaiser von China, wiederum einen Hund zum Herrscher zu bestimmen; aber der Kaiser gab die Krone statt dessen einem Mandarin, und unter ihm und seinen Nachfolgern verkam das Land.

Den Norwegern hingegen ließ der siegreiche Wikingerfürst die Wahl, ob sie lieber seinen Knecht oder seinen Hund zum Herrn haben wollten. Die Norweger meinten, mit dem Hund würden sie leichter fertig werden, und wählten ihn; er hieß Saur. Und Saur brauchte nicht einmal einen Menschenminister wie Barkouf: zwei Wörter jeweils mußte er noch bellen, aber das dritte verstand er zu sprechen, und er besaß den Verstand von drei Männern, und er regierte weise, er baute seine Residenzstadt Saurshang und saß auf goldenem Thron. Dann jedoch starb auch er den Opfertod wie Barkouf, den Opfertod für sein Menschenvolk: die Wölfe nämlich rotteten sich zusammen, wütend darüber, daß der Hund zu den Menschen übergelaufen war; Saur stürzte sich auf sie und biß viele tot, aber die Überzahl siegte, und die Wölfe zerrissen ihn.

So wohnte das Wissen um den Hund in Hunderten von Mythen; aber der Mensch hatte deren heimlichen Sinn, deren heimliche Ethik vergessen und erzählte sie wie Märchen; das Schicksal der Hunde besserte sie nicht. Nur in Indien, beim Erntefest, sagten die alten Leute zu den Kindern: »Alles, was wir essen, hat uns der Hund gebracht!«, und dann feierten die Kinder ihre Hündchen und gaben ihnen Fleisch, süßen Brei und Kuchen. Aber auch das war nur dumpfes Ahnen, und das war nur einmal im Jahr. Am nächsten Tage begannen Qual und Hunger von neuem.

Bis endlich, etwa mit dem Anbruch des ersten Jahrtausends vor Christus, in Persien ein weiser und frommer Mann auftauchte, der die frömmste und weiseste Religion schuf, die es in der Welt gab vor den zehn Geboten des Moses und der Erlösung durch Jesus. Der Mann hieß Zarathustra; er wußte viel dunkles Gefühl in helle Erkenntnis zu verwandeln, und ein breiter Strahl dieses Lichtes und tiefer Liebe fiel auch auf den Hund. Denn Zarathustra schrieb in seinem heiligen Buche, dem Zend-Avesta, den Satz nieder:

»Durch den Verstand des Hundes wurde die Welt erobert, und durch den Verstand des Hundes besteht die Welt.«

Also sprach Zarathustra – mit ihm trat der Hund aus dem Dämmern der vorgeschichtlichen Mythen in den Morgenglanz der geschriebenen Geschichte, und mit ihm begann sein erstes goldenes Zeitalter.

»Durch den Verstand des Hundes besteht die Welt« – so kühn, so übersteigert das klingt: das Zend-Avesta bleibt den Beweis nicht schuldig, und es zählt bis in alle Einzelheiten die Belohnungen auf, die dem Hunde dafür gebühren. Es gibt kein heiliges Buch irgendeiner anderen Religion, das so viel vom Hunde weiß und so viel für ihn fordert. Es ist nur in Bruchstücken auf uns gekommen; was aber erhalten blieb und den Hund angeht, ist dies:

»Also spricht Ahura-Masda, die Gottheit des Lichtes, der weiseste Herr:
Wächter für Mensch und Vieh ist der Hund im irdischen Sein,
Wenn es den Schäferhund nicht gäbe, man hätte kein einziges Schaf aufziehen können,
Und nie stünde dein Haus fest gefügt auf der Erde, die ich schuf, wenn der Hofhund nicht wäre.
Denn acht Menschen sind vereint in einem einzigen Hund:
Ein Priester, denn er ist glücklich bei geringer Kost wie ein Priester,
Ein Krieger, denn er schützt dich und wehrt sich für dich wie ein Krieger,
Ein Hirte, denn er wacht über dein Vieh wie ein Hirte,
Ein Knecht, denn er gehorcht deinem Winke wie ein guter Knecht,
Ein Dieb, denn er ist mit der Nacht vertraut wie ein Dieb,
Ein Geisterbeschwörer, denn sein Bellen vertreibt des Nachts die Dämonen wie das Wort eines Geisterbeschwörers,
Eine Dirne, denn er läuft dem andern Geschlecht nach und verrichtet seine Notdurft am Wege wie eine Dirne,
Und ein Kind, denn wenn er schläft, streckt er die Zunge heraus und träumt laut wie ein Kind.
Darum will ich, daß du ihn behandelst wie einen Menschen, und zwar wie einen dir nahestehenden und hoch geehrten Menschen:
Dem Schäferhund sollst du täglich Speise und Trank geben, dreimal im Sommer und zweimal im Winter,
Dem Hofhund sollst du täglich Mehlsuppe bringen, Speck und Fleisch, denn er wacht für dich und kann sich nicht um seine Nahrung kümmern, und er ist angebunden und darum der Ärmste unter den Armen,
Dem Haushund aber, der deine Stube mit dir teilt, gib das gleiche, was du selber ißt; so bleibt er dir treu.
Hunde soll jeder Gläubige halten,
Und wie du sieben Jahre lang Sorge tragen mußt für dein Kind, so mußt du sechs Monate lang Sorge tragen für deinen jungen Hund.
Wenn aber eine Hündin auf der Straße gebiert, hat derjenige sechs Monate lang für ihre Jungen Sorge zu tragen, dessen Haus der Stelle, wo sie gebar, am nächsten steht.

Wer jedoch solch eine Hündin nicht pflegt, so daß sie Schaden leidet, den bestrafe man, als hätte er einen Menschen vorsätzlich an seinem Leibe verletzt.

Denn fünf Todsünden gibt es, die den Menschen böse und meiner unwürdig machen, und zwei davon werden gegen den Hund verübt:

Die eine ist, eine trächtige Hündin zu schlagen oder zu verscheuchen,

Die andere, einem Hunde zu spitze Knochen oder zu heiße Speise zu geben, so daß er sich verletzt oder verbrennt.

Wer aber einen Hund tötet, dessen Seele geht mit größerem Angstgeschrei ins künftige Leben als ein Wolf, der in eine Fallgrube gerät.

Und wenn du stirbst, sollst du dir deinen Hund bringen lassen und einen letzten Blick mit ihm tauschen,

Und auf deinem letzten Wege soll er dich geleiten.«

Es ist viel Kenntnis in den Gesetzen über die Fütterung, viel Erbarmen in den Gesetzen über die Behandlung der Hunde – sie hatten es gut zu Babylon, Ninive und Ur, so gut wie nie zuvor und selten nachher. So viel Raum im religiösen Kodex, so viel Verständnis und so viel Güte läßt sich freilich nicht nur erklären aus der Dankbarkeit für das, was sie den Lebenden taten. Der Schlüssel für solche Verehrung, die fast einer Heiligsprechung, einer Vergöttlichung gleichkommt, liegt denn auch in den beiden letzten Gesetzen, liegt in dem, was die Hunde an den Sterbenden und Toten taten.

Auge in Auge mit seinem Hunde zu sterben – das hatte nicht nur den Sinn, Auge in Auge mit seinem treuesten Kameraden zu sterben, wie ja auch der sterbende Hund in seinem letzten Augenblick die Hand seines Herrn noch einmal leckt. Man brauchte vor allem die Fürbitte des Hundes, denn man glaubte, daß auf dem Wege der Seele ins Jenseits eine schmale Brücke zu überschreiten sei, bewacht von zwei weißen Hunden; und wenn ihnen die Seele keine Botschaft ihres irdischen Kameraden ausrichten konnte, kam man nicht hinüber. Beim uralten Volke der Zigeuner, das sich herleitet aus jenen zeitlichen und räumlichen Bereichen, hat sich der Glaube bis heute erhalten: jede Bande rumä-

nischer Zigeuner hat einige weiße Hunde bei sich, dazu bestimmt, ihren sterbenden Herren dereinst die Füße zu lecken, weil dies den Todeskampf erleich-
tern soll; und weil dann drüben, im Zigeunertotenreich, neun weiße Hunde
warten, schließt die junge Zigeunermutter das Gebet, das sie über ihrem Kinde
spricht, mit den Worten: »Herr, gib ihm Kraft und Stärke; gib, daß es den weißen Hund erst im späten Alter bellen höre.« Und auch in Indien blieb ein Erinnern an den Hund als Seelengeleiter: ins Haus eines Verstorbenen wird ein
Hund gebracht, und einen Augenblick lang legt man die Leine des Tieres dem
Toten in die Hand: möge es ihn führen!

Aber was der Hund für die Seele des Toten tat, die Ahura-Masda gehörte,
dem hellen, dem guten Gott – auch das war den Jüngern Zarathustras noch
nicht das Wesentliche. Was er für den toten Körper tat, darauf kam's an. Denn
der Leib des Menschen gehörte Ahriman, dem dunklen, dem bösen Gott. So
schlecht war Ahriman und so schlecht der menschliche Leib, daß man seine Leiche nicht der Erde und nicht einmal dem Feuer anvertrauen konnte: er würde
beide vergiften. Er mußte vernichtet werden, er mußte verschwinden von der
Erde und aus der Atemluft, damit die Seele frei werde. Und diese Vernichtung
übernahmen die Hunde. Sie bestatteten den Leib ihres Herrn – in sich selbst;
sie verzehrten ihn. Man brachte diesen Leib in ein Mauergeviert, das nur einen
Eingang hatte. Durch ihn ließ man die Hunde hinein und ließ sie mit dem
Leichnam allein. Wenn man ihnen die Freiheit wiedergab, und wenn man nur
noch die Knochen fand, und wenn die Knochen rein waren im physischen Sinne
– dann war auch der Tote rein gewesen im göttlichen Sinne. Hatten aber die
Hunde die Nahrung verschmäht, dann war er ein Sünder gewesen; dann trug
man seinen Leib in die Wildnis und warf ihn den wilden Tieren vor.

Man sah in dieser Bestattung durch den Hund nichts Ekelerregendes, nichts Widerwärtiges, und man empfand keinen Abscheu vor dem Hund. Im Gegenteil: er hatte ja seinen höchsten Dienst getan: für Ahura-Masda und für den Menschen, und wider Ahriman. Wer fromm war und wer es sich wirtschaftlich irgendwie leisten konnte, der züchtete und erzog sich besonders große, besonders schöne Hunde für diesen Zweck. Sie lebten verwöhnt und hoch geehrt in den Häusern des alten Persien – wie sie bis in unsere Zeit hinein gezüchtet, erzogen und geehrt wurden in den Zelten Kamtschatkas, in den Klöstern Tibets. »Mögest du nach deinem Tode von schönen Hunden verzehrt werden!« – das war der innigste aller Glück- und Segenswünsche. Sven Hedin und viele andere Forscher unseres Jahrhunderts haben solche Wünsche noch gehört, solche Bestattungen noch gesehen im Lande des Dalai Lama. Denn dort züchtete man die schönsten, größten und stärksten Hunde dieser Art; sie waren begehrt bis weit nach Indien hinunter. Freilich sahen jene Forscher auch andere, häßlichere Bestattungen, Tibet ist ja arm geworden, und die Leichen der Armen zerrissen die wilden Hunde des Feldes – auch ihnen allerdings feierlich übergeben durch des Priesters Hand. Die reichen Parsen wiederum, bis heute Anhänger der Lehre Zarathustras, überlassen ihre Toten den Vögeln des Himmels. Aber das ist ein geschichtlich weit späterer Brauch; wir wissen, daß das Bestattungstier der Parsen ursprünglich der Hund war.

Das waren die Schatten der alten, mythischen Nacht, die den Anbruch des goldenen Hundezeitalters noch überwölkten. Als sich dann Griechen ansiedelten an der Küste Kleinasiens, wurden sie dieser Schatten noch gewahr; indessen sie kümmerten sich nicht darum und verstanden nicht, aus welchem Vorzeitdunkel sie noch Kunde brachten; ihre Geschichtsschreiber berichteten mit Befremden von so »barbarischen« Grabgebräuchen. Aber sie, die bis dahin nur rassenlose Straßenköter gekannt hatten, fanden hier schöne, gepflegte und von ihren Herren geliebte Hunde vor, und sie übernahmen alle ihre Arten und brachten sie in die europäische Heimat: den Jagdhund, den Schäferhund, den Hofhund. Sie hatten Freude an den prachtvollen Tieren und dressierten jedes noch besser, züchteten es noch schöner; denn sie waren ein helles, heiteres, in die Schönheit vernarrtes Volk. Das goldene Zeitalter des Hundes brach nicht ab, es wurde noch goldener; wie sich von Griechenland her das helle, klare Sonnenlicht des vollen Tages über alles in der Welt ergoß, so auch über die Hunde.

Nur mit den weißen Himmelhunden Zarathustras wußten die Griechen nichts Rechtes anzufangen – und noch weniger mit den düsteren Totenhunden.

Nach ihrer Meinung kamen die Seelen der Menschen zwar nicht in den Olymp; dafür hatten ihre Körper aber auch keineswegs die Hölle verdient. Vielmehr waren Leib und Seele eine Einheit und zogen nach dem Tode gemeinsam ins Reich der Schatten; so machten sie denn aus den weißen Überwelthunden den schwarzen Unterwelthund Kerberos. Er behielt insofern eine gewisse asiatische Liebenswürdigkeit, als er die über den Styx gekommenen Schatten freundlich begrüßte, wenn auch nur durch gemessenes Neigen eines Ohres, und nur bissig wurde, falls sie wieder ins Leben zurückwollten. Also ein strenger, aber manierlicher Gefängniswärter; und als Bezeichnung für einen solchen ist uns das Wort »Cerberus« denn auch geblieben.

Was aber gar die richtigen irdischen Totenhunde betraf, so versuchte man es zunächst mit einer typisch menschlichen und also recht gemeinen Umschulung: statt auf verstorbene ließ man sie auf lebendige Menschen los. Man nahm sie mit in den Krieg, und sie gaben sich Mühe: in der Schlacht bei Marathon kämpfte »Mann gegen Hund, Hund gegen Mann«. Aber sie richteten nicht viel aus; sie hatten gelernt, dem toten Menschen den höchsten Dienst zu tun und nicht dem lebendigen den niedrigsten; auch waren sie für diese Aufgabe zu schwach, denn die Griechen hatten den größten und stärksten Vertreter ihrer Art, die Totendogge Tibets, noch nicht kennengelernt. So verteidigten ihrer hundert zwar mutig die Burg von Korinth gegen den anstürmenden Feind und warfen ihn auch zurück, aber sie wurden doch alle erschlagen bis auf einen; der freilich, er hieß »Soter«, das ist »der Retter«, bekam auf Staatskosten ein silbernes Halsband mit der Inschrift: »Dem Verteidiger und Erretter von Korinth.« So weit wie ihre Kollegen vom Jagdfach brachten sie es jedoch nie: in Sparta machte man die Jagdhunde zu Staatsangestellten, hielt sie in staatlichen Ställen und lieh sie an die Jagdberechtigten aus. Überdies gehörten sie auch zum Aufsichtspersonal des Theaters und zeigten sich dort sogar allzu kunstfreundlich: einen Spartaner, der einige Schauspieler scharf kritisiert hatte, zerfleischten sie auf der Stelle.

Weil aber nur solche einheimischen Kritiker so leicht zu zerreißen waren und nicht jene feindlichen Krieger, fand man eine griechischere und geistreichere Lösung und weihte die Hunde dem Äskulap, dem Gotte der Heilkunde, der ja dem Mythos nach selbst von einer Hündin großgesäugt worden war. Sie wurden in seinen Tempeln eingesetzt und bewährten sich dort als vorzügliche Ärzte und Helfer: Ahura-Masdas Totentiere dienten fortan der Gesundheit. Sie wurden gegen Wunden und Geschwüre verschrieben und heilten sie wirklich durch eifriges Lecken. In einem Heiligtum auf Sizilien gab es ihrer nicht weniger als tausend, und sie verstanden, wenn man den alten Schriftstellern glauben darf, weit mehr als Wundheilung; sie waren so gute Menschenkenner, daß sie nicht nur gute Menschen von bösen, sondern auch, ein sehr hündischer und eigentlich unfeiner Zug, Griechen von Ausländern unterscheiden konnten: jene umwedelten sie, diese griffen sie an. Mehr Milde als gegen Bösewichte und Fremdlinge zeigten sie gegen ehebrecherische Wüstlinge: sie rochen ihnen ihr illegales Tun zwar sofort an, ließen sie aber lediglich nicht in den Tempel hinein, ohne weitere Gewaltanwendung. Und mit größtem und nachahmenswertem Verständnis behandelten sie Betrunkene, die sie freundlich und stützend in ihre Herberge geleiteten; beim Abschied rissen sie ihnen lediglich einen Fetzen Stoff

aus der Toga, damit sie, aus dem Rausch erwacht, sich des Geschehenen erinnern und für die Zukunft sich bessern möchten. Auch einer von diesen Tempelhunden erwarb sich Unsterblichkeit: er bewährte sich im Äskulaptempel zu Athen so gut, daß er, der mit Namen Kapparos hieß, durch Parlamentsbeschluß sein Leben lang besonders gutes Essen und besonders gute Pflege erhielt – wovon er entschieden mehr hatte als sein Kollege Soter zu Korinth von seinem Silberhalsband. Hingegen versagten ihre Artgenossen auf dem Kapitol zu Rom vollständig, obwohl sie dort weder soldatische noch sanitäre Pflichten hatten, sondern lediglich herannahende Feinde melden sollten; beim Herannahen der Gallier jedoch blieben sie bekanntlich stumm, weshalb nicht sie, sondern die bewußten Gänse das Kapitol retten mußten; der Wachtrieb war nämlich durch einen noch stärkeren Trieb kompensiert worden: die sehr hundekundigen Gallier hatten einfach ein paar liebesbereite Hundedamen mitgebracht. Und zur Strafe für dieses Versagen wurde dann alljährlich am Gedenktag des Ereignisses zu Rom ein Hund ans Kreuz geschlagen ...

In Griechenland war man weniger grausam und machte aus Hunden keine Märtyrer; aber ihre auch dort beobachtete ständige Bereitschaft, ungeniert und in aller Öffentlichkeit ihren Liebesgefühlen nachzugeben, führte doch dazu, daß man sie aus der Akropolis von Athen verbannte, die der keuschen Pallas Athene heilig war, wie auch aus dem Tempel des keuschen Apollo zu Delos. Andererseits jedoch schätzten die Griechen zwar die Götter des Krieges, der Weisheit und der Gesundheit, weit mehr aber noch die Göttin der Liebe; sie waren in die Liebe geradezu verliebt. So fanden denn die Neigungen und Leistungen der Hunde auf diesem Gebiete durchaus Anerkennung, und man beschloß, sie auch in den Dienst der Aphrodite zu stellen. Waren sie nicht geradezu Sinnbilder der Liebesfähigkeit und der Fruchtbarkeit? Hatte nicht nach uralter Überlieferung der Urhund den Urmenschen das Lieben beigebracht, so daß sie fortan Kinder bekamen, und hatte er nicht nachher beim Anblick menschlicher Liebespaare so lachen müssen, daß ihm der Schöpfer zur Strafe die Kiefer mit einer Feuerzange zusammenklemmte, weshalb er seither nicht mehr reden, sondern nur noch bellen konnte? Und glaubten nicht selbst die frommen Parsen, daß sogar die Himmelshunde alle Frauen ins Paradies einließen, nur keine Jungfrau? Gewiß, der Hund war prädestiniert für Aphrodites Dienst!

Nur eben der große Totenhund, der schmutzige Hirtenhund, der laute Hofhund war es nicht. Man brauchte zierlichere, reinlichere, sanftere Wesen für solchen Dienst. Die hatte man in Kleinasien nicht gefunden, dem der Hund als erotisches Spielzeug fremd geblieben war; aber man fand sie in Ägypten. Dort gab es schlanke, edle, überzüchtete, vor lauter Haarlosigkeit blitzsaubere Windhunde, wie Halbgötter verehrt und doch zu Boten der Liebe bestimmt, denn sie hatten der Liebesgöttin Isis den Weg gewiesen zu ihrem Freunde Osiris. Im kühleren europäischen Klima zitterten sie vor Kälte, und wenn man einen von ihnen der umworbenen Freundin schenkte, mußte sie ihn wohl mit in ihr warmes Zimmer nehmen, auf ihr warmes Lager – als Werber und Vorboten des Spenders. Gewiß, sie galten als untreu, und anderthalb Jahrtausende später sollte diese Untreue sogar geschichtlich belegt werden: als Eduard der Dritte von England starb, wandte sich sein Windhund sofort seinen Feinden zu, und seine Geliebte tat es ihm nach ... Windhunde eben, alle beide. Aber die Griechen verlangten von ihren Freundinnen keine Treue – nur von ihren Frauen. Man importierte also Windhündchen in Massen, und damit war der Stubenhund für Europa erfunden; der große und protzige athenische Staatsmann Alkibiades, der Dandy des klassischen Altertums, kaufte einen der schönsten unter ihnen um horrendes Geld und hackte dem kostbaren Tier, nur um einer Hetäre zu imponieren, den Schwanz ab – und damit war das Coupieren erfunden.

Die Damen wiederum ließ das nicht ruhen; sie wollten etwas noch Zierlicheres, noch Koketteres haben. Sie fanden es auf der Insel Malta; dort hatten lange die höchst liebeskundigen Phönizier gesessen und für die Priesterinnen ihrer Fruchtbarkeitsgöttin Astarte aus dem mittelgroßen und derben Spitz das winzige Malteserhündchen gezüchtet. Es kam nach Athen, es war der erste Schoßhund der Geschichte, und in welche Schöße es sich bettete, das geht aus den uns überlieferten Namen hervor: fast alle Malteserhundedamen rief man mit den Namen berühmter Hetären.

Die praktischeren und robusteren Damen Roms hingegen hatten andere Ansprüche; sie lagen nicht nur gern auf dem Pfühl, sie ritten auch gern mit dem Freunde zur Jagd; also brauchten sie einen Hund, nicht zu klein für die Jagd, nicht zu groß für den Schoß. Sie suchten lange, dann kam ihnen der Zufall zu Hilfe. Auf der Insel Ibiza im Mittelmeer brach eine Kaninchenplage aus. Alle Felder wurden verwüstet, und die Einwohner erbaten von Rom Soldaten, um der Kaninchen Herr zu werden. Die Soldaten kamen, aber sie richteten nichts aus. Dann entsann sich jemand, bei einer Reise nach Ägypten auch Hunde mit krummen Beinen gesehen zu haben; dadurch habe sich ihre Körperhöhe vermindert. Das, meinte man, habe für den Hund aber einen Vorteil: er könne in Kaninchenlöcher kriechen, wie er in Ägypten bereits in Dachslöcher krieche. Man holte einige Exemplare nach Ibiza, und nach kurzer Zeit gab es dort nur noch wenig Kaninchen, aber sehr viel krummbeinige, niedere, langrückige, außerordentlich schlaue Dachshunde. Auch sie wurden beliebte Geschenke für geliebte Damen – so kam unser Dackel nach Rom und ganz Europa. Er wird Anno 3000 vor Christus in ägyptischen Quellen zum ersten Male erwähnt, und er ist jetzt fast fünftausend Jahre alt, Schoß- und Jagdhund zugleich, Liebling von Frauen und Förstern. Entsprechend riet denn auch der Jagdschriftsteller Arrian schon vor beiläufig zweitausend Jahren, ihn nach der Jagd »auf den Kopf zu küssen und im eigenen Bette schlafen zu lassen«. Und wie sie alle zu behandeln sind, diese Kleinen und Kleinsten im Hundevolke, Windhund, Dackel und Malteser, Stubenhund, Betthund und Schoßhund, das faßt der große Hesiod in einen zärtlichen Imperativ zusammen: »Streicheln und schmeicheln!«

Man scheint dem Befehl entsprochen zu haben – manchmal vielleicht allzu gründlich. Da war in Athen die schöne Zitherspielerin Glauke; sie wies alle Bewerber um ihre Gunst ab; ihr Hündchen ersetzte ihr alle Männer; eine bezaubernde Zeichnung, die erhalten blieb, zeigt Glauke, ihre Zither und ihren Hund. Da war, im gröberen Rom, ein eifersüchtiger Ehegatte, der seine Frau sogar des Ehebruchs mit ihrem Hündchen verdächtigte. Da war aber auch, auf der Hundeseite, jener sanfte Malteser des Musikers Theodoros, der nach dem Tode seines Herrn zu ihm in den Sarg sprang und sich mit ihm begraben ließ. Und da sind vor allem, heute noch, die vielen Inschriften und Gedichte auf den Grabsteinen, die man im Altertum geliebten Tieren ebenso setzte wie geliebten Menschen. Wenn es vom Hündchen Margarita heißt: »Nie hat der schneeige Leib grausame Schläge gespürt«, so wird über Myia, »das Mücklein«, versichert: »Essen hat sie und Bett stets mit der Herrin geteilt«; zu Rom steht ein Stein mit dem Text:

»Alles, was mich beglückte an Theia, dem niedlichen Hündlein,
Schließt der Hügel hier ein, Schönheit und liebendes Herz.
Jammernd sehnt sich das Mädchen nach ihrem verzärtelten Liebling,
Nimmer vergißt sie des Freunds, der sie so treulich geliebt«;

und im Florentinischen lautet eine Inschrift auf Marmor:

»Wanderer, der du vorbeiziehst, siehst du dies Denkmal,
Bitte, so lache du nicht, weil's einem Hunde gehört!
Tränen flossen um mich, und eigenhändig gesammelt
Hat meine Asche mein Herr, der auch dies Verslein mir schrieb.«

Sie waren eben nicht nur eine große Mode, diese Kleinen; sie waren auch eine große Liebe.

Es bedurfte eines Welteroberers, um die große Mode wie die große Liebe wieder auf die großen Hunde zu konzentrieren: Alexanders des Großen. Er war einer der größten Hundeliebhaber aller Zeiten, und er wurde zum Liebhaber der größten Hunde aller Zeiten. Er konnte nichts dafür; er hatte das von seiner Mutter. Und seine Mutter konnte auch nichts dafür: sie entstammte einem Königsgeschlecht, das sich seit hundert Jahren ununterbrochen mit dem Züchten und dem Verkauf großer Hunde befaßte – wohl das einzige Königshaus der Weltgeschichte, von dem man das sagen kann. Dabei war sein Reich klein: es lag in der Landschaft Epirus, dem südlichen Albanien von heute. Es war das Reich der Molosser, und sein Name wäre längst vergessen, wenn man nicht auch seine Hunde so genannt hätte: Molosser.

Ein Zufall der Geschichte hatte die Ahnen der Molosserhunde zum Molosservolke gebracht: als nämlich der Perserkönig Xerxes die Griechen einzukreisen versuchte, gelangte ein Vortrupp seines Heeres tatsächlich über den ganzen Balkan bis zum Adriatischen Meer, bis nach Epirus. Der Vortrupp hatte aus Kleinasien eine Meute seiner heimatlichen Totenhunde mitgebracht, damit seine Toten auch in der Fremde auf die vorgeschriebene Weise bestattet werden könnten. Dann wurde Xerxes von den Griechen geschlagen und mußte über den Hellespont nach Persien zurück; die Soldaten und Hunde des Vortrupps konnte er nicht mitnehmen, sie wurden vom Heere abgeschnitten. Die Molosser schlugen die Soldaten tot; die Totenhunde aber ließen sie leben. Denn man konnte sie brauchen: im Epirus gab es die größten, aber auch die wildesten Rinder des klassischen Altertums. Kein Hund war ihrer Wildheit bisher gewachsen gewesen; die persischen Totenhunde waren es. Und während sie im zivilisierten Griechenland degenerierten, gediehen sie im barbarischen Epirus und an ihrer Kraft fordernden und Kraft fördernden Aufgabe prächtig. So prächtig, daß man sie um teures Geld nach Griechenland exportieren konnte.

Die Molosserkönige waren Bauernkönige, pfiffig und geschäftstüchtig; sie erkannten ihre Chance und nahmen sie wahr. Sie machten den Hundehandel zum Staatsmonopol, und sie ließen immer nur Hunde, nie aber eine Hündin hinaus. So ließ ein exportierter Molosserhund draußen bestenfalls Bastarde zurück; starb er, mußte man den nächsten wieder vom Molosserkönig kaufen. Sie wurden so teuer, daß nur noch die reichsten und mächtigsten Herren sie sich leisten konnten, und sie waren so bissig, daß man sie für die schwierigste und scheinbar aussichtsloseste aller Bewachungsaufgaben verwendete: man legte sie vor die Schlafzimmertür der Ehegattin und war dann sicher, daß sie nur einen Mann hineinließen: den Ehemann. Denn, wie gesagt, man verlangte Treue nur von seinem Eheweibe; die aber ließ man sich auch etwas kosten.

Und als nach hundert Jahren der Hundezucht und des Hundemonopols eine Königstochter aus dem Molossergeschlecht, die Dame Olympias, den König Philipp von Mazedonien heiratete, brachte sie eine Meute ihrer Hunde nach Mazedonien mit. Sie war eine schöne und entsetzliche Frau, sie ließ ihren

Mann und so ziemlich ihre ganze Verwandtschaft und Bekanntschaft ermorden; an ihren Hunden aber hing sie mit leidenschaftlicher Liebe: rechte Liebe zum Tier schließt rechte Liebe zum Menschen ein, übertriebene, leider, schließt sie aus und führt oft genug zum Menschenhaß. Einer von den Hunden der Olympias ist uns im Bilde erhalten geblieben: er liegt unter ihrem Thronstuhl und findet dort kaum Platz, er ist ein mächtiger, plumper Kerl mit starkem Hals, großem Kopf und gewaltigem Gebiß, er hat ein kurzhaariges, gelbes Fell wie der Löwe, und um ihm zu ähneln, fehlt ihm nur die Mähne.

Unter solchen Hunden wuchs der Sohn der Olympias, wuchs Alexander der Große auf. Von ihnen begleitet, eroberte er Griechenland, Ägypten, Persien, fast die ganze damals bekannte Welt; von ihnen begleitet zog er nach Indien. Und dort sah er, was noch kein Grieche, kein Europäer vor ihm erblickt hatte: den Totenhund Tibets, den ihm ein König geschenkt hatte. »Er war«, berichtet die Geschichte, »von ungeheurer Größe und Stärke. Ohne sich lange zu besinnen, ließ Alexander einen Löwen los; ihn machte der Hund augenblicklich nieder. Darauf befahl er, einen Elefanten vorzuführen: der Hund sträubte alle seine Haare, bellte furchtbar donnernd, erhob sich, sprang bald links, bald rechts gegen den Feind, bedrängte ihn und wich wieder zurück, benutzte jede Blöße, die er sich gab, sicherte sich selbst vor dessen Stößen und brachte es so weit, daß der Elefant, schwindlig vom immerwährenden Umdrehen, niederstürzte, und die Erde erdröhnte von seinem Fall.«

Ja, diesem Hund, dessen Urahn der mächtige tibetanische Gebirgswolf war, konnten sich »alle Haare sträuben«: er war nicht mehr glatt, er hatte das langhaarige Wolfsfell, das noch dichter geworden war im kalten Höhenklima Tibets, und dazu eine Mähne wie ein Löwe! Aristoteles, der Erzieher Alexanders, der große Philosoph und Vater der europäischen Wissenschaft, hatte die Stattlichkeit des Molosserhundes noch aus der guten Pflege erklärt; jetzt behauptete er, dieser Hund könne nur vom Tiger abstammen, nur durch generationslanges Reißen größter Raubtiere so groß geworden sein. Er wußte nicht, was dieses Hundes Ahnen generationslang verschlungen hatten: menschliche Leichname.

Alexander wußte es auch nicht; er war auf der Stelle heiß verliebt, hemmungslos vernarrt in diese Hunde. Er zeigte es, und das genügte: er bekam sofort hundertfünfzig Tiere der gleichen Art geschenkt, nicht nur Hunde diesmal, sondern auch Hündinnen. Er nahm sie mit nach Kleinasien, nach Südeuropa, er kreuzte sie untereinander oder mit den alten Molossern des Epirus, und die neue, noch größere und weit schönere molossische Dogge entstand. Im heißen Klima der Ebenen verloren sie ihr dichtes Fell wieder; aber ihre buschige Mähne blieb und ihr mächtiges Gebiß. Einer von ihnen, der berühmte Peritas, wurde Alexanders Lieblingshund; als er umkam, baute der Kaiser um das Hundegrabmal herum eine ganze Stadt – das gewaltigste Denkmal, das einem Hunde jemals errichtet wurde.

Alexander starb, und sein Stamm starb aus; seine Hunde starben nicht aus. Sie wurden die Leibhunde der Teilfürsten, welche die einzelnen Länder des zerfallenden Weltreiches übernahmen. Sie gelangten, wahrhaft königliche Hunde, nach Afrika; einer von ihnen, Briareos, kämpfte an der Seite des Ägypterkönigs Ptolemäos in vielen Schlachten; zweihundert von ihnen holten der Sage nach einen Negerkönig der Tuaregs, der verbannt worden war, aus dem Exil zurück und halfen ihm dann, seine Feinde zu besiegen; Hunde ihrer Art durfte in Abessinien bis in unsere Zeit, bis in die Tage des Negus Haile Selassie, nur der Kaiser besitzen, kein gewöhnlicher Sterblicher. Sie gelangten nach Gallien, ins heutige Frankreich, und die Gallier veranstalteten alljährlich zu ihren Ehren ein großes Fest: dann wurden sie mit Kränzen geschmückt und durften gemeinsam mit ihren Herren speisen. Sie kamen mit den Legionen nach Germanien und bewachten dort den römischen Grenzwall in eigens für sie gebauten Hundetürmen wider die Barbaren, wenn Kriegszeit war; war aber Friedenszeit, dann zogen sie die Kinderwagen der Soldatenfrauen, denn die Kindesliebe der Doggen ist bis heute bekannt, oder trugen in ihren Halsbändern sogar Briefe von Lager zu Lager. Sie kamen auch zu den Germanen selbst: als die Römer die in Italien eingebrochenen Scharen der Cimbern und Teutonen besiegt hatten, mußten sie noch einen wilden und gar nicht leichten Kampf gegen die Hunde führen, welche die Weiber und Kinder im Lager bewachten.

Und in Rom selbst? Unter Kaiser Domitian bewährte sich ihre Künstlerfreundlichkeit und Kritikerfeindlichkeit, die sie anscheinend von den Staatshunden Spar-

tas ererbt hatten: der Kaiser ließ ihnen einen Familienvater vorwerfen, der sich im Colosseum über einen Gladiator tadelnd geäußert hatte, und der Kritikus büßte auch hier mit seinem Leben. Kaiser Hadrian war von ihnen umgeben und errichtete ihnen ganze Friedhöfe, und der verrückte Kaiser Heliogabal fütterte sie ausschließlich mit Gänselebern und ließ sich durch vier von ihnen auf goldenem Wagen durch seine Gärten ziehen. Bis zum Ende Roms aber waren sie dem Jupiter heilig, dem höchsten Gotte, und lebten in seinen Tempeln.

Die Glanzleistung jedoch vollbrachte einer von ihnen in Epirus, der alten Molosserzuchtstätte – wenn man dem großen Plutarch glauben darf oder will. Er berichtet uns folgendes: »Als König Pyrrhus vor seinem Heere marschierte, traf er einen Molosser, der den Leichnam seines ermordeten Herren bewachte, drei Tage schon, ohne etwas zu fressen. Der König ließ den Toten begraben, nahm aber den Hund mit, und das Tier saß ruhig neben ihm, als er kurz darauf sein Heer musterte. Plötzlich aber schlug der Hund laut an und stürzte sich wütend auf einige Soldaten, wobei er sich anklagend nach dem König umsah – und sie waren die Mörder seines Herrn; sie gestanden und wurden bestraft.«

Und dieser erbaulichen Moritat werden wir noch öfters begegnen; sie zieht sich durch die ganze Hundegeschichte und sollte noch merkwürdige Konsequenzen für die Menschengeschichte haben.

Die großen Rassehunde wurden geliebt. Die kleinen Rassehunde blieben geliebt. Und endlich richtete sich ein schwächerer Strahl der menschlichen Gnadensonne auch auf die rasselosen Straßenköter, auf die Parias unter den Hunden, die seit dem Erlöschen der Lehre Zarathustras niemand nähren, tränken und pflegen wollte, wenn man sie auch duldete – wie es den Parias unter den Menschen ja auch ging und geht. So waren es denn zunächst diese Menschenparias, die sich mit den Hundeparias verstanden – wie gleich mit gleich.

Da waren die nicht enden wollenden Kriege, die Menschen und Hunden das gleiche Schicksal bereiteten. Das begann bereits im Kampf selbst: in den im Sturm genommenen Städten ließ der Sieger oft genug nicht nur alle Einwohner, sondern auch alle ihre Hunde niedermetzeln – so hielt es noch Kaiser Aurelian. Das setzte sich nach dem Kampfe fort, wenn der Krieger, dem man schon damals den Dank des Vaterlandes versprochen hatte, betteln gehen mußte, und wenn den Karren des beinlos Geschossenen der Hund zog, die Schritte des Blindgeschossenen der Hund lenkte: ein Wandbild in Herculaneum stellt den wohl ersten uns überlieferten Blindenhund dar, und es ist ein Pariahund. Das erlebte der Verschollene und Totgesagte, der spät heimkehrte, allzu spät, und weder von seinem Weibe erkannt wurde, das von anderen Männern umgeben war, noch von seinem Sohne und seiner Verwandtschaft – das ist ewiges Spätheimkehrerschicksal, das schildert der große Homer als Schicksal des Odysseus. Nun aber erzählt Homer:

>»Doch ein Hund lag da, der Kopf und Ohren emporhob,
>Argos, den der Dulder Odysseus selber erzogen;
>Nun aber lag er verachtet, seit sein Gebieter davonzog,
>Auf einem Haufen Dünger, von Flöhen und Läusen gepeinigt.
>Aber sobald er nur das Nahn des Odysseus bemerkte,
>Wedelte er und senkte die Ohren leise hinunter,
>Doch er vermochte nicht mehr, sich seinem Herren zu nähern.
>Denn den Argos erfaßte das dunkle Schicksal des Todes,
>Als er nach zwanzig Jahren Odysseus wiedergesehen.
>Der aber blickte beiseite, damit kein anderer sähe,
>Wie eine Träne ihm rann ...«

Nur das Herz des verachteten Hundes also erkannte den Menschen – und als Odysseus dann als Bettler vor seinem eigenen Hause liegt, ebenfalls verachtet wie ein Hund, da ist der Dichter Homer groß und kühn genug, das Menschenherz dem Hunde zu vergleichen: »Im Innersten bellte sein Herz ...«

Die aber nicht heimkehren durften, die gefangen wurden und im fremden Lande als Sklaven arbeiten mußten, fremd und verächtlich dem Siegervolke – sie fanden sich nur geliebt und anerkannt vom Volke der Hunde. Einmal in der Geschichte haben sie sich zusammengetan, Pariamenschen und Pariahunde: beim Sklavenaufstand in Sizilien haben sie gemeinsam die Villen ihrer Unterdrücker gestürmt, und der Aufstand war furchtbar mehr durch die Hunde als durch die Aufrührer. Und ein Sklavenhund war es, dessen Treue zum ersten Male eine Zeitungsredaktion bewog, ihm in den Spalten ihres Blattes einen Platz einzuräumen. Es war sogar ein Amtsblatt, die Staatzeitung der römischen Regierung, die täglich auf dem Forum angeschlagen wurde. Da konnten die Römer im Jahre 28 nach Christus dieses lesen:

»Bekanntlich wurde Titius Sabinus wegen erwiesenen Mordes zum Tode verurteilt, und ebenso, nach herrschendem Recht, seine Sklaven. Einer dieser Sklaven hatte einen Hund, der sich nicht vom Gefängnis wegtreiben ließ und die Leiche seines Herrn auch dann nicht verließ, als sie der Vorschrift gemäß zuerst auf die Straße und dann in den Tiber geworfen wurde. Auf der Straße heulte er kläglich und trug ein Stück Fleisch, das ihm einer aus dem Volke hingeworfen hatte, zum Munde seines toten Besitzers, und im Flusse schwamm er neben dem Leichnam her und suchte ihn über Wasser zu halten. Eine große Menschenmenge strömte zusammen und staunte über die Treue des Tieres.« Der kleine römische Reporter also bestätigt den großen griechischen Dichter.

Wie sich Kriegsopfer zu Kriegsopfer, Sklave zu Sklave gesellte, so fanden sich diese Bohemiens unter den Hunden auch zu den Bohemiens unter den Menschen: hatten sich die bourgeoisen Rassehunde nur als Kritikerfeinde und Kunstfreunde erwiesen, so beschritten die Straßenhunde die Kunstlaufbahn selbst. Manche wurden Schauspieler; einer der erfolgreichsten unter ihnen trat im überfüllten Theater des Marcellus zu Rom vor dem alten Kaiser Vespasian auf. Seine größte Attraktion hieß »Die Vergiftung«. »Sein Dresseur«, berichtet Plutarch, »gab ihm ein harmloses Stück Brot. Der Hund fraß es, begann aber dann zu zittern, als sei er vergiftet, wankte, senkte den Kopf, als würde er ihm zu schwer, legte sich endlich nieder, streckte sich und schien tot zu sein; er ließ sich hin und her schleppen, ohne sich zu regen. Nach einiger Zeit jedoch rührte er sich ein wenig und dann immer mehr, tat so, als erwachte er aus tiefem Schlaf, hob den Kopf, sah sich um und ging schließlich freundlich wedelnd zu seinem Herrn. Alle Zuschauer waren gerührt, und der Kaiser weinte.«

Übertroffen wurde dieser Künstler aber noch von einem Kollegen, der unter Kaiser Justinian in Byzanz als Hellseher auftrat. »Mehrere Zuschauer«, erzählt ein Zeitgenosse, »zogen ihre Ringe vom Finger und legten sie, gut gemischt, dem Hunde vor; er brachte jeden dem richtigen Eigentümer zurück, ohne sich nur einmal zu täuschen. Ferner wußte er auf Fragen seines Herrn zu unterscheiden, ob jemand reich oder arm war, indem er das Kleid des Betreffenden ins Maul nahm; vor allem aber wußte er auf die gleiche Weise zu unterscheiden, ob eine Frau verheiratet, eine Witwe oder eine Dirne war« – eine Feststellung, die für die Damen der letzten Kategorie nicht sehr angenehm gewesen sein muß, aber eine von den anscheinend nicht allzu galanten Zuschauern mit Jubel quittierte Leistung.

Und einer unter den Pariahunden schließlich gelangte sogar auf den höchsten Posten im Staat: der Hund des Themistokles. Themistokles regierte damals Athen; seinen Hund aber hatte er von der Straße aufgelesen, und demgemäß sah das Tier auch aus. Trotzdem beobachtete Themistokles eines Tages, wie sich ein Bürger Athens vor dem Staatsoberhaupt nur knapp verneigte, vor der Frau des Themistokles schon tiefer, vor dem Hunde aber am tiefsten. »Warum das?« fragte der Staatsmann. »Nun«, antwortete der Bürger, »der Staat wird von dir beherrscht, du wirst von deiner Frau beherrscht, und deine Frau wird von ihrem Hund beherrscht!«

Und der große, gestrenge Themistokles lachte und verzieh. Es war eben damals, nehmt alles nur in allem, das goldene Zeitalter der Hunde.

179

Das Christentum kam in die Welt und ersetzte jenes irdische Licht, das mit den Menschen des Altertums auch ihre Götter überglänzt hatte, durch das überirdische, wie es ausstrahlt von der Idee des einen und einzigen Gottes, der nicht mehr Körper und nur noch Geist ist; für die Hunde aber brachte es einstweilen finstere Tage. Ihre goldene Zeit war zu Ende. Das ist nicht so paradox, wie es scheint; das konnte nicht anders sein. Denn der christliche Glaube war erwachsen auf dem Mutterboden des mosaischen.

Die Bibel zeigt, wie heroisch und wie bitter schwer der einsame Weg des armen und kleinen jüdischen Volkes war von der Vielgötterei zum Stammesgott, von diesem noch körperlichen Stammesgott zum rein geistigen, gestaltlosen Volksgott, von diesem harten Gott nur des auserwählten Volkes schließlich zum Gott der Liebe für alle Menschen. Auch die Juden wurden durch die äußeren Mühsale jenes inneren Weges vom Hunde geleitet; als wanderndes Hirtenvolk konnten sie ihn für ihre Herden nicht entbehren, und in unbekanntes Neuland mußten sie ihn, seiner wachen Sinne wegen, ebenso voranschicken wie einstmals der Urmensch: wenn der tapferste unter den Kundschaftern, die als erste eindrangen ins Gelobte Land, kein Hebräer war und »Kaleb« hieß, das ist: Der Hund, so ist da noch eine dunkle und anerkennende Erinnerung an jenes Urgeschehen fühlbar. Trotzdem war der Hund nach mosaischem Gesetz von allem Anfang an unrein, und das nicht nur, weil er Kot und Aas fraß, nicht nur, weil bei den Ureinwohnern Palästinas, die verkommen und verarmt waren durch endlose Kriege, die Hunde auf den Gassen menschliche Exkremente und auf den Schlachtfeldern die Leichen der Gefallenen verschlangen: Ekel und Abwehr, Angst und Haß saßen tiefer.

Das Volk Israel kam nach Ägypten und wurde gedemütigt, versklavt und mit Hunden gehetzt von einer Nation, die einen Gott mit einem Hundekopf verehrte und noch die Särge ihrer Hunde heilig hielt: da wurde das Schimpfwort »Hund« zur Bezeichnung für den Bösen, Gewaltsamen und Ungläubigen. Dann kamen die Juden, schon sehr früh an ungemein strenge Sittengesetze gebunden, nach Kanaan und sahen, wie in den Tempeln der Dirnengöttin Astarte ganze Herden von Hunden die Orgien der Menschen überwachten: da wurde »Kaleb« zum Schimpfwort und bezeichnete zuerst die Anhänger der männlichen Prostitution; noch in der Offenbarung Johannis sind solche »Hunde« gemeint, wenn es heißt, daß die Seligen eingehen in die Tore der Stadt, aber »draußen sind die Hunde und die Zauberer und die Hurer und die Totschläger und die Abgöttischen«. Und schließlich wurden die Juden nach Babylon verschleppt, wo Hunde den Himmel bewachten, die Toten begruben und Lieblingsgeschöpfe des Lichtgottes waren: da wurden sie für Israel die Lieblingsgeschöpfe des Teufels. Die einzige Ausnahme scheint das Hündchen des Tobias zu sein, aber selbst das scheint eben nur so: das Buch Tobias spielt ja in der babylonischen Gefangenschaft und ist, wie die Wissenschaft weiß, ursprünglich kein jüdisches, sondern ein babylonisches Märchen.

Sonst jedoch wimmelt das Alte Testament von Verfluchungen, die den Unkeuschen, den Ungläubigen, den Tyrannen den Hunden überantworten. Ungespeist und ungepflegt, verhungert und verdurstet, von Ungeziefer gepeinigt und mit Geschwüren bedeckt, verreckten die Hunde auf den Straßen und Feldern Israels im Dreck; darum heißt es vom Tyrannen: »Er soll sterben wie ein Hund!«, und von den Übeltätern: »Des Nachts sollen sie herumirren in der Stadt und heulen wie die Hunde!« Unerträglich ist dem frommen Juden, der nach seinem Tode wie ein verlaufenes Kind heimkehren will in Vater Abrahams Schoß, die Bestattung durch den Hund; darum heißt es von allen, die dem Glauben der Väter abtrünnig werden: »Ich will sie heimsuchen mit vielerlei Plagen, spricht der HERR, die Hunde sollen ihr Blut lecken und ihre Leichname verschleppen.« Umgekehrt aber bietet Jehova seinem Volke, als es Ägypten verlassen soll und sich vor den Gefahren der Wanderung fürchtet, als größte Sicherung seinen Schutz vor den Hunden; die allererste seiner Verheißungen lautet: »Gegen keinen Israeliten soll ein Hund auch nur bellen!«

Dennoch scheint der Glaube an diese Verheißung nicht allzu fest gewesen, die Angst vor dem Hunde geblieben zu sein. Das beweist viel später der Psalmist, wenn er fleht: »Ach, Hunde umgeben mich rings – errette mich doch aus der Hunde Gewalt!« Und das beweist, noch viel später, der jüdische Witz. Er berichtet von einem Rabbiner, der gerade seine Schüler im Wort Gottes unterrichtet, als ein großer Hund in die Schule eindringt – und alle Schüler ergreifen die Flucht. Der Rabbiner allein bleibt stehen und ruft ihnen nach: »Wißt ihr denn nicht, daß geschrieben steht, einen Israeliten wird ein Hund nicht einmal anbellen?« Aber da antwortete der Klügste, indem er weiterläuft: »Ich weiß – aber weiß der Hund ...?«

Ja, bis auf den heutigen Tag hat sich im jüdischen Witz die Erinnerung an die einstige Hundefurcht des Volkes Israel bewahrt. So mutig und waffenkundig sich die Armee des neuen Staates Palästina inzwischen erwiesen hat – sie muß sich dennoch diese Frotzelei gefallen lassen:

Manöver im jüdischen Land. Die Manöveraufgabe besteht darin, eine Brücke über den Jordan zu bauen und sie zu überschreiten. Und es kommt geritten der Herr Adjutant auf schäumendem Roß und spricht: »Melde gehorsamst, Herr General: die Pioniere haben gebaut dem Brücken über dem Jordan, die Panzer sennen gefahren über dem Jordan, und die Kavalleristen sennen geritten über dem Jordan; aber die Infanteristen können nicht marschieren über dem Jordan!« Darauf der General: »Herr Adjutantenleben, sennen Se geworden meschugge? As die Panzer sennen gefahren und die Kavallerie is geritten über dem Jordan, muß doch nebbich die Infanterie können marschieren über dem Jordan!« Und nun der Adjutant, abschließend: »Melde gehorsamst, Herr General, aber das is vollkommen unmöglich – weil mitten auf dem Brücken sitzt ein großer Hund und bellt!«

Man sieht: er hat uralte Wurzeln, so ein »neuer« Witz; Wurzeln, älter als das Christentum, das zwar nicht die Angst vor dem Hunde, doch aber die Abwehrstellung gegen ihn auf lange hinaus übernahm. Zwar hören die Verfluchungen und Beschimpfungen im Neuen Testament auf; Hunde und Ungläubige werden noch gleichgestellt, aber beiden werden die Brosamen gegönnt, die von des Herrn Tische fallen, und dem armen Lazarus, den alle Wohlhabenden ringsum verkommen lassen, lecken nur die Hunde dieser Wohlhabenden mitleidig die Schwären. Indessen mußte der kämpfenden Kirche, die den einen, rein geistigen Gott predigte und durchsetzte, das ständige und mit Lust betriebene Sichverwandeln der alten Götter in alle möglichen Tiere überhaupt ein Greuel sein – diese griechischen, römischen, persischen, ägyptischen, germanischen Götter lebten ja damals noch, man glaubte noch jahrhundertelang an sie, und sie waren die ärgsten Feinde des neuen Glaubens, oder, gefährlicher noch, sie suchten sich in ihn einzuschleichen. So hielt man ihn denn von der Berührung mit der Tierwelt möglichst fern; Christus konnte in frommen Legenden als Bettler, als Aussätziger, ja als armer Sünder erscheinen, die Madonna in einer der schönsten sogar als Tänzerin – ein Erscheinen in Tiergestalt war und ist undenkbar und blasphemisch. Auch Ochs und Esel, die in die Krippe schauen, sind den Evangelisten nicht bekannt und beruhen auf dem Mißverständnis eines frühchristlichen Malers; er hatte das Prophetenwort des Alten Testaments: »Ein Ochse kennt seinen Herrn, und ein Esel die Krippe seines Herrn« versehentlich auf die Weihnachtsgeschichte bezogen, verleitet durch die Wörter »Herr« und »Krippe«. Seither also erst wohnen sie der Geburt Christi bei, und sie hatten es nicht leicht, sich durchzusetzen, und nicht die Theologen setzten sie durch, sondern die Maler und das Volk. Gott hatte seinen Bund eben mit dem Menschen geschlossen, der eine unsterbliche Seele hat, und nicht mit der sterblichen und seelenlosen Kreatur; die Fürsorge für sie beschränkte sich in der Bibel auf die Forderung, dem Ochsen, der da drischt, nicht das Maul zu verbinden, und auf die Feststellung, daß der Gerechte sich seines Viehs erbarme.

Erst Paulus spricht in einem etwas unklaren Passus des Römerbriefes von einem Harren »der ganzen Schöpfung« auf eine Neugeburt.

Gewiß, es gab ungezählte Fromme und hochgepriesene Heilige, die vom »Bruder Tier« redeten oder, wie der heilige Franz, gar *zum* Bruder Tier zu reden vermochten, es gab ungezählte Legenden von Frommen, die sich eines Tieres erbarmt hatten, und denen das Tier dafür geholfen hatte. Aber theologisch bedeutete das wenig; in den Himmel kam es nun einmal nicht, das stellte der große Thomas von Aquino ausdrücklich fest; und kein Meßbuch, keine Gottesdienstordnung schreibt ein Gebet für die Tiere vor. Nur die alte orthodoxe Kirche kannte eines; es lautete: »O Herr, unser Gott, der Du uns Menschen auch die Tiere zu Gehilfen geschaffen und ihnen eine lebendige Seele gegeben hast, die Schmerz und Freude empfindet – wir gedenken vor Dir auch dieser bescheidenen Geschöpfe, die mit uns die Bürde und Hitze des Tages tragen und ihr schuldloses Leben dem Wohl der Menschen opfern müssen. Wir bitten Dich, Du wollest Dich auch ihrer erbarmen in ihrem mannigfachen Schmerze und Leide, und Du wollest bald anbrechen lassen den großen Tag der vollkommenen Erlösung und Befreiung, an welchem auch die Kreatur frei werden wird von der Dienstbarkeit des vergänglichen Wesens.«

Es war ein schönes Gebet. Und es ist längst vergessen.

War für die Kirche des Anfangs das Tier im allgemeinen nur theologisch gefährlich und sonst eher fremd, eine mehr oder weniger beachtete oder unbeachtete, beliebte oder unbeliebte Randfigur, so mußte ihr der Hund im besonderen genauso als Widersacher, als Geschöpf des Satans erscheinen wie dem Judentum. Wie es den Kindern Israels in Kanaan, in Ägypten, in Persien ergangen war, wo sie den Hund in dieser oder jener Beziehung als ihren Feind oder als Symbol ihrer Feinde erlebt hatten, so ging es den Aposteln des Christentums nun in Griechenland, in Rom, in Afrika, in Germanien. Als Paulus in Athen erfolglos zu missionieren versuchte, hatte er seinen Mißerfolg nicht nur den spätgriechischen Skeptikern in Glaubensdingen zu verdanken, sondern auch der Konkurrenz der Cyniker – Anhängern einer philosophischen Richtung, die ihren Namen, er bedeutet »Hundlinge«, zunächst als Spottnamen bekommen hatten, weil sie Einfachheit, Bedürfnislosigkeit und Gewaltlosigkeit predigten und lebten, ihn nun aber als Ehrennamen trugen und den Hund zu ihrem Symbol gemacht hatten; ihr berühmtester Vertreter, Diogenes, der Mann im Faß und mit der Laterne, lebte in einer Hundehütte, hatte immer einen Hund bei sich und wurde immer mit ihm abgebildet. In Rom wiederum hatten die Hausgötter, die Laren, stets einen Hund neben sich stehen und waren in Hundsfelle gekleidet; in Abessinien mußten auf allen Gemälden und Stickereien alle Tiere und auch alle Menschen weit kleiner dargestellt werden als der Kaiser, und nur ein einziges Wesen wurde im richtigen Größenverhältnis zu ihm abgebildet: der Hund. Und in Germanien nun gar begrub man den Hund zur rechten Seite seines Herrn, damit er ihn noch im Tode streicheln könne, denn immer lag das Tier neben der rechten Hand, in einer eigens geschaffenen Grube wie zum Schlafen zusammengerollt; ein Leithund war doppelt so teuer wie ein Pferd; und wer einen Hund stahl, der mußte den doppelten Wert zahlen oder dem Hunde vor versammeltem Volke – den Hintern küssen; wobei er freilich noch immer besser daran war als der Dieb eines Jagdhabichts: der mußte sich von diesem Vogel sechs Unzen Fleisch aus den Hoden picken lassen. In den Rauhnächten aber, der Zeit, da die Kirche die Geburt Christi feierte, hörte das Volk den alten Heidengott Wotan durch die Nacht reiten, umbellt von seinen Hunden, die seine heiligen Tiere gewesen waren ...

Kein Zweifel: der Hund war der böse Feind des Glaubens, ungleich gefährlicher noch als das Pferd, das die Germanen ja zu Ehren ihrer Götter nur verspeist hatten – hier genügte es, dem Volke einfach das Essen von Pferdefleisch als heidnisch zu untersagen und damit ein Vorurteil zu schaffen, das sich gehal-

ten hat bis heute. Den Hund aber hatten die Heiden ja nicht getötet, sie hatten mit ihm gelebt: den Namen »Hunding« trugen sie als Ehrennamen, und jedes Wikingerboot hatte seinen Schiffshund, der als erster an die fremde Küste sprang – und somit auch das erste europäische Wesen war, das amerikanischen Boden betrat. Das Hundetum also mußte anders und schärfer bekämpft werden, und die Bibel bot den theologischen Grund dazu: der Hund war ja ein Tier, das Menschenleichname fraß und menschliche Leiber damit auslöschte, und das war einer Religion, die die Auferstehung des Fleisches und im Fleische verkündete, noch unerträglicher als dem Judentum: für sie brachte der Hund den Menschen also um seine ewige Seligkeit. So ließ man ihn denn alles, was er bisher im Dienste der heidnischen Götter getan hatte, nunmehr im Dienste des Teufels tun, nicht etwa mit List und aus Tücke, sondern aus ehrlicher und in sich logischer Überzeugung. Hatte er bisher den Frommen ins Paradies geleitet, so geleitete er nun den Sünder und den Ungläubigen in die Hölle: verbrecherische Juden wurden zwischen zwei Hunden gehenkt, in Frankfurt, in Stralsund, in Halle, in Wien, überall. Zu Augsburg brachte man eine solche Hinrichtung sogar in Verse:

> »Den Juden man auf ein Brette band,
> Schleift' ihn zum Tor hinaus ins Land
> Und tat ihm an viel Schmach und Schand:
> Am Fuß hing man ihn auf zur Stunde,
> Daneben hängte man zween Hunde.«

Und daß diese Maßnahme gottgewollt war und sogar zu missionarischen Erfolgen führen konnte, zeigt ein Bericht aus Neiße: »Hat man also den Juden Manasse unter sich an den Füßen mit zwei Hunden aufgehenket; als er nun etliche Stunden gehangen und von den Hunden ziemlich zerbissen worden, hat er gegen Abend ein Christ zu werden gebeten.«

Hatte bisher ein Gott im Hund gesteckt, so steckte nun der Teufel drin: nicht erst seit Goethes Zeiten war der Teufel »des Pudels Kern«. Hatte bisher der Dieb dem Hunde den Hintern küssen müssen, so mußte das nun die Hexe auf dem Blocksberg dem Teufel tun, und hatte der Hund Umgang mit Göttern gehabt, so hatte die Hexe nun Umgang mit Hunden: in keinem Hexenprozeß fehlte die Frage, ob die Angeklagte es nicht mit einem Hunde gehalten habe, der in Wirklichkeit der Gottseibeiuns war. Auch konnte Satan in Hundsgestalt in Menschen fahren; so wurde es verkündet, so glaubte man es zuerst und erlebte es dann wirklich; in Cambrai zum Beispiel redeten sich die Nonnen eines ganzen Klosters plötzlich ein, der Teufel habe sie in Hunde verwandelt; sie begannen zu bellen, zu beißen, sich auf dem Boden zu wälzen, auf allen vieren zu laufen. Der Papst schickte kundige Mönche, den Teufel durch Exorzismus zu bannen und auszutreiben; da das nicht gelang, mußte das weltliche Gericht eingreifen; die Unglücklichen wurden verurteilt und sämtlich verbrannt.

So schien es denn eine Zeitlang, als sei die Diffamierung, die »Verteufelung« des Hundes vollzogen. Sie war sogar in der politischen Propaganda wirksam: die Weisheit und Stärke des Hunnenkönigs Attila erklärte sich sein Volk daraus, daß ein Hund ihn gezeugt habe; Attilas Gegner aber brauchten diese Legende nur im schon christlichen Teil der damaligen Welt zu verbreiten, und eben das, was den großen Herrscher in den Augen seines Volkes so ehrte, machte ihn in den Augen der Christen lächerlich und widerwärtig: er war »der Hundesohn«. Das Wort ist in der jüdischen, christlichen und islamischen Welt ein Schimpfwort geblieben bis heute.

Und trotzdem: wenn man auch dem Volke das Essen von Pferdefleisch abgewöhnen konnte – das Halten von Hunden konnte man ihm nicht abgewöhnen, sie waren gleich unentbehrlich für Hirten und Bauern, für Schlösser und Klöster; somit blieb auch die Zuneigung zu den Hunden. Und als nun gar Karl der Große den Thron bestieg, da zeigte es sich, daß dieser zweite Weltbeherrscher der Geschichte genauso ein Hundeliebhaber war wie der erste, wie Alexander der Große. Karl betrieb die Hundeliebhaberei sogar noch weit gründlicher und in noch weit größerem Maßstab als sein Vorgänger und Vorbild aus dem Altertum: sein ganzes Leben hindurch, auf all seinen weltweiten Reisen war er umgeben von vier Ehefrauen, achtzig Konkubinen und vielen hundert Hunden. Die Nachkommenschaft der Tiere verteilte er auf alle Provinzen seines riesigen Reiches; seine Beamten waren ihm dafür verantwortlich, daß sie gut gepflegt, reichlich gefüttert und in ihrer Rasse rein erhalten wurde. Er züchtete und veredelte nämlich zwei Rassen, die ihm bei der Jagd dienen sollten: eine dicht behaarte im kühlen Klima Deutschlands, eine unbehaarte im heißen Klima Italiens. Die Langhaarhunde freilich, das stellte sich bald heraus, eigneten sich mehr fürs Haus als fürs Waidwerk; dennoch oder gerade darum behielt er sie lieb und ordnete in einem Befehl, der uns erhalten blieb, ausdrücklich an, daß sie durch ein teilweises Abscheren ihres Fells als königliches Eigentum gekennzeichnet würden; so wurde der Kaiser zum Erfinder des Pudelschnitts, und so wurden seine Hunde zu Ahnherren unserer Pudel – die Bezeichnung »Königspudel« zeugt noch heute von ihrer noblen Abkunft. Die unbehaarten Jagdhunde Italiens hingegen stammten von jenen Windhunden ab, die im Altertum von Ägypten nach Athen und Rom gelangt waren, und durch Karl den Großen führte ihre Reise nun noch weiter. Als ihm nämlich der große Kalif Harun-al-Raschid, der Beherrscher Bagdads und des Orients, der Held so vieler Märchen voll Tausendundeinernacht-Stimmung, einen Elefanten als Präsent nach Aachen schickte, den ersten Elefanten, der jemals deutschen Boden betrat, da revanchierte sich Karl, indem er eine Koppel seiner Windhunde nach Bagdad sandte. An sich war das ein diplomatischer Fehler, denn Hunde waren in der Welt des Islams nicht sehr geschätzt; Mohammed hatte die Hundefeindschaft des Alten Testaments in seine Religion übernommen, und wenn es auch Pflicht jedes Allah-gläubigen war, keinen Hund zu töten und jeder säugenden Hundemutter am Wege ein Stück Brot zuzuwerfen, ja, wenn auch so mancher fromme Muselman die armen Straßenhunde in seinem Testament bedachte, um Allah wohlgefällig zu sein – so lebten sie doch eben als Gassenköter dahin, angewiesen auf Kot und Abfall, unrein und verachtet. Jene edlen Windhunde des großen Karl jedoch gefielen dem großen Kalifen, denn sie waren stolz von Charakter und herrliche Jäger vor dem Herrn; sie wurden bald im ganzen Orient gezüchtet und waren unentbehrlich für die ebenso stolzen und jagdeifrigen Beduinen, denen nach einem arabischen Sprichwort »einer von ihnen lieber war als acht Pferde und sechzehn Weiber«. Auf dem seltsamen und weiten Umweg über den Orient gelangten sie so nach Frank-reich; bis zur Französischen Revolution bezogen die französischen Könige ihre Windhunde aus Istanbul, und was man früher als Untreue des Windhundes be-zeichnet hatte, bezeichnete man nun als Stolz: als ein Höfling König Karl den Vierten von Frankreich fragte, warum er seine störrischen Windspiele den liebens-würdigen Schoßhündchen vorziehe, antwortete er: »Sie sind keine Höflinge. Sie schmeicheln nicht.«

Das war ihre geschichtliche Ehrenrettung, und sie haben ihren Platz in der Hundearistokratie bis heute behauptet.

Hatte also ein Kaiser den Pudel und ein König das Windspiel zu Ehren gebracht, so blieb es einer Königin vorbehalten, das gleiche für den Nachkommen des Totenhundes von Tibet zu tun – einer Königin, die zugleich eine Dichterin war: Sibylla von Frankreich. Ach, sie waren sehr heruntergekommen, diese Lieblingshunde Alexanders, diese herrischen und heroischen Riesenhunde der Römer, diese Tempelhunde Jupiters; mit den Römern waren sie nach Germanien, nach Britannien, nach Gallien gelangt, aber als das Römerreich zusammenbrach, brach auch ihre Rasse zusammen: die Geschichte degradierte sie zu Fleischerhunden. Aber einer dieser Fleischerhunde, der im mittelalterlichen Paris durch die Straßen streunte, hatte sich, so schreibt die Königin und Dichterin Sibylla in einer kleinen Novelle, die Zuneigung eines Ritters erworben, der hoch angesehen war am Hofe des Königs: er hieß Aubry de Montdidier, kurz »Aubry« genannt. Außer seinem hündischen Freund hatte der Ritter Aubry noch einen menschlichen, einen Höfling namens Robert Macaire; während aber der Hund seine Zuneigung durch Treue lohnte, lohnte sie der Mensch durch Verrat. Der Höfling Macaire lockte den Ritter in einen Wald bei Bondy, stach ihn vom Pferde und sprengte davon. Der Hund harrte drei Tage lang beim Leichnam seines ermordeten Herrn aus, ohne etwas zu fressen; als der Tote gefunden wurde, ließ ihn der König feierlich begraben, den Hund jedoch nahm er mit sich an den Hof. Und als kurz darauf ein großer Hofempfang stattfand, schlug der Hund plötzlich laut an und stürzte sich wütend auf den Schurken Macaire – er hatte den Mörder seines Herrn erkannt.

Soweit wunderschön – aber wo hat man das schon einmal gelesen, Zug um Zug? Beim alten griechischen Schriftsteller Plutarch, nur daß die Szene nach seinem Bericht im Heere des Königs Pyrrhus spielte; ein Totenhundabkömmling jedoch war jener klassische Hund auch gewesen, dies wiederentdeckte Exemplar zu Paris mußte die Geschichte also sozusagen mitgebracht haben – oder anders gesagt: Königin Sibylla hat vom alten Plutarch abgeschrieben. Indessen Dichterin ist sie doch auch, und so dichtet sie denn ihrerseits weiter und fügt noch einen hochdramatischen Zug hinzu:

Der Mörder leugnet diesmal die Tat, und da er nicht zu überführen ist, ordnet der König einen Zweikampf zwischen ihm und dem Hund an – ein Gottesurteil also. Macaire ist ein ausgezeichneter Fechter, aber Gott ist auf der Seite des Hundes: das Tier siegt, der Mörder gesteht und wird hingerichtet.

Es ist eine schöne Geschichte, so schön, daß sie allgemein für wahr gehalten wird, und vor allem, daß sie allenthalben abgeschrieben wird, um immer neue Zutaten bereichert. Die Troubadoure erzählen sie an französischen Kaminen, die Trovatores an italienischen, die Minnesänger an deutschen. Im deutschen Raume erobert sie sich sogar die Kanzeln; sie ist ihrer deutlichen Moral wegen so schön in der Predigt zu verwenden, wenn hier Gott auch gemeinsame Sache macht mit dem verdächtigen Hund. Sie wird ungeheuer populär, der Mördername »Macaire« wird zum Begriff für jeden Schurken schlechthin und ist es in

Frankreich heute noch, der »Hund des Aubry« aber wird zum Sinnbild der Treue und der rächenden Gerechtigkeit, der göttlichen Gerechtigkeit sogar – und die alte Frage taucht auf, ob solch ein Hund neben der irdischen Belohnung nicht auch einen Lohn im Jenseits verdiene.

Sie wird noch lauter, als ein weiterer Bericht über eine Tibetanerdogge sich durch ganz Europa verbreitet; und dieser Bericht hatte den Vorteil, wahr zu sein. Er kam aus Cuba, das soeben entdeckt worden war und wohin die Spanier sofort solche Doggen exportiert hatten, nicht aber zu gutem Zwecke: waren sie in Frankreich zu Fleischerhunden entartet, so hatte man sie in Spanien zu Bluthunden dressiert, und mit ihrer Hilfe bekämpfte und massakrierte man die unglücklichen Indianer, denen sie als vierbeinige Gehilfen der weißen Teufel erscheinen mußten. Bis auf einen, den berühmtesten unter ihnen: bis auf den Hund Becerillo. Auch er stürzte sich wie alle seiner Art in den dichtesten Indianerhaufen und biß Menschen zu Tode – aber er, als einziger, griff nur den an, der sich widersetzte. Wer sich ergab, den faßte er mit sanfter Schnauze beim Arm und führte ihn gefangen davon, und von da an wußte er jeden, der sich unterworfen hatte, von den Widerspenstigen zu unterscheiden und berührte sie nicht mehr. Und eben darum kam es zu der Szene, die seinen Namen in aller Mund und in die Geschichtsbücher brachte:

Sein Herr, der Hauptmann Jago de Senadza, war eines Tages betrunken und prahlte vor seinen Kameraden mit dem unbedingten Gehorsam seines Hundes; zum Beweis dessen befahl er einer alten, häßlichen Indianerin, einen Brief zum Gouverneur zu tragen, und hetzte dann Becerillo auf sie, damit er sie zum allgemeinen Gaudium zerreiße. Die entsetzte Frau kniete aber nieder, flehte den Hund um Schonung an und zeigte ihm das Papier: er dürfe ihr doch nichts tun, sie müsse doch ihren Auftrag erfüllen. Die Soldateska grölte vor Vergnügen über so viel Todesangst und Einfalt; Becerillo jedoch stutzte, stand eine Weile still, ging dann langsam auf die Alte zu und leckte ihr Gesicht und Hände.

Nun, es ist ein alter und oft erfolgreicher Trick, sich vor einem wütenden Hunde auf alle viere niederzulassen; das verblüfft oder beruhigt das Tier; noch bei Wilhelm Busch handelt der Hausierer Schmulchen Schievelbeiner so und kommt davon. Die Spanier von damals aber glaubten, der Hund habe die Alte verstanden; das erschien ihnen übernatürlich und geheimnisvoll, und, wie die alten Quellen sagen, »ein Schaudern überlief sie«: ein Hund war menschlicher gewesen als die Menschen. Sie ließen die Indianerin ungeschoren und behandelten Becerillo mit einer Art abergläubischer Verehrung; auch kein Indianer widersetzte sich ihm mehr. Aber dann mußte er bei der Eroberung von Portorico mittun, dessen Einwohner von ihm nichts wußten, und so erlag er im Jahre 1514 einem Pfeilschuß. Inzwischen jedoch hatten fliegende Blätter seine Geschichte längst über alle Jahrmärkte getragen.

Und inzwischen war die Zeit reif geworden für die Wiedereinsetzung der Hunde in ihren alten, hohen Rang und ihren alten, guten Ruf; sie war es schon seit langem, und die Kirche hatte seit längerem begonnen, in diesem Punkte nachzugeben. War ihr früher der Hund im kirchensymbolischen Sinne das Bild der Gefräßigkeit, so wird er nun zum Bilde der Wachsamkeit – allerdings der Wachsamkeit gegen Ketzer; aber die Funktion des Hundes hat sich um hundertachtzig Grad gedreht, vom Beschützer zum Verfolger der Ungläubigen. Der Orden der Dominikaner, denen die Durchführung der heiligen Inquisition, die Verfolgung der Ketzer anvertraut ist, nennt sich mit einem eleganten lateinischen Wortspiel stolz: »Domini canes – die Hunde des Herrn.«

Vor allem aber entdeckt in Italien die Renaissance das klassische Altertum aufs neue, gräbt die vielen Plastiken und Mosaiken mit Darstellungen schöner Hunde aus, gräbt auch die Wertschätzung des Hundes wieder aus: Jagdhunde, Hofhunde und Schoßhunde ziehen sogar in den Papstpalast ein. Und in Deutschland bricht die Reformation aus, getragen vom großen Hundefreund Martin Luther: ein Klosterhündlein begleitet ihn auf seinem »schweren Gang« zur Verantwortung vor Kaiser und Reich nach Worms, Jagdhunde umgeben, Hofhunde beschützen ihn im Versteck auf der Wartburg, und in seinem Heim zu Wittenberg und bis an seinen Tod bekommen die Haushunde mehr, weit mehr als die Brosamen, die von seinem Tische fallen. Und so entfährt denn ihm, Theologie hin, Theologie her, eines Tages unversehens doch das gewagte, das wunderschöne Wort:

»So glaube ich denn, daß auch die Belferlein in den Himmel kommen und daß jegliche Kreatur eine unsterbliche Seele hat.«

Die Gelehrten der Renaissance und des Humanismus hatten das klassische Altertum anhand der Quellen studiert und dort auch den klassisch-edlen Hund wiederentdeckt; Martin Luther indessen verwies noch auf eine ganz andere Quelle: »Man muß dem Volke aufs Maul schauen!« forderte er. Man tat es und fand auch hier den Hund; freilich nicht den löwenstarken Molosser, nicht das gertenschlanke Windspiel und nicht den püppchenkleinen Malteser, sondern den derben, untersetzten, genügsamen Herden-, Hof- und Haushund, der in den besten Fällen ein kläffseliger Spitz, in den meisten jedoch eine wenig schöne, dafür aber um so robustere Gassenmischung war. Und man bemerkte bald, daß das Volk mit ihm nicht nur auf du und du stand, nicht nur seine Vorzüge wie seine Fehler genau kannte, sondern sich auch Gedanken darüber gemacht hatte, warum er bei frommen Juden wie frommen Christen so wenig beliebt war. Es hatte auch die Lösung gefunden, und sie war nicht weit von der kirchlichen entfernt: daß der Hund nämlich mit dem Teufel wie mit der Liebe ursprünglich in engen Beziehungen gestanden haben müsse; weil es aber vom Theologisieren nichts verstand, brachte es sie nicht in Dogmen, sondern in Anekdoten, Sagen und Märchen zum Ausdruck. Meistersinger wie Volksbuchschreiber haben ihrer viele gesammelt, der fröhliche und saftige Hans Sachs an der Spitze.

Daß der Hund schon vom Anfang der Zeiten an dem Menschen beigesellt war, wußte das Volk auch: der liebe Gott, so erzählte es, hatte von unserem Urvater Adam nur erst die äußere Hülle fertiggestellt, da bereits beauftragte er den Hund, den noch leblosen Körper des Urvaters eine Weile zu bewachen; der Schöpfer mußte nämlich erst die Seele holen, und zwar aus dem Himmel, denn da stammt sie bekanntlich her. Kaum war er nach oben entschwunden, da stellte sich schon der Teufel ein und bat den Hund mit honigsüßen Worten, ihn einen einzigen Blick auf den werdenden Menschen tun zu lassen; der Hund aber weigerte sich und biß. Der schlaue Teufel jedoch erfand den Winter, und der arme Hund begann erbärmlich zu frieren, denn Gott hatte ihn nackt erschaffen wie den Menschen auch; er erstarrte schließlich vor Frost, so daß der Teufel an Urvater Adam herantreten und ihm die Sünde einblasen konnte, noch bevor er eine unsterbliche Seele bekam – und das, meinte das Volk, erkläre so manches. Als Gott mit der Seele zurückkam, sah er, was geschehen war, konnte aber nichts mehr ändern; doch gab er dem Hunde ein Fell, damit er hinfort auch im Winter seinen Wächterpflichten nachkommen könne. Immerhin jedoch lag es am Hund, daß die Sünde in den Menschen gefahren war.

Aber damit nicht genug: als es zur Erschaffung Evas kommen sollte, machte sich der Hund nun wirklich schuldig. Gott hatte sich nämlich genau überlegt, warum er sie gerade aus Adams Rippe machen wollte: »Mache ich sie aus seinem Kopf, wird sie den ihren zu hoch tragen; mache ich sie aus seinem Auge, wird sie jedem Manne verliebte Blicke zuwerfen, aus seinem Ohre, wird sie an jeder Stubentüre lauschen, aus seinem Munde, wird sie mit allen Nachbarinnen schwatzen und tratschen, aus seinem Herzen, wird sie aus dem ihren eine Mördergrube machen, aus seiner Hand, wird sie sich an allem Zuckerwerk vergreifen, aus seinem Fuß, wird sie hübschen Jünglingen nachlaufen; also mache ich sie aus Adams Rippe. Denn wie die Rippe verborgen ist im Körper, so wird Eva in der Verborgenheit leben, keusch, häuslich und zurückgezogen.«

So nahm denn Gott die Rippe aus Adams Leib; aber bevor er an das schwere Werk ging, sie in ein so vorbildliches Wesen zu verwandeln, steckte er sich zur Erholung und Kräftigung erst einmal sein Pfeifchen an. Und in diesem einen Augenblick, als er nicht aufpaßte, gerade da kam so ein verfressener Hund gelaufen, schnappte die Rippe und lief davon. Der liebe Gott rannte natürlich hinterdrein, und als der Hund durch einen Zaun kroch, konnte er ihn gerade noch beim Schwanz erwischen; der Schwanz riß aber ab, und der Hund fraß die Rippe. Was blieb Gott übrig? Er mußte das Weib aus dem Hundeschwanze machen, und seither ist es nicht nur, wie es nicht werden sollte: hochnäsig, kokett, neugierig, klatschsüchtig, verlogen, naschhaft und untreu; nein, Eva brachte außerdem, so versichert Hans Sachs, ob ihrer Abstammung vom Hundeschwanz noch drei Fehler des Hundes mit auf die Welt: erstens wedelt sie um den Mann herum, wenn sie von ihm etwas haben will, zweitens wird sie knurrig und bissig, wenn sie's nicht kriegt, und drittens – hat sie Flöhe.

Das ist nicht sonderlich galant, aber das Publikum des Nürnberger Schuhmachers und Poeten dazu hat zweifellos herzlich und verständnisinnig darüber gelacht; der Hund indessen wurde nach Meinung der alten Sagen vom lieben Gott hart bestraft: hatte er bisher sprechen können wie der Mensch, so konnte er hinfort nur noch knurren, heulen und winseln wie sein Bruder, der Wolf – denn immerhin war er schuld daran, daß noch die schönste Eva, von Gott als sein Meisterstück geplant, so viel schlechte Eigenschaften hat. Indessen dann kam die große Stunde, in der er vieles wiedergutmachen konnte; das war, als Abel erschlagen wurde. Da wimmerte er nicht nur vor Schmerz, sondern er rief auch unaufhörlich den Namen des Mörders oder versuchte ihn doch zu rufen; »Kain! Kain! Kain!« wollte er sagen, doch wurde es nur ein »Käng! Käng! Käng!« So wußte denn Gott, wer Abel erschlagen hatte, so erfand sich der Hund das Bellen, und Gott ließ es ihm, seiner Treue und Wachsamkeit wegen; von Abels Hund stammen alle Hunde ab, die Verbrecher verbellen: er ist also der mythische Urahn des Polizeihundes. Immerhin weiß aber also auch die Sage, daß der Hund nur beim Menschen und nur um des Menschen willen bellt.

Indessen auch zwei weitere, typische Eigenschaften der Hunde, die ihre Art von allen anderen Lebewesen unterscheiden, weiß das Volk genau zu erklären. Als nämlich Urvater Adam sich ein abgesondertes Lehmhäuschen gebaut hatte, um sich dort in stiller Zurückgezogenheit derjenigen Reste von Trank und Speise zu entledigen, deren sein Körper nicht bedurfte, da tat sein Hund das-

selbe draußen an der Mauer. Weil es aber der Hunde immer mehr wurden und alle, wie es nun einmal Hundeart ist, durchaus an der gleichen Stelle das gleiche tun wollten, weichte die viele Flüssigkeit die Lehmmauer schließlich auf, sie stürzte ein – und seither stemmen alle ihre Nachfahren bei dieser Verrichtung das Bein gegen die Mauern, damit keine mehr zusammenfalle.

Die zweite Besonderheit hat ihren sagenhaften Ursprung sogar in der goldensten Zeit der Hunde: damals, als sie dem Menschen die Welt erobert hatten. Um sie zu belohnen, ordnete Gott an, daß der Mensch von jeder Mahlzeit seinem Hofhund das Fleisch zu geben und sich selbst mit den Knochen zu begnügen habe. Die Hunde jedoch waren mißtrauisch, denn sie kannten den Menschen; »gib's uns schriftlich« sagten sie zum lieben Gott, und der tat es. Der Anführer des Hundevolkes trug die Urkunde in seine Hütte, mußte aber bald einsehen, daß sie dort, im feuchten Stroh, verkommen würde. So sprach er denn zu seiner Freundin, der Katze: »Ich muß hier draußen liegen, du hingegen darfst drinnen im Hause sein; im Hause ist's trocken; würdest du also die Liebenswürdigkeit haben und die kostbare Urkunde für mich aufbewahren?« Die Katze sagte das gerne zu und trug das Schriftstück ins Haus; damit es aber der Mensch nicht finde, versteckte sie es droben auf dem Boden unter dem Dachbalken.

Nun, wie es die Hunde erwartet hatten, und wie die Menschen so sind: sie dachten bald nicht mehr an die alte Abmachung, nahmen sich selbst das Fleisch und ließen den Hunden die Knochen; auf deren Beschwerden hin lachten sie nur und sagten: »Zeigt doch die Urkunde her!« »Bring mir das Protokoll!« sagte hinwieder der Hundeführer zur Katze, und die Katze ging auf den Dachboden, um es zu holen – aber da hatte es ihre Freundin, die Maus, gefressen. Und seitdem ist's aus mit der Freundschaft zwischen Maus und Katz, Katz und Hund.

Die Hunde beratschlagten nun, wie und wo sie sich das alte Recht neu bestätigen lassen konnten. Gott wandelte zwar längst nicht mehr auf Erden, aber man sagte ihnen, sein Stellvertreter, der Papst in Rom, sei die zuständige Stelle. Eine Deputation von zahlreichen Hunden begab sich denn auch nach Rom und bekam richtig das gewünschte Papier. Fröhlich und gierig auf Fleisch zogen sie heimzu, mußten aber erleben, daß ein Fluß auf ihrem Wege zum rasenden Strom angeschwollen war und die einzige Brücke weggerissen hatte. Sie mußten ihn durchschwimmen; wie aber das Protokoll hinüberbringen, ohne daß es naß wurde? Einer wußte Rat: man rollte es zusammen, hüllte es in wohlriechendes Wachs und steckte es dem besten Schwimmer unterhalb des Schwanzes in den Körper, da, wo eine Öffnung war; dazu mußte er den Schwanz zwischen die Beine klemmen, um die Öffnung abzudichten, und nun schwamm man los. Indessen im reißenden Strom mußte er den Schwanz heben, und das kostbare Schriftstück trieb davon. Der unglückliche Verlierer wagte sich, aus Furcht vor der Rache der anderen, nicht mit hinüber und schwamm unbemerkt ans italienische Ufer zurück; die übrigen Hunde aber waren verzweifelt und begannen sich gegenseitig zu beschnuppern, und zwar an der Stelle, wohin sie das Pergament gesteckt hatten: bei irgendeinem von ihnen mußte es doch einmal nach dem wohlriechenden Wachs duften! Und wo seither irgendwo in der Welt Hunde einander begegnen, da halten sie es so bis auf den heutigen Tag; sie suchen noch immer.

Solcher abwegigen Angewohnheiten ungeachtet hielt man die Hofhunde für fast menschlich klug und nahm sie recht ernst: um eines Bauernhundes willen verkrachte sich der große Astronom Tycho de Brahe derart mit dem dänischen Königshof, daß er Kopenhagen verlassen und nach Prag fliehen mußte; in Prag wurde dann der noch größere Kepler sein Schüler, und jener Hund hat sich somit eigentlich ein welthistorisches Verdienst erworben: ohne ihn wären die beiden Gelehrten nicht zusammengekommen und mithin die Planetenbahnen kaum so schnell und so richtig errechnet worden. Und ein Bauernbursche war es, der seinen Bauernhund sprechen lehrte und ihm sogar so schwierige Wörter beibrachte wie Tee, Kaffee und Assemblée; wer's nicht glaubt, der lasse sich sagen, daß einer der vielseitigsten Gelehrten und Denker aller Zeiten, Wilhelm Leibniz, einen Bericht über diesen gebildeten Köter an die Pariser Akademie der Wissenschaften sandte. Derartigen Talenten gegenüber nahm man kleine Unannehmlichkeiten beim Umgang mit Hunden in Kauf. Denn, wie der Volksmund herzhaft sagte: »Wer keinen Hundsfurz riechen kann, soll auch kein Wildbret essen.«

Vor allem aber stieß, wiederum genau wie im Altertum, das Liebesleben der Hunde auf unbefangenes Interesse. Man war zwar leicht schockiert darüber, »daß sie ihre petites folies vor aller Augen vorzunehmen Lust bezeigten avec une légèreté fort indécente et presque française«, mit einem sehr unziemlichen, beinahe französischen Leichtsinn also; man billigte auch den häufigen Partnerwechsel der Hundedamen nicht und fand es besonders unfein, »daß eine Hündin, so lange die Wahl auf sie ankömmt, allemal die größten und längsten Hunde den übrigen vorziehet, sie mögen übrigens im Ansehen so häßlich und im Wuchse so übel als möglich proporzioniret seyn«, was allerdings auch bei Menschendamen vorkommen soll; aber man zeigte sich andererseits doch gerührt darüber, daß »Hund und Hündin die Erinnerung an ihre erste Liebe dennoch oft mit überraschender Treue bewahren, also daß Hündinnen noch im reiferen Alter und von ganz anderen Hunden Junge werfen, so ihrem ersten Liebhaber täuschend ähnlich sind«; man versicherte nicht ohne Mitgefühl, daß selbst die gefürchtete Tollwut der Hunde »nicht von allzugroßer Hitze, sondern vom unbefriedigten Fortpflanzungstrieb rühret, wofür sich doch Gegenmittel finden ließen!«; und man war von ihrer Liebeskraft so überzeugt, daß »in jeder guten Apotheke der weiße trockene Unrath der Hunde unter dem Namen Album graecum, das ist Griechisch Weiß, als ein starkes schweißtreibendes Mittel für Liebhaber zu haben ist«.

Trotzdem entsteht damals aus der gleichen Beobachtung ein Schimpfwort, das noch heute ungeniert und ahnungslos gebraucht wird: »Du Hundsfott!« Spätere und zartere Generationen wollten es zwar auf eine Entstellung des Titels »Hundsvogt« zurückführen, weil der über die Meute gesetzte Vogt nicht eben der vornehmste der Hausdiener gewesen sei; aber der große deutsche Spruchdichter Friedrich Freiherr von Logau, dem die Geschichte nicht nur den weltlichen, sondern auch »hohen sittlichen Adel« nachrühmt, weiß es besser und definiert haarscharf:

»Den, der sich nicht wehren will, heißt man, wie man heißt das theil,
Das des hundes weib so frei pflegt zu brauchen und so geil«;
wie denn auch die Hauptschwierigkeit im hündischen Liebesleben dem Forscherblick keineswegs entgeht, daß nämlich »die Hündin den Hund wider seinen Willen aufzuhalten vermögend ist, daher man denn siehet, daß die Anstrengungen, sich los zu machen, lediglich vom Hunde, keineswegs aber von der Hündin herrühren«. Der kluge Herzog Heinrich Julius von Braunschweig verwendet die Beobachtung sogar zu einem Vergleich ausgerechnet mit der Justiz, wenn er schreibt: »Das justizwesen ist wie ein hundsding, wer darein kompt, der kompt oft sehr schwerlich wider rauß!« – nun, er war selbst Jurist von Graden!

Kurz, der Mensch kannte nun den Hund fast so gut wie der Hund den Menschen, und das will viel sagen; ja, der eine liebte den andern nun auch so wie der andre den einen, und das will noch mehr sagen. Wie im Altertum, so tauchen in Renaissance und Barock die Hundegrabdenkmäler mit ihren Sinnsprüchen wieder auf; heiter sind manche wie jener zu Bologna:

>»Er verbellte immer den Dieb,
Doch schwieg er, wenn Liebhaber kamen;
Drum hatten die Herren ihn lieb,
Doch noch viel lieber die Damen!«;

andere waren boshaft, aber durchaus nicht auf Kosten des Hundes, wie jener für das Hündchen des Grafen Clermont:

>»Hier liegt der Hund Citron, das treuste Tier im Land,
So tapfer wie sein Herr, doch von weit mehr Verstand!«;

und viele waren innig und poetisch schön wie jener, den der große Lateinkenner Lipsius, mit dem Griechenglauben an den Wachhund der Unterwelt wohl vertraut, seinem Lieblingstiere setzte: »Sit tibi benignus frater Cerberus – Möge dir Zerberus ein freundlicher Bruder sein!«

Durften aber alle diese internationalen Hunde in Frieden unter ihren Steinen ruhen, so war dem braven Thüringer Dorfköter Stutzel das nicht beschieden, obwohl gerade er es so sehr verdient hatte: seine Bestattung entfesselte zunächst einen dörflichen Sturm im Wasserglas und dann einen theologischen Sturm von Format, der schließlich eine landesherrliche Entscheidung herausforderte und in die Geschichte einging. Besagter Stutzel nämlich gehörte dem Herrn von Wangenheim, dessen bescheidenes Schloß mitten im Dörfchen Winterstein am Fuße des Inselbergs lag; und als Herr von Wangenheim sich in das Burgfräulein vom nahen Friederstein verliebt hatte und dabei auf den Widerstand ihrer Eltern gestoßen war, hatte Stutzel den heimlichen Postillon d'amour gemacht: er hatte die Briefe der beiden Liebesleute, unterm Halsband versteckt, so lange hin- und hergetragen, bis sie doch noch ein Paar geworden waren. Da nun der Hund hochbetagt starb, das geschah im Jahre des Herrn sechzehnhundertundsechzig, da dachte die untheologische, aber fromme nunmehrige Frau von Wangenheim an Luthers Satz von der beseelten Kreatur und schloß messerscharf: wenn die Belferlein in den Himmel kamen, dann mußten sie auch ein christliches Begräbnis auf einem christlichen Friedhof bekommen – und also verlangte sie vom Dorfpastor zu Winterstein beides und eine angemessene Leichenpredigt dazu. Der Geistliche weigerte sich mit Recht und Empörung, aber die dickköpfige Wangenheimerin setzte ihren Stutzel auch ohne geistlichen Beistand auf dem Gottesacker bei. Darob nun wandte sich der Pastor an den Landesherrn, den Herzog Ernst den Frommen zu Gotha.

Dieser zu Recht berühmte Fürst stand vor einem schweren Problem: er hieß nicht umsonst »der Fromme«, er hatte für alle Stände im Lande, ganz im Lutherischen Sinne, Katechismuskurse anbefohlen, damit sie in Fragen der rechten Lehre auch mitreden könnten, und das taten sie nun. Während die Theologen natürlich die Sache ihres Amtsbruders vertraten und die Bürger und Bauern wenigstens einigermaßen neutral blieben, stellte sich der immer aufsässige Adel hinter Frau von Wangenheim und Stutzel. Hochauf wogten die Gesinnungswogen und gefährdeten des Landes inneren Frieden, bis sich Herzog Ernst endlich zu dem gemessenen Befehl durchrang, Stutzel müsse exhumiert und sein Grabstein entfernt werden.

Zähneknirschend fügte sich die trutzige Dame – aber nicht ganz: sie begrub ihren Hund nunmehr an der Außenmauer ihrer Schloßkapelle, wo ihr nach ihrer Meinung niemand dreinzureden hatte, und setzte ihm einen neuen Gedenkstein mit einer Inschrift, die berühmt werden sollte; der Jahreszahl 1660 folgten die Strophen:

>»Hier liegt nun der Hund begraben /
> Daß ihn nicht sollen fressen die Raben /
> Stutzel war sein Name genannt /
> Bey Fürsten und Herren wohl bekannt /
> Wegen seiner Treu und Munterkeit /
> So er seinem Herrn und Frauen geweiht /
> Schickt man ihn hin gen Friederstein /
> So lief er hurtig ganz allein
> Und hat sein Sach gar gut gericht /
> So daß er doch den Stein gekriegt!
> So werden ihn nicht fressen die Raben /
> Hier liegt der Hund begraben!«

Und damit war ein Dickkopf Sieger geblieben, ein Hund bestattet – und eine Redensart geboren. Sie lebt bis heute.

»Bei Fürsten und Herren wohlbekannt« – das galt bald nicht nur für Stutzel. Die großen Jagdhunde waren die Lieblinge der kleinen Fürsten und die kleinen Schoßhunde die Lieblinge der großen Könige; jene wurden denn auch förmlich und feierlich zu »Leibhunden«, diese zu »Kammerhunden« ernannt.

Dreitausend Jagdhunde besaß der Kurfürst von Sachsen, zweitausend der Herzog von Zweibrücken, tausend der Herzog von Württemberg. Keiner von ihnen dachte auch nur daran, die Tiere selbst aufzuziehen und zu ernähren; das mußten ihre Bauern tun, und selbstverständlich auf eigene Kosten. Der findige Württemberger verstand es sogar, eine Hundezucht, die ihn nichts kostete, hinaufzuentwickeln zu einem Hundegeschäft, das ihm viel einbrachte: er verbot seinen Untertanen das Halten eigener Hunde überhaupt; sie mußten also ihre Höfe, Herden und Felder ohne hündische Mithilfe bewachen, und dazu brauchte man dreißigmal mehr Menschen als Hunde; in Sachsen allein, wo es ähnlich stand wie in Württemberg, konnten Nacht für Nacht viertausend Menschen kein Auge zutun, damit Seine Kurfürstliche Hoheit ungestört jagen konnte. Karl Eugen von Württemberg aber setzte dem I den Punkt auf, indem er jedem

Bauern, der keinen herzoglichen Jagdhund zum Aufziehen bekam, eine jährliche Abgabe von drei Gulden und zwanzig Kreuzern auferlegte – eine Hundesteuer also, aber verhängt nicht, weil man einen Hund hatte, sondern weil man keinen hatte. Trotzdem übernahm man diese Geldbuße lieber als einen Fürstenhund, denn der galante Herzog pflegte seine kostbaren Tiere mit Vorliebe bei solchen Untertanen einzustellen, deren Töchter ihm gefielen, und er überzeugte sich dann des öfteren persönlich davon, daß den Hunden nichts geschah. Den Töchtern war dann aber meist etwas geschehen, und Seine Durchlaucht dachten gar nicht daran, für solch illegale Nachkommenschaft Alimente zu bewilligen; seine Hofkasse zahlte in jedem Einzelfall »aus besonderer Gnade und Wohlaffektioniertheit« lediglich fünfzig Gulden »ein für allemal«, und so waren die betroffenen Familien denn »auf den Hund gekommen«. Freilich erhielt andererseits jedes Mädchen, das er zur Mutter gemacht hatte, hinfort das Vorrecht, blaue Strümpfe tragen zu dürfen, und wurde heftig darum beneidet; und wenn die ersten Blaustrümpfe der Geschichte zweifellos weniger intellektuell waren als die späteren Blaustrümpfe der englischen Frauenbewegung, so waren sie doch hübscher und jünger, denn Karl Eugen hatte wenig Moral, aber viel Geschmack – wie sich ja umgekehrt viel Moral oft mit wenig Geschmack verbindet.

Die Schoß-, Wind- und Wachtelhündchen hingegen, der Jagd meist längst entwöhnt, hielten sich in der Nähe der Könige und Königinnen. Heinrich der Dritte von Frankreich ließ sich seine Lyoner Hündchen jährlich hunderttausend Goldgulden kosten und war so vernarrt in sie, daß er einige immer in einem Körbchen herumtrug, das um seinen Hals gehängt war, auch in der Kirche; und während später die Kanzler Richelieu und Mazarin Frankreich zur Großmacht erhoben, bekümmerte sich König Ludwig der Dreizehnte nur noch um seine Hunde, kannte nur noch ihre Namen und sprach fast ausschließlich mit ihnen. In England wurde der Schoßhund geradezu zum Symbol für das Herrscherhaus der Stuarts; das leitete sich von Maria Stuarts Wachtelhündchen her: als nämlich die unglückliche Königin enthauptet worden war, kroch plötzlich das Tier aus ihren Kleidern, in denen es sich unbemerkt versteckt und seine Herrin auf ihrem letzten Wege begleitet hatte, und legte sich zwischen Kopf und Rumpf seiner Herrin. Während der kurzen Blütezeit des Hauses Stuart ging dann König Karl der Zweite nie in den Staatsrat ohne seine Hündchen, die nach ihm bis heute »King Charles« heißen, und als schließlich sein Nachfolger Jakob der Zweite Land und Krone endgültig verlor, rief er im Augenblick der Niederlage: »Kinder, rettet mir zuerst meine Hunde – und dann erst meinen Feldherrn Marlborough!« Und er hatte recht: Marlborough ging zu seinen Feinden über, die Hunde nicht.

Peter der Große von Rußland, der seine Feinde selten begnadigte, sondern höchstpersönlich und zu Dutzenden auf einmal erschlug, vermochte dennoch seiner geliebten Gattin Katharina kaum etwas abzuschlagen; einmal aber, als sie ihn bat, einen Übeltäter am Leben zu lassen, tat er es doch. Da steckte Katharina seinem Hunde Lisette eine Bittschrift ans Halsband, und Peter sagte lachend: »Nun gut, was ich im Namen der Menschheit nicht bewilligte, muß ich wohl im Namen der Hundheit bewilligen!« – und seither nannte man Lisette den »Gnadenhund«. Wie Friedrich der Große an seinen Windspielen hing, ist bekannt; und hatte ihm seine Lieblingshündin Biche zweimal die Feder aus der Hand genommen, als er des Nachts zu lange gearbeitet hatte und der Ruhe bedurfte, so machte der König das vor seinem ewigen Schlaf wett; eine Stunde vor seinem Tode befahl er: »Deckt den Hund mit Kissen zu, er friert!« – es waren seine letzten Worte.

Sieben Jahre später schlug man dann zu Paris der Königin Maria Antoinette und damit der zärtlichen Zeit des Rokoko den Kopf ab; ihr Hündchen konnte zwar ihrer Hinrichtung nicht beiwohnen wie das der Maria Stuart, man duldete es dort nicht, aber es blieb noch zwei Jahre vor der Tür des Haftlokals liegen und wartete auf seine Herrin, bis ein Rohling dem Leben des »chien de la reine« ein gewaltsames Ende bereitete. Und damit war auch die Epoche der königlichen Schoßhunde zu Ende. Wie nun die hohe Zeit des gebildeten Bürgertums anbrach, so betrat auch der gelehrige Hund die Szene, der zugleich der Hund der Gelehrten war: der Pudel.

Karls des Großen kräftiger Königspudel also hatte sich zum Bürgerpudel verändert; den zierlichen und stutzerhaften Haarschnitt freilich, in den das Rokoko die kaiserliche Haartracht von einst verwandelt hatte, behielt er trotz seiner Verbürgerlichung bis heute bei. Für Jagd, Herde und Hof war er überhaupt nicht mehr geeignet; aber weil unter allen klugen Hunden seine Intelligenz der des Menschen am nächsten stand, wurde er zum Freunde der Dichter, der Philosophen, der Künstler.

Der Dichterhund par excellence war Alert, der weiße Seidenhaarpudel Jean Pauls, mit dem sein fleißiger Herr alle seine Arbeiten zunächst besprach – hörte Alert aufmerksam zu, dann war der Poet sicher, daß sein Publikum mit seinem Werk so zufrieden sein werde wie er mit seinem Hund. »Alert«, das ist ein schöner Name für einen Pudel, er bedeutet aufgeweckt, munter – was aber ist er gegen den Namen »Atma«, denn der bedeutet »Weltseele«, und ihn trug Arthur Schopenhauers brauner Pudel, der berühmteste aller Philosophenhunde! Wenn es auch wahr sein mag, daß der große Gelehrte vorwiegend aus Menschenfeindschaft zum Hundefreunde wurde – Atma genoß jedenfalls alle Liebe und Zärtlichkeit, deren sein griesgrämiger und boshafter Herr überhaupt fähig war, und nur wenn er sich sehr, aber schon sehr unartig betragen hatte, wurde er mit dem Schimpfwort »Mensch!« bestraft. »Denn woran sollte man sich«, fragt Schopenhauer, »von der endlosen Verstellung, Falschheit und Heimtücke der Menschen erholen, wenn die Hunde nicht wären, in deren ehrliches Gesicht man ohne Mißtrauen schauen kann?« Neben das oft gewürdigte Bellen stellt er ein zweites Verständigungmittel der Hunde für den Menschen, das sie »als ihnen allein eigenen und charakteristischen Akt vor allen anderen Tieren voraushaben, nämlich das so ausdrucksvolle, wohlwollende und grundehrliche Wedeln«, und er zieht es »den Bücklingen und grinsenden Höflichkeitsbezeigungen der Menschen« bei weitem vor. Zwar spricht er den so sehr geliebten Tieren immerhin die Vernunft ab und redet von »unseren unvernünftigen Brüdern«; von Atmas Vorgänger aber schreibt er feierlich und hartnäckig als von dem »Seligen«, und für Atma selbst setzt er in seinem Testament ein kleines Kapital aus, »um meinem treuen Lebensgefährten eine sorgenlose Zukunft zu bereiten«. Gewiß übertrieb er beides, Menschenhaß und Hundeliebe, aber der ebenso große Alexander von Humboldt findet das rechte Maß und steht ihm doch nicht fern, wenn er schreibt: »Grausamkeit gegen die Tiere ist eines der kennzeichnendsten Laster eines niederen und unedlen Volkes; sie kann weder bei wahrer Bildung noch wahrer Gelehrsamkeit bestehen.«

Was indessen wieder den Pudel betrifft, so sind die Urteile anderer Gelehrter, bei aller Anerkennung seiner Klugheit, weniger emphatisch. Wenn sich auf einem Hundedenkmal zu Niedernau, errichtet vom Bruder des Generals Kellermann, »den alles verlassen hatte, der Hund aber erst im Tode«, die innigen Verse finden:

> »Als einst die Treue sich aus dieser Welt verloren,
> Hat sie zu ihrem Sitz des Hundes Herz erkoren« –

so streitet etwa der alte Brehm gerade dem Pudel diese Eigenschaft ab: »Er ist zwar immer lustig, immer munter, alle Zeit durch der angenehmste Gesellschafter, wie ein Kind nachahmend, zu Scherz und Possen stets aufgelegt, aber insofern treu und untreu zugleich, aller Welt Freund, dem Genusse ergeben, der Welt und allen ohne Ausnahme angehörig.« Und um neben solcher Flatterhaftigkeit auch den Listenreichtum des Pudels zu illustrieren, berichtet Brehm von einem, »der ausgehen wollte und nicht sollte, seinen Herrn aber dadurch überlistete, daß er tat, als wolle er gar nicht fort, plötzlich jedoch mit überhündischer List an der Stubenwand ein Bein aufhob, als müsse er sofort und unbedingt sein Wasser lassen – und dann, als er draußen war, ans Wasserlassen gar nicht dachte, sondern sofort zu seiner Geliebten lief«.

Nun, soviel ist wahr: wenn der Pudel ein »Zweidrittelmensch« ist, so lügt er wie ein ganzer, und wenn der Hund der größte Schauspieler unter den Tieren ist, so ist der Pudel der größte Schauspieler unter den Hunden. Er ist zum Mimenhunde prädestiniert, und er rächte das Hunde- und Pudelgeschlecht an einem seiner ärgsten Feinde: an Johann Wolfgang von Goethe, Deutschlands und vielleicht der Welt größtem Dichter. Aber Hunde konnte er von Herzen nicht leiden:

»Manche Töne sind mir Verdruß, doch bleibet am meisten
Hundegebell mir verhaßt; kläffend zerreißt es mein Ohr.«

Zwar macht er hier gleich eine Ausnahme, aber aus höchst egoistischen Gründen, und es bleibt die einzige:

»Einen Hund nur hör' ich sehr oft mit frohem Behagen
Bellend kläffen, den Hund, den sich der Nachbar erzog;
Denn er bellte mir einst mein Mädchen an, da sie sich heimlich
Zu mir stahl, und verriet unser Geheimnis beinah.
Jetzo, – hör' ich ihn bellen, so denk' ich nur immer: sie kommt wohl!
Oder ich denke der Zeit, da die Erwartete kam.«

Sonst jedoch wünscht sich der Olympier höchstens einen Märchenhund, und wieder aus reinem Egoismus:

»Ein Hündchen wird gesucht,
Das weder bellt noch beißt,
Zerbrochne Gläser frißt
Und Diamanten scheißt!«;

seiner musischen Freundin, dem buckligen Hoffräulein von Göchhausen, schenkt er zwar einmal Hunde, aber – aus Holz; hatte der alte Homer das menschliche Herz bellen lassen wie einen treuen Hund, so findet Goethe umgekehrt bei der Geliebten, die ihn verließ, »im göttlichen Busen ein hündisches Herz«; und seine ganze Hundephobie bricht aus in dem Epigramm:

»Wundern kann es mich nicht, daß Menschen die Hunde so lieben;
Denn ein erbärmlicher Schuft ist wie der Mensch so der Hund!« –

worauf freilich Schopenhauer parodierend antwortete:

»Wundern darf es mich nicht, daß manche die Hunde verleumden:
Denn es beschämet zu oft leider den Menschen der Hund!«

Was aber nun gar den Pudel selbst betrifft, so heißt es zwar im Faust: »Dem Hunde, wenn er gut gezogen, wird selbst ein weiser Mann gewogen«, aber das läßt Goethe den dummen, unsympathischen Famulus Wagner sagen, den »trokkenen Schleicher«; Faust selbst, der kluge Meister, erkennt sehr bald, was im Hunde steckt: »Das also war des Pudels Kern!« – nämlich der Teufel!

Also Beleidigungen der Hunde am laufenden Band; es wurde Zeit, sie zu vergelten. Und konnte man Goethe nicht in seinem Rang als Dichter treffen, so doch in seinem Rang als Intendant des Weimarer Hoftheaters – ein Posten, an dem er sehr hing. Das Schicksal wählte dazu ein schlechtes Stück, einen schlechten Schauspieler und – einen wohldressierten, mimisch hochbegabten Pudel.

Der Schauspieler hieß Karsten; das Stück hieß »Der Wald bei Bondy«; und der Hauptakteur darin hieß »Der Hund des Aubry«. Jawohl, da taucht er wieder auf, der die Mörder seines Herrn anbellende Hund aus dem alten Plutarch, der den Mörder seines Herrn im Zweikampf besiegende Hund des Ritters Aubry de Montdidier aus der Novelle der Königin Sibylla von Frankreich! Diesmal hatte man ein herzergreifendes Rührstück daraus gemacht, und war der rächende Hund des Altertums eine Molosserdogge und der rächende Hund des Mittelalters ein riesiger Fleischerhund gleichen Stammes gewesen, so sollte seine Rolle jetzt ein zierlicher Pudel spielen. Sollte – aber Goethe wollte nicht; er wollte auf seiner Bühne weder das schlechte Stück noch den schlechten Schauspieler noch insbesondere den Hund. Nach der ersten Probe setzte er den »Wald bei Bondy« kurzerhand ab, als eines Hoftheaters unwürdig.

Ach, er hatte nicht mit Karoline Jagemann gerechnet! Karoline Jagemann war erstens schön, zweitens die Primadonna des Hoftheaters und drittens die Geliebte des Großherzogs Karl August von Sachsen-Weimar; aus allen drei Gründen besaß sie viel Einfluß und Macht, und Schiller hatte das zu spüren bekommen: seine »Jungfrau von Orléans« hatte anderthalb Jahre lang auf ihre Uraufführung warten müssen, weil die Jagemann gerade damit beschäftigt war, dem Großherzog ein Kind auszutragen, und mithin nicht gut die Jungfrau spielen konnte. Viertens aber war sie eine leidenschaftliche Hundefreundin, und das bekam nun Goethe zu spüren. Sie fand Stück und Hund entzückend und verlangte die Aufführung; Goethe, im Vertrauen auf seine Freundschaft mit dem Großherzog, blieb fest; aber auch bei einem Großherzog ist die Liebe, besonders die zur linken Hand, stärker als die Freundschaft; und Karl August erklärte, wenn es nicht anders gehe, müsse der Hund eben auf- und der Herr Intendant in Gottes Namen abtreten.

Und Goethe, was blieb ihm anderes übrig – Goethe trat zurück. So steht der ominöse Rächerhund zum dritten Male in Geschichte und Literatur verzeichnet, wie in Altertum und Mittelalter nun auch in der Neuzeit; hatte er in der Fabel und auf der Bühne seine Rache nur an dem erfundenen kleinen Schuft Robert Macaire genommen, so nahm er sie in der Wirklichkeit an dem großen Dichter und Intendanten. Das war diesmal des Pudels Kern; der Hund hatte gesiegt.

Und hatte in den Zeiten von Goethes Intendantenherrlichkeit sein Freund Schiller ihm zur Aufführung des »Mahomet« von Voltaire die Verse gewidmet:

> »Der Schein soll nie die Wirklichkeit erreichen,
> Und siegt Natur, so muß die Kunst entweichen« –

so konnten Goethes Freunde nun nur noch trübselig parodieren:

> »Dem Hundestall soll nie die Bühne gleichen,
> Und kommt der Pudel, muß der Dichter weichen!«

Mit dem Anbruch eines bürgerlichen und im ganzen doch behäbigeren Zeitalters hatte man die Klugheit des kleinen Pudels zur Gelehrsamkeit gesteigert; entsprechend milderte man andererseits die Wildheit des Totenhundes von Tibet zu sanfterer Stärke. Noch 1798 hatten die Engländer seine zu Fleischer- und Bluthunden entarteten Nachkommen benutzt, um den Aufstand der Farbigen auf Jamaika niederzuschlagen; nun aber züchteten die gleichen Briten, denen Hundezucht und Hundedressur förmlich zum Volkssport geworden war, aus der alten Rohform das kynologische Kunstwerk des mächtigen Neufundländers, der friedlich genug war, verträumten Künstlern zu dienen, und verwegen genug, ihr abenteuerliches Leben zu teilen: Lord Byrons »Boatswain« brachte es bis zu einem Denkmal mit der Inschrift: »Hier ruht der Leichnam jenes Hundes, der schön war ohne Eitelkeit, stark ohne Trotz und mutig ohne Wildheit, der also alle Tugenden der Menschen ohne ihre Fehler besaß«, und Richard Wagners »Ruß« erhielt sogar seinen letzten Ruheplatz im Erbbegräbnis der Familie Wagner zu Bayreuth; der alte Brehm schließlich kannte eine so verbürgerlichte Bulldogge, daß sie kein Menschenblut mehr, sondern leidenschaftlich gern Bier trank, dabei das von ihr bevorzugte bayerische Bier aus allen anderen Sorten mit untrüglicher Sicherheit herausschmeckte und deshalb in die Geschichte als »Bierhund« einging.

Doch machte kein Neufundländer eine so imposante Karriere wie seine schlankeren, höheren und glatteren Brüder, die deutschen und dänischen Doggen, die unter dem Reichskanzler Bismarck zu politischen Hunden schlechthin, zu »Reichshunden« avancierten. Wie Jean Paul seinem Alert seine Werke, so las Bismarck während einer schweren politischen Krise die höchst unfreundlichen Pressestimmen seinem Tyras vor und beruhigte sich sofort, als er feststellen konnte: »Macht alles nichts – Tyras hat nur laut gegähnt!« Wenn Tyras seinen Herrn, wie sonst immer und überallhin, begleiten wollte und nicht durfte, weil der Kanzler sich wieder einmal dem tobenden Reichstag stellen mußte, dann teilte ihm Bismarck das mit durch dies eine Wort: »Reichstag!« – und der Reichshund »ließ sofort Kopf und Schwanz hängen und verzog sich niedergeschlagen«, denn als echter Hund war er ganz der Meinung seines Herrn und mithin höchst parlamentsfeindlich und wenig demokratisch gesinnt. Als Tyras dann starb, gedachte der junge Kaiser seinem bereits wenig geliebten und mißgestimmten Kanzler eine Freude zu machen und befahl seinem Minister Bötticher, ihm zum Geburtstag einen neuen Hund zu schenken, und das war als versöhnliche Geste gedacht. Indessen Bötticher verstand nichts von Hunden, und so ließ er sich für bare sechshundert Mark einen schrecklich rasselosen und verwahrlosten Köter andrehen, für den sich der grimmige Alte beim Kaiser nicht einmal bedankte; denn, so schrieb er später, »diese Hundegeschichte war für

mich ein böses Omen für die Politik des neuen Kurses, und meine trübe Ahnung hat sich leider ein wenig bestätigt!« – wobei das »ein wenig« barer Hohn war, denn der Eiserne konnte höchst boshaft sein.

Das mißratene Geschenk wurde also wieder weggegeben, die graue Dogge Rebekka trat an seine Stelle und wurde als Reichshündin die Nachfolgerin des Reichshundes Tyras, die geplante Versöhnung war vor die Hunde gegangen, Kaiser und Kanzler trennten sich; während aber Bismarck ob seiner Pensionierung noch tobte und grollte und niemand mit ihm zu sprechen wagte, war Rebekka respektlos genug, an der Tür zu kratzen – sie wollte und mußte hinaus. Da klingelte Bismarck dem Diener und sagte, zum erstenmal wieder mit einem Lächeln in der Stimme: »Jetzt hast du's gut, Beckchen – jetzt hast du einen pensionierten Kanzler, der für dich klingeln kann!«

Bis in die Stunde seines eigenen Todes aber verfolgte den Mann, der das deutsche Problem mit Blut und Eisen lösen wollte, die Erinnerung an den Tod seiner Dogge Sultan. Sie war der Vorgänger von Tyras und Rebekka gewesen, sie war einundzwanzig Jahre vorher gestorben. Eines Mittags hatte man sie zu Schönhausen bei Tische vermißt, und Bismarck war wütend geworden: sie hatte im Nachbardorf ein Liebesverhältnis, und dorthin, glaubte er, sei sie gelaufen. »Ich werde sie zur Strafe tüchtig durchprügeln!« sagte Bismarck, und als der Hund nachts gegen elf Uhr wieder auftauchte, tat er es. Dann hörten Herbert von Bismarck und zwei seiner Mitarbeiter ein Schluchzen und gingen vor die Haustür – und dort lag Sultan und starb. Der Fürst saß bei ihm auf dem Fußboden, hielt den Kopf des Tieres in seinem Schoß, flüsterte halberstickte Worte der Liebkosung und suchte die Tränen vergeblich zurückzuhalten. Als die Dogge tot war, ging er stumm auf sein Zimmer, schlief nicht, ritt am nächsten Morgen wie ein Besessener die Wege entlang, auf denen ihn Sultan begleitet hatte, und sagte nur immer: »Ich habe ihn totgeprügelt« – obwohl eine auf seinen Befehl vorgenommene Obduktion den Tod durch Herzschlag ergeben hatte. Später suchte er die Erinnerung zu verdrängen; in seinen »Gedanken und Erinnerungen« beschuldigte er einen ungetreuen Gutsbeamten, Sultan vergiftet zu haben, und glaubte vielleicht auch daran. Aber nach einundzwanzig Jahren, auf seinem Sterbebette, fragte er seinen Sohn Herbert, aus den Angstträumen der Agonie erwachend:

»Ist es schon lange her, daß Sultan tot ist ...?«

Sie haben alle etwas von ihrem Stammvater aus Tibet, die Neufundländer, die Bullenbeißer, die Doggen; sie sind treu und dem Menschen nahe, sie sind vor allem stark und gewaltig wie er. Und doch haben sie auch einen Zwerg in ihrer Sippschaft, einen Däumling geradezu, und er kommt erst jetzt zu ihnen ins Abendland, und auf dem weitesten Umwege; er kommt und wirkt wie ein Witz.

Der Totenhund gelangte nicht nur über Indien nach dem Westen; er gelangte auch nach dem Osten, nach China. Etwas von seiner Eigenschaft als Götterhund blieb ihm dort, denn die Chinesen sind ein abergläubisches Volk, so wurde er denn zu ganzen Herden in Tempeln gehalten und gut genährt; aber die Chinesen sind auch ein realistisches Volk, und so wurde er denn nach dem Mästen geschlachtet und als Delikatesse verspeist; altchinesisch gesehen tat das seiner Göttlichkeit keinen Abbruch: war er göttlich, mußte er logischerweise auch delikat sein.

Die schönsten Exemplare freilich bekam die Kaiserin, und sie wurden nicht geschlachtet. Sie lagen zu Füßen ihres Bettes; wenn aber der kaiserliche Gemahl sich nahte, legten sie sich draußen vor die geschlossene Tür des Schlafzimmers; ihre gewaltigen Gebisse, ihre Pranken, ihre Löwenmähnen ließen sie wie echte Löwen erscheinen, und sie schreckten jeden ab, den Frieden des kaiserlichen Ehebettes zu stören; war dann ein Kronprinz geboren, malte man ihm das Zeichen eines Hundes auf die Stirn, Symbol seiner reinen Erzeugung unter dem Schutz der Hunde.

Die Sitte, der Glaube gelangten hinüber nach Japan. Auch dort wachten die Hunde nun vorm Bette der Kaiserin, auch dort trug der Kronprinz ihr Zeichen, und so heilig schien es einem von ihnen und schienen ihm damit alle Hunde, daß er seinen Untertanen anbefahl, ihre verstorbenen Hunde mit Anstand und mit eigener Hand zu beerdigen. »Wir danken dir, Sohn des Himmels«, sagten die Untertanen artig, »daß du nicht das Zeichen eines Pferdes trägst!«; aber sie waren doch eben Japaner, folgsam und klug zugleich, sie verstanden sich auf das Züchten der winzigsten Zwergfische und der winzigsten Zwerggärtchen; was sollten sie sich mit dem Ernähren und Begraben dieser gewaltigen Hunde herumquälen? Sie gingen also ans Werk; durch Inzucht und Alkohol und uns unbekannte Kunstgriffe gelang es ihnen im Laufe langer Zeit, aus dem größten der Hunde den nahezu kleinsten zu machen; er behielt sein dichtes Haarkleid, er blieb auch wachsam und treu, jedoch er bekam immer winzigere Beinchen und ein immer stumpferes Schnäuzchen mit wenig bedrohlichen Zähnchen, und das größte an ihm wurden die Augen, und das Sentimentalste dazu. Noch immer lagen zwei von dieser Art vor dem Bette der Kaiserin, wenn sie allein schlief, und sie waren da eigentlich angenehmer als früher die täppischen Riesen; wenn indessen der Kaiser kam, und wenn sie draußen Wache halten und Schrecken verbreiten sollten, wirkten sie nur noch komisch. So gab man ihnen denn eine menschliche Leibwache an die Seite; die stellte sich während der kai-

serlichen Beiwohnung und bei anderen hohen Festen hinter sie und bellte wie ein Hund. Mit dem Umsichgreifen des immer feierlicheren Hofzeremoniells wurde dann aus der Leibwache eine ganze Schar, nicht weniger als einhundertachtundsiebzig Mann von unterschiedlichem Range; sie hießen die »Hayato«, sie begleiteten das Kaiserpaar auch auf seinen Reisen, und wenn der kaiserliche Wagen eine Grenze passierte oder gar eine gefährliche Gebirgskurve zu überwinden hatte, dann bellten sie auch; sie warnten vor Gefahr, sie schützten vor Dämonen wie richtige Hunde!

Die richtigen Hunde selbst aber wurden nun bloße, allerdings verwöhnte Schoßhündchen; als Bettwache konnte man sie eigentlich entbehren – da taten es künstliche Hunde auch, Hunde aus Porzellan. Sie standen jetzt *vor* dem Zimmer der Kaiserin, aber nicht mehr darin; war der Kaiser bei seiner Gemahlin, dann wandten sie dem, der eintreten wollte, symbolisch drohend die Schnäuzchen zu, war aber die Kaiserin allein und durfte man eintreten, dann wurden sie einfach herumgedreht, und sie zeigten ihre ungefährlichen Hinterteilchen.

Bald wurden sie auch in das Land exportiert, aus dem sie einst so groß und löwenhaft gekommen waren: nach China, nach Peking insbesondere. Sowohl die Hündchen aus Fleisch und Blut wie die Hündchen aus Porzellan kamen dorthin; und weil jene teuer waren und diese billig, kauften sich vornehme Damen, die von einem Liebhaber erwartet wurden, die lebendigen Hunde, die weniger vornehmen Damen aber, die auf viele Liebhaber warteten, die künstlichen. Und die standen nun in den Fenstern gewisser Gäßchen, mit den Schnauzen nach draußen, wenn die Damen besetzt, mit dem Rücken nach draußen, wenn sie frei waren – ähnlich immerhin wie einst die Kaiserin von Japan.

Dann kamen die englischen Seeleute nach Peking und nahmen solche Hündchen mit, als Souvenirs; und wieder nehmen die reichen Kapitäne die lebendigen und die armen Matrosen die künstlichen. Die künstlichen wurden von billigen Manufakturen bald nachgeahmt, nicht gerade schöner, aber zur Verdeutlichung an der Vorderseite noch mit Kette und Schloß versehen, und wenig später standen sie auch in den entsprechenden Fenstern der entsprechenden Gäßchen Europas und zeigten, wie es mit dem Zutritt zu den entsprechenden Dämchen stand; sie stehen dort manchmal heute noch, und sie stehen auch in den Glasvitrinen vieler Sammler: sie sind nicht einmal billig. Die lebendigen jedoch wurden auch hier zum teuren und begehrten, vornehmen Schoßhündchen; und weil man nicht wußte, daß sie ursprünglich aus Japan kamen, und weil man sie in Peking gekauft hatte, nannte man sie »Pekinesen«.

Was man aber erst recht nicht wußte, das war, daß sie nahe Verwandte der trotzigen Doggen und Neufundländer waren und echte Nachkommen des von Grauen und Glauben umwitterten, gewaltigen Löwenhundes von Tibet.

Wo aber war er selbst geblieben, seit er von den eisigen, vieltausendmeterhohen Gipfeln seiner asiatischen Heimat in die schwülen Ebenen und krausen Hügel verschlagen worden war, die blutgetränkten Ebenen und Hügel Europas und der Geschichte? War er überall entartet und verdorben, verändert oder gestorben? Die Römer hatten ihn zwar in den Tempeln ihres höchsten Gottes gehalten; noch ehe jedoch diese Tempel zerfielen, war er im ungewöhnten Klima degeneriert.

Und doch hatte die Geschichte ein Wunder getan. Auf einem der höchsten Berge Helvetiens hatten die Römer ein keltisches Heiligtum gefunden, in welchem die Ureinwohner des heutigen Schweizer Kantons Wallis ihren Gott Penninus verehrten; die Eroberer hatten es zerstört und an seiner Stelle einen Jupitertempel errichtet, und Jupiters Priester hatten auch Jupiters heilige Hunde mitgebracht. Und dort, fast zweieinhalbtausend Meter über dem Meere, wo selbst im drei Monate kurzen Sommer Schneeflocken und im neun Monate langen Winter klirrende Eiskristalle fielen, dort hielten sich die Molosserdoggen, geschützt durch ihr dichtes Wolfsfell, dort entarteten sie nicht. Dann kam die Zeit des Kaisers Konstantin, des Christenfreundes; wie die Römer an Stelle des Keltenheiligtums den Jupitertempel errichtet hatten, so ließ er nun den Tempel abbrechen und erbaute eine christliche Kapelle; die Heidenpriester wurden vertrieben, aber die Hunde blieben. Barbaren zerstörten auch die Kapelle; als jedoch der heilige Bernhard von Menthon ums Jahr 1000 dort oben ein Kloster schuf, fand man die Molosserdoggen noch vor. Die Augustinerchorherren, die das Kloster verwalteten, nahmen sich ihrer an und ließen sich von ihnen auf dem beschwerlichen und gefährlichen Weg ins Tal geleiten; die mächtigen Tiere trugen ja nicht nur mühelos den Proviantkorb an ihrem starken Halse und die wärmenden Decken auf ihrem breiten Rücken, sie verstanden auch den Menschen aufzuspüren, der in den vierzig Fuß tiefen Schneeverwehungen versunken war, und sie vermochten ihn freizuscharren dank ihrer Wolfsklauen und herauszuziehen dank ihren Löwenkräften. Bald erzog man sie dazu, ihre Tätigkeit auch auf die Fremden auszudehnen, die den furchtbaren Paß überschreiten mußten; bei jedem Wetter oder Unwetter, bei Frost und Lawinenbruch durchstreiften sie allein die Pfade und Schluchten des Gebirges, tage- und nächtelang, und wo sie einen im Schnee Begrabenen witterten, gruben sie ihn aus; war er noch am Leben und noch Herr seiner Glieder, so konnte er aus dem Korbe an ihrem Halse den stärkenden Wein und von ihrem Rücken die wärmende Decke nehmen und sich dann von ihnen ins Hospiz führen lassen; war er schon erstarrt, so liefen sie zum Kloster zurück und holten die immer bereiten Mönche herbei. Sie zerrissen keine Toten mehr wie bei Tibetanern und Persern, und sie zerrissen keine Lebenden mehr wie bei Griechen und Römern, Spaniern und Briten; sie retteten die Lebenden und bargen die Toten; ihr Schicksal hatte sich gerundet, die Weisheit der Geschichte hatte sie erlöst: aus den Hunden Ahura-Masdas und Jupiters waren die Hunde des heiligen Bernhard geworden: die Bernhardiner.

Der berühmteste unter ihnen hieß Barry. Er witterte, wie noch heute viele seiner Artgenossen, ein nahendes Unwetter eine gute Stunde zuvor und zeigte

es durch seine Unruhe an; ohne jede Aufforderung begab er sich dann auf die Suche. Hatte er einen Erfrierenden entdeckt, so verstand er es, den Glockenzug der Klosterpforte mit dem Maule zu ziehen und die Mönche herbeizurufen. Er brachte es einmal fertig, ein halberfrorenes Kind, das sich vertrauensvoll auf seinen Rücken gesetzt hatte, ungefährdet ins Hospiz zu tragen. Als der große Naturforscher Scheitlin ihn auf dem Sankt Bernhard mit seinen Hundekameraden spielen sah »wie Tiger«, knurrte Barry den Unbekannten an; aber Scheitlin verübelte es ihm nicht, sondern zog tief den Hut vor ihm.

Barry starb eines tragischen Todes: als er zwölf Jahre gedient und vierzig Menschen das Leben gerettet hatte, fand er einen Soldaten, der im Schnee verschüttet war, und grub ihn aus. Dann suchte er die Mönche durch lautes Bellen herbeizurufen, denn die Stätte des Unglücks war nahe beim Kloster. Der bewußtlose Soldat jedoch kam durch das Bellen zu sich, glaubte sich von dem mächtigen Tier angegriffen und erstach es mit seinem Seitengewehr. Barrys Körper wurde ausgestopft ins Museum nach Bern gebracht; in Paris aber wurde ihm ein Denkmal errichtet; es zeigt ihn mit jenem geretteten Kinde auf dem Rücken, und es trägt die Inschrift: »Il sauva la vie à 40 personnes. Il fut tué par la 41e« – »Er rettete 40 Menschen das Leben. Er wurde getötet vom 41.«

Indessen war er nicht der einzige Bernhardiner, der im Dienste des Menschen starb. Wenn sich die Rasse auch über andere Hochpässe der Schweiz, zum Grimsel- und Simplon- und Gotthard-Hospiz verbreitete – zu viele versanken in den Lawinen; sie starben aus. Ein Engländer nahm einen der letzten von ihnen mit in seine Heimat und züchtete sie neu heran; im Gedenken an ihre Abkunft nannte man sie fromm »the holy breed«, »die heilige Zucht«; aber sie waren empfindlich geworden, sie waren ihrer Aufgabe in eisiger Höhe nicht mehr gewachsen. Da griff die Geschichte abermals ein, auf einem jener listigen und heiteren Umwege, die sie so liebt.

Um die Mitte des vorigen Jahrhunderts lebte im württembergischen Städtchen Leonberg ein wackerer Schwabe namens Essig, Förster seines Zeichens. Als Forstmann war er ein leidenschaftlicher Hundefreund, als Schwabe ein ebenso leidenschaftlicher Lokalpatriot, und so kam er auf die liebenswert-skurrile, pathetisch-philiströse Idee, Hunde heranzuzüchten, die nach Möglichkeit den Löwen des Leonberger Stadtwappens ähnlich sehen sollten: also mit mächtigem Kopf, schwarzem Fang, wallender Mähne, hohem Wuchs – und mit goldgelbem Fell vor allem. Auch er beschaffte sich einen der letzten Bernhardiner, kreuzte ihn aber mit gesunden Gebrauchsrassen: mit dem schwarzen, von Metzgern geschätzten Rottweiler etwa und mit dem weißen Hütehund der Pyrenäen, der, ebenfalls ein Abkömmling des römisch-tibetischen Totenhundes, fast vergessen in den Gebirgstälern zwischen Frankreich und Spanien erhalten geblieben war. Und tatsächlich erstand, nach langem, langem Her- und Hingekreuze, der »Leonberger«: stark, goldgelb, schwarz beschnäuzt und mächtig bemähnt wie ein Wappenlöwe! Nur eines hatte er mit diesem nicht gemein: den gespaltenen Schwanz; den vermochte selbst Herr Essig nicht herauszuzüchten. Aber da kam ihm die heraldische Wissenschaft zu Hilfe: sie wies nach, daß der Doppelschweif ein spätes und unheraldisches Hinzufügsel war. So blieb's denn, gottlob, bei dem einen Schweif – und der gute Essig hat vermutlich nie erfahren, was er da neu gezüchtet hatte: die berühmte, löwenmähnige Molosserdogge der Alten!

Die konkurrierenden Hundezüchter seiner Zeit wußten es auch nicht, und so erklärten sie denn den Leonberger zum rasselosen Mischling und wollten ihn lange nicht anerkennen, obwohl die Lexika schon damals einräumten, daß er »schön von Gestalt, gutmütig im Haus, scharf gegen Fremde und wachsam« war. Indessen wenn Essig als Schwabe ein leidenschaftlicher Lokalpatriot war, so war er als Schwabe erst recht ein guter Geschäftsmann; er begriff: galt seine Schöpfung schon nicht als gut, so mußte sie teuer sein, mußte also eine Seltenheit werden und bleiben. Und wieder geriet er, ahnungslos, auf den Trick der alten Molosserfürsten im Epirus: wie sie ließ er aus Leonberg nur Hunde und keine Hündin hinaus. So wurde der Leonberger zur modischen Rarität; horrend bezahlt, war er fast nur bei Finanzmagnaten und an Fürstenhöfen zu finden – sogar am japanischen Kaiserhof.

Gratis und dennoch gern aber lieferte der alte Essig seine Hunde nur an eine Stelle: er schenkte eine ganze Meute davon den Mönchen auf dem Sankt Bernhard, und sie ersetzten dort die ausgestorbenen Bernhardiner. Sie bewährten sich aufs beste und treueste, und sie verließen das Hospiz erst, als in diesen letzten Jahren auch die Augustiner es verließen; dank einer motorisierten Zeit waren beide dort überflüssig geworden, Herren und Hunde. Hier und da in der Welt aber leben noch die schwäbischen Löwen des Herrn Essig, längst anerkannt, längst billiger geworden und doch selten geblieben, Ajax und Arco, Baldur und Leo, Aga und Ero von Leonberg, treu, stark und wachsam, und verblüffend ähnlich den Molosserdoggen der Königin Olympias und des großen Alexander – wahrhaft königliche Tiere noch immer.

Die Elite der Hundeschaften hatte es also gut im bürgerlichen Zeitalter, sie nahm am Wohlstand der siegreichen Schicht vollauf teil. Wie aber sah es auf der entgegengesetzten Seite aus, bei den Streunenden und Hungernden, den Rasse- und Klasselosen, den Dorf- und Straßenkötern, den Proleten unter den Hunden? Ach, auf lange hinaus nicht gut: die Epoche des Bürgertums war ja auch die Epoche der Wissenschaft und der Massenkriege, und beiden fielen sie zum Opfer.

Die Wissenschaft experimentierte mit ihnen, um der Menschheit zu helfen; solange es noch keine Mittel zur Schmerzausschaltung gab, und solange man sie bei Tieren noch nicht anwenden konnte oder wollte, waren es Experimente des Grauens. Wie der Urmensch den Hund vorangeschickt hatte in die neue, unbekannte Welt des Urwalds, so schickte der moderne Mensch ihn voraus in die neue, unbekannte Welt der Operationen, und war er aus dem Urwald zuweilen zurückgekommen, weil er sich gegen Wolf und Bär hatte wehren können, so kehrte er aus dem Seziersaal fast nie zurück, denn gegen das Messer des Menschen war er wehrlos. Freilich nützte seine Qual bisweilen seinem Peiniger: so mancher Eingriff wurde zuerst am Hunde erprobt, und selbst die Blutübertragung wurde zuerst zwischen Hund und Hund versucht, und als das gelungen war, zwischen Hund und Mensch – erst sehr lange danach und nur auf Grund dieser Experimente konnte man es wagen, zur Transfusion zwischen Mensch und Mensch überzugehen. Wenn der Dichter Victor Hugo und Tausende von anderen Größen des Geistes die Vivisektion für ein Verbrechen hielten, so setzten die Anatomen das alte Wort dagegen: »Dura lex, sed lex – ein hartes Gesetz, aber ein Gesetz«, ein Gesetz nämlich der Notwendigkeit, und seit der Erfindung der Betäubungsmittel wendeten sie zudem ein, kein Experimentierhund leide mehr als ein Mensch, der operiert wird. Gleichwohl scheint ihr Tun, das sie als so segensreich empfanden, bisweilen über ihre eigenen Kräfte gegangen zu sein: der große Physiologe Flourens war oft eine Beute nächtlicher Halluzinationen und irrte dann durch den Pariser Jardin des plantes, bellend und heulend wie die Hunde, die er tagsüber unter dem Messer gehabt hatte; als der berühmte Zoologe Blanchard im Alter erblindete, sah er vor seinem geistigen Auge all die Qualen der von ihm operierten Tiere, die er mit dem physischen Auge nie bemerkt hatte, und wurde wahnsinnig darüber; und noch im Jahre 1908 berichteten alle französischen Zeitungen von einem Vivisektor, der rei Hunde auf dem Operationstisch liegen hatte und dann nach einem vierten griff, der den Experimenten hatte zusehen müssen – da fand sich, daß diesen vierten vor Angst der Herzschlag getroffen hatte, und der Professor gestand, von diesem Augenblick an niemals mehr viviseziert zu haben.

Manche fürs Laboratorium bestimmte Hunde freilich kamen davon, entweder durch menschliche Hilfe wie jene, von denen Richard Wagner berichtet: »Ich weiß nicht, wie der liebe Gott einmal bei der großen Abrechnung mein Lebenswerk bewerten wird; ich habe in den letzten Wochen über fünfzig Partiturseiten Parsifal geschrieben und drei jungen Hunden das Leben gerettet – warten wir ab, was gewichtiger auf die Waagschale drücken wird!«; oder sie rissen sich los aus eigener Kraft, wie wohl der »geheimnisvolle Hund« des heiligen Don Bosco, jenes Priesters, der sich im vorigen Jahrhundert der verwahrlosten Jugend annahm und die Prügelstrafe auch aus der christlichen Erziehung verbannte. Dreimal wurde Don Bosco im damals so unsicheren Italien von Wegelagerern überfallen, und dreimal sprang aus dem Dunkel ein großer, grauer Hund, immer der gleiche, und trieb die Banditen in die Flucht. Er wurde schließlich in Don Boscos Jugendlichenheim aufgenommen und ließ seinen frei gewählten Herrn überhaupt nicht mehr ausgehen, wenn er Gefahr witterte; er wurde als »Il Grigio«, »Der Graue«, der Liebling der Jungen, nahm aber seltsamerweise von Don Bosco selbst weder Speise noch Trank an. Zumal aus diesem letzten Umstand schlossen und schließen gläubige Gemüter auf eine besondere Bewandtnis, die es mit »Il Grigio« gehabt haben müsse; Deutungen sind schwankend; die Tatsachen selbst sind unzweideutig belegt. So geriet der Hund, einst kirchlich so bemißtraut, in einen Heiligsprechungsprozeß; war auf den Wegen des heiligen Franz von Assisi, war auf dem Großen St. Bernhard der Mönch zum Hunde gegangen, so ging hier der Hund zum Mönch. Die Welt schien sich wandeln zu wollen und mit ihr der Begriff »Domini canes – die Hunde des Herrn«; er bezeichnete keine menschlichen Eiferer mehr, sondern hündische Helfer. Und als Don Bosco und der Graue noch lebten, da lebte auch Albert Schweitzer schon, der nun als Theologe die große Lehre aufstellen sollte von der Heiligkeit alles Lebens, auch des tierischen.

Inzwischen hatte ein neuer Stand seinen Anspruch an die Welt angemeldet: das Proletariat; es wollte kein Proletariat mehr sein. Es kämpfte sich aus dem Dunkel der großstädtischen und dörflichen Elendsquartiere ans Licht, und es brachte auch zwei proletarische Hunde mit und, wie sich selbst, zu bürgerlicher Geltung: den Pinscher und den Schäferhund.

Der Pinscher ist der Großstädter unter den beiden; er stammt aus den Londoner Slums. In den äußerlich wie moralisch schmutzigsten Vierteln der Stadt

trieb er sich herum, verhungert und doch zäh, verachtet und doch schlau, vom Leben gepeinigt und doch und darum dem Leben gewachsen, nicht einmal mit einem Namen bedacht und doch nicht umzubringen, unsichtbar, wenn der Hundefänger kam, wie ein Straßenjunge unsichtbar wird beim Nahen der Polizei, und tollkühn angreifend, wenn seine Feinde sich zeigten, die zugleich seine beste und meist einzige Nahrung waren: die Ratten. Er verfolgte sie unerbittlich und mit teuflischem Geschick, und das machte ihn den Menschen der Slums wert – die Ratten waren ja das Symbol ihres Elends, die Ratten fraßen ihre bescheidenen Vorräte, die Ratten brachten die Pest. Nicht daß man den freiwilligen Helfer nun gleich durch Nahrung und Pflege verwöhnte; so war man nicht; aber man sah doch, daß er seinen ebenfalls todesmutigen Feinden zwei Angriffspunkte bot: den langen Schwanz und die hängenden Ohren, denn darin bissen sie sich fest. Also stutzte man ihm beides recht weitgehend; »stutzen« heißt englisch »to pinch«, und als man später solche »gepinschten« Hunde nach Deutschland verkaufte, bekamen sie danach ihren Namen.

Bis dahin freilich mußte der Pinscher noch einiges leisten. Wenn wir auch nicht mehr glauben, was der alte Brehm noch glaubte: »daß solche Hunde den Wert des Geldes zu würdigen und sich daher Münzen zu verschaffen wußten, um dafür Eßwaren zu kaufen« – wir wissen doch, daß Menschen, die den Wert des Geldes zu würdigen verstanden, in den Slums von London förmliche Arenen bauten, Sandplätze, mit Planken umgeben und mit Hunderten von Ratten besetzt. Wenn sich Zuschauer sammelten, kassierte man ein Eintrittsgeld und zeigte ihnen zwei Pinscher; hohe Wetten wurden abgeschlossen, welcher von beiden die meisten Ratten erledigen werde, und dann ließ man sie auf den Kampfplatz. Am berühmtesten wurde die Pinscherin Tiny: sie wog nur zweieinhalb Kilo, biß aber in der gestoppten Zeit von 28 Minuten und 5 Sekunden fünfzig Ratten tot und während ihres kurzen Hundelebens über fünfzigtausend.

Heute sind Tinys Nachkommen über das Rattenzeitalter längst hinaus; obwohl ihre Abkunft noch immer im dunkeln liegt und angesichts der unklaren Familienverhältnisse in den Slums auch kaum zu ermitteln sein wird, sind sie zur verwöhnten, gleichwohl aber immer noch zähen Edelrasse geworden – ein Blitzaufstieg vom proletarischen Gassenjungen zum geachteten Bürger im Hundestaat.

Trotzdem haben sie außer der kämpferischen Tiny auch einen musischen Ahnen aufzuweisen: das Pinscherhündchen Friedrich Hebbels. Als es der Dichter bekam, war er selbst nur ein armer Pinscher und konnte sich deshalb nur einen Pinscher leisten; fast ohne Geld mußte er in einem bitter kalten Winter zu Fuß von München nach Hamburg wandern, von niemandem begleitet als von seinem Tierchen, dem er für seine letzte Barschaft im Gasthaus eine Suppe geben ließ, und das unterwegs fast zusammenbrach, ihn aber nie und um keinen Preis verließ. Viel, viel später noch schreibt Hebbel, nun wohlhabend geworden, an seine Frau: »Es rührte mich so tief, daß dieser kleine Pinscher von dem Moment an das Symbol der Treue für mich wurde, und daß ich das Höchste und Herrlichste, Dich, mit seinem Namen nenne!« – denn die Anrede des Briefes lautete: »Mein allergetreuester kleiner Pinscher!« Und das ist wohl eine der schönsten Huldigungen, die jemals einem Hunde zuteil geworden sind – und einer Frau.

Daß jedoch der zwar treue und tüchtige, aber struppige und wenig verwöhnte Hund der Hirten zum edlen deutschen Schäferhunde wurde, das verdankt er einer sehr unedlen Neigung des Menschen: den Menschen zu bekriegen. In den Kämpfen der sechziger und siebziger Jahre tauchte er als Sanitätshund auf und rettete schon damals so vielen Verwundeten das Leben, daß er, aufs sorgsamste veredelt und dressiert, zum beliebtesten deutschen Rassehund wurde. Im großen Morden des Ersten Weltkrieges wurden dann Tausende von Pariahunden durch deutsche Wissenschaftler getötet, um Gift- und Tränengas zu erproben, und von französischen Wissenschaftlern wurden ebensoviele in die Luft gesprengt, um Explosivstoffe zu untersuchen; der Schäferhund aber blieb in der Rolle des Helfers und rettete Tausende von Menschen – wenn freilich auch die gleiche Anzahl von Hunden im Feuer umkam. Sieben Jahre nach Kriegsende endlich quittiert der italienische Arzt Professor Patrizi solchen Dienst und solche Opfer mit dem knappsten und doch beredtesten Lob, das ein Wissenschaftler je für den Hund fand: »Er ist unter den Tieren der Kandidat für die Menschheit.«

Und durch eine seltsame Fügung wird gerade einer dieser namenlosen Sanitäts-Schäferhunde des ersten Weltkrieges zum berühmtesten Schauspielerhund der Welt, berühmter als jener Pariahund, über den der alte Kaiser Vespasian weinte, berühmter als jener Pudel, der den Hund des Aubry spielte und Goethe stürzte. Bei einem amerikanischen Großangriff auf das heiß umkämpfte Fleury in Frankreich mußten nämlich deutsche Soldaten eine Schäferhündin mit fünf Jungen zurücklassen. Ein amerikanischer Offizier nahm sich ihrer an; für die Mutter und drei Junge fanden sich Leute, die sie sich schenken ließen; von den restlichen beiden starb ihm einer bei der Überfahrt nach den USA. Und dort wurde der letzte, übrigens ohne Zutun seines Herrn, vom Film entdeckt und brachte seinem Retter ein Vermögen ein, ein Millionenvermögen sogar: es war der »Wunderhund« des Films Rintintin.

Und heute?

Man fand vor längerem im russischen Nordraum die Überreste eines Hundes, den sein Herr dereinst in Urzeiten vorangeschickt haben muß auf den See, um die Stärke des Eises zu erproben, und man stellte fest, daß er genau und unverändert der gleichen Rasse angehörte, die noch heute im russischen Norden lebt, die eine Urform unsrer Wolfshunde darstellt, und die man seit alten Zeiten »Laika« nennt, das ist »Bellerchen«. Und man schickte vor Jahren solch eine Laikahündin hinauf in den Raum jenseits der Erde, den es neu zu entdecken galt – wie der Hund vorausgeschickt wurde in den Dschungel, auf das Eis, ins Gelobte Land, in die Hölle der Seziersäle, auf die Schlachtfelder des Krieges und der Wissenschaft, überall dahin, wo Gefahr lauerte, und wo das Neue war. Der Ring der Zeiten schloß sich: eines von Martin Luthers »Belferlein« war nun buchstäblich in den Himmel gekommen – und nicht zurück ...

Aber auch das wird einmal sein. Zu den ersten Lebewesen, die vom Menschen auf den Mond geschickt werden, wird gewiß ein Hund gehören, und er wird damit nur eine der ältesten Legenden zur modernsten Wirklichkeit machen. Denn ursprünglich soll der Hund überhaupt nicht auf der Erde, sondern auf dem Monde gelebt haben. Weil er aber von droben in die nächtlichen Kammern der menschlichen Liebenden schauen konnte und alles ausplauderte, was er dort sah – darum holten ihn die Menschen herunter, und zur Strafe für seine Neugierde mußte er fortan unter ihnen leben.

Nun also soll er wieder hinauf. Und weil sich *seine* Neugier weiterhin lediglich auf die Geheimnisse der Liebe erstrecken dürfte und nicht auf die Geheimnisse der Rüstung – darum dürfte und sollte man ihn getrost abermals herunterholen. Laßt uns hoffen, daß man's auch kann. Denn wenn es einer verdient hat, zu leben, weil er ja für uns lebt – dann der Hund.

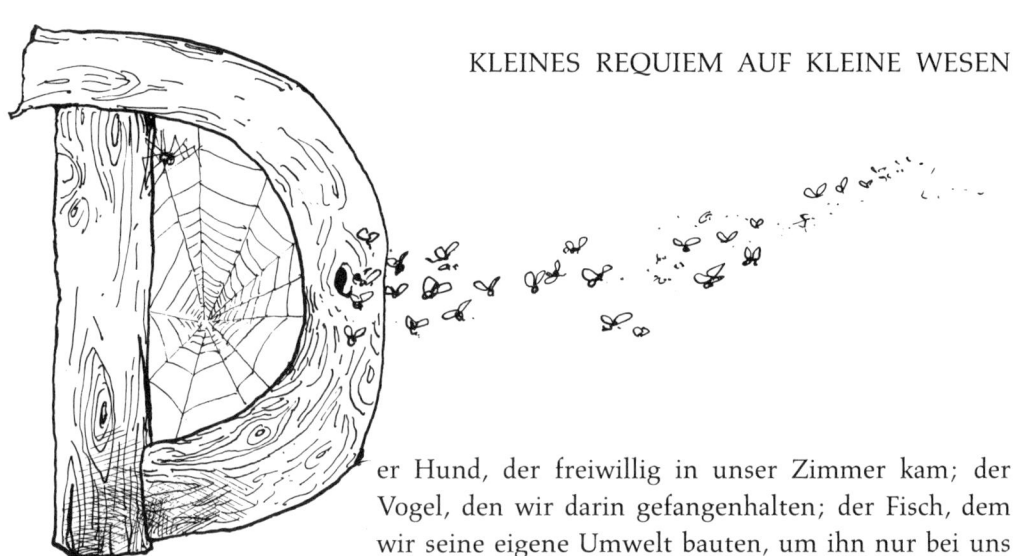

er Hund, der freiwillig in unser Zimmer kam; der Vogel, den wir darin gefangenhalten; der Fisch, dem wir seine eigene Umwelt bauten, um ihn nur bei uns haben zu können – sie alle sind uns willkommen. Von den anhänglichsten unter den Haustieren aber, den Stubeninsekten, vermochten nur zwei unsere echte Gegenliebe zu gewinnen, und diese Gegenliebe steigert sich bis zu einer Verehrung, die fast religiös anmutet und ursprünglich auch religiös war: sie gilt einem Zufallsgast und einem Dauergast, dem Marienkäfer und dem Heimchen.

Es dürfte auf der ganzen Welt, abgesehen vielleicht von wissensdurstigen Insektologen, keinen Menschen geben, welches Alters, welches Volkes, welches Glaubens er immer sei, der jemals bewußt einen Marienkäfer getötet hätte; und das nicht etwa, weil das rundlich-gemütliche Bürschchen unter den schädlichen Blattläusen als wahrer Massenmörder haust und sich dadurch nützlich macht: das wußten und wissen die wenigsten. Aber daß er der Liebling und der Bote der Jungfrau Maria ist, das wußte jeder, das sagt sein Name in allen christlichen Sprachen: Mariens Küchlein nennen ihn die Holländer, Gottes Lämmlein die Italiener, Gottes kleiner Schmetterling die Bretonen, Himmelskindchen die Sachsen, Mariens Engelchen die Polen, Hirtin des Herrn die Schweden, Indras Hirtin die Inder, Seelchen der Jungfrau die Sizilianer, Marias Hauspantöffelchen die Serben, Sönnchen die Tschechen, Marietta die Spanier, Madonnina die Dalmatiner – es singt und klingt nur so von Zuneigung, Innigkeit, Wärme und Poesie. Die ihn auch nur versehentlich töten, denen zürnt die Gottesmutter neun Tage lang, denn er ist ihr Bote und überbringt ihr den Wunsch des Menschen, dereinst zu ihr in den Himmel zu kommen –

> »Steig auf zum Himmel, mein Schätzchen,
> Mein Schätzchen Barbelott,
> Und halt mir frei ein Plätzchen
> Neben dem lieben Gott«,

singen die Kinder in Frankreich, und wenn die Kinder in Deutschland singen: »Marienkäfer, flieg, deine Mutter ist in Engelland«, dann heißt das: Im Lande der Engel, im Engel-Land. Des zum Zeichen hat sie ihm das rote Gewand gegeben, das ist das unschuldig vergossene Blut ihres Sohnes, und die sieben Punkte, das sind ihre sieben Schmerzen; des zum Zeichen hat sie ihm auch viel geheimes Wissen gegeben: bist du ein junges Mädchen, so zähle die Sekunden, die er auf deiner Hand verbringt, denn er weiß deinen Hochzeitstag, und bist du eine alte Frau, so merke dir die Richtung gut, die sein Flug nimmt, denn er weiß deinen Sterbeort.

So schön und leuchtend er ist, so häßlich und unscheinbar ist die Hausgrille; und doch ist auch sie des gleichen geheimen Wissens kundig und gleichfalls ein Bote aus dem Reiche der Toten, und die deutsche Sprache hat ihr den anheimelndsten aller Tiernamen gegeben: Heimchen. Auch sie bringt Unglück ins Haus, wenn man sie tötet, und Glück, wenn man sie schont; aber sie hat ihre Gaben nicht von der Mutter des Christengottes: sie ist umwittert vom alten, gespenstischen Heidenglauben, der immer noch unter der Wärme des Christentums versteckt ist wie das Heimchen in der Wärme des Herdes. Zwar deutet der Aberglaube von heute das nächtliche Zirpen der Tiere als unablässiges Klagen, denn die Grillen sind ihm die Seelen der Kinder, die ungetauft sterben mußten. Aber dann wird auch erzählt, in uralter Zeit seien sie winzige, aber vollendet schöne und gute Menschlein gewesen, die den Hausbewohnern mit Rat und Tat zur Seite gestanden hätten – bis eines Tages »ein ernster Mann aus der Fremde« gekommen sei und den Leuten jene Behauptung von den ungetauften Kinderseelen eingeredet habe; da habe man ihm denn geglaubt und die kleinen Wesen aus Scheu fortan gemieden; aus Gram darüber seien sie zusammengeschrumpft zu den häßlichen Insekten von heute, und aus den zierlich geflüsterten Ratschlägen von einst sei das klagende Zirpen geworden. So gewiß nun in der Gestalt des ernsten Fremdlings der erste Bote des Christentums zu erkennen ist, der die heiteren und hilfreichen Hausgeister des Heidentums vertrieb – es war doch kein bloßes »Zwergenvolk«, das ihm weichen mußte. Der Sinn der Sage ist noch tiefer: wir wissen, daß die Grillen für unsere Altvordern die Seelen ihrer Ahnen waren. Und diese Ahnen sahen aus ihren dunklen Herdwinkeln alles, was im Hause geschah; sie wußten auch, wie es richtig und gut zu machen sei, sie flüsterten ihre Ratschläge den Nachkommen im Traume zu, und sie taten in der Not das Nötige, während die Menschen schliefen. Sie gehörten wirklich zum Heim; sie waren die »Heimchen«. Wer ihnen aber nicht folgte, sondern sie fing und quälte, dem krochen sie zur Strafe ins Gehirn, und er wurde wahnsinnig: er »fing Grillen«, und er hatte »Grillen im Kopf«.

Nur das Heimchen also und der Marienkäfer erwarben sich unsere Liebe; bereits der harmlose Klopfkäfer im Holze des alten Schrankes weckt nichts als Scheu und Furcht. Man glaubt allenthalben, sein Pochen künde den Tod an, und nennt ihn »Totenuhr«; und doch lockt er in Wirklichkeit durch diese Töne das Weibchen herbei zum Werke der Liebe und ist somit, wie schon der alte Brehm sinnig bemerkte, eigentlich eine »Lebensuhr«. Freilich liegt auch nach mohammedanischem Glauben ein uralter Fluch auf ihm; so wenigstens will es eine Legende von wahrhaft majestätischer Wucht, die vom Tode des Königs Salomo berichtet. Salomo, der Mächtigste unter dem Mächtigen, der Weiseste unter den Weisen, hatte die Dschins, die bösen Geister der Luft, durch Zauberbann gezwungen, den größten und schönsten aller Tempel für ihn zu erbauen, und er hatte allen Tieren der Erde befohlen, sein Werk niemals zu zerstören. Fast war der Tempel fertig – da fühlte Salomo, daß sein Ende nahte. Nie, das wußte er, durften die Dschins erfahren, daß er tot war: sie würden ihre Arbeit sofort einstellen und wieder in die Welt entweichen. So stellte er sich denn vor seinen Thron und stützte sich, unsichtbar den anderen, auf einen Stock, den er hinter sich hielt und mit beiden Händen umklammerte; stehend starb er, den Blick fest auf sein Werk gerichtet, als ob er lebe. Und die Dschins werkten weiter, viele Monate lang, und die Tiere der Erde schonten seinen Tempel. Nur in dem Stock, auf den er sich stützte, bohrte der Holzwurm – den hatte er vergessen, an ihn hatte er ob so viel Winzigkeit nicht gedacht. Und siehe, nach einem Jahre hatte der Wurm seine Arbeit getan: der Stock ward morsch und brach, der Tote stürzte zusammen, die bösen Geister waren frei und verbreiteten sich wieder über die ganze Welt und unter allen Menschen. Darum mahnt das Klopfen des Holzwurms den Gläubigen, nie zu vergessen, was auch das Winzigste auf Erden selbst dem Größten auf Erden tun kann, im Bösen wie im Guten; denn Allah hat jedem Wesen beides gegeben, Macht wie Ohnmacht; ein jedes ist mächtig im einen, ohnmächtig im andern Ding.

Ohnmächtig ist das Insekt als Einzelwesen, jeder kann es erschlagen, zerquetschen, zertreten; mächtig ist es durch seine Zahl, niemand konnte es ausrotten – bis vor kurzem, bis zur Erfindung des DDT. Der Mann, der es entdeckte, bekam dafür den Nobelpreis – mit Recht: er hat Millionen Exemplare der Spezies Mensch vor dem Verlust ihrer Kleidung, dem Verderb ihrer Nahrung, dem Jucken ihrer Haut, ja vor den tödlichen Seuchen bewahrt. Aber er ist dabei, Millionen von Insektengattungen auszurotten, ehe wir sie noch alle suchen, sichten und sammeln konnten; noch keinem Forscher und keiner Forschungsanstalt gelang es, eine lückenlose Schau aller Käfer, Falter oder Motten zusammenzubringen. Hinsichtlich der Motten wäre es einem englischen Fachmann in diesen Jahren um ein Haar gelungen: seiner weltberühmten Mottensammlung fehlten nur noch zwei Exemplare seltener australischer Arten. Er reiste nach Australien und brachte sie nach zweijähriger Suche herbei; sein Lebenswerk schien komplett. Aber als er nach England zurückkam, mußte er feststellen, daß seine ganze Mottensammlung inzwischen aufgefressen worden war – von den Motten.

Das wäre, so entsetzlich es für den Forscher war, vorwiegend komisch, wenn es durch die Erfindung des DDT nicht tragisch würde. Die Chance, »die unendliche Natur zu fassen«, ist damit vorbei; ein einziges, formloses Pulver zerstört abertausend kunstvolle Formen; der moderne Mensch ist hold der Einförmigkeit, feindlich der Vielfalt. Und was über die Bestgehaßten unter den Insekten zu sagen ist, über die Fresser, Stecher, Sauger und Jucker, das ist, leider und Gott sei Dank, fast nur noch ein Requiem, eine Leichenrede – und darf den Vorteil aller Leichenreden wahrnehmen: über die Verblichenen so viel Gutes zu sagen wie möglich. Denn, nicht wahr: es juckt uns nicht mehr.

Aber als die Schabe noch raschelte, die Made noch wimmelte, die Wanze noch stach: da schlug die Insektenscheu und Insektenfurcht des Menschen in Haß um. All dies Getier, so sagte er, habe der Teufel selbst geschaffen, der Herr nicht nur der Ratten und der Mäuse, sondern vor allem der Fliegen, Schaben, Wanzen, Läuse. Weil es zu unrein war, den reinen Göttern geopfert zu werden, zählte es nicht zum »Geziefer«, dem alten deutschen Sammelwort für die Opfertiere; es war eben das »Ungeziefer«, vom Satan gezeugt, von der Hexe gebracht: darum konnte man es nur loswerden, wenn man seine Flinte damit lud und durch den Schornstein nach der Hexe schoß – den Akten der Inquisitionsprozesse zufolge wurde diese Methode häufig und mit Erfolg praktiziert. Und nur die Dichter waren gerecht genug, sich die Frage zu stellen, ob solche Heimsuchung nicht durch eigene Schuld über den Menschen gekommen sei: der gebildete Epigrammdichter sowohl wie der schlichte Märchendichter. Der fromme Angelus Silesius donnert:

»Mensch, würdest du in *dir* das Ungeziefer schauen,
Es würde dir vor dir wie vor dem Teufel grauen!«

Das ebenso fromme Volksmärchen aber berichtet von einem Gastwirt, dessen Pferd zu alt geworden war, um noch arbeiten zu können. Er wollte es zum Schinder bringen; weil aber die gutmütige Wirtin Fürbitte einlegte, gab er ihm nur einen Fußtritt und schrie: »Geh zum Teufel!« Das alte, ausgemergelte Tier ließ die Ohren hängen, trabte in den märzlichen Wald und wurde den Sommer hindurch nicht mehr gesehen. Wie aber das sommerliche Heuen beginnt, sieht es der Wirt im Abenddämmern plötzlich am Waldrande stehen – dick und rund wie ein Sack! Es ist wieder ein gutes Arbeitspferd geworden, also will er's mitnehmen, er kann es brauchen; da jedoch tritt ein Mann aus dem Walde und schreit: »Heda, wohin mit meinem Pferd?« »Es ist mein Pferd!« gibt der Wirt zurück. Und nun der andere, listig: »Zu wem hast du es denn im Frühling geschickt? Nun, ich habe es herausgefüttert, und behalten darfst du es nur, wenn du am Weihnachtsabend mich und meine Kumpane ebenso herausfütterst!« Der habgierige Wirt schlägt ein; aber in der Dämmerung des Heiligen Abends wird ihm doch ängstlich zumute, und er weist einen Bettler, der um Nachtquartier bittet, rauh ab: er habe keinen Platz, er erwarte andere Gäste. Die mitleidige Wirtin jedoch gewährt dem Alten einen Platz auf der Streu neben dem Pferde; zum Dank dafür, sagt der Fremdling, werde er sich um die anderen Gäste bemühen. Und die kommen um Mitternacht: zuerst einer in einer weißen Kutsche mit weißen Pferden. »Was steht zu Diensten?« fragt der Bettler; »Weißes Brot!« brummt der andere. »Kriech in den Herd, dort wird's gebacken!« befiehlt der Alte – und der Gast kriecht in den Herd und wird zur Küchenschabe. Der zweite Gast fährt in einer grauen Kutsche mit grauen Rossen vor. »Was steht zu Diensten?« »Graues Fleisch!« »Geh auf den Tisch, dort wird's gegessen!« Und der Graue wird zur Fliege. Als dritter aber kommt einer in blutrotem Wagen und mit blutrotem Gespann. »Was steht zu Diensten?« »Rotes Blut!« »Krieche ins Bett, dort wird's geleckt!« So entsteht die Wanze – und am anderen Morgen sagt der Bettler, ehe er spurlos verschwindet: »Dein Leben habe ich vor dem Teufel gerettet; Wanze, Schabe und Fliege aber mußt du behalten zur Strafe dafür, daß du dein Pferd so schlecht behandelt hast!«

Nun, die Reihenfolge, in der die drei Quälgeister unter uns erscheinen, war anders als im Märchen, und auch an ein Bekenntnis eigener Schuld dachte in der Wirklichkeit niemand. Nicht zuerst, sondern zuletzt kam die Schabe, erst im sechzehnten Jahrhundert kam sie nach Europa, und zwar aus Südamerika. Trotzdem machte man nicht die Amerikaner, sondern jeweils den lieben Nachbarn für den ungebetenen Gast verantwortlich: das ist ja alte, liebgewordene europäische Gewohnheit, immer ist der nächste Nachbar schuld, ob nun an unbeliebten Krankheiten oder an unbeliebten Insekten. Die Syphilis, die ebenfalls aus Amerika kam, heißt nirgends in Europa die amerikanische, sondern bei den Italienern die französische, bei den Franzosen die italienische, bei den Spaniern die portugiesische, bei den Portugiesen die spanische Krankheit, bei den Polen die deutschen, bei den Deutschen die polnischen Pocken, bei den

Türken das christliche, bei den Persern das türkische Übel, bei den Esten das russische, bei den Russen das estnische Feuer. Und die Küchenschaben heißen eben Russen bei den Ostpreußen, Dänen bei den Norddeutschen, Deutsche bei den Dänen, Schwaben bei den Hessen und umgekehrt, ja Florentiner in Siena – und Sienesen im Florenz. Gehaßt und verfolgt wurden sie natürlich überall – nur bei den Bauern Polens und Rußlands nicht: dort werden sie geradezu »mit Pietät« gehegt und gepflegt, sie bringen Glück, wenn sie im Hause bleiben, und Unglück, wenn sie es verlassen; weshalb man denn sogar einige mitnimmt, wenn man die Wohnung wechselt. An Tierliebe, scheint's, wird hier sogar der heilige Franz von Assisi übertroffen. Nun, was für die Spirochäte das Penicillin war, ist für die Schabe, wie gesagt, das DDT: mit beiden ist es fast aus in Europa; mit den gegenseitigen Beschuldigungen leider nicht.

Und auch mit der verhaßtesten unter den Verhaßten scheint es aus zu sein: mit der Wanze. Auch sie kam nicht, wie im Märchen, als letzter der ungebetenen Gäste nach Mitteleuropa, sondern kurz vor der Schabe – wenn sie auch im alten Athen schon so verbreitet war, daß kein Haus von ihr verschont blieb, und wenn sich auch der Apostel Johannes ihrer durch die Drohung erwehren konnte: »Euch Wanzen aber sage ich, seid klug, verlaßt die Wohnung, in der ich schlafe, verhaltet euch ruhig und laßt Gottes Knecht in Frieden!« – und siehe, sie gehorchten. Im heidnischen Rom verließ man sich auf ein weniger christliches Mittel: man verbrannte Blutegel, wenn man die Wanzen, und Wanzen, wenn man die Blutegel loswerden wollte, denn man war überzeugt, daß die eine Art immer am Dunst der anderen ersticke. Nach Deutschland aber kamen die Untiere erst im elften Jahrhundert, und nach England sogar erst im sechzehnten – Anno 1503 stachen sie zum ersten Male in der britischen Geschichte drei Damen, und zwar, wählerisch wie sie zuweilen sind, drei hochadelige Ladies. Das Datum ist uns aufbewahrt, weil die Leibärzte glaubten, es handle sich um Anzeichen der Pest, und weil die unglücklichen Damen sich infolgedessen einer Pestbehandlung unterziehen mußten – und das war damals kein reines Vergnügen: sie mußten Blut und Exkremente von Menschen einnehmen, eine gedörrte Kröte um den Hals tragen und Frösche auf den gestochenen Hautstellen verwesen lassen; überdies wurden die Zimmerböden mit Sägemehl und Asche, die Korridore mit Mist belegt, und die Kranken selbst wurden bis an den Hals in Dünger eingegraben. Die drei Damen überstanden die Kur seltsamerweise, die Wanzen erst recht; sie gediehen und wurden, nach bewährter Gewohnheit, »German ducks« genannt, deutsche Enten. Daß sie tatsächlich in allen deutschen Wänden zu finden waren, geht aus ihrem fast traulichen deutschen Namen hervor, denn Wanze, einst Wandse geschrieben, heißt »das Wandtier«, wie sie bei den Kroaten, die vorwiegend Steinhäuser bauten, »stenice«, »Steintiere«, und bei den Bulgaren, die meist in Holzhäusern wohnten, »drvenice«, »Holztiere«, heißen. Sie hatten die teuflische Gepflogenheit, gerade das Blut derjenigen Opfer am liebsten zu lecken,

denen ihr Stich am wehesten tat, wodurch ihr wissenschaftlicher Name »Cimex lectularius« eine gewisse ominöse Bedeutung hat; es gab darum geplagte Leute genug, die behaupteten, bereits beim Eintragen ihrer Namen ins Hotelbuch schaue ihnen eine Wanze über die Schulter, um sich ihre Zimmernummer zu merken. Schließlich hatte man sich nolens volens fast an sie gewöhnt, sonderlich auf dem fatalistisch gesinnten Balkan; fragte man den Portier argwöhnisch: »Hoffentlich haben Sie keine Wanzen . . ?«, dann antwortete er achselzuckend: »Hoffentlich!«; kam man am anderen Morgen, mitten im kalten Winter, zerstochen hinunter und wies ihm die Spuren der nächtlichen Leiden vor, dann gab er entsetzt zu: »Wanzen? Im Februar? Zu früh!«; und beschwerte man sich beim türkischen Schlafwagenschaffner über den aus den Kissen quellenden Segen, dann meinte er mitleidig: »Was wollen Sie – ein so großer Mensch gegen so ein kleines Tier!« Ach, auch diese makabre Idylle ging vorüber; Heinrich Heines berühmter Vers »Es saß ein brauner Wanzerich auf einem Pfennig und spreizte sich« ist unaktuell und der Wanzerich zur Rarität geworden. Friede seiner Asche und unserem Blute!

Immer schon und überall aber war die dritte Plage des sündigen Menschen da: die Stubenfliege – und immer und überall wird sie wohl bleiben. Denn obwohl sie als einziges Stubeninsekt ihren Lieblingsaufenthalt mit im Namen führt, kann sie doch eben fliegen und vor Giftgas und Giftpulver aus der Stube ins Freie entweichen: so hält sie denn als einzige noch einigermaßen die Stellung. Freilich steht ihr auch ein mächtiger Gott zur Seite: der »Beelzebub« der Bibel war ein Fliegengott und nach der Fliege benannt. Sowohl der Göttervater Zeus wie der böse Germanengott Loki waren sich denn auch nicht zu schade, sich in eine Fliege zu verwandeln, um durchs Schlüsselloch in die Kammern ihrer jeweiligen Geliebten zu kriechen – als Schabe oder Wanze wären sie von den Schönen vermutlich verabscheut worden. Überdies beschreibt die Edda genau die Taktik der Verführung, die Loki der Liebesgöttin Freya gegenüber anwandte: er fand sie auf dem Bauche liegend und stach sie kurz entschlossen in ihre rückwärtigen Rundungen, worauf sie sich herumdrehte – und Loki sofort auf ihren vorderen Rundungen saß, was ihm eben nur als Fliege möglich war. Bewährte sich somit die berüchtigte Zudringlichkeit der Fliege in der Göttersage auf erotischem Gebiete, so gewann ihr der große Homer sogar eine heroische Seite ab: als der Held Menelaos sich schwach fühlte, da stärkte Pallas Athene nicht nur seine Schultern und seine Knie, sondern

»Gab ihm ins Herz auch die Kühnheit der unerschrockenen Fliege,
Welche, wie oft sie auch immer vom menschlichen Leibe gescheucht wird,
Dennoch dauernd ihn sticht, sich sehnend nach menschlichem Blute!«

Zu jenem Zwecke des »Scheuchens vom menschlichen Leibe« erfand man manche sinnreiche Vorrichtung: im Orient griff man zum oft höchst luxuriösen Fliegenwedel, Roms grausamer Kaiser Domitian stach seine Stubenfliegen auf kunstvolle Weise mit einem goldenen Spitzgriffel tot, wenn gerade keine Christen, Juden oder Philosophen totzustechen waren, und die bürgerlichere Zeit der Aufklärung erfand die nüchterne Fliegenklappe, in deren Handhabung Goethes griesgrämiger Vater geradezu Meister war, denn der Dichter berichtet: »Mein Vater trieb seine Ökonomie mit Zeit und Kräften so weit, daß ihm nichts mehr Vergnügen machte, als zwei Fliegen mit einer Klappe zu schlagen« – eine Methode, mit der sein Sohn allerdings nicht zu Rande kam, denn er bringt seine Resignation sogar in Reime:

»Tausend Fliegen hatt' ich am Abend erschlagen,
Doch weckte mich eine beim frühesten Tagen.«

Das kluge Geschöpf hatte anscheinend die von Lichtenberg formulierte Weisheit begriffen, daß die Fliege immer am sichersten auf der Klappe sitzt, weshalb sich ja auch gerade so viele kriminell veranlagte Leute bemühen, bei der Polizei unterzukommen. Gottlob gelingt es ihnen nicht immer.

Freilich meinen manche, daß die Fliege, im Gegensatz zu ihren ungeflügelten Kollegen, doch auch einige Meriten um den Menschen habe. Wenn der römische Konsul Mucianus stets eine lebendige Fliege in seinem Taschentuch mit sich trug, weil sie ihn vor der Triefäugigkeit beschützen sollte, so war das Aberglauben; geschichtlich bestätigte Tatsache ist es hingegen, daß starke französische Heere, welche die spanische Festung Gerona belagerten, zweimal in knapp dreißig Jahren, nämlich 1684 und 1710, unverrichteterdinge abziehen mußten, weil ganze Scharen riesiger Fliegen sie vertrieben. Daher wohl die katalonische Sitte, Fliegen nicht zu töten; woher aber die deutsche Sitte, die winterlichen Brotfliegen zu schonen und sogar zu füttern, falls man nicht die allerletzten, wie zu Ossendorf, beim Osterfest – in den Kuchen bäckt?

Und solche Hege und Pflege gilt einem Geschöpf, das von alters her als Todesbote, ja als Todbringer gilt. Schon nach altpersischem Glauben setzt sich ein Dämon in Fliegengestalt auf den Leichnam jedes Verstorbenen – und auf einen der Anwesenden: der wird dann das nächste Opfer sein. Rußlands großer Epiker Iwan Turgenjew faßt die gleiche Vorstellung in eine düstere und dichterische Vision: durch das offene Fenster eines Zimmers, darin Männer und Frauen, Kinder und Greise fröhlich beisammen sind, kommt plötzlich eine große, widerliche, blutrote Fliege und setzt sich an die Wand. Alle sehen sie, allen ist sie ein Ekel und eine Angst, alle hören zu sprechen auf – nur einer nicht, ein bleicher, schöner Jüngling; er lacht und spricht weiter, er sieht sie nicht. Und gerade ihn »schien das Insekt plötzlich starr anzublikken, flog auf, schmiegte sich fest an seinen Kopf und stach ihn über seinen Augen mitten in die Stirn. Der Jüngling stöhnte leise auf und fiel tot zu Boden; und wir errieten nun, welch ein Gast das war.«

Und doch ist es gerade dieser Dienst am Tode, für den der Mensch der Fliege zu danken hat. Denn der Tod ist dem Volke nicht nur Fluch, sondern auch Wohltat; am tiefsinnigsten und schönsten gestaltet dies einfache, alte Wissen ein Märchen der Esten. Es erzählt, wie der Tod einmal allzuviel zu tun hatte in der Welt: zuerst hatten die Menschen einen langen Krieg verursacht, und dann der lange Krieg eine große Hungersnot, und dann die große Hungersnot eine furchtbare Seuche. Davon war der Tod müde geworden, todmüde, und unter einem Bogen der großen, einsamen Brücke, die von der Erde in die Ewigkeit führt, entsank ihm schließlich die Sense: er schlief ein und wachte nicht mehr auf.

Nun war kein Tod mehr in der Welt, und die Menschen jubelten. Aber nicht lange: dann wurden es ihrer so viele, daß sie keinen Platz mehr hatten auf der engen Erde; dann begannen alle die Gebrechlichen, die Kränklichen, die Alten, die Kraftlosen, die Unglücklichen nach dem Tode zu seufzen. Sie baten Gott, sie vom Drangsal des Lebens zu befreien und ihnen das Drangsal des Todes wiederzugeben; und Gott schickte alle Menschen auf Erden, alle Tiere im Walde, alle Vögel unter dem Himmel und alle Fische in den Gewässern aus, den Tod zu suchen – aber sie fanden ihn nicht. Selbst Gottes Engel entdeckten ihn nirgends.

Aber die kleine Fliege – die fand ihn. Sie summte so lange vor seinem Ohre her und hin, bis er erwachte und seine Sense nahm, die schon Rost angesetzt hatte, und wieder an seine Arbeit ging. Und seither, so schließt die Legende, reiben die Fliegen ihre Füßchen aneinander: sie bitten die Menschen um Vergebung dafür, daß sie ihnen den Tod wiedergebracht haben. Seither aber hat die Fliege auch das Recht, sich von jeder Speise ihren Teil zu nehmen, selbst von der Tafel der Könige – *weil* sie den Menschen den Tod wiedergebracht hat.

So fühlte sich der einfache Mensch denn nicht zum Feinde der Fliegen bestellt, er wußte ja, daß der Schöpfer ihnen für jeden ihrer Lebensräume mächtige Feinde zugeteilt hat: im Walde die Vögel, am Wasser die Frösche, und im Hause – die Spinnen. Aber auch der Spinne wußte das Altertum ihre nützliche Arbeit nicht zu danken; man hielt sie für so giftig, daß sie nicht nur jedes Insekt betäuben, sondern

jeden Menschen töten könne, und man zertrat sie, wo man sie fand. Weil sie die Fliegen im Netz zu fangen wußte, hielt man sie für hinterlistig, bösartig und grausam, wenn man ihr auch Klugheit und sogar Witz zuerkannte: sie sei nämlich dereinst ein Menschenmädchen gewesen, das herrliche Gobelins zu weben wußte, und so große Kunstfertigkeit habe sie besessen, daß Athene, die Göttin der Webkunst, sie zum Wettstreit herausforderte. Athene habe auf ihrem Gobelin die olympischen Götter in ihrer ganzen Majestät und Strenge dargestellt, um Arachne, so hieß das Mädchen, in ihre menschlichen Schranken zu verweisen und einzuschüchtern; die witzige und freche Arachne jedoch habe auf ihrem Gewebe die gleichen Götter und Göttinnen bei ihren höchst leichtfertigen Liebesabenteuern gezeigt, und dazu seien diese Bilder noch weit schöner gewesen als die der Athene. Die empörte und neidische Olympierin habe das allzu kunstfertige und respektlose Mädchen daraufhin dazu verbannt, ewig zu weben, und in eine häßliche, giftige Spinne verwandelt – »Spinne« heißt griechisch »Arachne«. Also mache man sich bei Athene beliebt, wenn man die Spinne töte.

Dabei blieb es in Griechenland und in der ganzen heidnischen Welt – bis das Christentum kam; und das nun brachte der Spinne buchstäblich die Erlösung. Das verfolgte und verfluchte Tier galt plötzlich als unantastbar, heilig und gesegnet: denn trug es nicht das heilige Zeichen des Kreuzes auf dem Rücken? Hatte es diese Auszeichnung nicht deshalb erhalten, weil es die Krippe Christi mit seinem Gewebe übersponnen hatte, so daß die Häscher des Herodes das Jesuskind nicht finden konnten? Daß es giftig war, glaubte man weiterhin – jetzt aber nur darum, weil es alles Gift im Hause an sich zog und seine Bewohner davor bewahrte. Auch bringt es jetzt plötzlich Glück, ob man nun die Lottozahl wählt, auf die es sich gesetzt hat, oder ob man es auf das Bett eines Sterbenden tut: in der Richtung, in die es läuft, hat er seine Reichtümer verborgen. Ja, der große Arzt Paracelsus ließ seine Patienten sogar Spinnen schlucken – das half gegen Vergiftung.

Der Aberglaube also wußte viel über die Spinne; die Wissenschaft so gut wie nichts. Das lag daran, daß nach Brehm »sichere Beobachtungen nur an gefangenen Spinnen angestellt werden können, die meisten aber in der Gefangenschaft auch bei reichlichster Ernährung zugrunde gehen, wenn sie diese nicht genau in der Weise erlangen können, wie es ihnen in der Freiheit beliebt.« Es konnten also nicht, wie sonst überall in der Wissenschaft, freie Menschen das gefangene Tier studieren, sondern nur gefangene Menschen das freie Tier. Und tatsächlich verdanken wir die ersten näheren Beziehungen zwischen Mensch und Spinnen, die ersten Erkenntnisse über ihr Leben Männern, die im Gefängnis saßen – zwei davon sind berühmt geworden.

Der eine ist der unglückliche König Christian der Zweite von Dänemark, der Zeitgenosse Martin Luthers und Kaiser Karls des Fünften, dessen schöne Schwester Isabella er zur Gattin hatte. Christian hatte eine furchtbare Jugend hinter sich: von unfähigen Erziehern vernachlässigt, trieb er sich saufend und prügelnd in den Kneipen von Kopenhagen herum, um dann von seinem rohen Vater bis aufs Blut ausgepeitscht zu werden. Mit zwanzig Jahren in die aufsässige Stadt Bergen geschickt, regierte er dort, von keinem geliebt und keinen liebend, genauso brutal wie sein Vater, bis dem mißtrauischen und einsamen Manne das Wunder seines Lebens geschah: in einer übel beleumundeten Kaschemme zu Bergen verliebte er sich in die Tochter der Wirtin, anmutig anzusehen und anmutig benannt: sie hieß Düveke, das ist Täubchen. Sie selbst scheint wirklich von taubenhafter Sanftmut gewesen zu sein und seine leidenschaftliche Liebe leidenschaftlich erwidert zu haben; ihre Mutter aber, eine ehemalige Hökerin aus Amsterdam, war ein Weib mit der Energie eines Teufels, erfüllt von heißem Mitgefühl mit dem armen Volk und von heißem Haß gegen den Adel, der es ausbeutete. Unter ihrem Einfluß wandelte sich der wilde Christian vollkommen: er schützte fortan den kleinen Mann und bekämpfte die adligen Unterdrücker, er blieb ein Tyrann, aber er wurde ein Volksfreund. Die Aristokraten besannen sich nicht lange: als die schöne Düveke sechsundzwanzig Jahre alt war und die Liebesgemeinschaft mit dem Könige zehn Jahre gedauert hatte, fanden sie einen Höfling, der Düveke vergiftete. Der Schmerz Christians war so furchtbar wie seine Rache: nicht nur der Höfling wurde hingerichtet – ganze Burgen und Städte brannte er nieder, Scheiterhaufen zu Düvekes Ehren, adlige und bürgerliche Köpfe fielen unter dem Beil, ihr zum Totenopfer. Schließlich nahm man den rasenden König gefangen, und während man die adligen Vorrechte wieder einführte, setzte man ihn zu Sonderburg in harte Haft. Zwölf Jahre lang durfte kein menschliches Wesen seine Zelle betreten außer dem Kerkermeister, und seine Einsamkeit schien ihm unerträglich – bis er eines Tages im Wandeck am Gitterfenster eine Spinne entdeckte. Er zähmte sie; nach den alten Chroniken kannte sie schließlich seine Stimme und kam herbei, wenn er sie lockte; seine ganze Liebe galt nun ihr: wenn das häßliche Tier über seine Hand kroch, dachte er an die schöne, tote Düveke. Bis der Kerkermeister diese Freundschaft entdeckte und die Spinne zertrat ... Von diesem Augenblick an war Christians Kraft gebrochen, er wurde schnell ältlich und schwach, und man behandelte ihn schonender; aber bis zu seinem Tode, heißt es weiter, »erzählte er mit Tränen der Rührung von der Freundschaft seiner Spinne, von dem Trost, den ihre Nähe ihm gebracht, von ihrer Anhänglichkeit und Klugheit und von dem verzweifelten Schmerz über ihren Tod«. Eine ganze Literatur über Christian, seine Düveke und insbesondere seine Spinne entstand, Berichte, Romane, Dramen; hatte die Spinne schon immer das religiöse Symbol des Kreuzes getragen, so wurde sie nun auch zum Symbol der Klugheit, ja, der Liebe des Tieres zum Menschen – ein so verabscheutes und niederes Wesen schien also zu dergleichen fähig!

Von dieser Geschichte nun wußte der französische Generaladjutant Quatremère d'Isjonval; und als er während des Angriffs der Revolutionsarmeen auf Holland im Jahre 1790 in holländische Gefangenschaft geriet, fiel sie ihm wieder ein. Er war zwar im bürgerlichen Beruf kein Tierforscher, sondern Chemiker, aber als solcher doch Wissenschaftler und an sorgsame Beobachtung gewöhnt; auf den Spuren des Königs Christian also, jedoch ohne persönlichen Schmerz und persönliche Leidenschaft, beobachtete er das Leben der Spinnen in seiner Zelle zu Utrecht. Was er entdeckte über ihre Gewohnheiten bei Nahrungsfang und Liebe, über ihre Klugheit und Zähmbarkeit, veröffentlichte er später, als er wieder in Freiheit war, in seiner »Arachnologie«, dem ersten wissenschaftlichen Werk über Spinnenkunde; seine Freiheit aber verdankte er tatsächlich eben – den Spinnen. Er wußte, daß die französischen Armeen gegen Utrecht heranrückten, und sah sich schon befreit – da setzten die Holländer ihr eigenes Land unter Wasser. Die Franzosen kamen nicht weiter, und ihr Heerführer, General Pichegru, wollte schon abziehen, denn der Winter des Jahres 1794 war milde, und seine Truppen erstickten im Schlamm; Holland schien für England und Oranien gerettet, für die Freiheit und die Revolution verloren. Jetzt jedoch gelang es dem gefangenen d'Isjonval, eine Nachricht aus dem Gefängnis hinaus und dem General Pichegru zuzuleiten: sie enthielt die Versicherung, daß binnen zehn Tagen starker Frost einsetzen werde – seine Spinnen, ausgezeichnete Wetterpropheten, hätten es ihm verkündet. Pichegru zweifelte, aber er blieb; und prompt nach zehn Tagen setzte starker Frost ein, das Wasser gefror zu Eis, und über dies Eis hinweg stürmten die Franzosen Utrecht, befreiten den Spinnenkenner und eroberten ganz Holland.

Männer machen die Geschichte? Vielleicht. Aber bestimmt manchmal Spinnen, und aus den vermeintlichen Hirngespinsten einsamer Gefangener webt die listige und witzige Spinne Weltgeschichte zuweilen ihr kunstvolles Netz.

Jedoch nicht nur die Geschichte ist unberechenbar – der Mensch ist es auch (oder die Geschichte ist es, weil es der Mensch ist). Sollte man nicht meinen, daß er diejenigen Insekten, die ihm buchstäblich auf den Leib gerückt sind und sich entschlossen haben, nicht nur von ihm, sondern auch auf ihm zu leben, besonders lästig findet und mit besonderem Haß verfolgt? Aber er denkt nicht dran! Er knickt und knackt sie zwar, weil sie ihn beißen und stechen, aber er betrachtet sie mit kaum verhohlener Sympathie. Vermutlich ist das ein Ergebnis seiner Eitelkeit: Wesen, die ihn, den Herren der Schöpfung, zu ihrem Lebensraum und Lebensinhalt machen, können doch nicht schlecht sein!

Nicht einmal die Zecke, die sich bei einem Spaziergang im Walde gelegentlich in seine Haut einbohrt, sich bis zum Platzen mit seinem Blute füllt und schmerzhafte Entzündungen hinterläßt, kann er so richtig ekelhaft finden. Ihr Anschwellen bis zur Kugel führt er mit deutlichem Mitgefühl darauf zurück, daß sie keinen Popo und also keine Entleerungsmöglichkeit mehr habe. Das aber habe sie nur ihrer eigenen Gutmütigkeit zuzuschreiben, denn ursprünglich habe sie beides besessen; gefehlt jedoch habe es der Nachtigall. Die Nachtigall habe infolgedessen nur sehr gequälte Töne hervorgebracht, denn verstopfte Sänger singen nicht gut; da habe sie denn die Zecke um leihweise Überlassung ihres Popos gebeten. Die Zecke sei darauf eingegangen; die Nachtigall aber habe sich nunmehr so wohl gefühlt und so erleichtert gejubelt und geschmettert, daß sie treulos davongeflogen und das arme Insekt eben fortan ohne Popo in dieser schnöden Welt zurückgeblieben sei, ein bemitleidenswertes Opfer seiner Hilfsbereitschaft. So jedenfalls erzählen und empfinden die Rumänen.

Und was nun gar die beiden Dauergäste der menschlichen Haut angeht, die Laus und den Floh – da wissen alle Völker die gleiche, keineswegs unfreundliche Entstehungsgeschichte zu berichten: Adam und Eva nämlich hätten sich im Paradies, so schön es dort auch war, auf die Dauer doch schrecklich gelangweilt; auch hätten sie, arbeitslos wie sie waren, mit ihren Händen und Armen nichts Rechtes anzufangen gewußt; da hätten sie denn Gott um Abhilfe gebeten, und Gott habe ihnen die Flöhe und Läuse geschenkt – seitdem gab's zu kratzen und zu knacken, mit der Langeweile war's aus, und die Hände hatten zu tun. Adams und Evas Nachkommen waren's denn auch zufrieden – bis auf die Mohammedaner, die zwar nichts gegen die Flöhe, doch aber etwas gegen die Läuse zu haben scheinen: jedenfalls berichten sie, daß Allah einst einem höheren Beamten in Stambul einen Sack mit Läusen und einen Sack mit Geld übergab; das Geld sollten die Mohammedaner als Belohnung für ihre Gläubigkeit, das Ungeziefer die Christen als Strafe für ihre Ungläubigkeit bekommen. Der höhere Beamte aber ließ sich natürlich von den Christen bestechen, er war ja eben Beamter in Stambul; so vertauschte er die Säcke, ehe er sie öffnete – und seither haben die Ungläubigen das Geld und die Gläubigen die Läuse.

Aber dem ist nicht so: seit der heidnischen bis zur heutigen Zeit kannte die Laus keine konfessionellen Unterschiede, und keine Konfession sah sie allzu

scheel an. Aristoteles behauptet sogar, wer Läuse im Haar habe, leide weniger an Kopfweh, und der römische Rätseldichter Symphosius leistet sich die folgende witzige Frage:

> »Kannst du den Namen des Tierchens mir sagen,
> Das wir alle mit Leidenschaft jagen;
> Doch wenn du's fängst, behältst du es nimmer,
> Nur wenn du's nicht fängst, behältst du es immer?«

Lösung natürlich: die Laus. Aber man sträubt sich kaum, sie zu behalten. »Hat selbst der Walfisch seine Laus, muß ich auch meine haben!« fordert Goethe, und Hölty wünscht sich beim Anblick der Geliebten: »Wär ich nur das kleine Silberläuschen, das von Ohr zu Ohr ihr irrt!« Auch im Volkslied gehört das Läuschen zum Liebchen: »Feinsliebchen, tu mich doch lausen, mein goldgelbes Härlein mir zausen!« fordert der Ritter von seiner Angebeteten als Beweis ihrer Zuneigung, und ihre Reize preist er emphatisch: »Sie war gar lieblich überall, und eine Brust tat ich erblicken, die war so rund und war so prall, man könnte eine Laus drauf knicken!« Und weil das Lausen also zu den Zärtlichkeiten gehörte, hatte das römische Schimpfwörtchen »Pediculus«, das ist einer, der laust, genauso eine zärtliche Nebenbedeutung wie das süddeutsche »Lausbub« und das wienerische »Du Lauser!«

Was Liebenden guttat, konnte Kindern nicht schaden: die erste Laus, welche die fromme Mutter auf dem Kopfe ihres Kindes fand, zerknickte die fromme Mutter auf dem Gesangbuch mit der Bitte an Gott, es möchten ihrer bald recht viele werden, denn viele Läuse bedeuteten viel Gesundheit, und für den Erwachsenen galt sogar der kategorische Imperativ: »Eyn gesunder mannhafter Mensch soll allzeyt alle drey Läusarten alss eyne Leibbesatzung bey sich führen.« So erstreckte sich denn die allgemeine Läuseliebe selbst auf die unmoralischste aller Läusearten, und auf sie sogar besonders: die Fuhrleute hegten sie geradezu, »um sich keinen Bruch zu heben«, in den Städten gab es Gastwirtschaften mit dem lockenden Firmenschild »Zur güldenen Filzlaus«, und noch Fritz Reuter schildert einen lustigen Burschen als »so fröhlich as ne Filzlus schier«. Kein Wunder, daß einer, der sich allzuviel mit Läuseknicken abgab, als Kleinigkeitskrämer, als Pedant, als Geizhals galt und eben »knickerig« und ein »alter Knicker« war – das Wort hat die Laus überlebt. Denn auch sie ist im Absterben; und doch war ihre Existenz für unsere Altvordern so selbstverständlich, daß jeder das Sprichwort kannte:

> »Eine Scheuer ohne Mäuse,
> Ein Pelz ohne Läuse
> Und ein Bock ohne Bart –
> *Das ist alles wider natürliche Art!*«

Und wenn man der Laus schon nicht böse war – dem Floh war man geradezu gut! Der gestrenge Kirchenvater Orosius fand ihn so harmlos, daß er nicht vom Beißen oder Stechen, sondern nur vom Kitzeln der Flöhe schrieb, und die strengen Talmudisten hielten ihn für unschuldig genug, um den Juden seine Tötung am Sabbat zu verbieten. Außerdem erwies er sich als so gelehrig, daß er als einziges Hausinsekt zum Künstler avancierte und im Flohzirkus winzige Wagen, Schaukeln, Kanonen und Karussells in Bewegung setzte, worauf er zur Belohnung eine Extraration Blut aus dem Arm des Zirkusbesitzers erhielt; vorher freilich sperrte man ihn wochenlang in eine flache Dose, wo er sich bei jedem Hüpfversuch an den Kopf stieß, und gewöhnte ihm so seine Hauptleidenschaft ab, das Springen; in dieser Begabung zur Dressur erblickt der gute alte Brehm den Beweis, »daß ihm eine gewisse höhere geistige Fähigkeit innewohnt«. Und die so ästhetischen Griechen betrachteten ihn als so reizend, daß »Psylla«, das Flöhlein, ein beliebter Mädchenname war.

Das allerdings hängt nun schon zusammen mit einer Eigenschaft, die man ihm von allem Anfang an nachgesagt hat: mit seiner Vorliebe für das zarte Geschlecht. Darin ist er selbst der Laus über, von der man sonst das gleiche behauptet: nach japanischer Legende waren Laus und Floh dereinst zwei dauernd verliebte menschliche Brüder, denen eine Fee je einen Wunsch zu erfüllen versprach; und während der eine sagte: »Ich möchte eine Laus werden, um mein Leben lang am Busen der Geliebten bleiben zu können!« – sagte der andere: »Ich möchte ein Floh werden, um mein Leben lang von Busen zu Busen hüpfen zu können!«

Wenn er also nicht gerade treu ist, so hat er sich andererseits nach allgemeiner Meinung um die Schönheit der Frau sehr verdient gemacht; diese Fabel jedenfalls erzählen alle Völker:

Kaum waren Adam und Eva erschaffen, da stellte es sich heraus, daß Eva vor Adam nicht den geringsten Respekt hatte – wie es ihr vom Schöpfer doch ausdrücklich vorgeschrieben worden war. Adam ging also zu Gott und forderte:

»Gib mir meine Rippe wieder und nimm die Frau zurück – oder mache ihr ein Paradies für sie allein!« Aber Gott erwiderte: »Das geht nicht, Adam; aber nimm dies Fläschchen mit Wunderöl und reibe dir das Gesicht damit ein; dann wird dir ein Bart wachsen, und der Bart wird Eva nicht nur Furcht einflößen, sondern sogar Liebe!« So geschah's, und als Adam mit der neuen männlichen Zierde zu Eva zurückkam, konnte er mit der Wirkung zufrieden sein. Indessen Eva, wie die Frauen schon sind, wollte nun auch einen Bart haben, und weil noch etwas Öl im Fläschchen geblieben war, stahl sie es heimlich und schlich sich ins Gebüsch, um auch ihr Gesicht einzureiben. Gerade wollte sie damit beginnen –

> »Da stach sie so ein kleiner Floh,
> Dahin, wo sie den Schmerz empfand.
> Ich weiß nicht wo –
> So wirkte zwar das Öl sofort,
> Doch griff sie schnell mit ihrer Hand
> Indes an einen tiefern Ort.
> Doch weil das Öl von Gott gekommen,
> Hat es ihr keinen Reiz genommen,
> Vielmehr hat's ihr, wenn man's bedenkt,
> Noch einen weitern Reiz geschenkt!«

So beschließen die galanten Franzosen die Geschichte – und wenn die Frauen gottlob keinen Bart haben, so haben wir's dem Floh zu danken, und wenn er die Belohnung dafür vorzugsweise eben bei den Frauen einkassiert und jederzeit freien Zutritt bei ihnen hat, so ist das sein gutes Recht.

Aber nur das seine – sooft er vom männlichen Geschlecht auch darum beneidet wurde, so viele meist recht lockere Geschichten auch von seinen Erlebnissen berichtet, und so häufig auch in der Literatur aller Zeiten von Horaz bis Wilhelm Busch der Wunsch laut wurde: »Ich wollt', ich wär' ein Floh!« Denn was dem Insekt erlaubt ist, ist dem Menschen noch lange nicht erlaubt – wir wollen uns dem spätlateinischen Dichter hierin an- und das Kapitel Floh damit abschließen:

> »Säß' ich als Floh im Hemdchen der Einen, der Meinen,
> Ach! ich schlich mich empor an den köstlichen Beinen,
> Um am köstlichsten Platze behaglich zu ruhn;
> So aber bin ich ein Mann und könnte dort niemals erscheinen,
> Ohne ihn stürmend zu nehmen, und ohne ihr wehe zu tun ...«

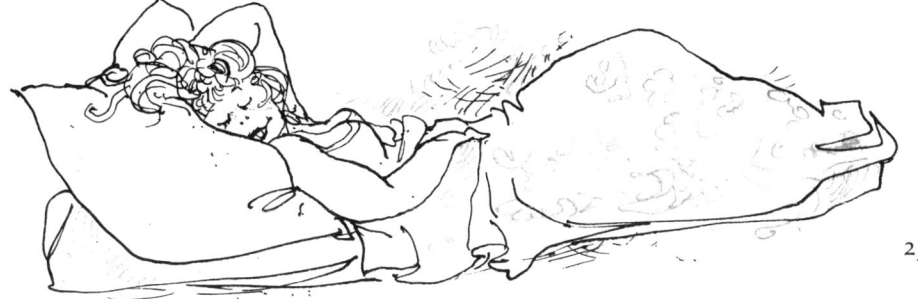

Drum prüfe,
wer sich ewig bindet (I)

HIER BERÄT DICH ONKEL FRANZ

Mein lieber Neffe!
  Ich erfahre,
Du kommst in die gewissen Jahre,
Wo man die Eltern manches fragt,
Was diesen Eltern nicht behagt,
Obwohl es ihnen offenbar
Doch früher sehr behaglich war.
Indes sie spüren mit Beklemmung
Vorm eignen Sprößling eine Hemmung,
Wenngleich der Sprößling nur ent-
  standen,
Weil sie die Hemmung überwanden.
Nie hat man ernstlich drum gebangt,
Wie man zu einem Kind gelangt,
Doch immer hat man bang gefragt,
Wie man es seinem Kinde sagt.
Man will ihm ja nach gutem Brauch
Ein Vorbild sein und ist es auch,
Doch im Moment der Leidenschaft
Wirkt man durchaus nicht beispielhaft,
Und hat man Söhne, kann man ihnen
In dem Punkt kaum als Muster
  dienen –

Ach, nur die Griechen kannten Blöße
Von edler Einfalt, stiller Größe!

Drum frage Deinen Vater nicht,
Nein, höre, was Dein Onkel spricht!
Dein Vater macht Dir's ständig klar,
Daß er ein Musterschüler war,
Ein Musterjüngling im Büro,
Ein Mustergatte sowieso –
Doch ich, obgleich der ältre Bruder,
Ich geb's Dir zu: ich war ein Luder!
Mit Ach und Krach bestand ich nur
Das doch so schwere Abitur,
Ich lernte, neben andren Schwächen,
Erst in Paris französisch sprechen,
Wobei, sooft ich dorthin reiste,
Kein Zug, doch immer ich entgleiste;
Die schwachen Stunden jeder Frau –
Und das sind viel! – kenn ich genau,
Jedoch die einz'ge schwache Stunde
Des Mannes, der zum Ehebunde
Vorm Traualtar das Amen spricht –
Die kenn ich nicht!
So sind in puncto Kindersegen
Uns denn die Gatten überlegen,
Nur schöpfen halt wir Junggesellen
Aus vielen und verschiednen Quellen
Und können ein bewegtes Leben
An unsre Neffen weitergeben,
Für die wir ja nicht Täter sind,
Nur Onkels und nicht Väter sind!
Weil wir uns nicht als Vorbild schätzen,
Verstehn wir's, sie ins Bild zu setzen,
Kurzum, wenn nicht wir Onkels wären,
Wer wäre da, um aufzuklären?
Drum, lieber Neffe, hast Du Fragen,
So bitt ich, sie mir vorzutragen.
Dein Vater wird mit Recht umgangen:
Er ist Partei. Er ist befangen.
Ich bin die sachliche Instanz!
In diesem Sinn
  Dein Onkel Franz

Mein lieber Neffe!

Ich bin froh:
Dein erster Brief ist gar nicht so.
Du fragst nur recht präzis und klar,
Warum Dein braves Elternpaar,
Das sonst auf jeglichem Gebiet
Partout an Dir herumerzieht,
Dich plötzlich wie in Watte faßt
Am Tag, wo Du Geburtstag hast.
Sonst setzt es Tadel, setzt es Hiebe –
An diesem Tag herrscht eitel Liebe,
Du wirst beschenkt, Du wirst
  gestreichelt,
Selbst von der Lehrerschaft um-
  schmeichelt,
Ja, wenn Dir's auch zuwider ist,
Von allen Tanten abgeküßt,
Sie scheinen alle nach Dir süchtig –
So wichtig, richtig, züchtig, tüchtig,
So glücklich, schicklich und erquicklich
Gibt's keinen zweiten augenblicklich,
Als wäre das Geborenwerden
Das allergrößte Glück auf Erden,
Als hätten die, die Dich erdacht,
Ein wahres Heldenstück vollbracht!
Drum Deine hoffnungsfrohe Frage:
Wie war denn das – am *ersten* Tage?
Nun ja – es war, sei mir nicht bös,
Nicht allzu schön, mehr strapaziös.
Denk nach, o Neffe, und beachte,
Was sich die Welt für Mühe machte,
Um Dich in sich hineinzusetzen –
Erst dann lernst Du Dich richtig
  schätzen!
Da war das Krankenhaus, wo dann
Auch schon der Klassenkampf begann:
Ob erste, zweite, dritte Klasse,
Bestimmte hier, wie stets, die Kasse;
Da war der Kreißsaal sanft belebt
Von jener Amme, die da hebt –
Der Vater, jetzt kaum wesentlich,

Hob zwar auch einen, doch nicht Dich;
Da war der Arzt, dem nicht mal bange
Vor sanftem Zwange mit der Zange;
Da waren die noch sanftern
  Schwestern,
Die aber heimlich kräftig lästern;
Da war die Maid, die unentwegte,
Die feuchten Augs Dich trockenlegte;
Da schuf schon längst die Näherin
Dein erstes Kleid voll Farbensinn:
Denn kämst Du hier als Mädchen an,
Dann wäre das in Rosa dran,
Als Mann, in ahnungsvoller Schau,
Bist Du vom ersten Tag an blau;
Da ward, daß Du hier angekommen,
Selbst in die Zeitung aufgenommen,
Wofür man viel Gebühr erhebt,
Weil ja die Zeitung davon lebt,
Denn jene Fülle der Berichte
Von Wirtschaft, Sport und Kunst-
  geschichte,
Ja, von der Politik des Staates
Lebt vom Ertrag des Inserates – –
In summa und kurzum: Du brachtest,
Eh Du Dein erstes Schlücklein machtest
Und ohne daß man Dich bemühte,
Die Volkswirtschaft zu hoher Blüte!

Doch nicht genug! Die angestammten
Und wohlverdienten Staatsbeamten –
Du bist es, kaum daß Du erschienen,
An welchem sie so wohl verdienen!
Die Herrn vom Standesamt
  bescheinigen
Noch vor dem ersten Windelreinigen,
Wo Du geboren, wann und wie –
So sichert die Bürokratie,
Weil unentbehrlich diese Scheine,
Durch ihre Existenz die Deine
Und, weil nicht gratis die Papiere,
Durch Deine Existenz die ihre
Und kriegt dafür als süßen Lohn
Gehalt sowohl wie auch Pension.

Noch nicht genug! Desgleichen schreit
Nach Dir die hohe Geistlichkeit,
Sie billigt Kinder nur und Ehen,
Die auch im Kirchenbuche stehen.
Dein Vater wünscht die Festlichkeit,
Bei der man Deinen Namen weiht,
Hinwiedrum nicht so kurz erledigt,
So wünscht und zahlt er eine Predigt,
So wünscht und zahlt er auch den
  Mann,
Der dazu Orgel spielen kann –
Er kommt vom Regen in die Traufe,
Doch Du mit Segen in die Taufe.

Zu Recht, denn Gott gab Dir das Leben;
Man soll ihm auch was dafür geben!
Ist über finanzielle Gaben
Er selber auch durchaus erhaben –
Den Weg zum Chef bahnt allemal
Ein Obolus fürs Personal.

So war es also, teurer Neffe!
Du siehst, in jeglichem Betreffe
Begannst Du Deinen Lebenswandel
Zum Heil für Kirche, Staat und
  Handel.
Und daß es für Dein Elternpaar
Teils unbequem, teils teuer war,
Kann weder es noch Dich erschrecken
Und tritt zurück vor höhern Zwecken.
Drum feire, was sich feiern läßt,
Und halte an dem Lehrsatz fest:
Du bist zu Großem auserkoren
Schon darum, weil man Dich geboren,
Denn würde man von solchen Sachen
Ansonsten so viel Wesens machen?
Du bist schon wer. Nun sei's auch ganz!
In diesem Sinn

Dein Onkel Franz

Mein lieber Neffe!

Ich begreife:
Du bist der Meinung, daß ich kneife.
Was ich Dir vom Geburtstag schrieb,
Von Krankenhaus und Amtsbetrieb,
Das wäre ja ganz schön – indessen,
Ich hätte wohl noch was vergessen,
Da müsse noch was andres sein,
Nur mehr zu zwein, und die allein.
Denn wenn Du meinem Brief ent-
    nahmst,
Daß Du »ans Licht des Tages« kamst,
So kamst Du auch, was logisch klar,
Aus einer Nacht, wo's dunkel war!
Doch welche es genau gewesen,
Das steht auf keinem Schein zu lesen,
Das Amt bescheinigt, was vorhanden,
Hingegen nie, wie es entstanden,
Hier, wie in allen andern Fällen,
Sind nur die Folgen festzustellen,
Ursachen bleiben stets im Dunkeln –
Man kann nur munkeln.

Ja, selbst die Schule, die erbittert
Dich sonst mit Wissen überfüttert,
Das Dir beschwerlich und egal,
Schweigt hier und munkelt nicht ein-
    mal.
Der Lehrer schweigt. Es schweigt die
    Fibel.
Jedoch gottlob: es spricht die Bibel!
Sie trägt zu aller Prüden Schmerz
Kein Blatt vorm Mund und anderwärts,
Sie kündet vielmehr Blatt für Blatt,
Wer wen mit wem gezeuget hat,
Und pflegt man auch für die, die lernen,
Das Lernenswerte zu entfernen,
Es bleibt für die, die lernen wollen,
Doch viel, was sie nicht lernen sollen.
Und kurz, Du würdest nichts erfahren
Bis, sagen wir, mit sechzehn Jahren,

Du bliebest ganz erlebnisleer,
Wenn eben nicht die Bibel wär
Und wenn man Dich des Glaubens
    Werte
Nicht schon im ersten Schuljahr lehrte.

Zumal das sechste der Gebote
Hat seine ganz besondre Note.
Was Töten ist und was das Stehlen,
Das braucht man Dir nicht zu erzählen,
Du weißt, wovon der Lehrer spricht,
Du darfst es nicht und tust es nicht.
Nur Nummer sechs geht Dir nicht ein:
Was ist das bloß, das Unkeuschsein?

Du fragst. Der Pädagog spricht scharf:
»Auch das ist was, was man nicht darf,
Doch geht's die Jugend noch nichts an,
Indem sie es noch gar nicht kann!«
Du aber hörtest schon recht viel
Vom oft genannten Sex-Appeal,
Sex-Bomben sahst Du auf Plakaten,
Und plötzlich hast Du es erraten:
Es trägt mit Recht die Nummer 6 –
Hier geht's ja um den 6-Komplex!
Und damit stillvergnügt und heiter
Bist Du ein kleines Stückchen weiter.

Indessen ist noch nicht erklärt,
Wie man beim Unkeuschsein verfährt,
Die Schule reicht hier nicht mehr aus,
Drum wende Dich zum Elternhaus!
Du weißt bereits: präzise Fragen
Erwecken hier nur Unbehagen,
Hingegen gehn die Dinge glatt,
Wenn Vater Herrenabend hat.
Dann bleibe, statt hineinzugehn,
Ein Weilchen hinterm Vorhang stehn.
Da spricht man viel von solchen Sachen,
Die, scheint's, so viel Vergnügen
    machen,
Und das nicht nur, wenn man sie tut,
Schon drüber reden tut so gut!
Das Ganze hat, das merkst Du nun,
Mit einer Wirtin was zu tun
Und außerdem mit ihrem Vetter,
Einem gewissen Kiesewetter – –

Du bist enttäuscht. Was soll das bloß?
Und wieder bliebst Du ahnungslos.
Wenn sie sich nur nicht unterbrächen,
Und, wenn Du eintrittst, weiter-
    sprächen!

Doch nein! Gleich heißt es:
    »Pst! Das Kind!«,
Weil sie soo pädagogisch sind,
Sie hören schleunigst auf zu lachen
Und reden blöd von blöden Sachen,
Hierauf folgt ein betretnes Schweigen,
Dir wird so seltsam, wird so eigen,
Und schließlich heißt es drohend-leis:
»Hier sind zehn Pfennig, kauf
    Dir Eis,
Und sage Mutter nichts von dem,
Sonst werde ich unangenehm!«

Du aber, stillvergnügt und heiter,
Bist abermals ein Stückchen weiter,
Du weißt vom Sex schon dreierlei:
Was Weibliches ist stets dabei;
Solang man's tut, ist's ernst; indes
Hernach hat es was Komisches!
So kamst Du auf den Weg der Logik
Durch väterliche Pädagogik.

Doch hält die Frage Dich in Bann:
Worauf kommt's bei den Mädchen an?
Du suchst nach Skizzen, suchst nach
    Bildern,
Die hierin schon Genaures schildern –
Hier habt Ihr's gut, Ihr Gegenwärtigen:
Wir mußten das noch selbst
    verfertigen!

Wir taten das zu meiner Zeit
Gern in Zurückgezogenheit,
Will sagen in den stillen Zellen,
Die Schulen zur Verfügung stellen,
Wo, wenn auch nicht zur Kunst
    bestimmt,
Der Knabe doch den Bleistift nimmt,
Um etwas an die Wand zu malen,
Entsprechend seinen Idealen.
Und hat er nur sein Taschenmesser,
Dann geht's noch besser.

O Neffe! Von den Genrestücken,
Die solcher Zellen Wände schmücken,
Soll man trotz allen ihren Schwächen
Nur mit der höchsten Ehrfurcht
    sprechen.
Denn von dem Vater auf den Sohn
Vererbte sich die Tradition,
Sie reicht im Dienst der Früherotik
Vom Heute in die frühe Gotik
Und über Hermann den Cherusker
Bis zu den Gräbern der Etrusker.
Doch ach, der Kunstgeschichtler schätzt
Stets nur das Einst und nie das Jetzt!
Was einst die Pompejanerknaben
In solche Wand geschnitzelt haben,
Erfährt, als edle Wandverzierung,
Gewissenhafte Restaurierung,
Man darf's, sofern sie dazu neigen,
Sogar gekrönten Damen zeigen –
Doch das, was wir als Knaben
    meisterten
Und selig an die Wände kleisterten,
Wird auf Befehl der Pädagogen
Des Kunstliebhabers Blick entzogen
Und immer wieder übertüncht –
Kurz, das Genie wird kalt gelyncht!
Nun, wie gesagt: Ihr Gegenwärtigen
Braucht nichts mehr selber zu
    verfertigen,
Nein, Euch hilft auf die rechte Spur
Die Film- und die Plakatzensur!
Der Film, man weiß, kann sittlich
    schaden
Von wegen Busen, Hüften, Waden.
Drum sehn, bevor's der Laie kann,

Sich ältre Herrn die Filme an,
Die brachten's ja erstaunlich weit
Im heiklen Punkt der Sittlichkeit.
Empfindet nun die Selbstkontrolle,
Daß hier ein Busen zu sehr rolle,
Dann sagt sie sich korrekt und ehrlich:
Der Film da stimmt uns sehr
    begehrlich,
Er schafft verdächtigen Genuß,
So daß man ihn verbieten muß!

Und würden sie ihn untersagen
Für die, die ihn nicht gut vertragen,
Für ihresgleichen, für die Alten,
Die Opfer ihrer Triebgewalten
Mit schon entwickeltem Geschlecht,
Dann wär das logisch und gerecht,
Dann hieß die strengste ihrer Noten:
»Für Erwachsene verboten!«,
Und milderen Falles dann und wann:
»Erwachsenenfrei von siebzig an!«
Indessen nein, sie wollen nun
Durchaus was für Euch Kinder tun.
Ihr würdet ja bei solchen Sachen
Euch wenig denken und nur lachen,
Drum wird der Film mit Kuß und
    Beinen
Zu Recht verboten für die Kleinen,
Indes die sittlich reifen Großen
Sich heldisch und mit Lust dran stoßen.
Doch ach! Muß man nicht auch vor
    Kindern
Die Wucht des Filmplakats verhindern,
Das zeigt ja auch das Bloße bloß,
Und noch dazu bewegungslos –

Und kaum daß dies der Zensor sah,
War auch des Zensors Einfall da:
Quer über allen Busenspitzen
Muß nun ein schwarzes Viereck sitzen,
Das gleiche Viereck muß erscheinen
Auf jedem Treffpunkt von zwei
    Beinen – –
Und schau, wie sich die Jugend drängt,
Wenn irgendwo solch Bildnis hängt!
Geliebter Neffe, sage doch,
Wozu brauchst Du den Onkel noch?
Misch Du Dich auch ins Volks-
    getümmel,
Hier ist des Volkes wahrer Himmel,
Zufrieden jauchzet groß und klein:
»Hier drunter, Mensch, hier muß es
    sein!«

Und somit stillvergnügt und heiter
Bist Du ein Riesenstückchen weiter,
Denn sieh, der Zensor gab Dir so
Die Antwort auf die Frage »Wo?«
Oh, ehre ihn und seinesgleichen,
Die die verbotnen Sachen streichen
Und dadurch die Erkenntnis wecken,
Wo die verbotnen Sachen stecken.
Oh, reiche ihm den Lorbeerkranz!
In diesem Sinn

      Dein Onkel Franz

242

Mein lieber Neffe!

Ich bemerke,
Du gehst mit Gründlichkeit zu Werke.
Aufs Wo allein kommt Dir's nicht an,
Du fragst auch nach dem Wie und
  Wann,
Und vorerst läßt Dir keine Ruh
Das grüblerische Wort »Wozu?«
Was sie so streng vor Dir verstecken –
Wozu ist's da? Zu welchen Zwecken?
Hier pflegt man, wie nicht zu vergessen,
Mit recht verschiednem Maß zu messen.
Man überklebt den Kinobusen,
Jedoch mitnichten den der Musen,
Was man Dir am Plakat verbarg,
Zeigt frei die Statue im Park,
Und offen prangen selbst die Lenden
An sämtlichen Museumswänden.
Die Sittlichkeit scheint nicht geniert,
Wenn so was eine Göttin ziert,
Auch scheint's kein Ärgernis zu geben,
Wenn das Modell nicht mehr am Leben,
Hingegen weigert man dem Knaben,
Was noch in Fleisch und Blut zu haben.

Doch wiedrum ist's nicht dies allein –
Des Busens *Zweck* muß doppelt sein!
Der eine wird vor Dir versteckt
Als sittenwidrig und suspekt,
Den andern, davon nicht betroffen,
Zeigt selbst manch frommes Bildnis
  offen;
So darfst Du bei solch frommen Bildern
Genau betrachten, was sie schildern.
Und wenn man immer schon
  bewunderte
Die Kunst der früheren Jahrhunderte –
Jetzt wird Dir erst so richtig klar,
Wie fromm – und wie gescheit sie war!
Selbst Kirchenwänden war es eigen,
Den Busen äußerst schön zu zeigen,

Doch immer nur mit Zweckangabe,
Denn meistens trinkt daran ein Knabe,
Wenn nicht, dann tritt die Büßerin
Ihn voll entfaltend vor Dich hin
Und ringt höchst reuevoll die Hände,
Als ob sie ihn abscheulich fände.
Entsittlichend in höchstem Maß
Scheint so der Busen ohne was,
Indessen ihn mit Säugling dran
Der Frömmste froh bewundern kann.

Doch leider macht die Kunstgeschichte
Den schönen Eindruck oft zunichte,
Denn sie erforscht aus bester Quelle
Den Lebenswandel der Modelle,
Und Tizian, Cranach, Tintoretto,
Sie hatten manch Modell in petto,
Das sie bewundert und gemalt,
Geliebt und manchmal gar bezahlt,
Das aber nie ein Kind empfing
Noch reuevoll ins Kloster ging,
Und doch tritt es gemalt in Szene
Als Mutter oder Magdalene!
So fühlt man innerlich beteiligt,
Wie stets der Zweck das Mittel heiligt.
Hier, lieber Neffe, mach Dir klar,
Wie sittlich war Dein Elternpaar.

243

Dein Vater, kein verruchter Maler,
Nein, Ehrenmann und Steuerzahler,
Nahm kein Modell und hing es drauf
Als Ideal den andern auf –
Er sorgte als getreuer Gatte,
Daß Mutter nichts zu büßen hatte
Und nicht nur Schönheitsideal war,
Nein, auch als Mutter streng legal war!
Und als Du, kaum daß Du entstandest,
Dich gern an ihrer Brust befandest,
Hat Vater sinnend zugesehn:
»Mein Sohn, wie kann ich Dich
    verstehn!
Als Deine Mutter mir gefiel,
Da hatte ich das gleiche Ziel,
Nur sozusagen als Ästhet
Und weniger wegen der Diät –
Wie herrlich, daß das so Begehrte
Sich nun zu ernstem Zweck bekehrte!
Noch gestern Zierde, heute schon
Ein stiller Ort der Produktion – –
Sei stolz! Die schönste Utensilie:
Der Busen blieb in der Familie!
Fürwahr, der Satz ist unerbittlich:
Was bürgerlich, das ist auch sittlich!«
So träumt Dein Vater seinen Traum.
Du störst ihn nicht. Er hört Dich kaum.
Bei Deinem leisen Glu-glu-glu
Fallen ihm lind die Augen zu –
Oh, blieb sie doch, von nichts entweiht,
Die stille Zeit der Stillezeit!

Doch andrerseits, o Neffe, mach
Dir dieses klar: der Mensch ist
    schwach!
Kaum ist die Stillzeit überwunden,
Fühlt er sich nicht mehr so gebunden,
Er ist nicht mehr von Dir besessen
Und neigt zu anderen Intressen,
Kurz, auf die strenge Zeit des Stillens
Folgt eine Zeit des freien Willens.
So nahm sich auch Dein Herr Papa

Mehr Freiheit – dazu ist sie da.
Daß er Mama liebt wie auch Dich,
Scheint ihm dabei nicht hinderlich,
Die Damen, die als Mann von Welt
Er sich bisweilen beigesellt,
Sind ja nicht schöner als Mama,
Nur *anders* – und das ist es ja!
Ich bitte Dich aus Lebenskenntnis
Für Deinen Vater um Verständnis.
Er will mit keiner jener Damen,
Die ihm auf Reisen unterkamen,
Die kränken, die er ehlich minnt,
Will keine Heirat, will kein Kind,
Er nicht von ihr, sie nicht von ihm,
Er ist mit ihr halt nur »intim«

Und wird sein treues Weib nach diesen
Hors d'œuvres nur noch mehr
    genießen –
Hors d'œuvres nimmt man, wenn
man hat,
Doch erst der Hauptgang macht uns
    satt!

Und was für ihn schon kein Problem –
Für Dich ist's doch nur angenehm!
Kommt er nach Haus von wichtiger
    Reise,
Tritt an Dein Bett und duftet leise,
Vor allen Dingen aber fremd,
So daß es Dich direkt beklemmt –
Dann weißt Du schon, er bringt was
    mit,
Er sühnt für einen Seitentritt,
Und alsobald riechst Du's ihm an:
Heut war die mit dem Moschus dran!
Das gibt was Seidnes für Mama,
Für Dich ist Schokolade da,
Kurzum, je schlechter sein Gewissen,
Je sanfter ist Dein Ruhekissen.
Und so macht Vaters Seitensprung
Den Jungen froh, die Mutter jung.

Du sollst darum im spätern Leben
Den Damen, die sich ihm ergeben,
Obzwar Du selbst sie niemals kanntest
Und nie mit Kosenamen nanntest,
An Deines Herzens schönsten Plätzen
Denkmäler der Erinnrung setzen.
Um ihretwillen ging er nett
Und zärtlich mit Mama zu Bett,
Um ihretwillen trat er immer
Mit Süßigkeiten in Dein Zimmer –
Ein Vater ohne Schuldgefühler
Schenkt weniger und zeigt sich kühler.

Auch nimm's nicht übel, wenn sich's
   zeigt,
Daß er von solchen Sachen schweigt,
Ja, daß er bei Gelegenheiten
Sich müht, sie glattweg abzustreiten.
Er weiß, ein solches Abenteuer
Macht ohnehin den Abend teuer,
Er fürchtet, und hat recht soweit,
Des Weibes Uneinsichtigkeit,
So trachtet er, klug und bescheiden,
Den Ehekrach durchaus zu meiden,
Der, wie er glaubt und oft gehört,
Dein zartes Kinderherz zerstört,
Dich krank macht und zu guter Letzt
Ein ganz horrendes Trauma setzt.

Doch Gott sei Dank, er schafft es nicht,
Der Seitensprung drängt stets zum
   Licht,
Und eines Tags kommt alles raus,
Und endlich gibt es Krach im Haus!
Nun zeigt es sich, genau erwogen,
Wie dumm die Psychologen logen,
Denn für Dich holden Knaben, ach,
Was gibt's da Schöneres als Krach!
Wenn Tassen klirren, Teller fliegen,
Ist das für Dich ein Hauptvergnügen,
Wie herrlich, wenn's besonders
   gut geht

Und selbst das Spiegelglas kaputtgeht,
Langweilig ist nur, was intakt,
Possierlich nur, was kracht und knackt,
Und wenn Dir Deine Freunde sagen,
Wie ihre Eltern sich vertragen,
Wie deren Ehe so beschaulich,
Dann ist Dir so was einfach graulich,
Und Du sprichst stolz: »Na, bitte sehr,
Da geht's bei uns ganz anders her!«

Und dann die liebliche Gewöhnung
Der elterlichen Schlußversöhnung!
Man tritt gemeinsam an Dein Bett,
Beschenkt Dich tief gerührt und nett,
Weil Dein Bestehn ja offenbar
Der Anlaß zur Versöhnung war –
So wird das bittre Weh der Eh
Für Dich zum süßen Praliné!
Darum bringt Krach der Ehe Segen,
Er lohnt sich schon der Kinder wegen
Und wirkt beglückend, weil sie diesen
In zartem Alter sehr genießen.
Und wenn die Psychoanalyse
Da anders denkt – verachte diese!

Ja, um aus Vorsicht vorzugreifen:
Selbst wenn die Dinge weiterreifen,
Wenn eines Tags ein Herr, nicht alt
Und von erfreulicher Gestalt,
Der Mutter treu zur Seite steht,
Falls Vater wieder reisen geht,
Auch, falls er heimkehrt, nicht ver-
   schwindet,
Nein, seinen Platz im Hause findet;
Wenn Vater, falls Besuch gekommen,
Mit Haltung und fast unbeklommen
Ihn vorstellt Müllers oder Krauses:
»Herr Sowieso, ein Freund des
   Hauses!«;
Wenn Mutter spricht nach einigen
   Tagen:
»Zu *dem* Herrn darfst Du Onkel
   sagen!« –

Dann tu es ohne viel Bedenken,
Auch er wird Dir so manches schenken.
Er wird als Wahlonkel gezählt,
Mit Recht, weil ihn Mama gewählt,
Und wenn Papa ihn dulden *muß*,
Du *darfst* ihn dulden – also tu's!
Denn Rache ist an sich schon süß;
In Mutters Fall ist sie's gewiß!
Somit, o Neffe, fandest Du
Die Doppelantwort aufs »Wozu«.
Es ist der Menschheit alter Brauch:
Was sie vermehrt, erfreut sie auch,
Obgleich man's gerne trennen möchte
In gute Zwecke und in schlechte.
Denn schau, wenn auch die Zwecke
   doppelt:
Ein jeder sucht, wie er sie koppelt,
Und trotz der Schulen und der Kirchen
Hat jedes Tierchen sein Pläsierchen.
Zum Koppeln braucht's nur Eleganz!
In diesem Sinn

Dein Onkel Franz

Mein lieber Neffe!

Ich vermute:
Dein Ehrgeiz zielt jetzt aufs Akute.
Du willst Papa nicht nur verstehen,
Du willst auf seinen Spuren gehen;
Du willst nunmehr und willst mit
  Recht
Das süße andere Geschlecht
Nicht nur im Bilde *sehen*, nein:
Du willst nun auch im Bilde *sein!*
Zwar treibt Dich noch, so scheint
  es Dir,
Die Neugier mehr als die Begier;
Am Ziel weißt Du, Du ahnst's mit
  Bangen,
Vielleicht nichts Rechtes anzufangen;
Du würdest bei Gelegenheiten
Zwar eventuell zum Angriff schreiten,
Doch hättest gerne Garantien,
Dich eventuell zurückzuziehen,
Was zwar moralisch reinlich ist,
Doch praktisch meistens peinlich ist.
Drum ach! wo zeigen sie sich nur,
Die Schätze sinnlicher Natur,
Wo sind sie, die so wichtigen,
Ganz zwanglos zu besichtigen?

Des Hauses dienstbereite Maid
Starb leider aus in neurer Zeit,
Die Damen von der halben Welt
Verlangen stets Dein ganzes Geld,
Und beide sind, sonst so verschieden,
Nur mit Besichtigung nicht zufrieden.
So siehst Du, mag's Dich auch ver-
  drießen,
Dich auf Dich selber angewiesen
Und kämpfst Dich still und heldisch
  frei
Wie Winnetou bei Herrn Karl May:
Auch er fängt nichts zu zweien an,
Was er allein erledigen kann.
Doch warn ich Dich als Moralist,
Weil das nichts für die Dauer ist!

Nun, dies Problem war insoweit
Noch schwieriger zu meiner Zeit.
Ach, wie empfanden wir es bitter:
Bei allen Mädchen waren Mütter,
So wachsam wie Palasteunuchen,
So daß die Lust, es zu versuchen,
Trotz starkem Drang zum niederen
  Trieb
Bei höheren Töchtern unterblieb.
Und sinnlos wär der Trieb verraucht,
Wär nicht ein Wesen aufgetaucht,
Ein Wesen, schon seit Urzeittagen
Bestimmt, sich uns nicht zu versagen
Und doch, nachdem wir es besehen,
Nicht auf Erfüllung zu bestehen,
Geschaffen nur, daß es uns diene –
Es war, o Neffe, die Cousine.
Verkenn mich bitte nicht! Ich meine
Nicht die bekannte süße Kleine,
Die der Primaner und Student
Seit jeher nur Cousine *nennt*,
Um so den Zorn, den eifersüchtigen,
Der Schlummermutter zu
  beschwichtigen –

O nein: ich meine hier die echte
Aus unserm eigenen Geschlechte.
Klar liegt ihr Vorteil auf der Hand:
Sie ist uns einerseits verwandt,
So kann man aus Familiengründen
Nicht unsern Umgang unterbinden,
Jedoch ist der Verwandtschaftsgrad
Hinwiederum so delikat,
Daß er die Zärtlichkeit nicht mindert,
Die Heirat aber meist verhindert,
So daß in jeglichem Betracht
Cousinenliebe glücklich macht:
Man kann sich aneinander weiden,
Die Folgen aber doch vermeiden.

Wie glücklich bist du, Erdengast,
Sofern du ein Cousinchen hast!
Bereits der erste schwierige Schritt
Vom Sie zum Du entfällt somit,
Du mußt dich nicht des Wunsches
    schämen,
Sie innig in den Arm zu nehmen,
Der Kuß kommt ganz von selbst
    zustande,
Ihn fordern die Verwandtschaftsbande,
Die sie auch hindern, sich zu weigern,
Wofern sich deine Wünsche steigern,
Sie wird, was ihr an Schönem eigen,
Dir zwar nicht schenken, aber zeigen,
Und wer gar ein Cousinchen hat
Vom Land, aus einer kleinen Stadt –
Ach! ihn erwartet unterm Kleide
Nicht schnöde, kalte Nylonseide,
Ihm duften Mieder, Leibchen, Bändel
Nach Veilchen, Myrte und Lavendel,
Statt nach Chemie und Lack und so
Riecht derb ihr Haar nach Heu und
    Stroh,
Der Büstenhalter, handgestickt,
Gibt frei, was Aug und Herz erquickt,
Und was fürwahr von selber hielte – –
O Neffe, wer das einmal fühlte,

Geht jetzt nicht weiter, hält jetzt inne:
Cousinchenminne – Vorspielminne,
Und wer vom Schoß der Zukunft
    spricht,
Weiß dennoch: dieser ist's noch nicht!

Verzeih. Dein Onkel kam ins Träumen.
Ich bin bereit, das einzuräumen.
Heut sind ja auch, ward mir gesagt,
Cousinen nicht mehr so gefragt.
Sie wichen, wie man mir's beschrieb,
Jetzt einem andern, neuen Typ
Aus einer andern, neuen Welt
Mit weniger Seele und mehr Geld,
Der hoch bebust und lang bebeint
Zwei Dinge zu vereinen scheint:
Geschäftssinn und Cousinensinn –
Kurz, die Amerikanerin!
Was der Cousine unbewußt,
Treibt sie bewußt und sehr mit Lust,
In keiner Weise zimperlich
Liebt sie von Knie bis Wimper Dich,

Kann Dich mit allem, was dazwischen,
Ermüden und sich selbst erfrischen
Und bleibt doch an dem Punkte stehn,
Den andre als den Zielpunkt sehn.
So hat sie offen viel genossen
Und bleibt doch heimlich recht ver-
    schlossen,
Sie wartet auf den Ehemann
Als Blümelein Rührdasnichtan,
Und dieser Mann ist allemal
Ein Herr mit sehr viel Kapital;
Er zahlt und weiß dafür wie keiner:
Mein erster Sohn ist wirklich meiner,
Denn für die früheren Geschichten
Gab's Zeugen – Zeuger gab's mit-
    nichten!
So sind legale Leibeserben
Denn quasi käuflich zu erwerben,
So deckt sich wieder insoweit
Der Reichtum mit der Frömmigkeit,
So schützt das neue Kapital
Das alte Jungfrauideal,
Und so ist der Kapitalist
Von vornherein der bess're Christ.
Jedoch Amerikanerinnen,
O Neffe, wirst Du selten minnen,
Du bist halt aus der Alten Welt,
Dir fehlt Gelegenheit und Geld,
Du muß noch, statt Dich zu beweiben,
Beim jünglingshaften Schwärmen
    bleiben –
Hier wählten Groß- und Urgroßvater
Bereits die Damen vom Theater.
Bei Damen von der Flimmerleinwand
Erhebt sich nämlich gleich der Einwand,
Daß sie, weil schlechthin
    unvergleichbar,
Dem Sterblichen fast nie erreichbar.
Doch die da stehn auf kleinern
    Bühnen –
O gehe hin und lausche ihnen!
Indessen ach! Hörst Du sie schmettern,

Hörst Du sie wettern auf den Brettern,
Siehst Du sie toben oder schmachten,
Hold lieben oder stolz verachten,
Dann quält Dich schon im tiefsten
    Busen
Die bange Frage an die Musen:
Kann ich den Strom der Leiden-
    schaften,
Den ungeheuren, auch verkraften?
Denn was uns so zu ihnen zieht,
Wenn man sie auf den Bühnen sieht,
Der stille Wahn, das wilde Toben –
Wär es beim Lieben auch zu loben?

O Neffe (wir sind unter Männern!),
Vertrau uns alten Bühnenkennern,
Die Dich vor Irrtum gern bewahren,
Denn schau, wir haben dies erfahren:
Ob in der schönen Welt des Scheins,
Ob in der trüben unsres Seins,
Ach, jede Frau zu jeder Frist
Spielt immer das, was sie nicht ist!
Gerade das erfahrne Mädchen
Spielt gern das kleistisch-keusche
    Käthchen,
Die sinnenheiß die Lulu spielt,
Zeigt sich beim Lieben tiefgekühlt,
Die Du gerührt als Gretchen siehst,
Die ist ein Biest!
Und klar und schlicht in jedem Sinn
Liebt nur – die Platzanweiserin.
So viel von der Theaterwelt,
Die viel versprach, was sie nicht hält,
Und nur im Kostenpunkte, ach!
Viel mehr behält, als man versprach.
Drum sind ein nicht so heißes Eisen
Die Damen mit den festen Preisen.
Gewiß, ich weiß: man ehrt sie nie.
Man hat verschiednes gegen sie.
Schon seit sie unsre Welt verzieren,
Versucht man sie zu liquidieren
Und jagt sie heute wie die Hasen

Aus Häuschen in gewisse Straßen
Und jagt sie morgen wie die Mäuschen
Aus Straßen in gewisse Häuschen –
Doch alles ist umsonst, weil man
Die Kundschaft nicht verjagen kann.
Und dann, im Grund und in der Tat:
Man ist ja froh, daß man sie hat.
Die Welt, die auf Moral sich gründet,
Ist ihnen heimlich eng verbündet.
Ein wahrhaft weiser Vater spricht:
Gesetzt den Fall, es gäb sie nicht,
Wer hätte es bedeutend schlechter?
Wer wär das Opfer? Unsre Töchter!
Gewiß sind unsre Töchter sittlich,
Doch Männer sind so unerbittlich,
Wenn sich's um ihre Triebe handelt,
Daß auch die Sittlichste sich wandelt,
Und sind bei dieses Triebs Begründung
Von größtem Reichtum der Erfindung,
Verstehn die Klügern wie die Blödern
Durch lockendes Geschwätz zu ködern
Und können, was besonders störend
Und für den Bürger höchst empörend,
Dies sonst kostspielige Vergnügen
Bei unsern Töchtern gratis kriegen!
Dabei, wie die Erfahrung lehrt,
Senkt das die Töchter sehr im Wert,
Indes der Wert der Maid, die leicht,
Durch starken Zuspruch eher steigt!
Kurzum, zur Wahrung guter Sitten
Sei diese Maid fortan gelitten:
Die Unmoral wird gern geduldet,
Weil die Moral ihr manches schuldet.

So sprechen Väter, so entstand
Ein stiller Schutz- und Trutzverband
Aus denen, die noch Sitten haben,
Und denen, die sie untergraben –
Ein seltner Fall: ein Schicksalsbund
Und volkswirtschaftlich doch gesund.

Und, lieber Neffe, außerdem:
Wie macht man es Dir heut bequem!
Wie primitiv zu meiner Zeit
War Maid sowohl wie Räumlichkeit,
Und der Vollzug an sich, verlief er
Womöglich nicht noch primitiver,
Mal mit Musik, doch meistens ohne,
Und wenn, dann nur zum
    Grammophone?
Da hat es manches Kind der Nacht
Doch heutzutage weit gebracht.
Die Kenntnisse, die solche Damen
In diesen Jahren mitbekamen
Durch Krieg sowohl wie durch
    Besetzung,
Verdienen allgemeine Schätzung.
Beträchtlich hob sich das Niveau
Durch Fernsehn und durch Radio,
Das häufig komfortable Lager
Umklingt der neuste Negerschlager,
Bei Herren aus den fernsten Fernen
War manches Neue zu erlernen,
Und trafen sich denn solche Herrn
Nicht grad bei solchen Damen gern?
Wer zählt die Völker, nennt die
    Namen,

Die gastlich hier zusammenkamen?
Von Asiens entlegener Küste,
Von allen Inseln kamen sie
Und lauschten voller Schaugelüste
Des Chores grauser Melodie,
Denn selbst wenn wir Synkopen
　　hassen
Und gar nicht in die Tropen passen,
Befeuernd wirken Urwaldrhythmen,
Sobald wir uns der Liebe widmen!

Und doch: lockt auch das rote Licht –
Dir hält es nicht, was es verspricht.
So gern Dir solche Damen dienen,
Ich rate Dir, geh nicht zu ihnen.
Zunächst ist nicht ganz unbegründet
Die Angst, daß man Dich komisch
　　findet,
Der Lehrling ist nicht gern gelitten
Im Kurs für die, die fortgeschritten.
Zum andern lernen's erst die Alten,
Sich seelisch dort immun zu halten;
Dort herrscht geschäftlich-klare Kühle;
Du brauchst den Motor der Gefühle.
Zum dritten ist mit Könnerinnen
Der Liebe manches zu beginnen,
Doch nie ersetzt das Ganz-Perfekte
Dem Jüngling, was er selbst entdeckte.

Drum, Neffe, mach Dich auf die Beine
Und such Dir eine, such die Deine,
Die den gewünschten Endeffekt
Mit Dir zugleich durch Dich entdeckt!
Kein Können und kein Überhasten
Ersetzt Dir dies Sichnähertasten,
Und im erotischen Gelände
Gelangt nur der zum süßen Ende,
Der sagen kann: »Wie süß begann's!«
In diesem Sinn
　　　　　　Dein Onkel Franz

Mein lieber Neffe!

　Ich begrüß es:
Du suchtest – und Du hast was Süßes,
Und nun ist es Dein Hauptbestreben,
Mit ihr was Süßes zu erleben.
Dazu gab es in meinen Zeiten
Weit seltener Gelegenheiten,
Und darum glaub ich fast, mein Lieber:
In diesem Punkt bist Du mir über!

Denn damals, was nicht unbeträchtlich,
Geschah das Süße meistens nächtlich:
Der Süden, mehr zurückgeblieben,
Pflegt ja noch heute so zu lieben.
Die Knaben müssen vieles schwören
Zum Klang von Zithern und Tenören,
Die Mädchen lauschen hinter Gittern,
Bis sie vor lauter Zithern zittern –
So tun denn eine Stunde drauf
Sich die bewußten Gitter auf,
Und die Gewähr der Liebesgunst
Bleibt sozusagen Kammerkunst.

Wir hatten's meistens oder immer
Zwar ähnlich, aber trotzdem schlimmer.
In seinem weinumlaubten Erker
Saß unser Mädchen wie im Kerker,
Und wurde unsre Liebe stärker,
Gleich schrie Papa wie ein Berserker,
Und anders als bei heut'gen Neffen
Galt's im geheimen sich zu treffen,
Im Tor, im Garten, für Minuten
Galt's mit dem Guten sich zu sputen,
Galt's von Natur langwierige Sachen
In aller Kürze abzumachen,
Und wenn Kultur im Lieben steckt –
Wir blieben davon unbeleckt.
Wie ist man heut und hier im Norden
Modern und mehr publik geworden!
Der Jüngling wirbt um seine Traute
Nicht heimlich mehr beim Klang der
   Laute,

Weit stärker selbst als Schmalztenöre
Wirkt Hupe, Gas und Auspuffröhre,
Und wenn er gar ein Motorrad
Mit hundertzwanzig Sachen hat
Und hupend durch die Straße braust,
Darin die Heißersehnte haust –
Schon ist sie unten wie der Blitz
Und schwingt sich auf den Soziasitz,
Umschlingt von rückwärts seine Brust
Aus Vorsicht teils und teils aus Lust,
Denn das, gottlob, ist heutige Art,
Daß sich die Lust mit Vorsicht paart,
Der Motor knallt, die Hupe hallt,
Zurück bleibt Tugend und Asphalt,
Die Landschaft kann sie nicht ent-
   zücken,
Sie sieht nur seinen Lederrücken,
Die Fußpassanten mittlerweile
Sehn wiedrum *ihre* Rückenteile,
Die noch dazu vervielfacht locken,
Weil viele so auf Rädern hocken –
So steht mit Recht an jeder Ecke
Der Hinweis: »Kurvenreiche Strecke!«

Man sieht: der Liebende von heute,
Er denkt doch auch an andre Leute!
Ein Anblick, einst nur ihm beschieden
In einer Kammer stillem Frieden,
Ein Anblick, oft erst zu erzielen,
Wenn komplizierte Dinge fielen –
Er gönnt ihn jedem! Glücks genug!
Ein wahrhaft sozialer Zug!

Zwar ist die hohe Geistlichkeit
In diesem Punkt noch nicht so weit.
Sie meint, wenn Damen rittlings sitzen,
Dann könne sie das sehr erhitzen,
Der Damensitz sei kein so böser
Und außerdem auch graziöser.
In letzter Hinsicht und als Mann
Schließ ich mich zwar dem Klerus an,
Die notgedrungen keuschen Männer
Sind hier, wie oft, die bessern Kenner –
Doch leider fand die Polizei,
Daß Damensitz gefährlich sei,
So stellt man leider wieder mal
Das Leben über die Moral.

Indes zurücke zu euch zweien!
Ihr seid im Maien und im Freien,
Das Moped parkt auf Seitenwegen,
Ihr beiden parkt noch mehr entlegen.
Und sah sie, nicht nur notgedrungen,
Sich unterwegs bereits gezwungen,
Die Hand auf Deine Brust zu drücken
Und ihre Brust an Deinen Rücken –
Jetzt, in des Waldwegs lauschiger Enge,
Kommst Du noch seliger ins Gedränge,
Denn Brust an Brust und beiderseits
Hat die Umschlingung noch mehr Reiz.
Wie anders ist dies Sichumklammern
Als das im Torweg und in Kammern!
O Neffe, preise Deine Zeit,
Hat sie euch doch zum Licht befreit!
Wir sind das Nachtgeschlecht, das
    morsche,
Euch segnen Daimler, Benz und
    Porsche,
Ihr seid in wenigen Minuten
Am Busen der Natur, der guten,
Und noch an manchem weiteren Busen

Dicht unter dünnen, heiteren Blusen – –
Doch jetzt, o Neffe, halte ein!
Ja, es ist schwer. Doch es muß sein.
Sei weise und sei Kavalier,
Bedenk es jetzt, bedenk es hier,
Ob Du bereit bist, nicht allein
Galan, nein, auch Papa zu sein!
Denn schneller als man es gedacht,
Ist das vollbracht.
O sorge hier, o sorge jetzt,
Wenn ihr die Füße heimwärts setzt,
Daß nicht da drin die Frage frißt:
»Wenn das man gut gegangen ist!?«
Nein! Eh Du Deine Sehnsucht stillst,
O prüfe, ob Du so was willst!
Wie kündigt oft die Maid dem Mann
Errötend das Geheimnis an,
Das jeder Dichter von Talent,
Jedoch nur er, »ein süßes« nennt,
Das sie an sich zwar gern verschweigt,
Das aber leider dazu neigt,
Was auch die Dichter drüber schreiben,
Nicht allzu lang geheim zu bleiben.
Und darum ist's die Kunst der Frauen,
Es nur dem Manne zu vertrauen,
Von dem die innere Stimme spricht:
»Der drückt sich nicht!«
Sie hat die Wahl, so ist's der Brauch,
So konnte uns die Sprache auch
Nur »Gattenwahl« als Ausdruck
    schenken –
»Gattinnenwahl« – – nicht dran zu
    denken!

Wem also dieses einmal klar,
Der geht gefaßt zum Traualtar
Und ist bald Vater, und mit Recht:
Kindsvater ist, wer liebt und blecht,
Er spricht mit Innigkeit und Mut
Hinfort vom »eignen Fleisch und Blut«.
Der allzu Gründliche allein
Läßt sich auf eine Klage ein,

Nur so gelingt's in manchen Fällen,
Den »echten« Vater festzustellen.
Das Jus ist's, das die Frage heiligt,
Wer etwa sonst daran beteiligt,
Kurz, ob sein Sprößling ein legaler,
Weiß nur der Alimentenzahler.
Fein ist's zwar nicht. Es widersteht
Der sittlichen Mentalität,
Und solche groben Herrn vertreten
Andre Alimentalitäten.
Doch wer ein Gegner solcher Biester,
Geht nicht zum Richter, geht zum
    Priester
Und gibt der dunklen Stunde Glanz
Durch Schleierkleid und Myrtenkranz.
Zwar war dergleichen bei den Alten
Nur keuschen Damen vorbehalten,
Wenn damals auch der Seelenhirte
In puncto Myrte häufig irrte –
Heut, wegen der Moralverwirrung,
Liegt wohl mehr Nachsicht vor als
    Irrung,
Man hat sich klug darauf geeinigt,
Daß man die Unschuld gern
    bescheinigt,
Solange, was vielleicht geschehn ist,
Nicht grade äußerlich zu sehn ist.
Ist's doch zu sehn, stimmt's doch
    soweit,
Denn »Hochzeit« hieß einst »Hohe
    Zeit«,
Und heute wieder kehrt zum Glück
Das Wort zu dem Begriff zurück:

Für die, die sich der Ehe weihn,
Pflegt's häufig hohe Zeit zu sein.
Wenn manche drum der Meinung sind,
Der Zweck der Ehe sei das Kind –
Der Weise sehe und gestehe:
Der Zweck des Kindes ist die Ehe!

Zwar war er's nicht von Anfang an:
Der Zweckgedanke pflegt erst dann
Und nur bei Mädchen aufzutauchen,
Wenn sie zum Kind den Vater
    brauchen,
Hingegen im Moment der Lust
Ist man durchaus nicht zweckbewußt.
O Menschlein, als man dich vollbracht,
Was hat man sich dabei gedacht?
Ach, leider lehrt es die Erfahrung:
Man denkt an gar nichts bei der
    Paarung,
Sie schließt sogar das Denken aus –
Und, Menschlein, doch: du wirst
    daraus!
Wie bitter ist die Konsequenz
Für dich als »Homo sapiens«:
Das einzige »Wesen mit Verstand«
Hat dich die Wissenschaft genannt,
Doch der Verstand tritt nicht in Kraft
Gerade, wenn man dich erschafft!
Darum bedenke, Mensch und Christ,
Was an dir ist und wer du bist:
Ein Zufall ist's, wenn du gelingst,
Ein Glück, wenn du's zu etwas bringst,
Dein Werk, wenn du was aus dir
    machst,
Und weise, wenn du drüber lachst!
Ja, nachher hilft nur der Humor –
Drum nochmals, Neffe: sieh Dich vor,
Zumal solang Du Dich nur übst,
Und warte, bis Du richtig liebst!
Erst was Du dann tust, das tu ganz!
In diesem Sinn
                    Dein Onkel Franz

Mein lieber Neffe!

Ich bin glücklich –
Und Du bist's gar nicht augenblicklich!
Du schreibst, Du hast Dich vorgesehn,
Drum ist bisher noch nichts geschehn;
Doch nun – nun hast Du die entdeckt,
Voll Schönheit, Sanftmut, Intellekt,
Die Einzige, die Rechte, Echte,
Die man für's Leben haben möchte,
Der Du behagst, die Dir behagt,
Auch hat sie schon ihr Ja gesagt – –
Nur Deine Eltern sagen nein!
Und dann macht Dir noch etwas Pein:
Bei ihr gerade mit Beklemmung
Verspürst Du erstmals eine
    Hemmung …
Gestatte mir, die beiden Sachen
Hübsch nacheinander abzumachen.
In Hinsicht auf Dein Elternpaar
Ist mir die ganze Szene klar,
Indem bereits seit Adams Tagen
Die Eltern stets dasselbe sagen.
Dein Vater, scheinbar ohne Groll,
Zeigt sich formal verständnisvoll,
Doch in der Sache schwer erbittlich,
Denn er, bisher vorbildlich sittlich,
Spricht mit dem listigen Blick des
    Manns,
Als wäret Ihr zwei Don Juans:
»Nun, ich begreife Dich, mein Sohn,
Was Du gern hättest, weiß ich schon,
Doch kannst Du's, trau mir altem
    Knaben,
Weit besser ohne Heirat haben!«
Die Mutter, weil noch sittlicher,
Ist auch noch unerbittlicher
Und predigt, ach! so mütterlich:
»Dies Mädchen, Kind, ist nichts
    für Dich!
Ihr Vater, wie Du sehr wohl weißt,
Ist nicht von hier, nein, zugereist,

Mit Männern hat sie, wie man hört,
Auch schon ein bißchen frei verkehrt,
Und wenn auch nichts direkt geschehn,
Man hat sie schon per Arm gesehn,
Und dann vor allem, sag mir das:
Hat sie denn was …?!
Du schweigst? Ach Kind, dann seh ich
    trübe!
Nur da, wo Geld ist, ist auch Liebe,
Als Beispiel, lieber Sohn, nimm bloß
Papa und mich!« Und nun geht's los:
Zwar war die Liebe echt und groß,
Sagt sie, doch wurden sie erst Gatten,
Sagt sie, als beide etwas hatten,
Und beide traten keusch und rein,
Sagt sie, in ihre Ehe ein,
Sie liebten sich auch stets aufs neue,
Sagt sie, und hielten sich die Treue,
Wenn Stand sich gleichen und Moral,
Sagt sie, gelingt das allemal,
Und Ehekrisen gab's drum nie –
Sagt sie.

O Neffe, lasse Dich beschwören,
Dir das in Ruhe anzuhören
Und keinesfalls zu widersprechen –
Willst Du zwei Elternherzen brechen?
Natürlich sollst Du es nicht glauben,
Doch auch den schönen Wahn nicht
   rauben.
Denn fing es auch ganz anders an,
Jetzt sind sie alt und glauben dran,
Und elend wär der Mensch und triste,
Der sich nichts einzureden wüßte.
Wer lauscht nicht gern der alten Leier
Vom sittenstrengen Biedermeier,
Wer sähe nicht die fromme Gotik
Ganz frei von jeglicher Erotik,
Wem schien nicht ethisch mindren
   Rangs
Die sittenlose Renaissance,
Wer fände das Empire nicht tierisch,
Denn ach! man liebte rein empirisch!
Und trotzdem: nein, so war es nicht!
Was der Bikini heut verspricht,
Was in der Renaissance die, ach!
So freigelegte Brust versprach
Wie auch Frau Tallien, die Kanaille
Mit der empirisch hohen Taille,
Versprach dem Biedermeiergecken
Der Knöchel unter langen Röcken,
Versprach der nach der Gotik Brauch
So zierlich vorgestreckte Bauch
Und hielt es auch!

Und stets das gleiche ward ver-
   sprochen:
Der alte Brauch ward nie gebrochen!
Ein glatter Schwindel ist soweit
Die Mär der guten alten Zeit,
Doch von dem Schwindel lebt die Welt,
Weshalb sie ja so lange hält!
Man weiß es ja ganz allgemein,
Stets will die Welt betrogen sein,
Doch ein noch größeres Vergnügen

Macht's ihr, sich selber zu betrügen.
Was Vater drum und Mutter spricht –
Sag immer ja und glaub es nicht,
Denn zählst auch Du einst zu den Alten,
Wird es Dein Sohn genau so halten,
Und überdies und allemal
Zerstört die Wahrheit die Moral.

Nein, halte durch und lerne schweigen,
Und bald wird der Erfolg sich zeigen.
Ein Vater denkt seit eh und je
Vorwiegend mit dem Portemonnaie
Und hat es bald herausgefunden:
Ein Sohn, der ehelich gebunden,
Kommt billiger, als wenn die Liebe
Ihn auf die freie Wildbahn triebe,
Denn ungern, selbst wenn man es
   könnte,
Zahlt man des Sohnes Alimente.
Und eines Tages heißt's: »Mein Sohn,
Wenn's denn sein *muß* – na, nimm
   sie schon,
Und warum sollst Du's eigentlich
Mal besser haben als wie ich . . .?«

Kurz, solche häuslichen Dispute,
Ich weiß, sie wenden sich ins Gute,
Und daß es mit der Deinen schwierig –
Gerade dazu gratulier ich!
Das ist das Beste, was dem Mann,
Der wahrhaft liebt, passieren kann!
Gewiß, gewiß: die Fähigkeiten,
Die bis in jüngst vergangne Zeiten
Dir bei so manchen netten Damen
Höchst angenehm zugute kamen –
Jetzt, da Du Dich entschieden hast
Für das Geschöpf, das zu Dir paßt,
Jetzt, da es gilt, sie zu verschwenden
Und bei der Liebsten anzuwenden,
Jetzt, grade jetzt, beim Hauptbeginnen,
Gibt's erst mal außen oder innen
So einen Knacks, so einen Rutsch –

Und sie sind futsch!
Wo ist es denn, Dein Siegergrinsen?
Es ging erbärmlich in die Binsen,
Dein flammender Erobererblick
Erweist sich jetzt als schäbiger Trick,
Die Wange, sonst so glutumloht,
Bringt's nur bis zum Sextanerrot,
Du sprichst nicht viel und stotterst
   mehr,
Es stockt der Puls, und nicht nur er –
Und insgesamt, dies zarte Kind,
Weit kindlicher, als andre sind,
Es macht Dich dumm und stumm
   und blind
Und selbst zum Kind!

Mein teurer Neffe, des sei froh!
Sieh an, die Sache ist doch so:
Entronnen dem Betrieb der Triebe,
Stehst Du vorm Paradies der Liebe,
Wo die gebratnen Tauben fliegen,
Die, wie Du meinst, ganz leicht zu
   kriegen,
Indes doch vorm Schlaraffenland
Stets der gewisse Reisberg stand,
Den ihr zunächst durchfressen müßt,
Was schwierig, aber sinnvoll ist:
Denn dieser Berg trennt euch zugleich
Von dem bisherigen Lustbereich,
Von manchem Knaben, mancher Maid,
Mit denen ihr zu mancher Zeit
So manches Stadium kühn durch-
   messen –
Das, Kinder, müßt ihr erst vergessen,
Das ward aus kleiner Lust getan,
Jetzt ist die große Liebe dran,
Was ihr so obenhin genommen,
Das muß jetzt aus der Tiefe kommen,
Lust darf nicht Liebe überschwemmen
Und Liebe darf die Lust nicht hemmen,
Die Differenz ist auszugleichen,
Was immer schwierig zu erreichen.

Doch seid ihr durch – o liebes Paar,
Wo ist dann das, was vorher war!
Wenn's Krankheit war – ihr seid
   genesen.
Wenn's Sünde war – sie ist gewesen.
Es war nicht Mißklang, nicht vergebens,
Tat not zur Symphonie des Lebens,
Denn meint ihr, daß der Dirigent,
Der die Zusammenklänge kennt,
Es dem Orchester übelnimmt,
Wenn's erst die Instrumente stimmt?
Das ist vorbei. Nun dürft ihr glauben:
Jetzt fliegen die gebratnen Tauben!

Drum, fühlst Du vorerst Dich
   gehemmt:
Dem Kundigen ist das nicht fremd,
Ja, Du erkennst daran sogar,
Daß es die richtige Liebe war,
Es ist ein Satz, ein allgemeiner:
Die große Liebe macht erst kleiner.
Doch nicht für immer! Augenscheinlich
Wär es ja auch trotz Schiller peinlich,
Wenn sie auf ewig grünen bliebe,
Die schöne Zeit der jungen Liebe,
Sie würde, was nicht zu verhehlen,
Just dadurch ihren Zweck verfehlen,
Und siehe, sie erreicht ihn immer!
Dein Auge hat den Feuerschimmer,
Die alten Künste kehren wieder,
Du stotterst nicht, Du singst jetzt
   Lieder,
Dein Puls stockt nicht, im Gegenteile,
Er geht jetzt mit besondrer Eile,
Und zärtlich seufzt der Mund der
   Deinen:
»Dich oder keinen!«

Nun, lieber Neffe? Fragst Du nun:
»Und jetzt – was hab ich jetzt zu tun?
Du schriebst mir doch, die Onkels
   wären

Bereit, die Neffen aufzuklären?
Nun bring mich endlich auf die
    Schliche:
Wie ist denn nun das Eigentliche?«
So höre, was Dein Onkel spricht:
Ich sag's Dir nicht!

Sei nicht enttäuscht. Sei nicht gekränkt.
Der Lotse, der ein Schifflein lenkt,
Geleitet's sicher in den Hafen.
Dann steigt er aus. Dann geht er
    schlafen.
Wie es die Ladung löscht und wann,
Geht nur den Kapitän was an,
Die Firma, die sie übernimmt,
Wird ihm schon sagen, ob es stimmt.
In Deinem Fall bild ich mir ein:
Die Deine wird zufrieden sein.
Auch brauch ich euch ja nichts zu sagen,
Dieweil schon seit Urvätertagen,
Wo zwei zusammen und alleine,
Noch keiner irrte – und noch keine.
Hier spricht, darauf verlaß Dich nur,
Präzis die Stimme der Natur.
Was sie zusammenbringen will,
Bringt sie zusammen. Darum still.
Die Schlange selbst im Garten Eden
Schwieg sich hier aus, statt viel zu
    reden,
Doch ob sie auch beiseite kroch –
Der Sündenfall erfolgte doch
Und pflegt aus sehr realen Gründen
Noch heut genau so stattzufinden.
Was sich auch änderte indessen,
Die Technik wurde nie vergessen,
Wiewohl sie unbewußt erworben –
Sonst wär die Menschheit
    ausgestorben,
Und immer war's der Trost des
    Mannes:
Wenn man es auch nicht kennt – man
    kann es!

Sobald man seinen Hafen fand,
Ist nichts mehr zwischen Schiff und
  Strand,
Und wäre selbst noch was dazwischen,
Hat sich kein Onkel einzumischen.
Den letzten Schleier fortzuschieben,
Gebührt nur denen, die sich lieben,
Denn hinter ihm geheimnisschwer
Stehn nur sie selber, sie und er –
Doch so, *wie* sie dahinter stehn,
So dürfen nur sie selbst sich sehn.

Nun gut: als Deine Jugend tagte,
Warst Du's, der nach dem Wege fragte,
Warst Du's, der mich an Bord
  genommen –
Du bist im Hafen angekommen.
Ich geh von Bord. Mein Platz bleibt
  leer,
Denn aufzuklären gibt's nichts mehr:
Aufklären heißt, in dunklen Zeiten
Das Licht des Tages zu verbreiten,
Doch was Verliebten Sorgen macht,
Klärt sich von selbst auf – in der
  Nacht.

Sie sei Euch gnädig, sei voll Glanz
Und sei voll Liebe!

Onkel Franz

Die Liebe steht nun vor Gericht

DAS STÄNDCHEN

Es war einmal ein Mann, der hatte ein Geschäft, das sehr gut ging, und außerdem drei hübsche Töchter, die gingen noch besser: die älteste war schon unter der Haube, und daß es die beiden jüngeren noch nicht waren, lag lediglich daran, daß Schön-Sigrid erst siebzehn und Schön-Helga erst fünfzehn Jahre alt war. Aber an Verehrern fehlte es auch ihnen nicht: auf Sigrid hatte der zwanzigjährige Nachbarssohn Max und auf Helga der ebenfalls zwanzigjährige Karl ein Auge geworfen, wobei Karl zudem im Geschäft des Mannes als Lehrling tätig und tüchtig war. Zwar gebot die Jugend ihrer Erwählten den beiden Jünglingen noch reichliche Geduld, aber sie waren doch mit Schwager Kurt, dem schon gereiften Gatten der Ältesten, befreundet und im Familienkreise zugelassen, wo dann gemeinsames abendliches Kartenspiel allen Beteiligten die ach so lange Wartezeit verkürzte. Es war, wie man sieht, eine wahre bürgerliche Idylle. Leider jedoch pflegen Idyllen kurzlebig zu sein, und so geschah es denn auch, daß Sigrid an einem Herbstabend beim Volksfest Heinrich kennenlernte, und Heinrich, wiederum zwanzig Jahre alt, brachte zudem etwas mit, was keiner Idylle zuträglich ist: Temperament – weshalb er denn auch Sigrid sofort Herz und Hand zu Füßen legte. Weil jedoch niemand wußte, was er sonst mitbrachte, denn er war, wie sein Dialekt und sein Temperament verrieten, zugereister Flüchtlingsleute Kind, – darum also wurde Sigrid der Umgang mit ihm, und ihm, von Sigrids Vater und Schwager Kurt persönlich, der Umgang mit Sigrid verboten; überdies wurde ihm von den beiden Herren nahegelegt, das ganze Straßenviertel zu meiden, darin Sigrid wohnte, andernfalls er eine Tracht Prügel zu gewärtigen habe. Eine radikale Maßnahme – aber schließlich ist es zwar sehr angenehm, drei hübsche Töchter zu kriegen, jedoch sehr schwierig, sie zu hüten. Die Aufgabe des bekannten Schießhunds ist ein Kinderspiel dagegen.

Heinrich indessen konnte und durfte es nicht über sich bringen, dem Nachbarssohn die schöne Sigrid sang- und klanglos zu überlassen. Er mußte sich in Erinnerung halten, und deshalb griff er zu Sang und Klang: er brachte ihr ein Ständchen. Das ist ein von Romantik umwittertes und geheiligtes Mittel aller Liebenden, und vielleicht hätte es nicht versagt, wenn Heinrich ein Kind der romantischen Zeit und ein guter Lautenspieler gewesen wäre. Das war er aber nicht, er war ein Kind unserer Epoche, und somit brachte er seine Ständchen nicht mit der Laute, sondern – mit der Hupe; und gab als Ausdruck seiner Gefühle nicht viel Seele, sondern viel Gas.

Ja, er hatte ein Motorrad, und ein nagelneues sogar. Und auf ihm sauste er in jeder freien Stunde, die er erübrigen konnte, unter atemberaubendem Geknatter und Geratter um Sigrids Straßenkarree herum, immer und immer wieder, und vor Sigrids Fenster verhielt er und gab besonders üppig Gas, von der Hupe, die nie schwieg, zu schweigen. Es ist anzunehmen (und es erwies sich), daß er damit auf der Geliebten siebzehnjähriges Gemüt weit verlockender wirkte als mit dem antiquierten Lautenklang, zumal Lauten ohne den verführerischen Soziussitz gebaut zu werden pflegen. Wen wundert's? Eine in die Nacht hinauslauschende Julia von heute würde nicht mehr sagen: Es war die Nachtigall und nicht die Lerche – sie würde sagen: Es war die NSU und nicht die Horex! (Es war übrigens doch die Horex.)

Romeo alias Heinrich hatte also richtig gerechnet. Nicht mit eingerechnet jedoch hatte er die tobenden Nachbarn und insbesondere Sigrids Mutter, die natürlich auch vorhanden war, bisher aber weise Zurückhaltung geübt hatte. Jetzt indessen trat auch sie in gefährliche Erscheinung, denn sie war sehr nervös und lärmempfindlich: bald war es so weit, daß ihr ein Nervenzusammenbruch drohte, wenn nur von weitem das Geräusch eines Motorrads zu hören war. Zudem hatte Heinrich sie einmal beinahe überfahren, wenn auch nur versehentlich; dennoch hätte er das vermeiden sollen, denn Schwiegermütter, auch präsumtive, werden nicht nur leicht energisch, sondern sind außerdem auch noch leicht zu beleidigen: hierin liegt ihre Stärke und ihre Gefahr.

Somit mußte denn der Dezemberabend kommen, da man oben wieder einmal, hemdsärmelig und traulich, beim familiären Kartenspiel zusammensaß, und da die ahnungsvolle Mama aus dem Fenster sah und – nun, und was erblickte? Ihre Sigrid, wie sie drunten am Haustor einem Freunde Heinrichs, der als Postillon d'amour diente, Grüße an eben diesen hergelaufenen Motordonnerer ausrichtete, der ebenfalls ganz in der Nähe stand! Dies war der Augenblick, da ihre Nerven endgültig rissen, da sie den Schwager Kurt und die künftigen Eventualschwäger Max und Karl zur Rettung des Familienfriedens aufrief: »Jetzt sagt ihm mal ordentlich die Meinung!«

Befehl ist Befehl: die drei Herren ließen Karten und Jacken im Stich, sausten, gefolgt von der sensationslüsternen Helga, hinunter und sagten ihre Meinung.

Acht Stunden eines Sommertages benötigte das Jugendgericht, um die acht entscheidenden Minuten jenes Winterabends zu klären: das Jugendgericht, vor dem auch der längst erwachsene Schwager Kurt stand, strafprozessual deshalb, weil er gemeinsam mit halben Kindern agiert hatte, dem inneren Sinn nach deshalb, weil er sich selbst wie ein halbes Kind benommen hatte. Das Kurt, Karl, Max und Heinrich vorgeworfene Delikt hieß Körperverletzung.

Dabei hatten die drei Wahrer der Familienehre, wie sie feierlich erklärten, lediglich »Heinrichs Personalien feststellen wollen«. In diesem Bemühen waren, wie die Zeugenaussagen ergaben, drei kräftige Männer in Hemdsärmeln durch die Dezemberkälte dem mit seinem Freunde sich eilig entfernenden Heinrich nachgerannt; Karl, der es doch eigentlich auf Helga abgesehen hatte und den die Sache deshalb doch am wenigsten anging, hatte ihn zuerst erkannt, ihn beim Rockkragen gepackt und ihm eine hineingehauen, um allerdings eine Sekunde später blutend zu Boden zu gehen: Heinrich, der zwar weit kleiner, unerwarteterweise aber in die Anfangsgründe des Boxens eingeweiht war, hatte zurückgeschlagen und nebst einem Kinnhaken, wie der sachverständige Richter ausführte, noch einen Herzhaken gelandet. Nachdem einer der beiden anderen, welcher, war nicht mehr festzustellen, den Postillon d'amour durch eine blutige Nase außer Gefecht gesetzt hatte und Karl wieder aufgekommen war, hatte man sich zu dreien wider Heinrich gewendet; der aber hatte ein Messer gezogen und retirierte nun mit der Erklärung, wer ihn angreife, renne in dies Messer hinein. Weil das keiner wollte, griffen die drei zu umherliegenden Ruinentrümmern von Backsteingröße und warfen, und sie warfen gut: wiederum war es Karls Stein, der Heinrichs rechten kleinen Finger zerschmetterte, so daß er das Messer nicht mehr halten konnte und davonlaufen mußte: sie holten ihn nicht mehr ein. Karl weist nun nach, daß er eine oberflächliche Schnittwunde über dem Herzen davontrug, die zwar nicht mehr zu sehen ist, die aber damals doch auf einen Messerstich deutete; Heinrich weist nach, daß er sechs Wochen arbeitsunfähig war und daß die Gefahr einer dauernden Berufsschädigung besteht. Hier wartet im Hintergrund ein fetter Zivilprozeß – falls Karl verurteilt und Heinrich freigesprochen wird.

Aber vorerst geht's noch um die Hintergründe der Tat selbst – und deshalb erscheint zunächst Schön-Sigrid als Zeugin. Nun, angesichts ihres blonden Weichhaars über schwarzen Brauen und dunklen Augen kann man Heinrich vollauf verstehen; sie räumt auch ein, den nie zudringlichen und immer braven Heinrich gern gehabt und sich heimlich mit ihm getroffen zu haben, trotz des väterlichen Verbotes; seit jener Dezembernacht wisse sie aber leider, »was für ein schlechter Mensch er sei«. Eltern, Schwäger und Bräutigamer haben also mit ihrer Darstellung bei Sigrid Glauben gefunden und über Heinrich gesiegt; der skeptische Richter aber lächelt und ruft den Papa herein.

Da steht er nun, jeder Zoll ein gestrenger und moralstrotzender Vater – und sieht sich sehr unerwarteten und vorwurfsvollen Fragen des Richters gegenüber.

Warum er denn nicht mit Heinrich gesprochen und ihm die Tochter für diesen oder jenen Kinobesuch anvertraut habe unter der Bedingnis, sie rechtzeitig wieder abzuliefern? Weil er, dröhnt Papa rot anlaufend, in der Prüfungskommission für weibliche Lehrlinge sitze und wisse, daß so und so viel siebzehnjährige Mädchen schon in anderen Umständen seien; und wovon komme das? Von den gemeinschaftlichen Kinobesuchen! Ja, repliziert der Richter, wenn man's den Mädchen aber verbiete, täten sie's doch heimlich? »Meine Tochter nicht!« sagte er, der ewige Vater aller Zeiten – und weiß nicht, daß eben diese Tochter eben diese heimlichen Spaziergänge und Kinobesuche eine Minute zuvor lächelnd eingestand ... Warum, bohrt der Vorsitzende weiter – warum darf denn aber Max mit Sigrid ausgehen, und Heinrich nicht?

Na, grollt Papa, weil doch ein Mensch, der trotz väterlichen Verbots der Tochter weiter nachstelle, keinen Charakter habe! (?) Weil Max, auch wenn er in gleicher Lage und Motorradbesitzer wäre, nie durch Karreefahren den Familienfrieden zerrüttet hätte! (??) Und weil, schließt er donnernd, Max als Nachbarssohn eben bekannt sei und Vertrauen verdiene, nicht aber Heinrich, der Zugereiste! (???) So donnert er und ahnt nicht, was er eine Minute später hören wird.

Während dieser Minute versichert ihm zwar der Richter noch eindringlich, daß er, der Vater, der eigentlich Schuldige an der ganzen Sache sei; daß man hier vor Gericht Tag für Tag erlebe, wie gerade die falsche Strenge der Eltern die Jugend zur Heimlichkeit erziehe und so zum Anfang all des vielen Übels werde. Das ärgert ihn sichtlich, aber das sieht er natürlich nicht ein; dann jedoch kommt's, und es ist geradezu eine Opernpointe:

Aus den Plädoyers nämlich erfährt er und erfährt auch Sigrid zum erstenmal, daß Max, der wohlbekannte und wohlgelittene Bewerber, schon zweimal vom Jugendgericht wegen Diebstahls bestraft werden mußte; während Heinrich, der Gehaßte und Dahergelaufene, so tüchtig ist, daß er das gutgehende väterliche Geschäft schon jetzt ganz selbständig leitet und in Kürze ganz übernehmen wird und eine Reihe von Arbeitern beschäftigt und heute bereits, mit zwanzig Jahren, sechshundert Mark im Monat verdient!

Auf eine Beschreibung von Papas Gesichtsausdruck bei dieser Enthüllung muß verzichtet werden. Er war unbeschreiblich. Er blieb es auch, als Max, dem kein Steinwurf nachzuweisen war, zwar straflos ausging, Schwager Kurt und Eventualschwager Karl aber zu empfindlichen Geldstrafen verurteilt wurden, wegen gemeinschaftlich begangener, gefährlicher Körperverletzung: es sei nicht statthaft, Personalien durch Würfe mit Backsteinen festzustellen; indessen Heinrich freigesprochen wurde, weil er in Notwehr vor einer Übermacht gehandelt habe.

Hingegen kann nicht verzichtet werden auf einen Hinweis, wie der gestrenge Herr Vater diese Commedia dell'arte doch noch zum vorschriftsmäßigen guten Ende führen kann: wäre ein Zivilprozeß des zerschmetterten Fingers wegen nicht unter Umständen sehr kostspielig, eine Verlobung mit einem liebenden und gutsituierten Geschäftsinhaber hingegen sehr einträglich?

Und Schön-Sigrid – nun, Sigrid hat drei Möglichkeiten:

Sie kann unvermählt bleiben und ihr Leben lang allen Leuten erzählen, daß in ihrer Jugend einmal einer um ihretwillen ein Messer schwang und sich steinigen ließ. Denn nochmals, Sigrid, wird das keiner tun.

Oder sie kann Max heiraten, der ja nicht einmal einen Stein für sie hob, und ihm ein Leben lang vorwerfen, daß sie um seinetwillen auf einen um ihretwillen gesteinigten Helden mit Soziussitz verzichtet hat.

Oder sie kann Heinrich heiraten und ihm ein Leben lang vorwerfen, daß sie einen notorischen Messerstecher geheiratet hat.

Sigrid, die eine richtige kleine Eva ist, wird's schon richtig machen und das letzte tun.

Es begann mit einem Betriebsausflug, und es endete vor dem Amtsrichter, und das kommt öfters vor; aber dazwischen lag noch eine leider mißglückte Liebeserklärung und eine gottlob mißglückte Flucht in die Fremdenlegion, und das kommt schon seltener vor; und wenn es das an sich zu erwartende böse Ende genommen hätte, dann wäre es bitter traurig gewesen – weil es jedoch ein unerwartet gutes Ende nahm, ist es mit einem Male höchst komisch. Und der komische Held ist Udo, der Schüchterne.

Ja, Udo ist bei allen Vorgesetzten und Kollegen seines Betriebes als ein Jüngling bekannt, zusammengesetzt aus allen denkbaren Vorzügen dieser Welt: fleißig, intelligent, strebsam, gutmütig, sparsam, kameradschaftlich, ehrlich – nur eben schüchtern. Desgleichen hat er einen Wunschtraum von Arbeitgeber: wenn dieser alte Herr den alljährlich fälligen Betriebsausflug veranstaltet, dann liebt er es, daß seine Angestellten auf seine Kosten so viel essen und besonders trinken, wie sie nur können. »Jeder von uns«, sagte der Werkmeister vor Gericht aus, »bemühte sich nach Kräften, dem lieben alten Herrn den Gefallen zu tun, und Udo, der Strebsamste, natürlich am meisten!« Die Stimmung in dem kleinen Ausflugsgasthof stieg denn auch schnell und beträchtlich, zumal Damen mit von der Partie waren, deren eine es Udo angetan hatte. Aber er war eben schüchtern, er fand nicht das rechte Wort, so viel er auch trank, so betrunken er im übrigen auch wurde – bis er endlich, endlich wenigstens eine stumme, aber kühne Geste fand, die ihn an die allgemeine Fröhlichkeit anschließen und der Erwählten seine Gefühle kundtun sollte: er übergoß sie mit einem Glas Bier. Wohin er es goß, konnte der Richter trotz vieler Mühe nicht genau feststellen; da er es ihr aber weder über den Kopf noch in den Schoß goß, muß er es ihr wohl in den Halsausschnitt gegossen haben, was angesichts des Zweckes der Übung ja auch das Sinnigste war. Indessen wie Frauen so sind: sie begriff nicht die stürmische und werbende Zärtlichkeit dieser Aktion, und wie Frauen nicht sein sollten: sie verlangte nicht weniger als dreißig Mark für die Reinigung ihres geschändeten Kleides, und Udo, der alsogleich wieder Schüchterne, gab ihr die dreißig Mark – und nun hatte er nur noch eine Mark in der Tasche, und sie war ihm noch dazu böse.

Da wurde Udo traurig und zornig und beschloß, Trauer und Zorn in weiteren Bieren zu ertränken, was indessen, da der Betriebsausflug inzwischen sein Ende gefunden hatte, nur in einem Nachtlokal der heimischen Kleinstadt und nur auf eigene Kosten möglich war. In Gesellschaft einiger Kollegen bewältigte er noch drei dieser Biere; doch als er bezahlen wollte (er bezahlte stets in bar), griff er in das ziemlich Leere, was ihm äußerst peinlich war. Er pumpte seine Kollegen um eine weitere Mark an, die ihm aber als einem Verschwender, der dreißig Mark an ein Mädchen ohne Gegenleistung wegwarf, nicht bewilligt wurde, worauf der Gastwirt ihn vor die Tür setzte – jedenfalls kam es Udo so vor, und jedenfalls war es kalter Winter und tiefe Mitternacht.

Da stand er nun, von der Geliebten geplündert und verschmäht, von einem Wirt als Zechpreller hinausgeworfen, unmöglich geworden im ganzen Städtchen, im ganzen Betrieb, ein Abschaum der Menschheit – so erschien er sich, so wollte er nun auch werden. Und er beschloß, die Konsequenz zu ziehen und zur Fremdenlegion zu gehen, nach dem Motto: es geschieht meiner Mutter schon recht, wenn mir die Hände erfrieren, warum schenkt sie mir keine Handschuhe. Oh, sie sollten um ihn weinen, sie sollten wissen, was sie an ihm verloren hatten: und er nahm ein Taxi und fuhr in die Hauptstadt: Er hatte kein Geld, um den Chauffeur zu bezahlen, gewiß; aber war der Kundendienst der Legion nicht berühmt gut, würde ihm das französische Konsulat, bei dem er sich stellen wollte, die fünfzehn Mark nicht gern überreichen?

Zwar mußte er in der Hauptstadt feststellen, daß das französische Konsulat, Legion hin, Legion her, nachts zwischen eins und zwei unbegreiflicherweise geschlossen war; aber das schreckte ihn nicht ab: der Schüchterne war in Fahrt und setzte sich nun auch in Fahrt. Er fand den tobenden Chauffeur auf den Ratschlag eines vernünftigen und milden Polizisten hin mit seiner Armbanduhr ab, eilte zum Hauptbahnhof und löste sich eine Bahnsteigkarte, was ihn ein Drittel seiner Restbarschaft kostete, denn dreißig Pfennig hatte er noch; dann bestieg er den D-Zug nach Landau, wo er sich stellen und man ihn nehmen und die Legion den Fahrpreis bezahlen würde, wenn auch nachträglich – falls er nicht nach Überschreitung der Zonengrenze bei der ersten französischen Bahnhofspatrouille Verständnis und Hilfe finden würde. Denn wie gesagt: bei *dem* Kundendienst ...

Natürlich wurde er schon wenige Minuten nach Abfahrt des Zuges von einem Schaffner kontrolliert, der seine Behauptung, er sei doch schon kontrolliert worden, nur mit müder Verachtung quittierte und ihn selbst am nächsten Haltepunkt der deutschen Polizei übergab. Der erzählte er noch reichlich schwankend, aber frank und frei, er wolle zur Fremdenlegion, worauf man ihn festsetzte, am nächsten Tag seine Personalien ermittelte (denn er hatte behauptet, seine Eltern seien »unbekannt«), ihn entließ und schleunigst heimschickte zu Mutter und Arbeitgeber. Und wieder am nächsten Tag zahlte er der Bahn den Fahrpreis nach, nahm seine Schande auf sich und ging rechtzeitig in den Betrieb, wo man nichts bemerkt hatte, denn der Ausflug war am Samstag gewesen, und heute war Montag; er hatte also keinen Schaden angerichtet und war gerettet.

So denkt der Laie, aber der Fachmann bei uns ist wunderlich: in diesem Falle war es die Bahn. Sie veranlaßte die öffentliche Anklage gegen Udo wegen Betrugs, und Udo bekam einen Strafbefehl über fünfzig Mark oder zehn Tage Gefängnis und sollte nun als vorbestrafter Betrüger einen plötzlich bitteren Weg durch ein bisher so unbescholtenes Leben gehen – die granitene Härte aller unserer amtlichen und der meisten privaten Arbeitgeber dem Vorbestraften gegenüber ist ja sattsam bekannt. Der schüchterne Udo indes fand einen weniger schüchternen Anwalt, der es zur Verhandlung kommen ließ und das einzig Vernünftige beantragte, nämlich die Einstellung des Verfahrens wegen Geringfügigkeit.

Ja, leicht beantragt, aber schwer getan! Der milde, erfahrene Richter zwar wollte einstellen, und der junge Vertreter der Staatsanwaltschaft wollte es auch, aber der durfte nicht ohne Zustimmung seines Vorgesetzten, der Vorgesetzte war gerade nicht aufzutreiben, und somit mußte denn verhandelt und entschieden und ein Triumvirat von Zeugen vernommen werden, deren einer, der Polizist des Umsteigebahnhofs, von weither angereist war. Es sah böse aus; aber siehe: der junge Referendar, durch ein Augenzwinkern des weisen Richters ermutigt, faßte sich ein Herz. Einstellen ohne Zustimmung von oben, das durfte er nicht; aber Freispruch beantragen ohne Zustimmung von oben, das durfte er, und das tat er, und der Richter tat auch das seine: zwar habe Udo den Schaffner zu täuschen versucht, doch habe er in seinem durch die verschmähte Liebe und den Hinauswurf verwirrten Hirn annehmen können, die Legion werde den im übrigen inzwischen ja längst erstatteten Fahrpreis schon bezahlen, es sei ihm also keine Betrugsabsicht nachzuweisen, und er sei freizusprechen auf Kosten der Staatskasse – Kosten, die die Bahn dem Staat hätte ersparen können.

Udo versicherte, er werde »so was bestimmt nicht wieder tun«, und wirkte in all seiner Schüchternheit doch nachträglich aufs tiefste erschreckt wie der Reiter über den Bodensee. Denn wenn ihn jener Schaffner nicht kontrolliert und er Landau erreicht hätte – wo wäre er heute, falls er überhaupt noch am Leben wäre ...?

Vor dem Verhandlungszimmer des kleinen, ländlichen Amtsgerichts sitzt auf schmalem Bänkchen ein großer, dürrer Herr mit störrischem und strengem Gesicht, das noch durch die bis zum steifen Kragen hin geschlossene schwarze Weste betont wird, und wartet auf seine Vernehmung als Zeuge. Drinnen agiert eine ebenfalls dürre, ebenfalls schwarzgewandete und ebenfalls bis oben hin zugeknöpfte Matrone, die sich als die Mutter des eigentlichen Klägers erweist: eines bildhübschen, hochblonden, zarthäutigen Jünglings von neunzehn Jahren, der mit züchtig niedergeschlagenen Veilchenaugen und im Schoß gefalteten Händen artig auf seinem Stuhl hockt. In krassem, aber anmutigen Gegensatz zu ihm die fünfundzwanzigjährige Beklagte: eine wahre Großstadtcarmen, braunhäutig, rotlippig, rabenschwarzhaarig, glutäugig, mit etwas bunter Eleganz gekleidet, üppig da, wo das Schönheitsideal unserer Zeit üppig sein soll, und schmal da, wo es schmal zu sein hat. Der Richter blickt etwas ratlos auf die seltsame Gruppe; er ist ein aus der Großstadt ausgeliehener jüngerer Assessor und muß den erkrankten alten Amtsrichter vertreten; daß diese Gegend durch ein ausgeprägtes, strenges Sektenwesen bekannt ist, weiß er zwar, aber darum kennt er sie noch nicht; Wissen ist noch nicht Kennen. Rechtsanwälte fehlen: die beiden Parteien haben sich darauf geeinigt, die Sache vor dem Amtsgericht auszutragen, um Kosten zu sparen; das ist aber auch das einzige, worauf sie sich geeinigt haben. Denn es geht darum, daß die Carmen mit dem Jüngling verlobt gewesen ist und die Verlobung gelöst hat, und daß der Jüngling nunmehr von der Carmen den Ersatz der durch die Verlobung entstandenen Kosten verlangt. Das heißt, eigentlich verlangt das seine Mutter, die sich als ausgezeichnete Kennerin der zuständigen sechs Paragraphen des Bürgerlichen Gesetzbuches erweist und den Anwalt wirklich entbehren kann. Ihre ganze Familie, erklärt sie in energischem, aber durchaus würdigem Tone, gehöre einer sehr strenggläubigen Sekte an, und sie selbst wie ihr Mann hätten es natürlich lieber gesehen, wenn sich ihr Junge erst später mit einem Mädchen der gleichen oder doch einer ebenso gläubigen Sekte verlobt hätte. Statt dessen habe er sich in die doch viel ältere Beklagte verliebt, die sich in der idyllischen kleinen Stadt von ihrer anstrengenden Tätigkeit als Bardame in der Großstadt erholt habe (sie sagt das ganz ohne Ironie). Der sonst so folgsame und brave Sohn habe auf der Verlobung bestanden und sei so verzweifelt gewesen, als die Eltern ihre Zustimmung versagten, daß man schließlich habe nachgeben müssen – unter der Bedingung natürlich, daß die Braut ihren derzeitigen Beruf sofort aufgebe. Das habe sie denn auch getan und sei sogar in das kleine Städtchen gezogen. Man habe ihr die Zimmermiete und das Essen bezahlt, aber darüber hinaus habe die Dame Tag für Tag je eine Flasche Kognak verlangt, und zwar echten französischen Kognak, man bedenke, vier Monate lang – nach den vier Monaten jedoch habe sie die Verlobung gelöst und sei abgereist. Und da kein wichtiger Grund für den Rücktritt von der Verlobung vorgelegen habe, verlange man auf Grund des Paragraphen 1298 zunächst – zunächst! – den Ersatz der Mietgelder und der hundertzwanzig Flaschen Kognak.

Die Carmen kommt zu Wort. Sie bestreite das alles nicht, sagt sie mit tiefer und etwas heiserer, aber dennoch oder eben darum verlockender Stimme. Was den Kognak betreffe, so möge der Herr Richter bedenken, was eine Bardame im Laufe einer Nacht zu sich nehmen müsse; als sie sich dann plötzlich vor das alkoholische Nichts gestellt gesehen habe, hätten naturgemäß Entziehungserscheinungen eingesetzt, die sie durch den Kognak habe bekämpfen müssen. Außerdem sei auch ihr ein großer materieller Schaden entstanden, denn nach ihrer Flucht habe sie weitere vier Monate warten müssen, bis sie wieder eine neue Stellung bekommen habe. Und eine Flucht sei es gewesen! Denn sie sei behandelt worden wie ein Schulmädchen, es habe nichts gegeben als Beten, nie, nie habe sie mit ihrem Bräutigam ausgehen dürfen, höchstens ins Kino, und auch da nur in jugendfreie Filme – das sei ja lächerlich, und keinem modernen Menschen sei das zuzumuten. Wenn dergleichen kein wichtiger Grund für ihren Rücktritt sei!

Die Mutter repliziert ruhig, daß tatsächlich nach ihrer und all ihrer Mitgläubigen Meinung ein Erwachsener sich nur Filme ansehen solle, die auch jedes Kind sehen könne. Und wenn die Dame von den vier Monaten ihrer Stellungssuche spreche – nun, sie hätten ihren Sohn damals aus dem Gymnasium genommen, damit er eine bezahlte Stellung finden und bald heiraten könne; jetzt gehe er wieder aufs Gymnasium, aber dabei habe er nicht nur vier Monate, sondern ein ganzes Jahr verloren, und auch dafür fordere man Ersatz, zweitens. Und drittens – und hier zerdrückt die bisher ruhige Mutter eine Träne – drittens habe die Dame ihrem Sohn die Unschuld geraubt, und auch dafür verlange man eine billige Entschädigung in Geld nach Paragraph 1300!

Hier fällt der junge Richter aus allen Wolken und kämpft verzweifelt mit einem fast unwiderstehlichen Lachreiz – aber dann hat er sich in der Gewalt und sagt ernst: »Aber, aber! Der Paragraph 1300 schützt doch selbstverständlich nur die Braut, die dem Bräutigam die Beiwohnung gestattet, nicht aber den Bräutigam, der sie der Braut gestattet!«

Aber da kommt er schlecht an. Die Matrone hebt die Stimme und zeigt sich plötzlich als Verfechterin des Modernen. »Der Paragraph stammt aus dem Jahre 1896«, ruft sie, »und ist durch das Grundgesetz überholt. Gleiches Recht für beide Geschlechter!« Und ehe sich's der Richter versieht, sagt die Carmen mit sympathischer Offenheit: »Herr Richter, ich habe ihn doch so geliebt, aber verloben wollte ich mich nicht mit ihm, von wegen des Altersunterschieds und so. Aber wenn ich mich nicht mit ihm verlobt hätte – – hätte er mir wirklich nichts gestattet!«

Päng! Der Richter tut ratloser, als er ist, und ruft den strengen Herrn von draußen als Zeugen auf: es ist der Prediger der Sekte. Ob dem jungen Mann durch den Verlust seiner Unschuld tatsächlich Schaden erwachsen könne?

Selbstverständlich, erklärt der Prediger. Denn nun könne er so wenig als unbescholtener Jüngling getraut werden, wie eine bescholtene Braut den Myrtenkranz tragen dürfe. Die Trauformel bringe das denn auch zum Ausdruck. Und kein Mädchen seiner Sekte werde sich solch einer Trauung unterziehen, solch eine Schande auf sich nehmen. Und sehr gehalten und sympathisch fügt der Prediger hinzu, er wisse wohl, daß diese Strenge unserer entgotteten Welt merkwürdig, ja komisch erscheine. Jeder gebe aber zu, daß eben durch die Strenge Zucht und Sitte in seiner Sekte, wie auch in mancher anderen, besser bewahrt geblieben sei als sonst ringsum.

Und da hat der junge Richter einen großartigen Einfall. Er hat die innere Reinheit und Geradheit dieses skurrilen Mannes erkannt, und er hat wohl beschlossen, sich mehr auf ihn zu verlassen als auf das Gesetz. Er fragt ihn: »Würden Sie es für richtig halten, daß ein solcher, sagen wir: rein seelischer Schaden durch Geld ausgeglichen wird – oder überhaupt durch Geld ausgeglichen werden darf?«

»Durch Geld?« fragt der Prediger verblüfft, »durch was für Geld?«

»Das die Braut zahlen soll«, sagt der Richter.

»Nein«, erklärt der Prediger fest. »Ich würde das für unmoralisch halten. Für unanständig. Für unchristlich. Ich würde das in meiner Gemeinde nicht dulden.«

Die Matrone klappt zusammen. Sie errötet vor Scham. Sie sagt: »Wenn der Herr Prediger das meint, dann verzichte ich selbstverständlich – in diesem Punkt.«

»Und dann«, sagt der Richter sehr schnell, »können wir über die übrigen Punkte wohl zu einem Vergleich kommen. Sehen Sie, die Beklagte muß ihr Geld selbst verdienen, durch einen Beruf, der in seiner Art auch nicht leicht ist. Glauben Sie nicht, daß es schwerer für sie ist, Ihnen den Schaden zu ersetzen, als für Sie, ihn zu tragen?«

Die Mutter schweigt. Aber der Prediger sieht sie fest an und sagt: »Ich glaube, wir brauchen auch keinen Vergleich. Ich glaube, die Klägerin zieht ihren Antrag zurück.«

»Nun?« fragt der Richter.

Die Matrone nickt.

Niemand lächelt mehr. Jeder ist sehr ernst. »Die Verhandlung ist geschlossen!« sagt der Richter. Dann tritt er hinter seinem Tisch hervor, gibt dem Prediger die Hand und sagt: »Ich danke Ihnen.«

»Danken Sie Christus«, sagt der Prediger und lächelt als erster und einziger, »der gesagt hat: Geben ist seliger denn Nehmen.«

Die Matrone geht still hinaus. Sie weiß wohl nicht, vor welchem Urteil der Prediger sie bewahrt hat – und daß er sie davor bewahrt hat, sich lächerlich zu machen.

Der Angeklagte, kaum älter als einundzwanzig Jahre, soll sich verantworten, weil er die Alimente für sein uneheliches Kind nicht gezahlt hat. Bleich vor Wut steht er vor dem Richter – das heißt eigentlich steht er nicht, er läuft in zitternder Erregung vor dem Richtertisch hin und her. Nein, arm sei er nicht, ganz und gar nicht, er könne zahlen. Aber er brauche nicht zu zahlen. Oh, sein Kind sei es, und ob – das streite er nicht ab, im Gegenteil. Und sobald seine Braut ihn heirate, werde er zahlen. Denn er sei ein anständiger Mensch, er habe ein eheliches Kind haben wollen und kein uneheliches. Wie? Dann hätte er eben noch zuwarten sollen, bis ...? Das sei es ja eben: die Hochzeit sei von dem Kinde abhängig gemacht worden. Er habe seinen Teil geleistet, er habe das Kind »rechtzeitig in die Wege geleitet«; aber seine Braut habe ihn um ihren Teil, also um die Hochzeit, betrogen. Und einer Betrügerin zahle er nichts.

»Na«, sagt der ob des höchst undurchsichtigen Tatbestandes einigermaßen verwirrte Richter, »dann erzählen Sie mal Ihre Geschichte!«

Er erzählt sie, immer mit Tränen, aber mit immer wechselnden Tränen: Tränen der Wut, Tränen der Trauer, Tränen der Liebe. Und dabei ist es eine höchst komische Geschichte:

Also sie war erst siebzehn, und er liebte sie, und sie sagte, sie liebe ihn auch. Aber ihre Eltern hatten eine andere Partie für sie, einen wohlhabenden, einen noch dazu kinderlosen alten Witwer, der sich von ihr die ersehnte Nachkommenschaft, also den Geschäftserben, erwartete. Deshalb lehnte sie seinen Antrag ab – und da entführte er sie. Sie zogen mitsammen in die große Stadt und lebten dort mitsammen, und sie glaubten, nun würden die Eltern klein beigeben. Aber sie dachten nicht daran. Und in dieser Lage und aus diesem Grunde wurde »die Idee mit dem Kinde« geboren. Als es unterwegs war, und als dies Unterwegs sichtbar geworden war, ging man gemeinsam zur zuständigen Behörde und ließ sich die Heiratserlaubnis geben, die erteilt wurde mit Rücksicht »auf die höhere Gewalt«. Und siehe, »die Idee mit dem Kinde« rentierte sich: nun gaben ihre Eltern wirklich klein bei. Ihre Mutter erschien persönlich in dem armseligen möblierten Zimmer und erteilte schluchzend den Segen. Nur eine Bitte hatte sie: daß die Tochter nicht in ihrem immerhin unverkennbaren Zustand vor den Traualtar trete. Sondern sie solle einstweilen mit nach Hause kommen und dort ihr Kind gebären, und dann solle die Hochzeit sein.

Nun, wer sähe das nicht ein, falls er ein Mensch von religiösem und ästhetischem Empfinden ist? Der glückliche Bräutigam bemühte sich also um eine Wohnung, und, o Wunder, er fand sie, er richtete sie ein, so gut es ihm möglich war, er war der sehnsüchtigen Wonne voll.

Und dann kam das Kind, und es war ein Bub. Und dann heiratete sie. Aber nicht ihn. Sondern – den alten Witwer mit dem Geschäft ...!

»Herr Richter«, schluchzt er, »ich bitte, ihren jetzigen Mann als Zeugen zu laden. Er soll unter Eid aussagen, ob er überhaupt in der Lage ist, selbst für einen Erben zu sorgen!« (Tränen der Wut). »Er hat sie überhaupt nicht ihretwegen, er hat sie nur des Kindes wegen genommen, meines Kindes wegen, Herr Richter – und ich bin kinderlos!« (Tränen der Trauer). »Aber sie soll sich scheiden lassen. Sorgen Sie bitte dafür, Herr Richter, verurteilen Sie sie dazu! Denn ich liebe sie immer noch.« (Tränen der Liebe.) Dann aber werden sämtliche Tränenarten getrocknet, mit einem raschen Wischer eines umfangreichen Taschentuches, und das verletzte Rechtsbewußtsein spricht sich tränenlos aus: »Und nun sitze ich da mit der Zweizimmerwohnung samt Kinderwagen, und ich habe keine Verwendung dafür. Wer ersetzt mir das? Und ich habe das Kind unter ganz anderen Voraussetzungen in die Wege geleitet, und ich bin hintergangen worden, und ich erhebe Anklage wegen Betrugs, jawohl, wegen Betrugs, nicht gegen sie, sie hat man ja bloß beschwatzt, sie ist ja noch minderjährig, aber gegen ihre Eltern und ihren Mann! Aber daß ich, der Betrogene, noch zahlen soll – das, Herr Richter, sehe ich nicht ein. Das kann kein Recht sein! Ich will sie und mein eheliches Kind, dann zahle ich. Aber so zahle ich keinen Pfennig. Das ist mein letztes Wort!«

Das seine, ja – aber das allerletzte Wort hat ja nun immer der Richter. Tja, meint der, rein menschlich gesehen könne sich der Angeklagte ja wohl gewissermaßen betrogen fühlen – rein juristisch aber sei er wohl kaum betrogen worden; jedenfalls sei diese höchst seltsame und hoffentlich auch höchst seltene Art von Betrug paragraphenmäßig nicht faßbar. Und dann sei doch das Kind weiß Gott nicht dazu da, als Erpressungsmittel gegen widerspenstige Brauteltern zu dienen; vor allem aber dürfe es nicht zu Erpressungszwecken überhaupt erst »in die Wege geleitet« werden. Und deshalb müsse der Angeklagte hundert Mark Strafe zahlen – und außerdem natürlich die Alimente.

»Natürlich« – der unglückliche ledige Vater findet das gar nicht natürlich. Er wird Berufung einlegen. Er wird, »natürlich«, damit durchfallen. Und er wird an kein Recht mehr glauben – so unrecht er hat.

»Das war«, sagt der Richter, als der Delinquent schluchzend gegangen ist, »eine der komischsten Geschichten, die ich je erlebt habe.« Für den Angeklagten freilich war sie gar nicht komisch. Und für den vermittelnden Beobachter war sie rührend komisch – und komischerweise rührend.

»Halt! Immer hübsch der Reihe nach!« mußte der alte Richter des kleinen
bayrischen Amtsgerichts bereits zehn Minuten nach Verhandlungsbeginn in den
brodelnden Saal hineinrufen, in welchem die Klägerin Frau Kreszenz M., tat-
kräftig unterstützt von ihren drei Nachkommen und deren Ehegesponsen, und
der beklagte Josef P., ebenfalls von Gespons und Nachkommenschaft unterstützt, einander in die Haare zu geraten drohten, indes der Herr Pfarrer, als
Zeuge erschienen, Frieden zu stiften versuchte, was aber an der unaufhörlich
herausgebrüllten Versicherung des Beklagten scheiterte, das »ausgeschamte
Mensch, das ausgeschamte«, und den »dalketen Schraubndampfer den dalketen«
nehme er in Gottes Namen zurück, aber für die »hinterfotzige Erbschleicherin
die hinterfotzige« werde er den Wahrheitsbeweis antreten, und wenn er daran
gehindert werde, dann könne ihn, Josef P., die ganze Justiz – – –

»Zwanzig Mark Ordnungsstrafe!« brüllte hier der Richter seinerseits, und als
dann tatsächlich schmerzbewegte Ruhe einsetzte, konnte das Gericht endlich
wirklich »der Reihe nach« verfahren. Halten wir es auch so – sonst kommen
wir so wenig hinter die komplizierte Vorgeschichte der einfachen Beleidigungs-
klage wie der alte Amtsgerichtsrat.

Als Anno 1918 der erste Weltkrieg zu Ende ging, ging auch das Leben des
Bauern Josef P. zu Ende, und als man sein Testament öffnete, fand es sich, daß
der greise Witwer seinen sehr ansehnlichen Hof seinem älteren Sohne Josef,
dem heute Beklagten, zu drei Vierteln und seinem jüngeren, inzwischen nach
Amerika ausgewanderten Sohne Xaver zu einem Viertel in Erbengemeinschaft

vermacht hatte. Das hatte man gewußt und mithin erwartet; unerwarteterweise enthielt das Testament aber noch eine Art Legat zugunsten der damals achtzehnjährigen Dienstmagd Kreszenz, der heutigen Klägerin. Weil sie ihm in der schweren Kriegszeit, als seine Frau längst gestorben, sein Ältester im Felde und sein Jüngster noch ein halbes Kind gewesen war, von ihrem vierzehnten Lebensjahr an treu gedient habe, erhalte sie, gleichgültig, ob seine Kinder sie weiter beschäftigen würden oder nicht, »das unentgeltliche Wohnrecht im Hause, solange sie ledigen Standes sei«.

So weit, so gut. Zweifellos hatte sich die resche Kreszenz diese kleine Anerkennung vollauf verdient, vermutlich wirklich nur durch ehrliche Arbeit in Küche und Hof, und weil sie nicht nur resch, sondern auch hübsch war, war hundert zu eins anzunehmen, daß es mit dem ledigen Stand bald zu Ende sein werde. Richtig sah man nach kurzer Zeit ihr Kammerfenster von dem armen, aber tüchtigen Häuslerssohn Peter zunächst bedrängt und bald darauf erstürmt, und als Josef der Jüngere sein Weib heimgeführt hatte und der Geburt seines ersten Sprößlings entgegensah, konnte ein scharfes Auge auch bei Kreszenz etwas sehen, was auf eine zwar verspätete, aber doch gerade noch rechtzeitige Heirat hinzudeuten schien – und Josef hielt Umschau nach einer neuen Dienstmagd; das Zimmer würde ja frei.

Indessen der Mensch denkt, und das Schicksal lenkt: eines Tages ging durch das Dorf die Kunde, daß der schöne Peter sich mit einer anderen verlobt habe, und zwar mit einem gelähmten, unschönen und ans Bett gefesselten Mädchen, das aber nach seinem Tode ein wenn auch recht bescheidenes Anwesen hinterlassen würde. Tatsächlich kam es bald zur Heirat; und wenn an dieser Entwicklung der Dinge etwas Verwunderung, um nicht zu sagen Bewunderung erregte, dann war es die geradezu heitere Fassung, mit der die verlassene Kreszenz sowohl ihr Schicksal trug wie auch ihr Kind. Mehr noch: als dieses Kind, ein strammer Junge übrigens, der sich nach wenigen Monaten als dem treulosen Peter wie aus dem Gesicht geschnitten erwies, zur Welt gekommen war – da ging besagte Kreszenz hin und erklärte, den Vater nicht zu kennen: ein wandernder Handwerksbursche sei es gewesen, der gekommen und gegangen sei, und dem sie sich in ihrer Enttäuschung ohne Frage nach Nam' und Art ergeben habe.

Nun, was war dagegen zu tun? Die knirschende Verachtung, die Josef und sein Weib ihr aus moralischen wie aus hausbesitzerlichen Gründen erwiesen, ertrug Kreszenz mit der alten Heiterkeit; im übrigen hatte sie zwar zweifellos ein Kind, war aber ebenso zweifellos ledigen Standes geblieben und konnte demnach erst recht zweifellos wohnen bleiben. Natürlich kündigte man ihr sofort die Stellung, und natürlich fand sie sofort woanders eine neue, denn sie war fleißig und kräftig (und wenn Bert Brecht kein Proletarierdichter, sondern ein Bauerndichter geworden wäre, hätte er ohne Frage geschrieben: Erst kommt die Arbeit, dann kommt die Moral).

Im Hause jedenfalls spielte, krähte und jodelte außer der Erstgeburt des Bauern, die leider kein kräftiger Stammhalter, sondern ein ziemlich schwächliches Mädchen geworden war, noch die Erstgeburt der Kreszenz, ein äußerst stämmiges Bürschchen, dem die vielen heimlichen Püffe des Hofherrn und seiner Frau nicht viel anzuhaben vermochten. Und vielleicht hätte sich noch alles eingerenkt, wenn Kreszenz innerhalb der nächsten fünf Jahre nicht noch zweimal niedergekommen wäre – einmal war's wieder ein Bub, das andere Mal ein Mädel, und auch diese beiden sahen, hol es dieser und jener, aus wie der treu zu seinem kranken Weib haltende Peter, und auch ihre Väter bezeichnete Kreszenz als unbekannt. So kann eine erste, folgenlose und rein seelische Jugendliebe sich auf die Folgen späterer Lieben rein körperlich auswirken – dies einer skeptischen Vererbungswissenschaft ins Stammbuch!

Übrigens kam es nach der dritten Geburt zu einem Gespräch zwischen Kreszenz und dem Pfarrer, das der Pfarrer verlor, und zu einem Prozeß zwischen Kreszenz und dem Bauern, den Kreszenz gewann. Der geistliche Herr nahm Kreszenz ins Gebet und beschwor sie, erstens zu heiraten und zweitens auszuziehen; Kreszenz erwiderte bescheiden, sie werde weder den letzten Wunsch eines Toten mißachten, also ausziehen, noch ohne Liebe ins heilige Sakrament der Ehe treten, denn lieben tue sie nach wie vor den Peter, und auf ihn werde sie warten. Beim Prozeß ging es darum, daß Kreszenz für sich und ihre nunmehr drei Kinder statt eines Zimmers deren zwei benötigte; sie wurden ihr zugesprochen, wenn auch gegen Bezahlung des einen, denn das Wohnrecht habe sie, solange sie ledig bleibe, und vier Menschen in eine winzige Kammer zu stopfen, verstoße gegen die soziale Gerechtigkeit sowie gegen ein halbes Dutzend Vorschriften.

Dabei blieb's bis zum Beginn des zweiten Weltkrieges; die Kreszenzsippe hatte im Hause die Mehrheit, denn dem Bauern war es trotz seinem von ihm selbst vor Gericht ausdrücklich betonten heißen Bemühen nicht gelungen, in puncto Nachkommenschaft mit Kreszenz Schritt zu halten. Wirklich sahen er, sein Weib und seine inzwischen mannbare Tochter aus wie drei Häufchen Elend, Kreszenz und die Ihren hingegen wie vier blühende Leben, und ihre Gegner wären wahrscheinlich aus Kummer eingegangen, wenn nicht der Kriegsausbruch ihre sinkende Hoffnung jählings neu belebt hätte: alle drei Kreszenzkinder wurden eingezogen, die beiden Buben als Panzerjäger, das Mädchen als Wehrmachtshelferin. Und leider muß es zugegeben werden und kann es zugegeben werden, weil Josef und sein Weib es vor Gericht ja auch zugaben: ihre tägliche Fürbitte um gesunde Heimkehr der Krieger schloß jene drei *nicht* mit ein.

Aber der Kriegsgott ist ungerecht – fand jedenfalls das Bauernpaar. Alle drei Kreszenzen kamen prompt aus Feld und Gefangenschaft zurück, und die beiden Jungen säumten nicht und heirateten. Dabei dachten sie jedoch nicht daran, den diesfalls unbekannten Vater und die bekannte Mutter zu verlassen und an ihren Weibern zu hangen, sondern sie brachten letztere mit ins Haus der ersteren,

das ja Josef, dem Bauern, fast nur noch theoretisch gehörte; denn nun herrschte Wohnungsamtsrecht, und das Wohnungsamt entschied, daß es im winzigen Dorfe andere Wohngelegenheiten nicht gebe, und daß Josef samt Weib und Tochter sehr wohl mit zwei Zimmern, Kreszenz mit einer Tochter, zwei Söhnen und zwei übrigens inzwischen schwangeren Schwiegertöchtern hingegen nur mit allen übrigen, nämlich vier Zimmern auskommen könne.

Nach diesem Entscheid geschah dreierlei:

Erstens entdeckte Kreszenz bei ihrer Tochter gewisse, ihr wohlbekannte Merkmale und bei dem Verursacher dieser Merkmale die Neigung, sich weiteren Konsequenzen zu entziehen. Worauf sie den Jüngling auf der Dorfstraße stellte und unter dem empörten Ausruf »Was, ledige Kinder? Mit meiner Tochter nöt!« in ihre Stube hineinohrfeigte, wo ihre beiden Söhne warteten, die mächtigen Brustkästen herauswölbten und dem nunmehrigen Schwager aufs herzlichste zur Verlobung gratulierten. Er ist jetzt verheiratet und wohnt – beim Bauern Josef ...

Zweitens sahen Josef und sein Weib ein, daß sie endgültig unterwandert waren, und beschlossen, ihr Anwesen zu veräußern nach dem Motto: Wenn mein Haus abbrennt, verbrennen die Wanzen wenigstens mit. Aber siehe: der Bruder in Amerika, dem ja ein Viertel gehörte, wollte nicht; ihm liege nicht an Bargeld, ihm liege am Besitz. Und leichter kann ein siamesischer Zwilling etwas gegen den Willen des anderen tun als ein Mitglied einer Erbengemeinschaft gegen den Willen des anderen Mitgliedes. So mußten sie denn hocken bleiben im Sechszimmerhaus, von dem ihnen nur noch zwei Zimmer gehörten, und konnten überdies die Tochter nicht mehr an den Mann bringen: wer heiratet ein Haus, über das er nicht verfügen kann?

Drittens aber starb Peters gelähmtes Weib – und damit wachte ein letztesmal die Hoffnung, die große Hoffnung in Josef auf. Hätte er seine Ungeduld nur noch ein wenig zähmen können – aber er vermochte es nicht. Er trat gleich nach der Bestattung auf den frischgebackenen Witwer zu, der Herr Pfarrer stand noch dabei und konnte es nachher vor Gericht bezeugen, bot ihm die Hand und sagte etwa folgendes: »Siehgst, Peter, etzt kannst uns alle versöhnen. Etzt is dei liebs, arms Weib tot, und etzt kannst ruhig zugeben, das demera Kinder von der Kreszenz von dir sind. Denn etzt hast dei schöns Häusl und kannst die Kreszenz heiraten, und alles is wieder gut, zwischen uns allen, weißt?« Und Peter, der Witwer, antwortete mit Rührung und Haltung: »Wär scho recht, Sepp, wär scho recht. Und meine Kinder will i jetzt auch anerkennen, sollen wissen, daß an ehrlichen Vadern haben, und zahlt hab i eh die ganzen Jahr für sie. Nur mit dem Häusl und der Kreszenz, dös geht nit, weißt: i hab meinem Weib halt auf'm Totenbett schwörn müssen, daß i nie mehr heirat und daß i nie an anders Weib in ihr Häusl nehmen tu ...«

Ob Kreszenz bei diesen Worten wirklich gegrinst hat, ließ sich nicht mehr feststellen. Jedenfalls fielen hier, am Grabe, aus Josefs Munde die bezeugten

Worte vom »dalketen Schraubndampfer«, vom »ausgeschamten Mensch« und vor allem von der »hinterfotzigen Erbschleicherin«. Dies letzte allerdings erst, als Kreszenz einen Brief des Bruders aus Amerika hergezeigt hatte: Gegen einen Verkauf sei er nach wie vor. Aber gegen eine Verpachtung an Kreszenz habe er nichts einzuwenden, denn zweifellos könne man mit so viel Nachkommenschaft und also mit unbezahlten Arbeitskräften mehr aus einem Bauernhof herauswirtschaften als mit fremdem und kostspieligem Personal!

So. Das war's also der Reihe nach. Juristisch endete es mit der Verurteilung Josefs zu einer ganz geringfügigen Geldstrafe, denn der Wahrheitsbeweis sei nicht geglückt und sei auch nach Lage der Dinge wohl überhaupt nicht führbar (Kompliment für Kreszenz!), aber die Erregung des Beklagten sei andererseits vollauf verständlich (Mitgefühl für Josef!).

Privat schlossen sich dieser Verurteilung noch zwei Meinungen an. Die eine äußerte der alte kluge Richter. »Also der selige Thoma«, sagte er, »der ist doch Jurist und Komödienschreiber zugleich gewesen. Als Jurist hätte er bei dem Durcheinand von Legat, Erbengemeinschaft, Wohnungsgesetzgebung und was weiß ich alle viere von sich gestreckt. Aber als Komödienschreiber hätte er sich alle zehn Finger geleckt!«

Die andere Meinung äußerte der alte kluge Pfarrer. »Ich glaub alleweil«, sann er, »der Josef wird sich's überlegen und ihr das Haus doch noch geben. Und dann wird sich's der Peter überlegen und sie doch noch nehmen!«

Wenn ich, der Italiener Giovanni Boccaccio, als moralisch zwar belasteter, künstlerisch aber nicht betroffener Zeitgenosse des vierzehnten Jahrhunderts mich heute unterfange, ein Geschichtlein zu erzählen, das sich ereignet hat im Schwabenland des zwanzigsten Jahrhunderts: so möge man mir zugute halten, daß ich damit nur die erste Novelle beisteuern will zu einem Werk, das Berufenere denn ich fortsetzen mögen: nämlich zu einem Schwäbischen Dekameron. Daß dergleichen nicht, wie es wohl zunächst scheinen möchte, eine contradictio in adjecto darstellt, also einen Widerspruch zwischen »Schwäbisch« und »Dekameron« – das wird die wahre Begebenheit, die ich zu erzählen habe, füglich erweisen.

Begab sich also an einem sonnigen Morgen im Jahre des Heils 1949 ein schwäbischer Jüngling aus seinem Dörfchen in die stattliche Hauptstadt seines Landes, allwo ihn ein gestrenger Richter erwartete. Sollte nämlich besagter Jüngling einen gar kostbaren Stoff für ein Mannesgewand sowie etliche Meter feinsten Bettlinnens gestohlen haben, und hatte ihn der heimische Dorfrichter deswegen mit einer Buße von hundert Dukatenmark oder, wie sie dort abgekürzt sagen, D-Mark belegt; hatte sich der Verurteilte aber beschwerdeführend an den Stadtrichter gewandt, unter der Vorgabe, daß er unschuldig sei diebischer Dinge, und zwar eben deswegen, weil er schuldig sei amouröser Dinge; anders gesagt: weil er wohl ein Herzensdieb, keinesfalls aber ein Anzugdieb sei.

Es trug also der dörfliche Don Juan die Ereignisse jener Nacht, in welcher Stoff und Linnen aus der Kammer der Dorfschönen verschwunden waren, folgendermaßen vor:

Er habe jene Dorfschöne seit vielen Jahren von Herzen geliebt, und er sei auch von Herzen wiedergeliebt worden; indessen habe ihn, obwohl er von Natur weniger der seelischen als der körperlichen Liebe zuneige, ein leidiger Umstand an der ersehnten Erfüllung seiner Wünsche lange Zeit hindurch verhindert: der Umstand nämlich, daß die Dorfschöne verheiratet war. Und wäre es wohl auch dabei geblieben, wenn nicht die Geliebte die Kundigste unter den Töchtern Evas gewesen wäre, deren Hirn bekanntlich immer dann und nur dann ausgezeichnet funktioniert, wenn das Herz es befiehlt, wobei es sich durch Hemmungen moralischer Art nicht unbedingt stören läßt. Da nämlich der Ehemann der Schönen, in treuer Erfüllung seiner Pflichten als Familienvater, ab und an dem Gewerbe des privaten Schweineschwarzschlachtens nachging, was in jener Zeit, gleich anderen privaten Schweinereien, polizeilich verboten war: so baute die Allzukluge hierauf ihren Plan. Ging nämlich zuvörderst zur Polizei, sagte dort, daß ihr Gewissen die schweineschlachtende Tätigkeit ihres Mannes nicht mehr ertrage, und versprach, ein weißes Handtuch aus ihrem Kammerfenster wehen zu lassen, wenn er solcher Tätigkeit gerade einmal wieder nachgehe; geschah denn auch also, und der Ehemann wurde in flagranti ertappt und für einige Zeit in Gewahrsam genommen, ohne freilich zu ahnen, wer ihm solches eingebrockt habe. Indessen er nun saß und büßte, stand sein Bett im ehelichen Schlafgemach dem Liebhaber zur Verfügung; weil aber die Schöne nicht nur mutig und listig, sondern auch vorsichtig war, brachte sie Abend für Abend ihrem Manne etliche Liebesgaben ins Dorfgefängnis, eingewickelt in viel liebevolle Worte, also daß nicht nur der Mann, sondern auch der Gefängniswärter ob so viel ehelicher Treue und Zuneigung ganz gerührt war. Tat sie das aber in Wahrheit nur, um festzustellen, daß der geliebte Gatte bestimmt noch saß und nicht etwa, ob plötzlicher Entlassung, in die heimliche Idylle störend hineinpoltern könnte – und erklärt es sich eben daraus, daß eines Abends die Wackere ihrem von der Arbeit heimkehrenden Geliebten im anheimelnden Dialekt jenes Landes, der, obzwar dem Wohllaut der römischen Sprache in toskanischem Munde sehr fremd, dennoch das Rechte am rechten Ort prägnant zu sagen weiß – daß sie ihm also wieder einmal zuflüsterte: »Kannscht komme. Er sitzt no!«

Und es wäre ja auch gegangen wie immer, wenn nicht just an diesem Abend zwei Götter im Dörfchen ihren Amtspflichten nachgegangen wären: Bacchus, der Gott des Weines, hier in der schwäbischen Ausgabe als Gott des Mostes, und Thanatos, der Gott des Todes. Bis Mitternacht, der Stunde des Rendezvous, diente der Don Juan samt zween Kumpanen dem Bacchus, also daß unser Jüngling dem Kammerfenster der Geliebten nur stark schwankend zustreben konnte, was angesichts der Tatsache, daß selbiges Fenster gut drei Meter über dem Erdboden lag, nicht unbedenklich war. Gleichwohl gelang es ihm, das gewohnte Leiterlein anzulegen und in leidlicher Haltung einzusteigen. Was er nicht fand, das war die Geliebte, und was er nicht wissen konnte, war die betrübliche Tatsache, daß Gott Thanatos inzwischen sein Werk getan hatte, und zwar hatte er die Großmutter der Schönen aus dem Dörfchen für immer abberufen, und die Leidtragende hatte zu ihrem Bruder gehen müssen, um die Begräbnisfeierlichkeiten zu besprechen. Der Leser möge hieraus entnehmen, daß die Pflichten der Pietät auf die Pflichten der Liebe oft störend einwirken können.

Der nächtliche Besucher aber wußte, wie gesagt, nichts von der toten Großmutter und beschloß notgedrungen, sich wieder zu entfernen. Leider stieß er hierbei das Leiterlein um und sah sich gezwungen, den Sprung aus dem Fenster auf das harte Pflaster des Hofes zu wagen. In diesem Augenblick nun, so kündet er heute dem Richter, fiel sein ratloser Blick auf den Anzugstoff und das Linnen – und also warf er beides aus dem Fenster, und sprang, und hatte gesiegt, er fiel weich und brach sich nichts und gedachte, trüben Sinnes nach Hause zu schwanken.

Aber er hatte die Liebe wie die Klugheit der Schönen wieder einmal unterschätzt. Als er nämlich an der Kammer vorüberkam, in welcher das zehnjährige Kind der Braven schlief, der rechtmäßigen Ehe mit dem sitzenden Schwarzschlachter legal entsprossen, stellte sich heraus, daß die Mutter auch dies

schuldlose Wesen in den Dienst ihrer sündigen Liebe gestellt hatte. Es hatte Weisung erhalten, auf den »Onkel« zu warten, und nun rief es ihm aus dem Fenster zu: »Sollscht warte, läßt d' Mutter sage. Sie kommt glei! Es ischt nämlich bloß d' Großmutter gschtorbe!«

Es ist hier betrüblicherweise festzustellen, daß nicht nur der Enkelin der Verstorbenen, sondern auch dem Geliebten der Enkelin die Liebe über die Pietät ging: er wartete. Und nicht lange, da kam sie; die Begräbnisfeier war pflichtgemäß besprochen; die Liebesfeier konnte beginnen. Solche Aussichten machen selbst den Feigling zum Helden; unser Don Juan war kein Feigling. Es ist richtig, daß er in seiner Trunkenheit die Leiter nicht fand; aber was tat's; er benutzte die Regenrinne, dabei noch dazu den Stoff und das Linnen in der Hand haltend. Auf halbem Wege indes wurde die Regenrinne als einzige moralisch und brach mit entsetzlichem Krachen, und der Jüngling sauste mit dumpfem Knall auf das Pflaster. Licht ward es hinter den rasch sich öffnenden Fenstern der Nachbarwohnungen, Stimmen wurden laut: »Ein Dieb! Ein Dieb!«, Hunde bellten – – und es blieb der Schönen, wie männiglich begreifen wird, nichts anderes übrig, als den Geliebten durch die Tür einzulassen – um ihren Ruf als ehrbare Ehefrau und den seinen als des Diebstahls unfähigen Ehrenmann zu retten.

Dieser Rettungsversuch dauerte vier Stunden. Von der Großmutter, sagt der Jüngling, wurde nicht weiter gesprochen, und die noch immer suchenden Nachbarn wirkten nicht weiter störend – und auf die bestimmte Frage des Richters, ob etwas Bestimmtes geschehen sei, antwortete der Don Juan ebenso bestimmt: »Ha no, wo i amal da war ...«

Und alles wäre gut ausgegangen, weder Gott Bacchus noch Gott Thanatos hätten den Sieg des ewig zeugenden Lebens zu beeinträchtigen vermocht, wenn nicht eine christliche Göttin sich jetzt eingemischt hätte: die heilige Hermandad. Die Nachbarn riefen den Dorfpolizisten; der Dorfpolizist fand unten auf dem Pflaster den Stoff und das Linnen, genau unter dem Kammerfenster und der zerbrochenen Regenrinne; die Schöne erkannte Anzugstoff und Bettlaken ahnungslos als das Ihrige an, denn sie wußte ja nichts von deren Verwendung als Sprungtuch; und der Don Juan wurde aus dem Kamin, wohin er sich geflüchtet hatte, vom Polizisten zutage gefördert. Aber nun glaubt *die* Geliebte, *der* Geliebte habe sie bestohlen, und *der* Geliebte glaubt, *die* Geliebte habe ihn angegeben: so endete eine Liebe – vor dem gestrengen Richter zu Stuttgart.

Der gestrenge Richter seinerseits glaubt keinem von beiden. Der Staatsanwalt glaubt nicht, daß man in betrunkenem Zustande eine drei Meter hohe Mauer beinahe überklettern könne. Der Verteidiger erklärt freimütig, daß er selbst in betrunkenem Zustande noch ganz andere Dinge fertigbringe, die ihm nüchtern vollkommen unmöglich wären, und erbietet sich, derartige Leistungen in einem Lokaltermin dem Hohen Gericht vorzuführen, wenn sein Klient ihm den nötigen Alkohol finanziere. Der Staatsanwalt versichert, ihm gehe das nicht so, aber den Beweisantrag lehne er ab. Und es müsse bei den hundert Dukatenmark bleiben.

Es bleibt aber, wie es sich in einer Geschichte aus dem Dekameron gehört, es handle sich nun um das italienische oder um das schwäbische Dekameron, nicht dabei. Und daran ist niemand schuldig als die kluge Dorfschönheit selbst: diesmal nämlich war sie allzuklug. Sie wollte einen Trumpf ausspielen, einen letzten Trumpf, und sie hatte diesen letzten Trumpf mitgebracht zu Gericht: ihren Ehemann, den schwarzschlachtenden Familienvater, der seine Strafe inzwischen verbüßt hat. Und siehe, er und sie erscheinen Arm in Arm – Arm in Arm mit ihm, so fordert sie ihr Jahrhundert in die Schranken! Ja, sie haben sich versöhnt, er hat ihr alles verziehen, das Handtuch des Verrates und die heuchlerischen Gefängnisbesuche und den Liebhaber, den sie nun mit bösen Augen anbrennt, weil er ein Dieb ist! Und, so meint sie, wenn dies wahrhaft ergreifende und erhebende Beispiel unverbrüchlicher ehelicher Verbundenheit über Tod und Leben, Tod der Großmutter und Leben mit dem Geliebten hinaus das Gericht nicht zu ihren Gunsten stimme und zur gottgewollten Bestrafung des diebischen Don Juan bewege – dann gebe es keine Richter mehr im schwäbischen Lande!

Höre aber nun, allzeit aufmerksamer Leser, was der weise Richter sagt: Alldieweil sich, so argumentiert er klüglich, die Eheleute wieder versöhnt haben, soll nun der Liebhaber das Opfer sein auf dem Altar dieser Versöhnung. Das aber kann die Gerechtigkeit und kann das Gericht nicht wollen; und warum er Stoff und Linnen genommen hat, das habe er in seinem trunkenen Zustand sich wohl selber nicht erklären können; so er beides aber hätte stehlen wollen, so hätte er es doch nicht auf dem Pflaster liegen lassen, sondern wäre damit nach Hause geeilt; aber siehe: er hat die Geliebte genommen und nicht den Stoff!

Gewiß hat er auch die Geliebte gestohlen, ihrem Ehemann nämlich; der aber hat das Gestohlene ja zurückbekommen, und es genügt seinen Ansprüchen, wie männiglich sehen kann, nicht weniger denn zuvor. Auch hat das Gericht nicht über den Diebstahl der Frau, sondern über den Diebstahl des Stoffes und des Linnens zu befinden, der, abgesehen davon, daß auch Stoff und Linnen zurückgegeben wurden, und zwar noch weit unbeschädigter als die Schöne, eben nicht erweislich ist. Mithin sind unserem Jüngling die hundert Dukatenmark zu erlassen.

Was lernen wir aus dieser Begebenheit, und warum stellt auch sie einen Prozeß dar, der uns angeht? Weil, so meine ich, Messer Giovanni Boccaccio, von all den Dingen, die sonst eure Zeit und eure Prozesse bewegen, in dieser Gerichtssitzung niemals die Rede war; sondern es ging um die gleichen Dinge wie zu meiner Zeit, um Liebe, Ehe, Täuschung, List, Glück und Pech, Trank und Tod, heimliche Sünde und hämische Nachbarn, Streit und Versöhnung – kurz, um das, was ewig ist, und das, worin ihr nicht besser seid als wir es waren, und ihr auch nicht schlimmer seid denn einstmals wir. Und das ist tröstlich, meine ich, und wert der Aufzeichnung für ein schwäbisches Dekameron.

Es ist unmöglich, von Irene nicht gefesselt zu sein! Nicht etwa, daß sie eine blendende Schönheit wäre. Blenden ist unfein, und Irene ist ausgesprochen fein. Sie kleidet ihr überschlankes, fast zerbrechliches Persönchen sehr elegant, aber ebenso dezent, also nicht etwa hübsch bunt, sondern in gedeckten Tönen; sie trägt das kurz geschnittene Haar nicht stichig und künstlich hellblond, sondern sanftblond, mutterblond sozusagen; ihr blasses Gesicht sieht etwas leidend aus, und sie überschminkt das Leiden nicht, im Gegenteil, sie stellt auch ihre sehr leise Stimme darauf ein und spricht auch leidend: selbst durch Leiden wirkt sie. Dabei ist sie wirklich krank: von zwei Jahren Konzentrationslager blieb eine angegriffene Lunge zurück. Warum sie dorthin kam, darüber streitet man sich: sie sagt, weil sie nicht in einen wichtigen Betrieb ging, ihre Hauswirtin sagt, weil sie einem wichtigen Trieb allzu oft nachging. Aber man weiß ja, wie Hauswirtinnen sind! Jedenfalls bekam sie 1945 als Opfer des Nationalsozialismus eine hübsche Dachwohnung, die sie, damals etwa neunzehn Jahre jung, sofort in den Dienst der deutsch-amerikanischen Verständigung stellte: als eine der ersten durchbrach sie das Fraternisierungsverbot, wofür zwei uneheliche Kinder die wandelnden Beweise sind. Natürlich erntete auch sie den üblichen Undank: ihr Johnny ging, nachdem er sich fortgepflanzt hatte, zurück in die Staaten und macht sich seither nur durch kleinere Gaben bemerkbar; das übrige tun die Wohlfahrt und die Tuberkulosehilfe, und das ist wenig.

Hier aber setzten Irenes Meriten ein, die sie aus der trüben Schar ihrer vielen Schicksalsgefährtinnen weit herausheben. Sie dachte nicht daran, sich durch die doppelköpfige Last, die ihr Johnny hinterlassen hatte, niederdrücken oder gar unterkriegen zu lassen; sie stellte im Gegenteil jetzt die Kinder, ebenso wie einst die Wohnung, in den Dienst einer besseren und standesgemäßen Lebensgestaltung. Sie machte das genial: indem sie nämlich die beiden kleinen Dokumente einer großen Liebe nicht etwa schamhaft verbarg, sondern in die bunte und lustige Kinderkleidung streng amerikanischen Stils hüllte und mit ihnen einkaufen ging, jeder Zoll die glückliche Gattin eines Besatzungsmächtlers, die europäische Dezenz in die neuweltliche Lebensfreude hineinzutragen wußte. Und es zeigte sich, daß die Sprößlinge, natürlich mit angelsächsischen Vornamen in angelsächsischem Akzent angesprochen, so gut waren wie Bargeld – das Irene keineswegs besaß.

Eine Dachwohnung ist etwas Schönes, nicht aber, wenn sie unmöbiliert oder auch nur billig möbliert ist; so ging denn Irene, natürlich immer selbdritt, in Möbelgeschäfte, natürlich nur in die besten, und suchte mit Stunden währender Sorgfalt natürlich immer nur das Beste und Teuerste aus. Etwa zweitausend Mark kostete ihre erste Einrichtung, die sofort geliefert werden mußte, denn Irene erwartete am anderen Morgen um zehn Uhr ihren Erbonkel aus Amerika, der eine hübsche Wohnung vorfinden sollte und den lächerlichen Be-

trag gewiß bezahlen würde; nur: um neun Uhr spätestens mußten die Möbel
da sein!

Sie waren da. Sie blieben einige Wochen da, während welcher Zeit Irene die
Ausstattung komplettierte: hier bezog sie Bodenbelag und Vorhänge um acht-
hundert, dort Steppdecken und Kissen um sechshundert, da einen Radioschrank
um tausend Mark, und selbstverständlich immer vom Besten, und selbstverständlich immer ohne Anzahlung. Es ist sehr tröstlich zu wissen, welches
Maß von Vertrauen zur Menschheit in den scheinbar so hart gewordenen Herzen unserer Kaufleute und Handwerker verborgen ist! Irene jedenfalls förderte
diesen sonst so selten gehobenen Schatz mühelos zutage und wohnte entzük-
kend – was auf ihre meist amerikanischen Besucher (denn wer einen Johnny
liebt, überträgt diese Zuneigung auf alle Johnnys) den erwünschten Eindruck
nicht verfehlte. Nur einer kam nicht: der Erbonkel aus Amerika! Irene zeigte
sich darob selbst am untröstlichsten, wenn ihre Lieferanten wieder und wieder
ihr Geld heischen kamen – und schließlich, nach einigen Wochen und Monaten,
je nachdem, hatte sie keineswegs etwas dagegen, wenn Möbel und Vorhänge
und Decken und Radioschrank wieder abgeholt wurden. Warum auch? Erstens
waren die Möbelhändler ja im Recht – und zweitens war sie inzwischen längst
bei der Konkurrenz gewesen und hatte Ersatz bestellt. Und der wurde wiederum
prompt geliefert und wiederum nicht bezahlt und wiederum schließlich abgeholt
– und so weiter und so fort, da capo ad libitum. Und Irene wohnte, immer
hübsch, immer neu, immer anders – und wenn nicht einmal was verdorben
worden wäre, dann wohnte sie heute noch. Aber einmal geschah's, daß sich der
eine Möbelmann mit der Abholung verspätet hatte und der andere mit der Anlieferung verfrüht. So trafen sich die beiden Konkurrenten in der gemütlichen
Dachwohnung und fragten einander: »Was machen Sie denn hier?« »Ich bringe
Möbel. Und Sie?« »Ich hole Möbel!« Darauf wurde es ungemütlich in der
Dachwohnung, ungemütlich und leer, denn auch der neue Lieferant nahm natürlich das Seine wieder mit, und die nächste Zusammenkunft zwischen der de-
zenten Irene und ihren menschenfreundlichen Gläubigern fand in einem ausgesprochen primitiv möblierten Raume statt, nämlich im Amtsgericht.

Dafür wurde es ein großes Treffen, denn der Lieferanten waren es inzwischen
acht geworden, und zwei Pelzhändler waren, nebenbei bemerkt, auch dabei, und
eine kleine Urkundenfälschung stand auch zur Debatte, und übrigens sind inzwischen neue Anzeigen von neuen Geschädigten eingelaufen, denn schließlich
muß Irene ja wohnen, und ein weiteres Treffen steht bevor. Es wird genau so
verlaufen wie dies erste: »Die Kinder waren so süß«, sagte der eine, »Sie wirkte
so vornehm und sympathisch«, sagte der andere, und ein dritter gar gewährte
einen tiefen Blick in die Psychologie des menschenkennerischen Kaufmanns:
»Gerade weil sie nur das Teuerste wollte, faßte ich Vertrauen!« Hier überkam
den Berichterstatter, wie er einräumen muß, das verabscheuungswürdige Gefühl
der Schadenfreude, denn im gleichen Geschäft wurde ihm, als er einmal einen

Schaukelstuhl gegen Anzahlung und auf Abzahlung erwerben wollte, kühl erwidert: »Auf dergleichen Geschäfte ist unsere Firma nicht eingerichtet!« Nun, Irene zuliebe hatte man sich eingerichtet – und nun sage noch jemand, die Deutschen hätten kein Zutrauen zur Besatzungsmacht und ihrem Anhang!

Die zierliche, zerbrechliche, dezente Dame auf der Anklagebank erklärte sich mit leiser, leidender Stimme für nichtschuldig: den Bräutigam gebe es, nur sei er zur Zeit ein bißchen klamm mit dem Geld, und den Erbonkel gebe es, und der sei nicht klamm mit dem Geld, und der sei wirklich dagewesen. Und wenn behauptet werde, sie, Irene, hätte den Erbonkel damals bestohlen, dann könne das ja gar nicht wahr sein, denn wenn es wahr wäre, dann hätte er sie doch angezeigt, nicht wahr? Aber die Aufklärung war furchtbar traurig: er hatte sie zwar wirklich nicht angezeigt, aber er hatte sie nach Strich und Faden verdroschen, die zierliche Irene, und noch dazu in einem öffentlichen Lebensmittelgeschäft, vor allen Leuten – dieser Barbar, dieser Richter Lynch!

Irene bat schließlich um eine milde Strafe, und milder als jene amerikanische war sie: sechs Monate Gefängnis. Irene ging, nein, schritt gefaßt hinaus, in den Augen einige Tränen, hinter der hübschen Stirn vermutlich den einen, aktuellen Gedanken: »Wer wird meine Zelle möblieren ...?«

Xenia heißt zu deutsch »die Gastfreundliche«, und so war sie auch, und man sah es ihr auch an. Peter indessen, ein junger, feuriger Musikstudent, hatte es ihr nicht angesehen, als er sie in einem billigen Nachtlokal kennengelernt hatte. Nicht, daß er geradezu eine Dame der Gesellschaft in ihr vermutet hätte – doch aber ein schlichtes Mädchen aus dem Volke, wenn auch aus dem polnischen Volke. Da war vermutlich der Reiz des Fremdartigen gewesen und der jugendliche Idealismus und die dunkle Erinnerung an Felix Dahns Schulballade: »Nachtlockiges Weib, jagellonisches Blut, so siegte doch endlich die süße Glut« und so weiter – jedenfalls hatte die süße Glut diesmal in Peter gesiegt, er hatte sich Knall und Fall verliebt, stark betrunken freilich, aber eben drum, und hatte das nachtlockige Jagellonenblutweib mit auf seine armselige Bude genommen. Dort war er eingeschlafen, und Xenia, die Gastfreundliche, hatte ihm seine letzten fünfzehn D-Mark aus der Tasche genommen und war verschwunden. Indessen die Polizei hatte sie gefunden, und heute steht sie vor Gericht. Also ein klarer Fall, zumal Xenia bereits wegen ähnlicher klarer Fälle vorbestraft war.

Diesmal aber, so verantwortete sich Xenia mit sympathisch östlichem Akzent, war es denn doch anders gewesen. So verliebt, so vertrauensvoll habe sich der gute Junge gebärdet, daß es ihr einfach unmöglich gewesen sei, ihn zu enttäuschen nach dem Motto: erst das Geld, dann die Ware. Sie wisse zwar, was sie den Vorschriften ihres Berufes schuldig sei, sie könne jetzt sogar, im Gegensatz zu den früheren Fällen, das hohe Gericht darauf hinweisen, daß sie sich durch den Besitz eines Gesundheitsbuches legalisiert habe. Das Gericht, ja – aber diesen harmlosen Jungen hatte sie doch nicht darauf hinweisen können! Man sei doch eine Frau, trotz allem – wiederum müsse man leben, trotz allem. Und so habe sie sich genommen, was sie nicht zu fordern gewagt habe, und es sei, nach den gültigen Tarifen, gewiß nicht zuviel gewesen.

Der Richter vereinfachte diese wortreichen Darlegungen dahin, daß sie sich eben das Geschäft nicht habe verderben wollen, und verließ sich im übrigen auf den Belastungszeugen Peter. Aber da hatte er sich verrechnet. Denn Peter fiel auf der ganzen Linie um.

Er sei so gebaut, sagte er, daß er in der Betrunkenheit die Welt so sehe, wie er sie sehen wolle, nicht so, wie sie sei. Daß er sogar geradezu böse werde, wenn man sie ihm so zeigen wolle. Es sei gefährlich, das zu versuchen. Dann werde er rabiat. Schon deshalb sei es Xenia gar nicht zuzumuten gewesen, ihm die Wahrheit zu gestehen. Er habe sie ja in dieser Nacht wirklich und wahrhaftig lieb gehabt. Und nur daraus erkläre es sich, daß er, als er beim Erwachen nebst Xenia seine letzten fünfzehn Mark vermißte, so entsetzlich enttäuscht und deshalb so entsetzlich wütend gewesen sei, daß er gleich zur Polizei lief. Heute schäme er sich deswegen. Heute begreife er, daß er Xenia, wie sie nun einmal im Gegensatz zu ihm gebaut sei, unbewußt habe ausnützen wollen. Er hätte ihr, wenn er begriffen und es gehabt hätte, sogar mehr als den entwendeten Betrag gegeben, er empfinde, kurz gesagt, nicht sich, sondern Xenia als geschädigt. Und er bitte, Xenia seine jugendliche Unerfahrenheit nicht anzulasten.

Ja, da blickten nun Richter und Staatsanwalt und Protokollführer mit einem Lächeln und einem Blick auf den Studiosus Peter, die man nicht anders denn als schlechthin väterlich bezeichnen konnte. O du unsterbliche Jugend!, stand in diesen Blicken und in diesem Lächeln zu lesen, die, wie laut Goethe auch andere Unsterbliche, verlorene Töchter zum Himmel emporzuheben, die in der Bajadere das Göttliche zu sehen vermag! O du unbewußte Weisheit, o du selbstverständliche Toleranz, o du innere Anständigkeit dieser so schwer um ihre Existenz kämpfenden Jugend, die den Existenzkampf anderer nach deren und nicht nach unseren Gesetzen zu werten versucht, o du Euphorie der Jugend – sei gegrüßt! Du fühlst dich nicht geschädigt, wo andere auf ihrem Schein bestehen, du hältst eine Sache für geringfügig, die andere für bleigewichtig halten, du glaubst dich ja schuldig, wo andere sich unschuldig wissen. Du hast nicht recht; aber erst wenn du so alt sein wirst wie wir, wirst du, leider, leider, einsehen müssen oder einsehen zu müssen glauben, daß deine Einstellung eine verfahrene Einstellung ist ...

Aber die Richter verfügten um dieser verfahrenen Einstellung willen die Einstellung des Verfahrens.

Dies Kapitel sei den verschmähten Liebhabern gewidmet – soweit sie auf den Anklagebänken der Gerichte erscheinen, was öfter geschieht, als man denkt. Sie geben sich immer männlich-kühn, fast schnodderig; aber in Wirklichkeit sind sie immer ein bißchen zum Weinen, ein bißchen zum Lachen und ein bißchen zum Fürchten. Zum Weinen für sich selbst, zum Lachen für ihre Umwelt und zum Fürchten für die Geliebten, von denen sie verschmäht wurden.

Da haben wir zunächst Theodor, den Zweiundzwanzigjährigen, den Sportlichen, den kühnen Schwimmer. Als er an einem Herbstmittag vom höchsten Sprungbrett der Badeanstalt aus am gegenüberliegenden Flußufer Lore sitzen sah, angezogen mit buntem Rock und seidener Bluse und lesend in einem Buch und sichtlich sehr jung und sehr hübsch, da war es um ihn geschehen – obgleich oder weil er sie zuvor noch niemals gesehen hatte. Wenn es nicht Liebe auf den ersten Blick war, so waren es doch Triebe auf den ersten Blick. Theodor legte die gehöhlten Hände an den Mund und brüllte die Frage über den Fluß, ob das Buch denn sehr spannend sei. Er begann die Konversation also sozusagen literarisch, aber Lore antwortete nicht. Theodor wurde realer: »Können Sie mir Ihren Kamm leihen?« brüllte er. Lore rief zurück: »Nein!«

Genug geplaudert! dachte Theodor nun, warf sich in die Fluten und kraulte hinüber. Er setzte sich neben Lore auf die von ihr mitgebrachte Decke und bemerkte originellerweise, das Wetter sei schön. Lore ersuchte ihn, sie in Ruhe zu lassen. Ob sie ihm nicht »wenigstens« ihren Namen sagen wolle, fuhr er fort, ging aber nicht. Nein, sagte sie. Da nahm er ihre Kennkarte aus ihrer Handtasche und ermittelte Namen und Ort. Dann umschlang er sie mit sportlicher Bravour und verschloß ihren Mund mit einem derart leidenschaftlichen Kuß, daß sie nicht schreien konnte. Als sie es schließlich vermochte, war bereits ihre Bluse zerrissen, und ihre Haut wies Druckstellen auf; nun aber tat sie es so markerschütternd, daß gleich zwei Bademeister über den Fluß und ihr, der Weinenden und Zitternden, zu Hilfe kamen. Als der kühne Theodor die beiden Männer sah, war es mit der Kühnheit aus, und das Kind Theodor kam zum Vorschein: er entriß Lore die Decke und hüllte sich darin ein, in der schönen Hoffnung, er sei nun unsichtbar. Dies erwies sich schnell als Irrtum, und Theodor raste in einen nahe gelegenen Fabrikhof in der Erwartung, sich dort unter die Arbeiter mischen und unerkannt bleiben zu können. Leider hatte er vergessen, daß er, von der Badehose abgesehen, nackt und deshalb seiner Umgebung nicht richtig angepaßt war. So wurde er denn erwischt. Aber noch aus der Untersuchungshaft versuchte er Lore zu grüßen und ihr ausrichten zu lassen, hier sei er nun gelandet – um ihretwillen!

Ach, Lore ließ sich nicht rühren und trat nun, vor Gericht, als Zeugin wider ihn auf. Theodor jedoch, immerhin des Verbrechens der versuchten Notzucht angeklagt und in erster Instanz bereits zur Mindeststrafe von sechs Monaten

Gefängnis verurteilt, erwies sich vor der Großen Strafkammer überraschenderweise als Moralist. Er gab ohne weiteres zu, daß sich Lore heftig und energisch gewehrt habe. Aber das gehöre doch bei einem richtigen Mädle dazu, und mit einem Mädle, das sich nicht wehre, würde er nie etwas anfangen, so eine sei doch überhaupt kein Mädle! Als Lore um Hilfe geschrien habe, habe er ja auch sofort »seine Bemühungen eingestellt«. Und so stand denn das Gericht eine Weile vor der merkwürdigen Situation, daß hier zwar objektiv ein Verbrechen vorlag, subjektiv aber, von Theodor aus gesehen, eine geradezu hohe Einschätzung der weiblichen Moral – eine sportliche Einstellung sozusagen: die Liebe als Kampf, der mit der ehrenvollen Niederlage der einen oder der anderen Partei endet.

Diesen gordischen Sittlichkeitsknoten duchhieben jedoch die Bademeister, indem sie bezeugten, Theodor habe sich erst dann in die Tarndecke gehüllt, als er die beiden heranschwimmen sah, nicht schon, als Lore um Hilfe rief. Und so blieb es denn eine Gewalttat, und so blieb es auch bei den sechs Monaten, damit Theodor etwas zum Weinen und die gehässige Umwelt etwas zum Lachen, die Lore aber nichts zu fürchten habe – wenigstens sechs Monate lang.

Etwa zur gleichen Stunde hat sich in einem anderen Saale Alfred zu verantworten – er ist nicht zweiundzwanzig, sondern fünfundfünfzig Jahre alt, er ist auch kein Sportler, sondern ein Hausbesitzer und weiland Major und Witwer mit zwei Kindern, er hat keine Notzucht, sondern nur eine Nötigung versucht, und er hat es deshalb nicht bis vor die Große Strafkammer, sondern nur bis vor den Einzelrichter gebracht. Aber verschmäht ist er auch, und die ihn verschmähte, zählt auch erst achtzehn Jahre …

Als sie eben sechzehn geworden war, hatte sie ihn noch nicht verschmäht. Damals hatte sie sich mit ihm verlobt. Es war eine gewissermaßen rührende Geschichte: sie wohnte mit ihren Eltern in seinem Hause, seine Majestät der Hausbesitzer hatte sich ihrer Armseligkeit, der Mieterin, das junge Ding aber des eben frauenlos gewordenen Haushalts erbarmt, und der Altersunterschied hatte die ganze Geschichte nur noch rührender gemacht. Dann jedoch hatte es zwischen ihm und ihren Eltern Streitigkeiten gegeben, Mietstreitigkeiten natürlich, und sie war in die Schweiz geschickt worden und dort erst in sich gegangen und dann ob der Altersspanne nun doch außer sich gewesen, und sie hatte die Verlobung gelöst.

Indessen hatte sie die Rechnung in des Wortes buchstäblicher Bedeutung ohne den Wirt gemacht. Der nämlich gab nicht nach, der nämlich konnte sie nicht lassen. Er fand, sie sei noch viel zu jung, um sich – zu entloben; er fand, sie werde moralisch absinken ohne ihn, und er müsse sie retten. Solange sie noch daheim war, bestürmte er sie tagsüber an ihrer Arbeitsstelle, und während der Nächte saß er im Pyjama auf der Treppe vor ihrer Wohnung, das Auge sehnsüchtig auf die Glastür gerichtet, ein moderner Ritter Toggenburg. Und als sie in die Schweiz ging, folgte er ihr, und als sie sich nicht sprechen ließ, ging er, nun kein Ritter Toggenburg, nicht etwa in Einsiedelei und Tod, sondern – zur Polizei. Sie habe ihn betrogen, erklärte er dort, denn sie habe sich mit ihm verlobt, um ihn auszunützen, und nun müsse ihm die heilige Hermandad eine Aussprache mit ihr ermöglichen. Die eidgenössische Polizei, ohne Mitgefühl, bedankte sich höflich, aber kühl, und so ging er zur deutschen: sie habe einen Abtreibungsversuch gemacht, er habe während der neunzehnmonatigen Verlobungszeit neunzehnhundert Mark an Kinobesuchen und Wirtshausbesuchen und Geschenken für sie ausgegeben, und die wolle er wieder haben – aber zugleich schrieb er dem Mädchen verliebte Briefe, mit Drohungen gespickt nach dem hinreißend komischen Muster: »Ich warte auf Dich bis Punkt zehn Uhr vierzig. Punkt zehn Uhr vierzig gehe ich sonst zur Polizei und zeige Dich an, und dann wird Furchtbares auf Dich herniedersausen. Innigst Dein Alfred.« Und noch wenige Tage vor der Verhandlung schickte er ihr – Orchideen.

In dieser Verhandlung ging es, wie gesagt, nicht gegen sie, sondern gegen ihn. Denn die Sache mit dem Abtreibungsversuch wurde widerlegt, und die Rückgabe der neunzehnhundert Mark ist, wenn es überhaupt eine Sache ist, eine Sache der Privatklage. Hingegen lag bei ihm zweifellos eine recht handfeste Nötigung vor, und so wurde er denn zu hundertfünfzig Mark verurteilt – also daß ihn sein Verlöbnis jetzt zweitausendundfünfzig Mark kostet, zuzüglich der Gerichtskosten.

Aber es blieb kein Zweifel darüber, daß er sie liebt, und daß er Berufung einlegen wird, und daß er sie so lange anzeigen wird, wie er sie liebt. Also wohl ewig.

Die Berufungsverhandlung vor dem Landgericht hat noch nicht begonnen, der Angeklagte, der sich wegen Körperverletzung und Sachbeschädigung verantworten soll, ist noch nicht erschienen, und somit hat der als einziger Zeuge geladene Herr, der jünger ist, als er aussieht, und älter, als er sich anzieht, noch Zeit genug, den behäbigen Saalaufseher in ein Gespräch zu verwickeln – das heißt, er allein spricht, der an Kummer gewöhnte Justizwachtmeister hört nur zu. »Ganze fünfunddreißig Mark Geldstrafe hat er vom Amtsrichter bekommen«, hört man den Gent aufgeregt flüstern, »und dabei hat er mir zwei Zähne ausgeschlagen, und unsere Jazztrommel ist auch zum Teufel. Einen Goldzahn habe ich mir einsetzen lassen müssen, anders ging's nicht, und Goldzähne sind nicht mehr modern, auch in meinem Beruf nicht.« Er bleckt ein sonst tadelloses Gebiß mit Filmzähnen von mäuschenhafter Niedlichkeit, und wirklich, der Goldzahn stört. »Die Rechnung für die neue Trommel und für den Zahnarzt, ich bitte Sie, der Schaden geht in die Hunderte, und er bekommt ganze fünfunddreißig Emm und legt noch Berufung ein! Ist unsere Justiz für so was da? Verbieten sollte man so was!«

Der Saalaufseher zuckt unverbindlich die massigen Achseln und wird einer weiteren Stellungnahme enthoben, weil soeben der Angeklagte und gleich darauf das Gericht eintritt. Der Angeklagte ist geradezu unwahrscheinlich schmal und winzig, das Haar über seinem blassen Kleinemannsgesicht ist spärlich und schütter, er reicht dem Zeugen und Widersacher kaum bis zur Achsel, und es scheint zunächst unerfindlich, wie er seinem sportiven Gegner zwei Zähne und eine Trommel zertrümmern konnte; irgend etwas muß ihm Bärenkraft verliehen haben. Es stellt sich sogleich heraus, was: eine Frau natürlich.

»Es handelte sich um meine Braut, hoher Gerichtshof«, erklärt er mit zartem Stimmchen. »Wir hatten uns wenige Tage vorher verlobt, und wir waren sehr glücklich, als wir die Bar betraten, es war gegen ein Uhr nachts, und die anderen Gäste waren meist schon betrunken, aber wir beide waren nicht betrunken, wir waren, wie gesagt, nur glücklich – tja. Nun ist meine Braut ein bißchen vollschlank, ich muß das zugeben, ich liebe das, aber meine Braut ärgert sich darüber. Und wie der Jazzkapellmeister meine Braut sieht, läßt er mitten im Takt abbrechen und beginnt das Lied zu spielen: »She is too fat for me!« Und die ganze Bar hat gelacht und mitgesungen, und meine Braut hat geweint, und ich bin rauf zu ihm und habe ihm eine geschmiert. Und dabei ist er in die Trommel gefallen, tja. Aber das mit den Zähnen und der Trommel war nicht meine Absicht, und er hat doch meine Braut beleidigt, und dafür möchte ich keine fünfunddreißig Mark bezahlen. Ich finde das ungerecht, hoher Gerichtshof.«

»Vollschlank ist gut!« sagt der Zeuge. »Sie war größer als ich und doppelt so groß wie er und dreimal so dick wie der Herr Wachtmeister hier. Es war ein, ich muß schon sagen, also wie soll ich sagen, es war ein geradezu groteskes

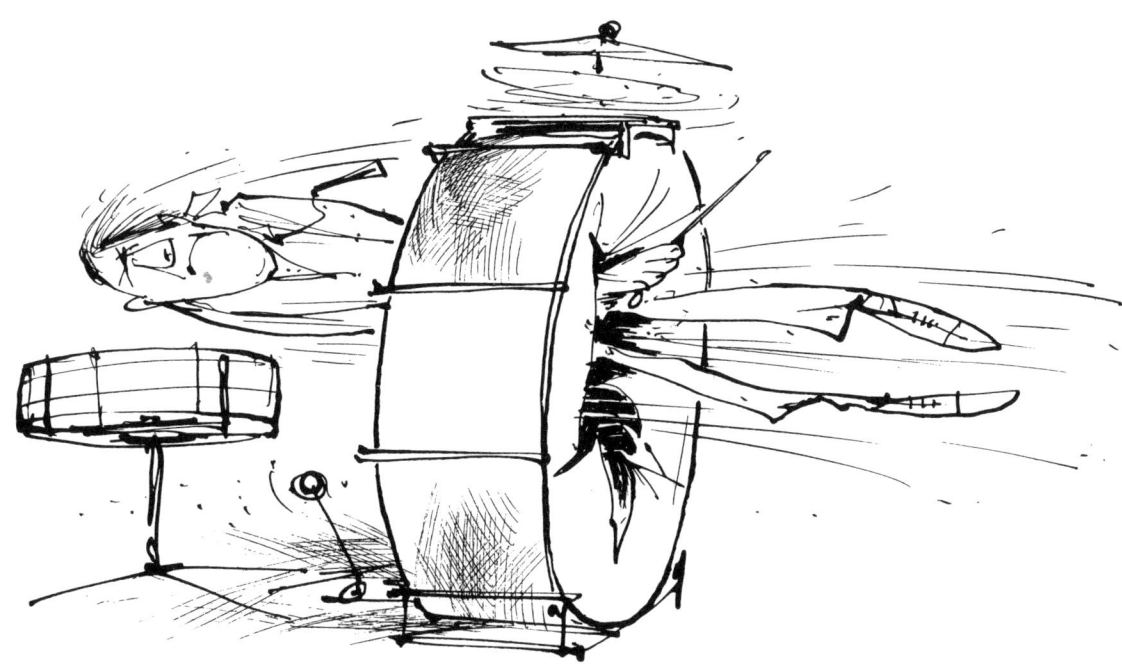

Paar. Und den Schlager ›Sie ist zu fett für mich‹, den spielen wir oft, wenn eine korpulente Dame eintritt, und wenn es ein korpulenter Herr ist, dann spielen wir eben ›He is too fat for me‹, und noch nie hat das einer übelgenommen. Der Herr hier aber hat – na, Sie wissen ja, ich war vollkommen überrascht, ich bin mit solcher Wucht in die Trommel gefallen, daß nicht nur das Fell hin war, sie war total verbogen und unbrauchbar. In der Bar, Herr Vorsitzender, da muß man eben Humor haben, und wer keinen Humor hat, der soll in keine Bar gehen. Der Herr hat eben keinen Humor!«

»Hm«, macht der Vorsitzende und wendet sich an den kleinen Mann: »Und Sie haben durch den Vorfall gar keinen Schaden erlitten?«

»Direkt nicht«, stottert der Angeklagte unsicher.

»Und indirekt . . .?«

»Sie – sie geht seitdem nicht mehr mit mir aus. Sie traut sich nicht mehr. Sie hat Angst, daß die Leute über uns lachen. Wir sitzen immer zu Hause seitdem . . . tja.« Und wenn es nun ein Gericht gäbe, das an keine Paragraphen gebunden wäre, und das nicht nur eine Körperverletzung und eine Sachbeschädigung, sondern auch eine Seelenverletzung und eine Glücksbeschädigung aburteilen dürfte und müßte – dann würde sein Spruch etwa lauten: »Nicht der Angeklagte, sondern der Zeuge wird verurteilt, und es gibt kaum eine Strafe, die hoch genug für sein Verbrechen wäre. Er hat das Glück einer jungen Liebe zerstört, er hat schlimmer gehandelt als die Schlange im Paradies, denn er hat diesen kleinen Adam und diese massige Eva nicht erkennen lassen, was gut und böse, sondern was erhaben und lächerlich ist; aus der Erhabenheit ihres Gartens Eden hat er sie in die Lächerlichkeit der Welt vertrieben. Er hat sich auf den Humor berufen, aber er hat kein Herz, und Humor ohne Herz ist kein Humor, sondern kalte, geschmacklose, widerliche Grausamkeit. Er hat zudem alle, die mitgesungen und mitgelacht haben, zu Mitschuldigen gemacht. Herzlosigkeit ist das Brandmal unserer Zeit; viele tragen es versteckt mit sich herum und wissen nicht einmal, daß sie es tragen, er aber trägt es an der Stirn, er schmettert die Herzlosigkeit aus seiner Jazztrompete und seiner Jazztrommel. Er hat, gleich der Schlange, etwas Reines vergiftet, er hat eine junge Liebe in die Ferse gestochen; der Schlange wurde dafür der Kopf zertreten, der Liebende aber hat ihm nur ein paar Zähne ausgeschlagen. Dieser Liebende war im Recht; jener Zeuge aber ist schuldig, schuldig, schuldig!«

So hätte jenes imaginäre Gericht gesprochen, das es nicht gibt; das Landgericht aber, das es gibt, sprach in seiner Sprache genau so. Der Paragraph 233, so entschied es, besagt: Wenn Beleidigungen mit leichten Körperverletzungen auf der Stelle erwidert werden, so kann der Richter eine mildere oder überhaupt keine Strafe eintreten lassen. Das Spielen des Schlagers »Sie ist zu fett für mich« war eine Beleidigung, sie wurde auf der Stelle durch eine leichte Körperverletzung erwidert. Der Berufung des Angeklagten wird also stattgegeben, das Urteil der ersten Instanz wird aufgehoben und der Angeklagte freigesprochen.

Mehr konnte das Gericht nicht sagen, und was es in den ihm eigenen trockenen Tönen sagte, war dennoch weise, menschlich und gerecht. Was aber sonst noch zu sagen war, das fügte der kräftige Saalaufseher hinzu. Er setzte nach der Verhandlung das unterbrochene Gespräch mit dem Zeugen fort, der jünger war, als er aussah, und älter, als er sich anzog. »Sie haben Glück gehabt, junger Mann!« sagte er nämlich.

»Ich?« fragte der Gent verdutzt. »Wieso ich?«

»Weil«, replizierte der Wachtmeister sehr ruhig, »weil er Ihnen nur zwei Zähne ausgeschlagen hat. Ich hätte Ihnen Ihre ganze Visage kaputtgedroschen!«

Fast vierzig Jahre ist er alt, hat manchen Sturm erlebt, wie sein Vorstrafenregister bezeugt, und von Beruf ist er Jazzmusiker in einer Provinzstadt. Luise aber, die er liebte, und die auch schier vierzig Jahre alt ist und dank ihm auch so manchen Sturm erlebte, wohnt in der Hauptstadt, und wenn das Lokal, darin seine Band arbeitet, Ruhetag oder vielmehr Ruhenacht hat, verbringt er diese Stunden mit und bei Luise. Welches Instrument er eigentlich beherrscht, verrät er ihr nicht, und so könnte sie in Abwandlung eines alten Witzes wohl sagen: Ich weiß nicht, wo er spielt, ich weiß nicht, was er spielt, und ich weiß nicht, wie er spielt; aber eins weiß ich: wenn er nicht spielt, ruht er bei mir.

Besagtem Vorstrafenregister nach muß er Schlagzeuger sein, denn die Delikte, derentwegen er unablässig verurteilt wurde, heißen Körperverletzung, Sachbeschädigung, Hausfriedensbruch, Raufhandel, Widerstand gegen die Staatsgewalt und dergleichen. Er läßt mit beträchtlichem Stolz durchblicken, daß er diese Liste für keineswegs ehrenrührig hält, im Gegenteil: »Es waren immer nur Gewalttaten, Herr Amtsgerichtsrat!«; und wenn er in einer romantischeren Zeit als Offizier oder Akademiker gelebt hätte, würde es sich stets um Ehrenhändel mit nachfolgender Festungshaft gehandelt haben: »Denn es ging immer nur um die Damen, Herr Amtsgerichtsrat!«

Diesmal also geht es um die Dame Luise, denn er ist angeklagt wegen Bedrohung und Sachbeschädigung, begangen an ihr und ihrem Gut. Über die Vorgeschichte ist man sich einigermaßen einig: zu Beginn einer Ruhenacht mußte er, der die Schlüssel zu ihrer Wohnung besaß, geschlagene zwei Stunden auf sie warten, weil sie mit einem anderen Herrn ausgegangen war. Jawohl, sagte sie, aber mit einem älteren Herrn von auswärts, den sie seit zehn Jahren nicht gesehen hatte, und der nur diese zwei Stunden im Lande weilte, »und natürlich in allen Ehren, Herr Amtsgerichtsrat!« Als sie jedoch endlich kam, verdrosch er sie in allen Ehren nach Strich und Faden, und zwar derart, daß sie sich eine Woche lang nicht auf der Straße zeigen konnte – bis zur nächsten Ruhenacht. Als er aber in der Abenddämmerung programmgemäß eintraf, war es zu spät: sie hatte sich entschlossen, ihm den Laufpaß zu geben, denn mit einem Manne, der sie schlug, wollte sie nichts zu tun haben, und man schied in Unfrieden, sagte sie.

Hier indessen trennen sich die Darstellungen. Daß er sie verhauen hat, gibt er ohne weiteres zu: »Ich bin in Ehrensachen nun mal empfindlich, Herr Amtsgerichtsrat!« Und getrennt hätten sie sich auch, aber in Frieden, hätte sie ihm sonst zum Abschied zwei Photos geschenkt, mit Widmungen sogar? Das stimmt, die Bilder hat er, und die Widmungen lauten etwa: »Zum Abschied von Deiner Dich liebenden Luise.« Jedoch Luise behauptet, er habe die Photos von ihr erpreßt, und eine Freundin, die bei der Szene zugegen war, bestätigt und beschwört das: er habe nämlich ein anderes Photo von Luises Schreibtisch genommen und nur gegen Aushändigung der beiden anderen zurückgegeben; dies

Bild habe Luise aber zurückhaben müssen, sagt sie verhalten, denn es stellte sie in zärtlicher und dazu unbekleideter Position dar mit einem – Totenkopf! »Warum denn mit einem Totenkopf?« fragt der verdutzte Richter – und Luise erwiderte in sachlich erklärendem Ton: »Es ist eine Erinnerung an einen früheren Freund von mir, und der war Arzt!«

Der Richter beeilt sich, von dem Totenkopf loszukommen, und die nun folgenden Ereignisse nehmen denn auch seine ganze Aufmerksamkeit in Anspruch. Denn der plötzlich heimat- und liebelose Musikus enteilte in die ausgefallene Ruhenacht und beschloß, sein Geld und seinen Gram zu vertrinken. Ersteres gelang ihm, letzteres nicht, denn zum einen rief er Luisen wiederholt an und beschimpfte sie unflätig, er werde sie kurz und klein schlagen und ihre Bude ausräuchern – und zum andern traf er gegen Mitternacht einen gemeinsamen Freund, zog ihn in ein Bierlokal und versicherte ihm dasselbe, denn sie müsse dafür bestraft werden, was sie ihm getan habe, und für das, was sie ihm nun nicht mehr tun wolle, erst recht, und er könne das nicht auf sich sitzen lassen. Daß der Freund ihn geduldig anhörte, rührte ihn so, daß er ein übriges tun wollte und ihm mitteilte, auch des Freundes Frau betrüge ihn und sein eben geborenes Kind sei nicht von ihm, und die Weiber wären eben alle so. »Ich wollte auch seine Ehre retten, Herr Amtsgerichtsrat!« sagte er heute – aber damals zeigte sich jener undankbare Mensch für diese Mitteilung keineswegs erkenntlich, sondern glaubte sie nicht und verließ den wackeren Warner im Zorn. So sind die Menschen. Und nun sagte er noch aus und beschwört, daß er den Aufgeregten zuletzt gesehen habe, wie er kurz nach Mitternacht mit drohenden Gebärden und lauten Verwünschungen auf Luises Heim zuging ...

Eine Viertelstunde später erschien Luise aufgelöst bei der nächsten Polizeiwache und bat um Schutz. Denn es sei soeben an der Hintertür ihrer ebenerdigen Wohnung gerüttelt worden, sie sei sofort aus dem Bett gesprungen und durch die Vordertür enteilt, und noch im Entfliehen habe sie die Scheibe des einzigen Fensters klirren hören – eines Fensters, unter dem ihr Bett stand. Ein mutiger Wachmann begab sich mit ihr in ihre Wohnung zurück und stellte fest, daß ein mehrere Pfund schwerer Stein durch das Fenster geworfen worden war und nunmehr auf ihrem Bett genau dort lag, wo sonst ihr Kopf zu liegen pflegte. Ein klarer Fall, fand die Polizei und leitete die Anzeige weiter.

Der Musikus fand das nicht. Es sei nicht nur kein klarer, sondern es sei überhaupt kein Fall, jedenfalls soweit er ihn beträfe. Denn als er den Freund oder vielmehr der Freund ihn verlassen habe, sei er zwar in der Richtung nach Luises Wohnung gegangen, habe aber dann noch verschiedene Lokale aufgesucht, welche, wisse er leider nicht mehr, denn er sei betrunken gewesen, und im Rausch stoße er zuweilen Drohungen aus, die er, ein bekannt friedlicher und in Ehrendingen etwas empfindlicher Mensch, in nüchternem Zustand dann nie auszuführen pflege. Und den Stein könne irgend jemand anderer geworfen haben, und somit sei das ein reiner Indizinbeweis – er sagte »Indizin«, betont wie

Medizin. Und auf Grund eines Indizinbeweises könne man niemanden verurteilen in unserem demokratischen Staat, das wisse jedes Kind, und er verweigere nunmehr jede Aussage und lasse und lasse und lasse sich nicht verurteilen!

Der Staatsanwalt räumte das Vorliegen des »Indizienbeweises« ein, belehrte den Empörten aber dahin, daß man auf Grund eines geglückten Indizienbeweises sehr wohl verurteilt werden könne. Und dieser hier sei geglückt, denn welcher Fremde hätte zu mitternächtlicher Stunde ausgerechnet den versteckten Hintereingang ausgerechnet zu Luises Heim finden und den Stein ausgerechnet durch das kleine Fenster ausgerechnet auf Luises Kopfkissen werfen sollen? Ja, der Herr Staatsanwalt deutete sogar die Möglichkeit eines versuchten Mordes an, bedauerte, daß die Körperverletzung durch das Verprügeln Luises nicht unter Anklage gestellt sei, stellte fest, daß immerhin mit einer Brandstiftung gedroht worden sei, und beantragte unter Bezugnahme auf das empfindliche Ehrgefühl des Angeklagten drei Monate Gefängnis.

Nun, der Richter zeigte sich milde. Er führte aus, daß nur eine Bedrohung mit einem Verbrechen strafbar sei. Die Drohung »Ich schlage dich kurz und klein« sei aber nach landläufiger Auffassung keine Bedrohung mit einem Mord oder einem Totschlag, sondern lediglich eine Bedrohung mit einer Körperverletzung, also einem Vergehen, und deshalb nicht strafbar. Ebenso stehe es mit der Drohung: »Ich werde die Bude ausräuchern!« Eine Brandstiftung sei zwar ein Verbrechen, hier aber könne diese Wendung nur symbolisch gemeint gewesen sein, ja, das sei sogar wahrscheinlich. Deshalb spreche er den Angeklagten hinsichtlich der Bedrohung frei, verurteile ihn aber der Sachbeschädigung, also des Steinwurfs durch das Fenster wegen, zu zweihundert Mark Geldstrafe.

Der verschmähte Liebhaber dankte dem Richter diese Milde durchaus nicht. Er werde Berufung einlegen, erklärte er. Denn er lasse diesen Stein in gar keinem Fall auf sich sitzen.

Es ist indessen zu fürchten, daß er ihm auch in der Berufungsverhandlung nicht von der Seele fallen wird. Luise jedoch sollte sich von dem zweifellos interessanten Photo mit dem Totenkopf trennen. Es scheint von schlechter Vorbedeutung für sie zu sein und eine Gefahr für Leib und Leben anzukündigen – wenn es auch an einen Arzt und somit an einen Retter von Leib und Leben erinnert.

Rudi, flotter Dreißiger mit flottem Menjoubärtchen und flottem Zweireiher, aber auch mit drahtiger Schwergewichtsboxerfigur von hundertundacht Kilo Lebendgewicht, also Typ Herzens- und Knochenbrecher zugleich – Rudi ist bereits dreizehnmal vor dem Gericht gestanden und einige Male nach dem Gericht gesessen, zuletzt zwei Monate lang. »Sie können et mir jlooben, Herr Amtsjerichtsrat«, schmettert er im flottesten Berlinerisch, »daß ick hätte könn' Berufung inlejen. Aba sowat jibt et bei mir nich. Ick ha imma allet abjesessen un abjeßahlt, det eene Mal sojar neunhundat Märka, keen Pappenstiel, Herr Amtsjerichtsrat, ooch for mir nich. Aba ick stehe jrade for dat, wat ick mache. Na, un wat war et denn, bittesehr? Niemals nicht Ehrenrührijes, bloß immer Beleidijung un Bedrohung un Widerstand un Körperverletzung un so. Na, un wat is et diesmal? Ooch wieda Hausfriedensbruch, Bedrohung un Beleidijung. Ick jebe es ooch ßu, Sie könn' mir jleich vaurteiln, ick nehme jede Strafe an, unter Jarantie. Denn wie jesacht: Berufung un so 'ne Menkenkes jibt et nich, bei mir nich, Herr Amtsjerichtsrat!«

Weil sich aber der Richter, unter Berufung auf die leidige Strafprozeßordnung, mit diesem abgekürzten Verfahren nicht einverstanden erklären kann, muß Rudi die Abenteuer einer Frühlingsnacht schildern, und er tut es höchst freimütig und lebendig: »Also det Lokal, wo ick drin Kellner bin, det ham wa jejen ein Uhr nachts ßujeschlossen, un denn bin ick noch durch so drei, vier andere Lokälers jejangen, denn wat ein juta Kellner is, der muß det Jeld ooch wieda unta die Leute bringen, un da ha'ck natürlich ooch wat jetrunken, aba nich übermäßig, höchstens drei Pullen Sekt und sieben Jlas Bier un Stücker vierzehn Schnäpse, allahöchstens – also viel mehr war et bestimmt nich. Na, un wie ick denn am andern Morjen jejen elf die Sache mit een oda ßwee Viertel Wein zum Abschluß bringen will, da komme ick mit een' Kollejen in Wortwechsel, aba janz friedlich, Herr Amtsjerichtsrat – ick bitte Ihnen, der Kolleje war man een janz mickrijet Männecken, ick wer doch nach so eenen nich mal hinlangen, denn ick weeß et viel ßu jenau, wo ick mal hinlange, da wächst keen Jras wieda, da sitzen hundatunacht Kilo dahinta! Un trotzdem, wat soll ick Ihnen saren, trotzdem läßt doch die Wirtin jleich die Polleßei uffahren, un jleich ßwee Mann uff eenmal! Sehn Se, un nu kommt et, Herr Richta:

Meine Beßiehungen zur Polleßei sin nämlich janz außaordentlich jute, Herr Richta – die kennen mir, un ick kenne ihnen. Un wenn se mal mit irjend so'n besoffenen Raudi nich alleene fertich wern, denn holen die mir, un ick wer fertich, wejen meine hundatunacht Kilo. Ick tue det jerne un habe nie nich wat dafor verlangt, et war bisher wirklich een unjetrübtes Verhältnis zwischen mir und der Polleßei. Diesmal aba sagt doch eener von die beeden: Rudi, sagt er, du mußt mit auf die Wache! Warum denn, frage ick, ick ha doch nischt nich vabrochen! Wegen der Feststellung deiner Personalien, sagt er. Nu bitt ick Ihnen – er kennt mir, er nennt mir Rudi un du, un da muß er noch meine Personalien feststellen! Wer soll denn so'n Blödsinn mitmachen! Also ha'ck mir jeweijert. *Wie* ick mir jeweijert habe, weeß ick nich mehr, aba mehr wie jeweijert ha'ck mir nich. Un wie denn ßufällig ooch noch der Polizeimeister Rapp uffjekreuzt ist, den wo ick kenne, und der wo mir kennt, da bin ick richtich jlücklich jewesen, Herr Richta, da bin ick jleich mitjejangen mit meinem Freund Rapp, direktemang uff de Wache. Jawoll. Un det war allens, Herr Amtsjerichtsrat. Un nu könn' Se mir woll endlich vaurteiln.«

Aber der Richter, denn Ordnung muß sein, und Strafprozeßordnung muß erst recht sein – der Richter vernimmt noch die beiden Polizeibeamten.

Ob Rudi sie beleidigt habe? Naja, sagen sie lächelnd, was man in solchen Fällen halt zu hören bekomme: Clowns und Scherenschleifer habe er sie genannt und noch was, was nur Goethe zu sagen gestattet sei. Schön – ob Rudi sie auch bedroht habe? Naja, er habe halt erklärt, er werde sich ihre Gesichter merken, um sie später zusammenzuschlagen – aber in der Altstadt höre man da nicht so genau hin. Und als der Polizeimeister Rapp aufgetaucht sei, da sei Rudi tatsächlich glückstrahlend auf ihn zu und dann so schnell in die Wache gelaufen, daß die drei ihm kaum hätten folgen können. Und im übrigen sei Rudi eine Seele von einem Menschen, solange er halbwegs nüchtern sei, und auch in trunkenem Zustand pflege er seine immense Schlagkraft wirklich in den Dienst der Polizei und damit der heiligen Ordnung zu stellen – bis auf gelegentliche Ausnahmen, und eine solche habe eben hier vorgelegen.

Tja, meinte der Richter, etwas ratlos ob so betonter Zuneigung zwischen Rudi und der Polizei, der Herr Polizeipräsident habe aber nun einmal Strafanzeige wegen Beleidigung und Bedrohung erstattet, und somit erteilte er dem Herrn Vertreter der Anklage das Wort.

Der Herr Vertreter der Anklage ist noch sehr jung, sehr sympathisch jung, Deutschlands hohe Schulen liegen noch nicht lange hinter ihm, und somit macht er von seinem noch blutfrischen Wissen ausgiebig Gebrauch, und Rudi reißt, zum erstenmal, Mund und Nase auf vor Staunen. Dieser Angeklagte, beginnt der junge Herr in die Tiefe zu schürfen, stelle eine Ausnahmeerscheinung dar. Er sei ein Vollblutmensch, ja, er sei geradezu ein Renaissancemensch. Doch habe in der Renaissance die Geistesströmung des Humanismus auf die Kraftnaturen mildernd und versittlichend eingewirkt, und weil dieser Humanismus unserer heutigen Zeit fehle, sei Rudi »allzu diesseitsbetont«; seinem »nachhaltigen inneren Drängen« zur Krafterprobung setze er darum, trotz einiger »lucida intervalla«, keinen ausreichenden Widerstand entgegen, und hierin liege seine nur mit einer Gefängnisstrafe zu ahndende Schuld. Und abschließend hat dann auch der Herr Anklagevertreter ein versöhnliches lucidum intervallum und verweist Rudi auf den Gnadenweg.

Vor der Urteilsverkündigung jedoch hat der Richter an Rudi, den Renaissancemenschen, noch eine ganz unhumanistische Frage und holt damit den noch immer Verblüfften in die Wirklichkeit zurück. Er habe ja wohl inzwischen geheiratet? Jawoll, sagt Rudi, eine Kleine, Zierliche, Blonde. Die, forscht der Herr Richter weiter, werde vielleicht einen mildernden Einfluß auf ihn haben? (Vermutlich eben jenen Einfluß, den in der Renaissance der Humanismus ausübte.) »Un ob!« schmettert Rudi strahlend. »Sehn Se, bei meiner Hochzeit war Ihnen alles total besoffen, Herr Amtsjerichtsrat – bloß ick war stocknüchtern!«

Und da verhängt der weise Richter eine Geldstrafe von fünfhundert Mark – denn ein so hoher Finanzverlust werde dem wackeren Rudi, weil Frauen so seien, bestimmt eine weit schlimmere und heilsamere Gardinenpredigt einbringen als eine niedere Gefängnisstrafe. Gegen dies Urteil könne er binnen einer Woche – – –

Aber Rudi unterbricht: »Nee, nee, Herr Richta – wie jesacht, Berufung is bei mir nich. Ick stehe jrade, un für die fünfhundert Emm erst recht. Un ick jloobe, diesmal sehn Se mir nich wieda!«

Und stampft ab – zu seiner kleinen, zierlichen, blonden Frau Humanitas.

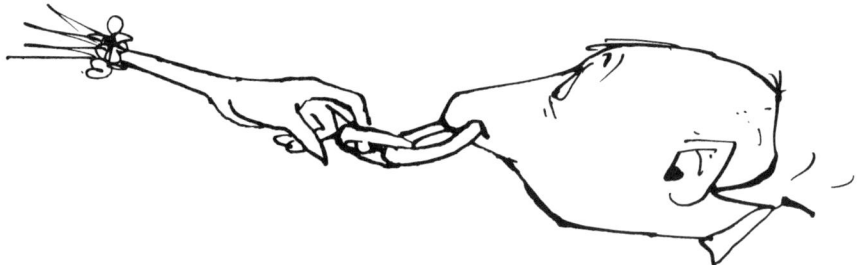

Es soll nichts Neues unter der Sonne geben, behauptete nicht nur Ben Akiba, sondern behauptet auch mancher Richter; zweifellos aber gibt es zuweilen etwas Neues unter den Sternen, bei Nacht. Frieda und Friedrich jedenfalls, obwohl den ältesten Berufen der Menschheit zugehörig, hatten einen selbst in ihrer Branche neuen Einfall; zumindest vermutet das die Anklage. Danach sah das noch nicht dagewesene Verfahren etwa folgendermaßen aus:

Frieda, junge Ehefrau, Mutter zweier Kinder und nicht unhübsch, pflegt gern in der Altstadt spazierenzugehen, allein. Das bleibt sie natürlich nicht lange: irgendeiner spricht sie immer an. Frieda weist den naheliegenden Verdacht, sie brauche Geld, gleich zu Gesprächsbeginn weit von sich: sie ist von ihrem Bräutigam verlassen, sie braucht Mitgefühl und Liebe, nichts als reine Liebe, sagt sie. Der Mann an ihrer Seite ist natürlich sofort bereit, hilfreich zu sein, man ist schließlich kein Unmensch; er begibt sich mit Frieda in ihr Zimmer, das inmitten einer einsamen Ruine liegt und nur von einer Kerze erleuchtet ist, und gibt ihr Liebe. Dann jedoch hält Frieda plötzlich die Hand auf und meint, sie brauche halt gar so dringend zwanzig Mark. Der Enttäuschte, in seinen heiligsten Erwartungen betrogen, sträubt sich; darauf klopft Frieda an die Wand und ruft leise: »Friedrich!«

Und richtig: die Ruine ist gar nicht so einsam, Friedrich tritt in Aktion. Er klopft seinerseits artig an und steckt nur eben den Kopf in die Tür; außerdem aber erscheinen in der Tür noch zwei weitere Köpfe, die zwei ansehnlichen Settern gehören. Die Setter bellen nicht, sie blecken nur die ehrfurchtgebietenden Zähne und schnüffeln, und im trüben Glanz der einen Kerze, sagt später eines der Opfer vor Gericht aus, »leuchten ihre Augen wie Feuerräder«. Auch Friedrich sagt nichts, sagt kein irgendwie erpresserisches Wort: er blickt nur zuerst auf Frieda mit der ausgestreckten Hand, dann auf das Opfer – und dann, ja dann auf die beiden Setter …

Das Opfer versteht, legt zwanzig Mark auf die Kommode und verschwindet schleunigst, an den Hunden vorbei, denen Friedrich beruhigend zugepfiffen hat. Niemand hindert den Abgang eines Gastes, der seine Zeche beglichen hat. Aus.

Hans indessen, dem es so ging, ließ es nicht so gehen: er alarmierte die Polizei. Die Polizei verhaftete Frieda und Friedas Mann, und Friedrich zeigte sie außerdem noch an, wegen räuberischer Erpressung. Frieda, ganz Ehefrau und junge Mutter, berichtet unter Tränen, wie sie ihre beiden Kinder nun endlich aus dem Kinderheim in die eigene Wohnung holen könne, wie sie aber dies und jenes für die Sprößlinge noch gebraucht habe, und wie sie deshalb dies eine und einzige Mal etwas habe hinzuverdienen wollen und müssen, ohne Wissen ihres arbeitslosen Mannes selbstverständlich. Der Mann seinerseits berichtet gerührt, wie er seinem sonst so treuen Weibe den einmaligen Fehltritt längst verziehen habe – weil man einer sorgenden Mutter eben manches verzeihen müsse. Und

Friedrich erklärt fest, niemals sei er mit seinen Settern in Friedas Stube gewesen, nie habe er dort Hans gesehen, alles habe der erschwindelt, um die zwanzig Mark zurückzubekommen – und die hat ihm das Gericht tatsächlich zurückerstattet, wenn auch mit der Bemerkung, daß es Hansens Verhalten nicht gerade chevaleresk finde. Aber Hans hat geschworen, und also ist sonst nichts gegen ihn zu sagen.

Gegen Friedrich hingegen ist einiges zu sagen. Er hat eine rauhe Menge von Vorstrafen – allerdings nur bis 1940. Seither ist sein Register rein. Vielleicht züchtet er seither Setter ... Trotzdem glaubt man ihm nicht, und dieweil es heißt: »Wird eine Erpressung durch Gewalt gegen eine Person oder unter Anwendung von Drohungen mit gegenwärtiger Gefahr für Leib oder Leben begangen, so ist der Täter gleich einem Räuber zu bestrafen« – darum also bekommt Friedrich die Mindeststrafe von sechs Monaten. Denn gewiß: er hat nicht mit Worten gedroht. Aber mit Hunden.

Es ist ein Jammer: da hatte nun mal einer einen neuen Einfall. Aber Juristen sind eben so einfallsfeindlich. Ein Trost nur bleibt: Friedrich hat Berufung eingelegt. Vermutlich kann er sich nicht von seinen einträglichen Settern trennen, und die seien, wendet er ein, nachweislich gänzlich harmlos – unberufen!

Da es sich um eine Jugendgerichtssitzung handelte, die mit Fug und Recht nichtöffentlich war, da es weiterhin, ebenfalls mit Fug und Recht, verboten ist, die richtigen Namen jugendlicher Angeklagter zu nennen, und da wir somit auf Decknamen angewiesen sind, da ferner der ältere der beiden Angeklagten, er zählte noch nicht achtzehn, untersetzt und dunkelhaarig, der jüngere hingegen, er zählte noch nicht siebzehn, schlank und blondgelockt war, und da schließlich beide ihren Bösenbubenstreich in schöner und vorbildlicher Gemeinschaft durchführten – so wollen wir sie Max und Moritz nennen. Nicht daß wir ihre Untat bagatellisieren wollen: sie stahlen mehr als Hühner und Brote, nämlich zuerst Fahrräder und dann Geld, und sie richteten mehr Schaden an als jenes Paar des Wilhelm Busch, nämlich einen Schaden von einundzwanzigtausend Mark; dafür aber sind sie eben keine Dorfkinder aus den siebziger Jahren, sondern Großstadtkinder von heute, Kinder nicht einer behaglich-moralischen, sondern einer unbehaglich-unmoralischen Zeit, und dafür gerieten sie nicht in die Märchenmühle des Müllers, sondern in die höchst reale Mühle der Justiz – mit größerem Recht, jedoch mit dem gleichen Effekt: ihre jungen Leben scheinen, fürs erste jedenfalls, vernichtet.

Max also, wie bei Wilhelm Busch der drahtige, anstifterische Typ, war schon mehrmals vor das Jugendgericht und dann in die Fürsorgeerziehung geraten, aus der er nicht weniger als achtmal durchgebrannt war, Moritz hingegen nur vor das Jugendgericht; indessen hatte es, allerdings des öfteren, nur Freizeit- und Jugendarrest gegeben, kein Jugendgefängnis. Und da nun diese Arreste nicht als »Strafen« gelten, sondern lediglich als »Zuchtmittel«, war ihr Vorstrafenregister noch rein, und sie konnten getrost die eidesstattliche Versicherung abgeben, nicht vorbestraft zu sein; und es konnte ihnen etwas passieren, was dem Max-und-Moritz-Paar der Fabel nie passiert wäre: sie konnten als Postfachhilfsarbeiter angestellt werden, mit etwa hundertundfünfzig Mark Monatseinkommen! Dafür mußten sie ein paar Wochen lang Briefe stempeln, Eilbotengänge versehen und dergleichen; dann aber wurde ihnen ein wichtigerer Job anvertraut: sie durften die abgefertigten Sendungen, ob es nun Postsäcke mit gewöhnlichen Briefen und Karten oder Postbeutel mit Wertbriefen oder Einzelsendungen von größerem Wert waren, von der Post zur Bahn bringen. Nun, und an einem Vorfrühlingsabend händigte ihnen der zuständige Beamte neben einigen Wertbriefbeuteln zwei plombierte Holzkisten mit Bargeld aus, mit viel Bargeld: die eine enthielt einundzwanzigtausend, die andere sechzehntausend Mark. Also immerhin siebenunddreißigtausend Mark, die sie dem Postbeamten des Abendzuges abzuliefern hatten. Max und Moritz rochen dieses: schnell das Zeug erbrochen, hieß es – oder nein: sie rochen es nicht nur, sie wußten genau, wieviel Geld in den Kisten war, und sie handelten schnell und praktisch. Sie nahmen kurz vor der Ankunft des Zuges die Einundzwanzigtausend-Kiste aus

ihrem Wägelchen, stellten sie neben einen Pfeiler des Bahnsteigs und bedeckten sie mit einem Sack. Sie gaben die Sechzehntausend-Kiste in den Postwagen, und Moritz fragte Max, wo denn die andere Kiste sei? Ja, die müsse er auf dem Postamt vergessen haben, sagte Max, bestätigte dem Postbeamten im Zuge durch Unterschrift, daß er sie nicht abgegeben habe – – und der Zug fuhr ab in die Nacht. Wenig später fuhren auch Max und Moritz ab in die Nacht, zunächst an den Bodensee – nachdem sie zuvor den Inhalt der Kiste getreulich geteilt hatten: jeder bekam zehneinhalbtausend Mark. Und als einige Zeit später ihr und der Kiste Verschwinden entdeckt und ihre Personalbeschreibung ins Fahndungsblatt gegeben worden war, da war es zu spät.

Denn die beiden eleganten jungen Herren, die da vom Bodensee per Schlafwagen nach Hamburg fuhren, ab und an auf ihre goldenen Armbanduhren blickten und die halbe Nacht ihr nagelneues Kofferradio spielen ließen – die hatten kaum noch Ähnlichkeit mit den Postfachhilfsarbeitern Max und Moritz. Es verstand sich von selbst, daß sie trotz ihrer eleganten Schale kein elegantes Hotel aufsuchten: erstens soll man auch die Eleganz nicht zu weit treiben, und zweitens kam sie in »Jankes Eck« weit mehr zur Wirkung, eben weil »Jankes Eck«, an der Reeperbahn gelegen, keineswegs elegant war. Hinter der Theke gab es da Herrn Janke, den Wirt, und Hertha, die Kassiererin; und vor der Theke gab es Josefine, die Kellnerin, und »die dicke Hilde«, eine Dame ungewissen und somit eines gewissen Berufes. Als genügend Flaschen Sekt über die Theke gewandert waren (einige wurden von den dienstbaren Geistern gleich heimlich in die Sektkübel geleert, auf daß nicht nur der Schwips, sondern auch die Rechnung schneller wachse), hatte in beiden zahlungskräftigen Gästen das Herz gesprochen: Maxens achtzehnjähriges, kühneres Herz hatte sich für die dicke Hilde, Moritzens siebzehnjähriges, romantisches Herz für Josefine entschieden. Es stellte sich heraus, daß Hilde wie Josefine sturmfreie Buden hatten, in denen man unangemeldet schlafen konnte – das kostete für Max nur achtzig, für Moritz hingegen 200 Mark. Pro Nacht natürlich.

Es wäre auch alles weiterhin gut gegangen, wochenlang, wenn da nicht auch noch Jackie gewesen wäre – Jackie, »ein Gangster«, wie ihn beide Angeklagten später vor Gericht benannten. Jackie hatte die Angewohnheit, in Begleitung eines weiteren handfesten Herrn zuerst Max und dann Moritz auf die Toilette nachzugehen und dort zu erklären: »Leider brauche ich Geld. Wenn Sie mir nicht das Ihre geben, kommen Sie nie mehr hier heraus.« (Kein »stilles Örtchen« also!) Max gab dreihundert, Moritz siebenhundert Mark (wie man sieht, mußte Moritz einfach für alles mehr zahlen!) – und beide kamen heraus.

Immerhin ist es verständlich, daß ein pflichtbewußter Wirt und Menschenfreund wie Herr Janke eine so schamlose Ausbeutung seiner noch so jungen Gäste nicht mit ansehen konnte. Er erbot sich, das Geld der beiden aufzubewahren. Sie gaben es ihm, und Herr Janke gab es ihnen tatsächlich zurück, als sie es brauchten. Mit einem kleinen, wohlverdienten Abzug allerdings: Max zahlte für die Aufbewahrung siebenhundert, Moritz natürlich tausend Mark. Auch sonst zeigte sich Herr Janke hilfsbereit. Sobald nämlich Max, als der Ältere zur Polygamie sozusagen verpflichtet, von der dicken Hilde vor der Theke zu Hertha hinter der Theke hinüberwechselte, schmiß er nicht etwa Hertha, sondern Hilde hinaus. Was Max nicht hinderte, einen Abstecher nach Aurich zu machen und Hertha dort mit einer Elsbeth zu betrügen. Dann freilich kehrte er zu Hertha zurück: mit ihr fuhr er nach Sylt, wie er mit Elsbeth nach Norderney gefahren war. Immer in Begleitung eines Schäferhundes. Der hatte zweieinhalbhundert Mark gekostet. »Ich habe eben Hunde gern«, erklärte er vor Gericht.

Wie hoch ist dagegen Moritz zu preisen: er war erst siebzehn und somit noch monogam, und Josefine war die erste Frau seines Lebens, und er blieb ihr nicht nur treu, sondern er fuhr mit ihr in ihre Heimat Düsseldorf, per Taxi natürlich, und verlobte sich dort mit ihr im trauten Familienkreise – nicht ohne seine Eltern feierlich zu dieser Festlichkeit einzuladen. Sie kamen nicht, obwohl er für alles aufzukommen versprach, und so mußte er Ringe, Doppelbettcouch und sonstige Möbel für die kommende Ehe ohne elterlichen Beistand kaufen. Also, ganz im Gegensatz zu Max, höchst bürgerliche Aspirationen!

Und doch muß der Moralist nun sein Haupt verhüllen. Als Moritz, der monogame Treuling, bei seiner bürgerlich-echten Braut in Düsseldorf verhaftet wurde, hatte er keinen Pfennig mehr, hatte er sogar schon sein Kofferradio verkauft. Max hingegen, der polygame Wüstling, der Bohemien, zur gleichen Stunde verhaftet, wieder mal bei Elsbeth in Aurich – Max hatte noch eintausendfünfhundertvierzehn Mark und elf Pfennige. Sollte Tugend doch teurer kommen als Untugend . . . ?

Ja – und nun, nach sofortigem Geständnis und dreieinhalb Monaten Untersuchungshaft, fand also die Verhandlung statt. Man war in die Mühle der Justiz geraten. Und es war wieder wie bei Wilhelm Busch: Rickeracke, rickeracke ging die Mühle mit Geknacke. Denn wessen hatte der Herr Staatsanwalt Max und Moritz beschuldigt – pflichtgemäß beschuldigt übrigens? Des Diebstahls von einundzwanzigtausend Mark etwa? O nein, – sondern des Verbrechens der erschwerten Amtsunterschlagung in Tateinheit mit noch einigen Vergehen gegen Beamtenparagraphen. Denn Max und Moritz, der eine achtzehn und der andere siebzehn Jahre jung, sind als Posthilfsarbeiter im Sinne des Gesetzes, man höre und staune, *Beamte*.! Und wenn auch das Gericht da nicht mitmachte und lieber einen gemeinsamen Diebstahl annahm in Tateinheit mit einem Gewahrsamsbruch, also keinem Verbrechen im Amte, sondern einem Vergehen wider die öffentliche Ordnung – über die Tatsache, daß beide für die Rechtsprechung wirklich und wahrhaftig Beamte waren, kam es auch nicht hinweg.

Es bestrafte Max wie Moritz, indem es über den Antrag des Staatsanwaltes weit hinausging, nach unserer Meinung sehr milde: mit je anderthalb Jahren Jugendgefängnis, unter Anrechnung der Untersuchungshaft; und da liegen sie nun, »plattgedrückt, wie Kuchen sind«, und es liegt an ihnen, ob sie sich noch einmal wieder aufrappeln können. Aber auch die Post kann nicht von dem Vorwurf entlastet werden, Böcke zu Gärtnern gemacht zu haben, und nun dazustehen wie die Witwe Bolte, die das auch nicht gerne wollte ...

Ferdinand saß in seiner Stammkneipe. Außer ihm und der Wirtin war nur noch ein Ehepaar anwesend. Ferdinand kümmerte sich weder um den fremden Herrn noch um die fremde Dame, sondern brütete und trank vor sich hin. Als es spät geworden war, so gegen zwölf, wankte er zur Toilette, vorbei an der Garderobe, in der der fremde Herr seinen Mantel verwahrt hatte, kam bald zurück, zahlte und ging nach Hause. Und als der Herr kurz darauf auch nach Hause gehen wollte, war sein Mantel weg.

Eine Expedition durch sämtliche Räume ergab, daß das vorher verschlossene Fenster der Toilette jetzt offen stand. Eine Expedition in den Hof, auf den das Fenster hinaussah, ergab nichts. Daraufhin entschloß man sich zu einer dritten Expedition nach Ferdinands nebenan gelegener Wohnung, die der Wirtin bekannt war. Ferdinands Frau bedauerte, und Ferdinand selbst, bereits im Gewand der Nacht, bedauerte auch, nicht ohne seinen Kleiderschrank zwecks Durchsuchung zur Verfügung zu stellen. Wiederum fand sich nichts, und so zog man zurück in die Kneipe, um bei einem letzten Glas den Verlust des Mantels zu verschmerzen. Als das Ehepaar endgültig heimgehen wollte, sah es Ferdinand, der, wieder angezogen und etwas Mantelähnliches über dem Arm tragend, im Torweg vom Hof zur Straße auf- und beim Anblick der beiden sofort wieder untertauchte. Da paradoxerweise ein Polizist zur rechten Zeit an der rechten Stelle erschien, ersuchte man ihn, im dunklen Hof nach Ferdinand zu suchen. Die amtliche Blendlaterne entdeckte ihn an der niederen Rückmauer, dort, wo es am allerdunkelsten war. Über dem Arm trug er nichts mehr.

»Warum stehen Sie hier herum?« fragte der Sbirre.

»Pst!« erwiderte Ferdinand und wies auf das erleuchtete Fenster seiner Wohnung, das von seinem Standpunkt aus sichtbar war. »Aus Angst stehe ich hier, mein Herr, aus Angst vor meiner Frau. Ich wollte nochmal in meine Stammkneipe gehn, und das kann sie nicht leiden. Jetzt warte ich, bis sie schläft. Und den Mantel habe ich nicht gestohlen. Sie sehn ja, ich habe ihn nicht.«

Der Wachmann überließ Ferdinand der Obhut des Ehepaares und kletterte über die Mauer. An deren anderer Seite, genau hinter der Stelle, an der Ferdinand gestanden hatte, lag der Mantel.

Nun steht Ferdinand vor Gericht, und zwar nicht wegen eines Vergehens des Diebstahls, sondern wegen eines Verbrechens des Diebstahls im Rückfall – denn ach, er ist einschlägig und des öfteren vorbestraft. Zuchthaus droht. Aber er bleibt fest: er weiß wirklich von keinem Mantel, er hat sich wirklich aus Angst vor seiner Eheliebsten im Hof versteckt, es ist ihm wirklich unerklärlich, wie der Mantel hinter seinen Rücken und über die Mauer kam. Dennoch sieht seine Sache düster aus, und der Staatsanwalt beantragt in knappen und dürren Worten ein Jahr Gefängnis – nicht mehr, weil der Wert des Mantels im Gegensatz zu früheren Diebesbeuten geringfügig war. Aber nun kommt der Verteidiger!

Eben, argumentiert dieser tüchtige Mann, eben jener Gegensatz zeigt, daß mein Klient unschuldig sein muß! Zugegeben, daß ein nahezu lückenloser Indizienbeweis vorliegt, daß es schwerfällt, an eine so raffinierte Tücke des Objekts zu glauben. Aber die Psychologie, meine Herren – die Psychologie beweist, daß Ferdinand diese Tat nicht begangen haben kann. Was hat er denn früher gestohlen? Wie der Herr Staatsanwalt mit Recht betonte: sehr hohe Summen, sehr wertvolle Gegenstände. Und wie hat er früher gestohlen? Vorsichtig, schlau, überlegt, mit einem Raffinement, das noch in jeder Urteilsbegründung anerkannt wurde, ja, mit derartigem Raffinement, daß es noch immer straferschwerend wirkte – oder aber sogar, wie wiederholt vorgekommen, zu einem Freispruch mangels Beweises trotz dringenden Tatverdachts reichte! Und ein solcher Meister seines Faches, ein so anspruchsvoller Dieb, ein so versierter Kenner aller Paragraphen soll einen Mantel so dumm stehlen, soll eine so dumme Ausrede erfinden, soll eines so wertlosen Gegenstandes wegen einen Rückfalldiebstahl mit Zuchthausgefahr riskieren? Nein, meine Herren: eben weil das alles so dumm erfunden wäre, kann es nur wahr sein! Man muß sich auf das schärfste dagegen verwahren, daß man einem so bescholtenen Mann eine solche Laienarbeit unterstellt. Ferdinand muß freigesprochen werden!

Ob Ferdinand diese Argumente ernst nimmt, weiß man nicht; aber siehe, der Herr Staatsanwalt nimmt sie ernst, sie veranlassen ihn zu einer Replik. Er stimme dem Herrn Verteidiger durchaus zu: dieser Diebstahl sei geeignet, Ferdinands Ruf als Fachmann zu untergraben, er passe einfach nicht zu ihm; man könne sogar die Angst vor dem Eheweibe glaubhaft finden, denn man habe schon Massenmörder erlebt, die vor ihren zarten Frauen zitterten. Dennoch habe Ferdinand den Diebstahl begangen, und zwar aus einem Grunde, der dem Herrn Verteidiger entgangen sei: weil er nämlich betrunken war. Es sei bekannt, daß der Alkohol die Intelligenz selbst des vorbildlichsten Verbrechers zu lähmen, daß er die festesten Wertbegriffe zu verschieben imstande sei. So erkläre sich das Dilettantische der Tat, so die Überschätzung des Mantelwertes, so das Außerachtlassen der Rückfallsbestimmung – und ein derartiges Abweichen Ferdinands von seinem bisher so geraden Wege müsse mit dem einen Jahr gesühnt werden.

Der Verteidiger, stark angeschlagen, liefert noch ein Rückzugsgefecht: man müsse bedenken und notfalls erst noch ermitteln, wie viel ein gestandener Mann wie Ferdinand vertragen könne ... Aber ach: die Zeugen haben ihn schwanken sehen vor Trunkenheit, und so wirkt dieses letzte Argument ebenso wie Ferdinands letztes Wort, das nochmals seine Unschuld beteuert, nicht überzeugend.

Das Urteil lautet denn auch auf neun Monate Gefängnis – wobei der Richter artig lächelnd bemerkt, mildernd habe der geradezu tragische Umstand gewirkt, daß ein solcher Beherrscher seines Handwerks wie Ferdinand ausgerechnet über ein paar Glas Bier und einen billigen Mantel in den Rückfall stolpern mußte. Und Ferdinand, die tragische Figur, schleicht gebrochen hinaus – jeder Zoll ein in seiner Ehre getroffener Mann.

In den ersten Tagen des neuen Jahres will Lisawetha nach Amerika. Schon sind die Papiere bereit, längst steht fest, welches Schiff sie hinüberbringen soll zu Tochter und Schwiegersohn. Aber heute, an einem der letzten Tage des alten Jahres, steht sie als Angeklagte vor dem Amtsrichter. Und wenn sie verurteilt wird, dann darf sie nicht fahren: keinem, dessen Führungszeugnis eine Vorstrafe aufweist, ist die Auswanderung gestattet. Diese Seite der Sache ist so aufregend, so schicksalsentscheidend für Lisawetha (und, wie man sehen wird, nicht nur für Lisawetha!), daß die ihr vorgeworfene Tat fast dahinter zurücktritt. Und doch ist es eine sehr unschöne Tat.

Lisawetha streitet sie ab, im ebenso temperamentvollen wie gebrochenen und aus beiden Gründen fast unverständlichen Deutsch der Slawin. Sie habe in jener Mittsommernacht, so erzählt sie, die Zeit zwischen zwei Zügen, dem, der sie gebracht hatte, und dem, der sie weiterbringen sollte, im Wartesaal des Großstadtbahnhofs verbracht. Da habe sich der Herr zu ihr gesetzt und ein Gespräch begonnen, bei einigen Gläsern Wein und einigen Butterbroten, die er bezahlte, so über dies und das. Besonders über das: er sei unverheiratet, er bewohne ganz allein ein Haus, das ihm gehöre, er sei einsam, er wolle sie heiraten, denn sie gefalle ihm mit ihrem schwarzen Haar, mit ihren hellblauen, unruhigen Augen, mit ihrer bleichen Haut, mit ihrem großen, ausdrucksvollen, heftig bemalten Mund. An das Heiraten habe sie natürlich nicht geglaubt, aber als der Herr in einer nahen Kantine ausländische Zigaretten und ausländischen Kognak habe kaufen wollen, sei sie mit ihm gegangen. Das sei dann die Kantine derjenigen Taxichauffeure gewesen, die nur für die Besatzungsmacht fahren dürfen. Als der Herr dort noch eine Flasche Bier getrunken habe, habe er ihr den Kognak und ein Butterbrotpaket in die Hand gedrückt, und weil man beiderseits recht beschwipst und müde gewesen sei, habe man sich auf die Steine einer nahen Ruine gesetzt. Plötzlich sei aber ein Fremder aufgetaucht, habe seinen Rockkragen gehoben, behauptet, er sei Kriminalpolizist, und ihr die Flasche Kognak entrissen. Andere, ebenso plötzlich aufgetauchte Fremde hätten ihr ein Auge blau, zwei Zähne aus- und den Schädel fast eingeschlagen, und über und über blutig habe sie nach der Polizei gerufen. Die sei auch erschienen, habe aber nicht die Prügler, sondern sie, die Geprügelte, mitgenommen. Das sei alles, und mehr wisse sie nicht.

Um diesen höchst rätselhaften Tatbestand zu klären, wird »der Herr« aufgerufen, polizeilicherseits als »der Geschädigte« bezeichnet. Sein Erscheinen bringt zwei Überraschungen: erstens ist er ein wenn auch noch rüstiger Greis im Silberhaar von immerhin fünfundsechzig Jahren, zweitens erklärt er sich als nicht geschädigt. Er sei Oberlokomotivführer und habe am Vorabend der ereignisreichen Nacht einem Kollegen seine Lokomotive übergeben (sprachlogischerweise muß es sich wohl um eine Oberlokomotive gehandelt haben). Dann habe er mit Freunden einiges getrunken und dann tatsächlich im Wartesaal »das Mädle« kennen und schätzen gelernt und bewirtet. Das mit dem Hause und der Einsamkeit habe er erzählt und dem Mädle auch eine Stelle als Wirtschafterin angeboten, aber nicht als Ehefrau, denn erstens sei er verheiratet und lebe nur von seiner Frau getrennt, und zweitens komme, wie er mit sympathischer Offenheit und Einsicht in die Vergänglichkeit alles Irdischen berichtet, »sowas« bei seinem hohen Alter nicht mehr in Betracht. Aus der gleichen Erkenntnis sei es ihm auch gar nicht eingefallen, das Mädle auch nur zu berühren – geschweige denn! Er sei nach dem Einkauf in der Kantine nur mit ihr auf den beiden Ruinensteinen gesessen, zwei meterweit voneinander entfernten Steinen, bitteschön, und da seien plötzlich die drei oder vier jungen Leute erschienen und hätten ihn gefragt, ob er nicht seinen Geldbeutel vermisse? Er habe ihn vermißt, habe ihn indessen sofort zwischen den beiden Steinen gefunden, mit dem gesamten Inhalt. Inzwischen hätten jedoch die Fremden schon wüst auf das Mädle eingeschlagen. Mithin sei nicht er, sondern das Mädle geschädigt.

Man begreift, daß auch diese Aussage nicht zur Klärung der Sachlage beitrug, und so erklärt denn der Richter mit skeptischem, aber mildem Lächeln, wie sehr er verstehe, daß sich der Herr Oberlokomotivführer geniere. Er ruft einen der Taxichauffeure als Zeugen auf, und damit betritt denn endlich die Wahrheitsliebe, das menschliche Mitleid, das Gerechtigkeitsgefühl persönlich die Szene. Ja, er und seine Kollegen hätten es einfach nicht mit ansehen können, daß so ein Mädle einen so ehrwürdigen Greis verführen wolle, und so seien sie den beiden denn nachgeschlichen, so hätten sie denn gesehen, wie sie ihm die Geldtasche zog, und so hätten sie denn das Mädle »unter Druck gesetzt«. Nur er, der Zeuge, habe selbstverständlich nicht mit zugeschlagen, und beschwören, was er gesehen habe – ja, das könne er jetzt, nach so langer Zeit, auch nicht mehr!

Nun gut, meint der Staatsanwalt, dann müsse man eben weitere Zeugen ermitteln und die Verhandlung vertagen. Und während der Richter über den Vorschlag eine Minute nachdenkt und dabei in den Akten blättert – während dieser Pause des Schweigens erbleichen viele im Saal.

Lisawetha erbleicht, weil sie ihr Schiff versäumen wird, wenn vertagt wird. Die beiden Kriminalbeamten, die den Fall untersucht haben, erbleichen auch, denn sie kennen Lisawetha. Sie wissen, daß sie nicht nur eine ein- und erstmalige Oberlokomotivführerverführerin ist, sondern daß sie seit längerem eine tiefe Neigung zur Bahnhofsatmosphäre hat und über eingehende Ruinenkenntnisse verfügt. Sie waren so froh, als sie nun hörten, sie wandere in wenigen Tagen aus. Das neue Jahr schien ihnen dadurch geradezu mit einem Lichtblick im Düster ihrer bitteren Tätigkeit zu beginnen. Und nun sollen sie Lisawetha weiter auf dem Halse haben – schrecklich! Und Lisawethas beamtete Verfolger falten im stillen die Hände und beten um Freispruch.

Aber auch der Chauffeur, den es da hungert und dürstet nach der Gerechtigkeit, erbleicht. Denn aus den Akten, die der Richter gerade durchblättert, ergibt sich zweierlei. Erstens war es der Polizei erst nach mehreren Tagen und vielen Mühen gelungen, wenigstens diesen einen Chauffeur zu einer Aussage gegen Lisawetha zu bewegen, und auch ihn nur gegen die Zusicherung, daß er nicht wegen Körperverletzung angeklagt werde. Und zweitens bestand zwischen Lisawetha und den Chauffeuren Kriegszustand seit langem. Zu oft hatten Soldaten, die mit ihr ein Taxi bestiegen, nachher kein Geld mehr zum Zahlen gehabt. Vielleicht hatten sie es für das hübsche Mädle ausgegeben – gewiß. Aber es blieb doch ärgerlich. Und wenn nun der Richter auf den Gedanken käme, es habe sich bei Lisawethas »Unterdrucksetzung« um eine Lynchjustiz nicht aus ethischen, sondern aus geschäftlichen Gründen gehandelt? Wie leicht werden die Motive des Gerechten mißdeutet, wie leicht kann einer, der aktiv gegen eine Gerechtigkeitsverletzung auftrat, wegen einer Körperverletzung belangt werden ... So betet denn auch der Chauffeur, zugleich im Namen seiner Kameraden, um des Mädles Freispruch.

Da hebt der weise Richter den Kopf von den Akten – und vertagt nicht. Sondern er bittet den Staatsanwalt um seinen Antrag, und der hält, mangels weiterer Zeugen, den Tatbestand für nicht genügend erwiesen und stellt die Strafe in das Ermessen des Gerichts. Also kann sich auch der Verteidiger kurz fassen und um Freispruch bitten. Und »das Mädle«, das nun das letzte Wort haben soll, legt statt dessen mit einer stummen, fast rührenden Geste ihre Auswanderungs- und Schiffspapiere auf den Richtertisch: Laßt mich doch aus, ihr seid mich ja eh bald los. Und in dieser Geste liegt ihre Geschichte.

»Das Mädle« hat immerhin ihre fast vierzig Lenze hinter sich, und die meisten davon waren bittere Lenze. Lisawetha entstammt einer guten Familie aus der Hauptstadt eines der östlichen Randstaaten, die inzwischen verschwanden. Ihre Heimat also verschwand, ihre Eltern sind verschollen, ihr Mann, ein Marineoffizier, versank im Meer. Sie selbst versank zuerst in Flucht und Not; ihre Tochter konnte sie gerade noch an einen amerikanischen Offizier verheiraten und übers große Wasser ziehen lassen – dann versank auch sie in dem, was der Moralist Schmutz nennt. Nicht so sehr tief, sie ist noch nicht vorbestraft – aber eben doch, wovon soll man leben? Und in jener Sommernacht, wenige Wochen ehe die drüben soweit waren, wenige Wochen ehe ihre Einwanderungserlaubnis kam, geschah ihr das. Man schlug ihr zwei Zähne aus, den Schädel ein, der ausdrucksvolle Mund hat seither eine unschöne Verzerrung, das eine Auge zuckt seither nervös. Das alte Leben hat quittiert. Sie nimmt das Mal dieses alten Lebens mit in das neue, wo Tochter und Schwiegersohn auf sie warten, wo es sauber um sie werden kann, und vielleicht auch wieder in ihr. Im Osten war sie Krankenschwester: im Westen kann sie's wieder sein. Es ist nie zu spät, Lisawetha. Menschen werfen gern den ersten Stein. Aber Gott wirft nie den letzten.

Der Richter kehrt zurück und verkündet den Freispruch. Der Chauffeur reibt sich die Hände: er ist, der Fanatiker der Gerechtigkeit, mit sich im reinen, er ist die Anklage wegen Körperverletzung und diese unliebsame Konkurrentin los. Lisawetha tut geradezu einen Luftsprung und will ihrem Verteidiger drei zerknautschte amerikanische Zigaretten schenken. Und nur der Oberlokomotivführer sieht ihr traurig nach: er denkt wohl an sein einsames Haus, das um ein Haar, um ein allerdings etwas seltsames und verdächtiges Haar eine hübsche Wirtschafterin bekommen hätte.

Draußen riecht es noch nach Weihnachtskerzen, und die Explosionen aus den Auspuffs der Lastwagen klingen bereits nach Silvesterböllern. Lisawetha hält ihre Auswanderungspapiere fest in der Hand. Verliere sie nicht, verliere dich nicht wieder – prost Neujahr, Lisawetha!

Das Hauptpostamt der deutschen Mittelstadt hatte bisher zur allseitigen Zufriedenheit gearbeitet. Nun aber begannen Beschwerden einzulaufen, zunächst vereinzelt, dann häufiger, schließlich nahezu täglich: ob wir denn in unserer demokratischen Republik schon wieder eine geheime Zensur hätten, und ob man es nicht wenigstens zugeben wolle, falls wir sie schon wieder hätten. Denn zweifellos sei dieser und jener Brief, sei in manchen Fällen absolut jeder Brief aus einer langanhaltenden Korrespondenz zwischen zwei Partnern heimlich geöffnet und wieder geschlossen worden, und nach Lage der Dinge könne das nur auf dem Postamt geschehen sein.

Die Postgewaltigen waren zunächst skeptisch, aber als sie sich die Briefe vorlegen ließen, mußten auch sie feststellen, daß sie tatsächlich geöffnet worden waren. Übrigens waren sie ziemlich nachlässig wieder zugeklebt worden. Man stellte Nachforschungen im Postamt an, heimlich natürlich. Jeder Beamte und jeder Angestellte vom greisen Inspektor bis zum jüngsten Posthelfer wurde von Tag zu Tag, von Dienstbeginn bis Dienstschluß beobachtet und kontrolliert. Aber es dauerte Monate, bis man ihn endlich hatte, den heimlichen und unheimlichen Zensor: es war der Nachtwächter Franz H.

Nun stand er vor dem Richter, ein Mann nahe den Sechzigern, dessen Sprache und Gehaben man anmerkte, daß er bessere Tage gesehen hatte. Es stimmte, wie seine Vernehmung zur Person ergab: vor dem Kriege war er in gehobenen Positionen beschäftigt gewesen, hatte er mitten im Leben, hatte er tätig unter vielen tätigen Menschen gewirkt. Dann war der Krieg gekommen, der Zusammenbruch, die Vertreibung aus der Heimat, wohl auch das nicht enden wollende Fegefeuer der Entnazifizierung; am Ende mußte er froh sein, den Wächterposten zu bekommen, keinen sonderlich gut bezahlten Posten zwar, im Gegenteil, aber immerhin einen Beamtenposten, zumindest im Sinne des Gesetzes. Aus der Gemeinsamkeit des tätigen Tagwerks von einst war er verbannt in die Einsamkeit der Nacht; mutterseelenallein mußte er seine Kontrollgänge durch das Postamt machen; niemand kümmerte sich um sein Schicksal, das war vielleicht zu ertragen, aber auch er wußte von keines Menschen Schicksal mehr, und das, scheint es, ertrug er nicht, damit fing es an.

Er begann die Postkarten zu lesen, die offen in den Fächern lagen und des morgendlichen Austragens harrten. Er erfuhr, wer auf Urlaub war, wo wer auf Urlaub war, und wen wer aus dem Urlaub durch Ansichtspostkarten zu grüßen oder zu ärgern sich bemüßigt oder verpflichtet fühlte. Das war etwas, aber es war nicht viel; man muß zugeben, daß es kein sonderlich interessanter Lesestoff war. Es handelte eben nur von den Ferien vom Leben, vom Leben selbst handelte es nicht. Aber in den Briefen: darin mußte es zu finden sein, das Leben selbst.

Und so begann er denn Briefe zu öffnen. Zunächst nur hier und da mal einen, wenn seine Abgeschlossenheit von den Menschen gar zu unerträglich wurde, aber bald immer mehr, und schließlich wurde er unersättlich. Denn nun gelangen ihm Einblicke in das wirtschaftliche Leben, in das politische Leben, in das persönliche Leben. Er erfuhr, wessen Firma aufblühte und wessen Firma vor der Pleite stand, wen das Finanzamt zur Strecke brachte und wer dem Finanzamt ein Schnippchen schlug. Er erfuhr, wer sich öffentlich als Demokrat gebärdete und heimlich von Bormanns Rückkehr träumte, oder wer sich öffentlich für den Lastenausgleich einsetzte und sich für seine Person geschickt vor den entsprechenden Lasten drückte. Er kam dahinter, wie falsch der Rechtsanwalt seinen Klienten nach dessen Meinung beraten hatte, und wie sich der Klient nach dem Prozeß durch Nichtbezahlung des Honorars an seinem Rechtsanwalt zu rächen suchte. Er sah Arztrechnungen über geglückte Operationen, die noch unterwegs waren, während schon die Todesanzeige des Patienten im gleichen Postfach lag. Er sprach mit keinem Menschen über seine Entdeckungen, er saß und las und machte auf und klebte zu und war sich selbst genug. Er kannte auch keinen der Menschen, die da schrieben, er wußte nicht, wie sie aussahen, es sei denn, ihr Photo hätte den Briefen beigelegen. Aber das war im allgemeinen nur bei Stellengesuchen der Fall – und bei Liebesbriefen.

Und diese Liebesbriefe hatten es ihm angetan, sie waren sein großes Glück und sollten sein großes Unglück werden. Denn wenn er so die ersten, zaghaften Anfragen las, noch per Sie natürlich: man habe sich doch so nett unterhalten, und ob man sich nicht wieder einmal treffen könne, in aller platonischen Freundschaft – dann konnte er es nicht lassen, nachzusehen, ob und wie die Angebetete antworten würde. Und damit hatte ihn die Dramatik des Geschehens gepackt. Er verfolgte die Entwicklung über die Kombination von Vornamen und Sie-sagen bis zum traulichen Du-sagen, er erlebte die zitternde Angst vor vermuteter Untreue, die leidenschaftliche Anklage wegen erwiesener Untreue und die rührende Ahnungslosigkeit gegenüber heimlicher Untreue, er machte den nervenzerfetzenden Wettlauf mit zwischen Briefen aus der Gebärklinik und Briefen ans Standesamt, mein Gott, wer würde zuerst da sein, das Kind oder die Trauung, es war ungeheuer spannend! Und dann die Heiratsanzeige, und dann lange kein Brief mehr her und hin, sie hatten es nicht mehr nötig, sie lebten ja zusammen, sie hatten sich ja; und wenn sie sich wieder schrieben, hatten sie sich in den Haaren, und wenn es gut ging, zogen sie wieder zusammen, und der Nachtwächter und heimliche Schicksalsüberwacher freute sich, aber oft ging es nicht gut, dann trug das nächste Schreiben den sachlich-bösen Briefkopf eines Rechtsanwalts und der übernächste war eine Ladung vors Scheidungsgericht, und dann war der Nachtwächter traurig.

Indessen im ganzen war er glücklich. Denn, nicht wahr, er befaßte sich doch mit Freud und Leid, mit Kampf und Frieden so vieler Menschen, ohne auch nur das geringste von ihnen zu wollen oder das geringste für sich herauszuschlagen zu wollen: wer unter uns kann das von sich sagen? Er war nicht auf Gerüchte angewiesen, er wußte lauter Tatsachen und plauderte sie nie aus, er war die Diskretion in Person: und wer unter uns wäre noch nie der Verlockung erlegen, aus einem Gerücht eine Tatsache zu machen? Ja, mehr noch: wie er da vor den Postfächern saß, im Scheine kärglicher Notbeleuchtung, ein schlecht bezahlter alter Nachtwächter, strahlte es in ihm vom hellsten Licht: er hatte sich ja eine der Eigenschaften des lieben Gottes erworben: die Allwissenheit. Er kannte die letzten Geheimnisse der Menschen, er kannte sie besser, als sie sich selbst kannten, er wußte mehr von ihnen als ein Richter oder ein Beichtvater, denn er allein sah, wie sie sich selbst und die anderen sahen, und wie sie von den anderen gesehen wurden; er saß im Brennpunkt all dieser Strahlungen, er sah jeden Menschen im einzigen Licht, das ihn ganz erhellt: im Zwielicht. Ja, er war allwissend wie Gott und verschwiegen wie Gott; er war zu beneiden.

Leider war er nicht allmächtiger Gott; er konnte nicht vermeiden, daß gerade die Beobachtung der Doppelschicksale auffiel, die eben nur möglich war durch Öffnung aller Briefe beider Partner – die Liebenden brachten ihn zur Strecke. Und all sein Glück und all seine Gottähnlichkeit schrumpften zusammen zu einem einzigen Paragraphen, dem Paragraphen 354, Brieföffnung durch Postbeamte, und ganz abgesehen vom Verlust seines Nachtwächterpostens ging das Gericht über die Mindesstrafe von drei Monaten hinaus und schickte ihn für fünf Monate ins Gefängnis. Zu Recht natürlich, vollauf zu Recht.

Und dennoch: er war der Schlimmste nicht, und er wird fortan sehr unglücklich sein, unglücklich wie ein alter Mann, der einmal wie Gott war und fortan von der Wohlfahrt leben muß, und wieder ganz allein.

Als man Marianne nach zweieinhalbjähriger Jagd durch ganz Westdeutschland endlich erwischte, war man mit Recht stolz auf diesen Fang – so stolz, daß man gleich einen Pressephotographen mitgebracht hatte, der den breiten Rücken eines der vier verhaftenden Polizisten und die weinende Marianne »schießen« durfte, weitere Photos aus Mariannes Vergangenheit zur Verfügung gestellt erhielt und ihr daraufhin eine ganze Seite in einer großen Illustrierten widmete mit der Überschrift und der faszinierenden Ankündigung auf dem Titelblatt: »Die schwarze Esther von Odessa, Deutschlands größte Hochstaplerin!« Und nun stand sie also vor den Schöffen, keine schwarze, jüdische Esther aus Odessa, sondern ein dunkelblondes, germanisches Mariechen aus Triebel in der Lausitz, ganz hübsch, aber keineswegs faszinierend, zweiundzwanzig Jahre alt, angeklagt zwar des Rückfallbetruges in nicht weniger als fünfundfünfzig Fällen, aber mit einem in siebenunddreißig Monaten angerichteten Gesamtschaden von etwa sechstausend Mark, also von etwa hundertsechzig Mark pro Monat – zweifellos eine achtbare Leistung, aber »Deutschlands größte Hochstaplerin«? Ach nein, so arm sind wir wieder nicht, es galt, Luft abzulassen aus dem hysterisch aufgeblasenen Sensationsballon, sehr viel Luft, und alles zurückzuführen auf das rechte Maß des Menschenkinds Mariechen; und was da schon nach kurzer Verhandlung platzte, das war nichts gewesen als ein Kinderballon, der sich losgerissen hatte, oder nein: der losgerissen worden war, und der sich eine Weile in höheren Sphären herumgetrieben hatte, oder nein: der herumgetrieben worden war. Vergnüglich für den Zuschauer freilich war die Geschichte seines Fluges – so traurig sie begann:

Fünfzehn Jahre zählte Mariechen, als die Russen kamen und das eben aus der Volksschule entlassene Landjahrmädchen verhafteten und wieder entließen; sechzehn, als die Polen kamen und den Vater, einen bis dahin wohlbestallten Gastwirt, zu »Kompensationsgeschäften« zwangen, auf daß er das Leben seiner Familie fristen könne; siebzehn, als er enteignet und ausgewiesen wurde und mit Frau und Tochter den letzten, armen Rest an Habe auf einem Handwagen in die russische Zone zog; achtzehn, als sie allein in die Westzone ging; neunzehn, als sie der Verlockung des westlichen Warenüberflusses nach der Währungsreform, ihr ungewohnt und legal unerreichbar, zum ersten Male erlag und die ersten, niedrigen Gefängnisstrafen erhielt oder, wie es im Juristendeutsch der Anklageschrift wenig sinnreich heißt, »erstand« (»ersaß« wäre logischer): hier hatte sie ein Kleid erschwindelt, dort zehn Zigaretten im Werte von einer (einer!) D-Mark gestohlen. Dann, in West-Berlin, fand sich der erste Bräutigam, der eine Garage und somit Geld besaß und seine Braut »schnieke einpuppen« konnte, und im Handumdrehen wurde aus dem Mariechen die Marianne: es erwies sich, daß sie einfache Kleider elegant und elegante Kleider totchic zu tragen, daß sie als Dame aufzutreten verstand, und als der Bräutigam sich zurückzog, konnte sie's nicht mehr lassen. Die Polizei suchte sie; wo sie unter ihrem richtigen Namen auftauchte, wurde sie verhaftet; da legte sie sich einen falschen Namen und falsche Papiere zu. Das ist die ganze Erklärung dafür, daß sie zweieinhalb Jahre lang nicht erwischt wurde; das, sagt sie, ist die Erklärung auch dafür, daß sie ihre inzwischen aus dem Osten in eine süddeutsche Kleinstadt übergesiedelten Eltern nicht aufsuchte: sie wäre dort sofort verhaftet worden. Statt dessen geht sie nach Frankfurt am Main; und hier hört sie auf, eine durchschnittliche kleine Betrügerin zu sein, hier hat sie »ihre Idee«. Es ist eine ebenso ausgefallene wie ergiebige Idee.

Sie gerät dort, berichtet sie, »in jüdische Kreise«; zunächst in eine jüdische Familie, bei der sie das Haus- und Kindermädchen spielt, dann aber an einen Herrn mit dem prachtvollen und romanschwangeren Namen Adrian Vandevelde. Er gibt sich als Belgier aus und erweist sich als Uhrenkenner: seines Namens wegen stellt man ihm in Pforzheim Musterstücke billigster Uhren und falscher Ringe zur Verfügung, seines Namens wegen kann er sie allenthalben als kostbare Uhren und echte Ringe verkaufen. Mit ihm reist Marianne, denn er braucht ein Stück eleganter und kreditschaffender Weiblichkeit in seinem Wagen, von ihm lernt sie – aber nicht nur das Uhrenverkaufen, sondern mehr. Sie lernt die Wahrheit des abgewandelten Satzes: »Ein echter deutscher Mann mag keinen Juden leiden, doch seine Waren kauft er gern«: und wie es in der Not- und Todzeit des Dritten Reiches jüdische Mitbürger gegeben hatte, die sich als Arier tarnen mußten, so tarnt sich Mariechen aus Triebel als Jüdin. Sie muß es gut gemacht haben, denn die Juden glauben ihr; nie übrigens betrügt sie einen von ihnen, denn sie seien immer »menschlich, gut und anständig zu ihr gewesen«, sagt sie. Sie haben an dem, was nun kommt, keinen Anteil. Dafür aber so mancher Nichtjude.

Sie legt sich hinfort sehr viele falsche Namen zu; aber immer sind es jüdische Namen: Sonja Gutmann, Bernstein, Goldberg, Regina Marianne Isensee, Lubinsky, Schönfeld, einmal, einem Apotheker gegenüber, gibt sie sich sogar als »Frau von Rubenstein« aus – und den Apotheker kostete der Scherz dreißig Mark. Immerhin kam er billig weg, denn Mariannes sonstige Tour ist diese:

Sie geht sonst nie in Apotheken, sondern fast ausschließlich in Metzger- und zuweilen in Feinkostläden, und immer in die elegantesten – in andere paßt sie nicht, sie ist ja selbst immer sehr elegant. Sie verlangt den Chef zu sprechen, mit dem Personal gibt sie sich nicht ab. Sie wird ins Allerheiligste geführt, in das Büro. Sie beruft sich darauf, daß ihr Dienstmädchen seit eh und je in diesem Laden eingekauft habe, daß sie also alte Kundin sei. Der Chef erinnert sich nicht an das Dienstmädchen, sie beschreibt es vage, nun, es kann ja sein, schließlich sieht ein Dienstmädchen wie das andere aus. Ja, und heute komme sie selbst; ihr Mann nämlich, der Export- und Importgroßkaufmann Bernstein oder Gutmann oder Goldberg, sei verreist, und gerade jetzt liege beim Zoll eine Sendung erstklassiger Schweizer Uhren oder Ringe, sie müsse den Zoll zahlen,

sie brauche dreihundert, vierhundert, fünfhundert Mark. Selbstverständlich zahle sie einen hohen, einen gesetzlich gar nicht zulässigen Zins, sie werde das Anderthalbfache, das Doppelte zurückzahlen, niemand werde es erfahren. Außerdem werde sie natürlich ein Pfand geben: und sie streift ihre Armbanduhr oder ihren Ring ab, versenkt ihn in ein bereitgehaltenes Tütchen, verklebt es, beschriftet es. Nicht ein einziges Mal, erzählt sie, habe der Meister oder die Meisterin auf die wertlose Uhr oder auf den Messingring mit den Glasscherben geschaut, immer nur auf sie selbst. Ja, und der Meister oder die Meisterin brauche vielleicht selbst solch einen Brillantring oder solch eine kostbare Uhr, brauche vielleicht sogar illegale Devisen für eine Auslandsreise – sie könnten in so ein Geschäft einsteigen, versteht sich. Wie, ein Haus wolle der Chef bauen? Nun, ihr Mann werde ihm Material, werde ihm auch Geld verschaffen, ohne Finanzamt und so, schließlich muß man dankbar sein, wenn einem jetzt geholfen wird. Und siehe, der Edle läßt sein Herz sprechen: mit hundertfünfzig bis fünfhundert Mark rauscht die Frau Großkaufmann von Rubenstein hinaus und wird natürlich nicht mehr gesehen. Das hat man von seiner Hilfsbereitschaft, von seiner Menschlichkeit, von seinem mitfühlenden Herzen – und empört und aufs tiefste getroffen rennt der Geschädigte zur Polizei, und die Anzeigen häufen sich: aus Frankfurt, Lindau, Stuttgart, Tübingen, Ulm, Würzburg, Nürnberg, Mannheim, Baden-Baden, Köln, Mergentheim, Darmstadt, Augsburg – woher eigentlich nicht!

Trotzdem, wie im Anfang errechnet: das Geschäft nährt nicht seine Frau. Oft sitzt man ohne einen Pfennig, dann muß man auch mal einen Kellner, eine Hotelsekretärin um ein paar Mark prellen; aber das ist selten, es lohnt sich nicht, Metzgerei bleibt Metzgerei. Und das Schlimmste: nicht nur das Portemonnaie, auch das Herz bleibt leer, Adrian Vandevelde ist längst im Ausland: da lernt man Rosario kennen, Rosario, den italienischen Textilvertreter, und verlobt sich mit ihm. Wohnt mit ihm; ist eine brave Hausfrau, die kocht und die Wohnung sauberhält, und der es nur nicht gelingen will, die Heiratspapiere zu beschaffen. Man hat immer neue Erklärungen dafür: die richtige, daß man dann erst mal würde sitzen müssen, kann man ja nicht geben. Man reist auch mal mit Rosario, wartet auf ihn, während er seine Textilien absetzt, in irgendeinem Café – und geht währenddessen mal eben in die nächste Metzgerei ... Rosario ahnt nichts, bis er sich einen neuen, besseren Wagen anschaffen will. Sie wählt ihn aus – und wird verhaftet, zusammen mit Rosario. Rosario wird bald wieder entlassen, er wußte wirklich von nichts; sie gesteht sofort, unter Tränen, gesteht Dutzende von Fällen, von denen die Polizei nicht unterrichtet war – soweit Marianne sich eben noch entsinnt. Und während sie in der Untersuchungshaft sitzt, erscheint die Reportage von der schwarzen Esther aus Odessa, Deutschlands größter Hochstaplerin.

Sie hat denn auch den von der Polizei wohl beabsichtigten Erfolg: es melden sich ein paar weitere Geschädigte, die Marianne eben vergessen hat. Vor allem aber begibt sich eine recht ungewollte Wirkung: ihr erster Chef taucht auf, der sie als Siebzehnjährige beschäftigte, er will sie wieder einstellen, sie sei im Grunde ein guter und vor allem ein fähiger Kerl; zahlreiche Firmen wünschen diese tüchtige Person als Reisevertreterin zu engagieren; ihr Vater erkennt sie am Photo und kommt zu ihr in die Zelle und will sie heimholen in den Schoß der Familie, und ein Zahnarzt seines Wohnorts wird sie zu seiner Sprechstundenhilfe machen; und Rosario – Rosario besucht sie und erklärt mit südlicher Leidenschaft, er liebe sie, er bleibe ihr treu, er warte auf sie, er werde sie heiraten, in Italien!

Marianne macht einen ausgezeichneten Eindruck. Wenn das Wort »geständig« sich steigern ließe: geständig, geständiger, am geständigsten – dann wäre sie die geständigste Angeklagte. Auch innerlich, nicht nur dem äußeren Hergang nach: sie entschuldigt, sie beschönigt sich nicht: jawohl, es war »sehr unanständig«, was sie da gemacht hat, versichert sie unter reichlichen, aber keineswegs übertriebenen Tränen; die sonst sehr skeptische Dame von der Jugendgerichtshilfe geht während der Beratungspause Arm in Arm mit ihr über den Gang, zwei Freundinnen wandeln da; der Verteidiger legt sich in einem glänzenden und warmherzigen Plädoyer für sie ins Zeug, und selbst der Staatsanwalt kann sich ihrer »sympathischen Ausstrahlung« nicht entziehen. Nur wie sie »dazu« gekommen ist, das weiß das Gericht nicht, und sie selbst kann es auch nicht sagen. Wenn nun jedes Flüchtlingsmädchen der Versuchung erläge, wo kämen wir da hin, fragt der Richter – und warum denn andere nicht erlägen? Sie sieht das ein. Der Skeptiker neigt vielleicht zu der Antwort, daß man der Versuchung, als hübsch, elegant und intelligent zu gelten, leichter widerstehen kann, wenn man nicht so hübsch, so elegant und so intelligent ist. Der Moralist hingegen findet einen Schlüssel zu Mariannes Wesen in zwei tastenden Erklärungsversuchen aus ihrem eigenen Munde: sie hätte, meint sie, diese Jahre hindurch »irgendwie ihr eigenes Ich abgelegt«; und den Sinn für Moral hätte sie vielleicht verloren, weil ihr sehr moralischer Vater nach dem Zusammenbruch seine Familie nur durch »Kompensationsgeschäfte« hätte ernähren können.

Und hier wohl ist sie, unterbewußt, dicht an der Wahrheit, einer für uns alle sehr unbequemen Wahrheit. Seien wir offen: die in Glas und Stahl und Marmor aus den Ruinen wieder aufgebauten Läden, in denen sie ihre Opfer suchte, konnten wohl auch nur durch »Kompensationsgeschäfte« so wieder aufgebaut werden. Das ist vorbei und durch Amnestien verziehen, mit Recht; nur daß ihren Inhabern aus solchen Geschäften eben etwas blieb, ein schimmernder Laden zumindest, während der Gewinn von Mariannes Vater durch seine Familie aufgezehrt, buchstäblich aufgezehrt wurde. Und wenn Mariannes Moral sich auch nach Abschluß der Kompensationszeit nicht wieder hob – hat sich die Moral jener Chefs seither gehoben, in deren Allerheiligstem man sich bis auf wenige Ausnahmen ohne weiteres bereit zeigte, höchst dunkle und illegale Gewinne zu erzielen, obwohl auf diese Chefs nicht, wie auf Marianne, der Hunger wartete? War das, was man ihr gab, etwas anderes als Vorschüsse auf ein Schiebergeschäft, die verloren gingen, weil Schiebergeschäfte nun mal Risikogeschäfte sind? Marianne, die unter voller Anrechnung der Untersuchungshaft und unter Zubilligung mildernder Umstände anderthalb Jahre Gefängnis bekam und ihre Strafe sofort annahm, hatte durch ihr offenes Geständnis jene Chefs von der Pflicht entbunden, als Zeugen vor Gericht zu erscheinen. Sollten sie ihr nicht dankbar sein? War das nicht beinahe ritterlich? Denn: nicht nur bei Frau von Rubenstein war manches nicht ganz stubenrein!

Klägerin ist die Witwe Frau H. Auf dem Platze des Beklagten sitzt ihr Wohnungsnachbar Herr Direktor G. Genauer betrachtet jedoch sind seine Zwillingssöhne Hans und Franz die Beklagten, die aber noch nicht strafmündig, sondern Untertertianer sind; da sie auch nicht als Zeugen vernommen werden sollen, sitzen sie im Zuschauerraum, umgeben von so ziemlich der ganzen Untertertia, deren Erregung von der festen Entschlossenheit der gesamten Klasse zeugt, Hansens und Franzens Sache zur ihren zu machen. Und ganz genau betrachtet sind auch die Zwillinge nicht die Beklagten, sondern zwei Wesen unbestimmten Alters und Geschlechts, die Hans und Franz auf den Schößen halten, gebettet in zwei mit Luftlöchern versehene Schuhkartons. Ihre Anwesenheit bemerkt der Richter vorerst nicht, und doch sind sie es, die Frau H. nach dem Wortlaut der Klage »belästigt« haben und darum »entfernt« werden sollen.

Es sind die beiden Igel »Schopenhauer« und »Ibsen«, vor anderthalb Jahren von den Zwillingen im Walde aufgestöbert und seither zu Hausigeln avanciert. Ihre klingenden Namen verdanken sie nach Auskunft des Herrn G. einer intensiven, sowohl äußerlichen wie innerlichen Ähnlichkeit mit den beiden großen Pessimisten: auch sie seien stachlig, witzig und griesgrämig, darüber hinaus freilich nicht belehrend, sondern gelehrig. Das Glück will es, daß der Prozeß in einer Universitätsstadt stattfindet, und so ist denn als Sachverständiger der Ordinarius Professor Z. anwesend, um etwa auftauchende zoologische Fragen zu klären.

Der Richter führt die Verhandlung des erschröcklichen Falles zwanglos und mehr parlando. Er hört sich die beweglichen Darlegungen der klagenden Witwe artig und ohne viele Zwischenfragen an. Danach spielte sich das Ganze in einer Werkswohnung von sechs Zimmern ab, die Herr und Frau H. früher allein bewohnten. Dann starb Herr H., und sein Nachfolger zog mit großer Familie ein, eben Herr G., während der Witwe nur zwei Zimmer verblieben. Trotz der gemeinsamen Benützung von Küche, Keller und Toilette und trotz der lauten Kinderschar habe man sich großartig vertragen, sagte Frau H. – bis eben die Igel kamen.

Denn sie, die Klägerin, habe einen leisen Schlaf, die Beklagten Schopenhauer und Ibsen hingegen hätten gar keinen. Von der Abenddämmerung bis zur Morgendämmerung beginne ein Getrappel und Gestampfe wie von zwei schweren Männern mit knallenden Stiefeln. Es fange in der Küche an, poltere die Stiege zum Keller hinunter, werde durch das Aufquietschen erwischter Mäuse unterbrochen und verschärft und poltere die Stiege wieder hinauf in die Küche – und so weiter da capo ad libitum. Indessen sei das noch nicht alles. Sie, die Klägerin, habe einen empfindlichen Geruchssinn, die beklagte Familie G. hingegen scheine gar keinen zu haben. Und Schopenhauer wie Ibsen hätten die Neigung, ihre natürlichen Bedürfnisse an Stellen zu verrichten, die kaum jemals aufzustöbern und, selbst wenn schon einmal aufgestöbert, mit dem Kehrbesen nicht zu erreichen seien, zumal die Igel eben diesen Kehrbesen mit wahrer Leidenschaft zu verschleppen und entweder als Nestersatz oder als Igelinersatz zu betrachten pflegten. Der Gestank sei entsprechend. Und schließlich sei sie, die Klägerin, schon wiederholt auf Resten von Eiern, Schnecken, Raupen und Mehlwürmern ausgeglitten, die als Nahrung für diese Tiere herbeizuschleppen die beiden Zwillinge nicht müde würden, unterstützt noch dazu von der ganzen Untertertia. Sie habe von Herrn Direktor G. wiederholt die Entfernung der Störenfriede gefordert, die dieser auch zugesichert habe. Indessen habe er sein Versprechen nicht gehalten, und so habe sie denn klagen müssen.

Er habe, replizierte Herr Direktor G., sein Versprechen sehr wohl zu halten versucht. Nach wilden und nervenzerrüttenden Kämpfen mit seinen heulenden Sprößlingen habe er die Aussetzung der Igel durchgesetzt. Die beiden Ausgestoßenen jedoch seien Abend für Abend vor der Hoftür erschienen und hätten durch Kratzen, Scharren und empörtes Schimpfen, jawohl, anders könne man diese Klagelaute nicht bezeichnen, einen derartigen Lärm vollführt, daß es einen Stein hätte erweichen müssen. Ihn jedenfalls habe es erweicht, und so seien sie denn in Gnaden wieder aufgenommen worden. Die Zwillinge hätten versprechen müssen, die gelehrigen Wesen zur Befriedigung ihrer Bedürfnisse an vorgeschriebener, sandbedeckter Stelle zu erziehen, und sie hätten dabei auch schon beträchtliche, wenn auch noch nicht ganz ausreichende Erfolge erzielt. Desgleichen sei die Schnecken- und Raupennahrung nur noch zu sofortigem Verzehr verabreicht worden, abgesehen natürlich von den Mäusen – aber eben diese Mäuse hätten während der Abwesenheit Schopenhauers und Ibsens sich derart vermehrt, daß schon dadurch deren Rückkehr gerechtfertigt gewesen, ja erzwungen worden sei.

Aber hier führte die Witwe H. den großen, unerwarteten, entscheidenden Schlag. Sie griff in ihre Handtasche und wickelte aus dem knisternden Früh-

stückspapier eine tote Maus. Und diese Maus war weiß! Und sie wolle nur sagen, daß es im Gegenteil vor dem Auftauchen der Igel überhaupt niemals Mäuse im Hause gegeben habe, und daß weiße Mäuse noch nie wild aufgetreten seien, und daß also Hans und Franz die weißen Mäuse in der nächsten Tierhandlung gekauft hätten, um sie einem qualvollen Tod zwischen Igelzähnen zu überantworten!

Da jedoch ging ein empörtes Raunen durch die Untertertia – so empört, daß der Richter fragte: »Was ist denn da los?« Und da er, wie gesagt, die Sache zwanglos führte, hatte er in Rede und Gegenrede und ohne feierliche Zeugenvernehmung, nur »rein informativ«, sehr bald die Wahrheit heraus: zwölf Untertertianer besaßen weiße Mäuse. Zwölf Untertertianer wußten nicht, was sie mit der horrend anwachsenden Nachkommenschaft ihrer Lieblinge anfangen sollten. Zwölf Untertertianer brachten den Überschuß infolgedessen zu Schopenhauer und Ibsen, und alle waren es zufrieden, ihre Eltern, die Zwillinge und die Igel – bis auf die Mäuse natürlich.

Immerhin war diese Enthüllung ein schwerer Schlag für Herrn G., der von der Existenz weißer Mäuse in seinem Hause selbst noch nichts gewußt hatte – er war kein Alkoholiker. Und er verlegte sich auf's Bitten: in einem halben Jahre, im Frühling, werde die Frau Klägerin ja sowieso ein eigenes Häuschen beziehen, es sei ja schon unter Dach, und ob sie es bis dahin nicht noch aushalten könne . . .? Aber die Witwe erklärte kategorisch, sie habe nun genug ausgehalten, und noch einen Winter mit Igeln werde sie nicht überleben. Und bei so bewandten Dingen erhielt denn der Herr Sachverständige das Wort.

Der Herr Professor stellte mit wissenschaftlicher Gründlichkeit folgendes fest:

Erstens: Daß es tatsächlich hin und wieder gelungen sei, den Igel (Erinaceus L.) zur Stubenreinheit zu erziehen;

Zweitens aber: Daß dies trotzdem den Gestank nicht beseitigen werde, da Erinaceus auch einen peinlichen Eigengestank in Form eines aufdringlichen Bisamgeruches verbreite.

Hier gab es ein Zwischenspiel. Hans und Franz sprangen auf und versicherten, daß *ihre* Igel nicht stänken, der Herr Professor und der Herr Richter möchten nur mal riechen! Der Richter warf zwar Zwillinge und Igel aus dem Saal hinaus, hatte aber Humor genug, vorher wirklich zu riechen: nun ja, sie rochen nach Kölnischem Wasser – heute. Die Zwillinge räumten heulend ein, die wohlriechende Flüssigkeit kurz vor der Verhandlung zwischen die Strohhalme gestäubt zu haben.

Und der Herr Sachverständige konnte fortfahren:

Drittens: Igel könnten auch lediglich durch Eier und Früchte, also ohne Anlieferung lebender Nahrung und mithin weißer Mäuse ernährt werden;

Viertens aber: sei auch das nicht einmal notwendig, denn unter natürlichen Umständen pflegten Igel Winterschlaf zu halten. Wenn man Schopenhauer und Ibsen jetzt, im Herbst, also auf den kalten Kellerraum beschränke, ihnen altes Laub zur Verfügung stelle und keine Nahrung mehr verabreiche, dann würden sie durchschlafen bis zum Frühling und erst wieder erwachen, wenn die Klägerin das Haus bereits verlassen habe und die Familie G. mit ihren Lieblingen allein sei.

Da ging ein Lächeln über das Gesicht des Richters und über das Gesicht des Herrn Direktors G. und sogar über das Gesicht der klagenden Witwe, und in drei Minuten war der Vergleich geschlossen und war somit nicht nur ein Urteil, sondern sogar ein höherer Gerichtskostensatz erspart. Und der Herr Professor verließ erhobenen Hauptes den Saal und warf draußen noch einen stolzen Blick auf Schopenhauer und Ibsen, die so stachlig, so witzig und so griesgrämig waren, und die doch durch eine überlegene Instanz vor dem trüben Schicksal der Heimatlosigkeit, ja vor der Justiz selbst gerettet worden waren – durch wen?

Durch die exakte Wissenschaft der Zoologie.

Er ist tschechischer Nationalität. Er spricht ein nahezu einwandfreies Deutsch, nur eben mit stark slawischem Akzent; aber er spricht während der ganzen Verhandlung nicht viel. Ja, er sei erst kürzlich aus der Tschechoslowakei geflohen, aus politischen Gründen. Bis vor einem halben Jahr sei er im Barackenlager gewesen, ohne Stellung; die tägliche Verpflegung und ein Taschengeld von 13,50 Mark monatlich habe er bekommen. Jetzt jedoch habe er ein kleines Zimmer in der Stadt und einen kleinen Posten, nicht in seinem erlernten Beruf als Schneider, aber wenigstens als Hilfsarbeiter mit etwa 200 Mark im Monat. Nein, vor Gericht sei er noch nicht gestanden, und die Delikte, deren er heute angeklagt ist, habe er alle noch während der Lagerzeit begangen; seit er Wohnung und Stellung habe, sei nichts mehr vorgekommen.

Nun ist die Liste dieser Delikte ziemlich umfangreich: zwei Einsteigdiebstähle, drei gewöhnliche Diebstähle, zwei Betrügereien, Gesamtschaden etwa dreihundert Mark. Heute, in der Verhandlung, ist er voll geständig, aber vor der Polizei hat er jeden einzelnen Fall so lange hartnäckig abgeleugnet, bis er überführt war. Der junge Referendar, der die Anklage vertritt, sieht sich deshalb, wie er sagt, gezwungen, neun Monate Gefängnis zu beantragen und sich gegen eine etwaige Strafaussetzung auszusprechen.

»Haben Sie verstanden?« fragt der Richter. »Der Herr Staatsanwalt hat neun Monate Gefängnis beantragt, die Sie sofort antreten sollen. Sie haben das letzte Wort. Was haben Sie dazu zu sagen?«

Jetzt wird er plötzlich beredt. »Ach, Herr Richter, Sie wissen ja nicht, wie so was ist! In H.dorf drüben, wo ich zu Hause war, da haben sie mich blutig geschlagen, weil ich anderer Meinung wie sie gewesen bin. Und dann nachts über die Grenze, und sie haben noch hinterhergeschossen, und ich habe alles stehen und liegen lassen müssen, was man so besessen hat. Und im Lager ist das Essen so schlecht gewesen, und viele von den Leuten da drin waren noch schlechter, die hatten schon drüben gestohlen und betrogen und haben's einem beigebracht. Ach nein, Sie wissen eben nicht, wie so was ist.«

Der Richter sieht ihn lange und mit einem merkwürdigen Blick an. Dann sagt er sehr langsam: »O doch, ich weiß, wie so was ist. Nicht nur, weil ich über dieselbe Grenze geflohen bin und weil ich auch jahrelang in der Baracke war und erst seit ein paar Monaten ein möbliertes Zimmer habe. Sondern vor allem, weil ich da drüben auch blutig geschlagen worden bin, denn ich war eben ein Deutscher. Ich bin nämlich auch aus H.dorf.«

»Oh!« macht der Angeklagte nur und wird blaß. Man sieht: er läßt jede Hoffnung auf Milde fahren. Man fühlt, daß er weiß, was damals, 1945, in H.dorf mit der deutschen Minderheit geschah. Man ahnt, daß er vielleicht selbst dabei war, vielleicht selbst mitgeschlagen hat. Und nun, so muß er denken, bin ich einem meiner Opfer in die Hand gefallen, wird einer aus dem Volk zu meinem Richter, das ich damals haßte – das ich vielleicht noch hasse.

Der Richter schweigt noch immer, und dies Schweigen überdeckt wohl auch einen Kampf: er ist auch nur ein Mensch, und es gibt Dinge, die kann man vielleicht vergeben, aber nicht vergessen. Nun aber sagt er, leicht den Kopf schüttelnd:

»Nein, Angeklagter. Es ist nicht so, wie Sie denken. Sonst hätte ich mich für befangen erklärt und diesen Prozeß nicht geführt. Nein: es muß ja einmal Schluß sein!« Er stützt den Kopf in die Hand: »Aber was machen wir nun mit Ihnen?« Er blättert noch einmal in den Akten: »Bei der Polizei haben Sie ausgesagt, daß Sie verlobt sind. Ist Ihre Braut zufällig hier?«

»Ja.«

»Dann trete ich noch einmal in die Beweisaufnahme ein. Ihre Braut soll vortreten. Ich werde sie als Zeugin vernehmen.«

Das unscheinbare Mädchen, das unsicher nach vorn kommt, ist schwanger. Das Verhör ist kurz:

»Sind Sie auch von drüben?«

»Nein, ich bin hier aufgewachsen.«

»Ihre Eltern wohnen auch hier?«

»Jawohl.«

»Können Sie nach der Hochzeit bei Ihren Eltern wohnen?«

»Jawohl.«

»Wann wollen Sie heiraten?«

»In vier Wochen. Noch ehe – « –

»Ich verstehe. Wovon wollen Sie leben?«

»Ich bin von Beruf Schneiderin. Vielleicht können wir später eine gemeinsame Werkstatt aufmachen.«

»Hm. Haben Sie eine eigene Nähmaschine?«

»Jawohl.«

»Danke.«

Fünf Minuten Schweigen. Der Richter denkt lange nach und macht sich Notizen. Dann verkündet er das Urteil – neun Monate Gefängnis, aber eine Bewährungsfrist von drei Jahren. Und der Richter setzt fort:

»Unser Gesetz gestattet, die Bewährungsfrist von gewissen Auflagen abhängig zu machen. Diesem Angeklagten werden folgende Auflagen erteilt:

Erstens hat er die Bestätigung der Eheschließung dem Gericht vorzulegen und sich alle drei Monate gemeinsam mit seiner künftigen Frau dem Richter vorzustellen.

Zweitens hat er den Bestohlenen und Betrogenen den angerichteten Schaden von insgesamt 300 Mark in monatlichen Raten von 20 Mark zu ersetzen.

Drittens hat er, da er ja Schneider ist, in seinen Feierabendstunden und ohne jedes Entgelt so viel Anzüge für entlassene Strafgefangene zu nähen, wie er Delikte begangen hat, also insgesamt sieben. Das Material wird ihm die Bewährungshilfe zur Verfügung stellen. – Verzichten Sie auf Rechtsmittel, Herr Staatsanwalt?«

»Ich verzichte.«

»Dann ist das Urteil rechtskräftig. Sind Sie zufrieden, Angeklagter?«

Der kann nur nicken. Und der Richter schließt lächelnd: »Und die Bewährungshilfe wird auch zufrieden sein. Denn tschechische Schneider sind gute Schneider!«

Drum prüfe,
wer sich ewig bindet (II)

HIER BERÄT DICH DIE OMA

Mein liebes Suschen!
  Ich erfahre,
Du kommst in die gewissen Jahre,
Da Dir so manches schon behagt,
Was man den Eltern nicht mehr sagt:
Der Händedruck im Autobus,
Der Kuß im Tor (Erwachsnenkuß!!),
Der Brief, darin die Worte stehen:
»Denkst Du an mich beim Schlafen-
    gehen?«,

Im Kinodunkel, süß wie nie,
Die Zitterhand am Zitterknie –
Ach, tut's nicht eben darum gut,
Weil man es im geheimen tut?

Doch schwer ist's leider, vor den Alten
Geheimes auch geheimzuhalten:
Stets kommt dem scharfen Elternohr
Das Heimliche unheimlich vor,
Und Eltern, welche Töchter haben,
Sind schlimmer dran als die von
    Knaben.

Vor allem wandelt sich ins Wilde
Das Mutteraug', das sonst so milde.
Solang Du eckig warst und glatt,
Kurz, zeigtest, was man noch nicht hat,
Da lag's auf Dir in stillem Glück –
Jetzt kriegt es einen Röntgenblick,
Jetzt zeigt es sich besorgt und hart,
Weil oben etwas runder ward,
Ja, selbst die rückwärts rundere
    Rundung
Wird Ziel mißtrauischer Erkundung!
Einst hieß es, ging man mit Dir aus:
»Geh grade, Kind, und Brust heraus!«,
Jetzt heißt's: »Dein Pulli wird zu klein,
Ich bitt' dich, zieh den Busen ein!«
Kauft Dir Mama ein Backfischmieder,
Und findest Du es reichlich bieder,
Und blickst Du heimlich auf die fesche,
Französisch-freie Freudenwäsche –
Gleich hat sie Deinen Blick erblickt,
Gleich wird »das Kind« nach Haus
    geschickt,
Gleich mit dem Angstschrei: »Hilf
    mir Du!«
Eilt Mutter *ihrer* Mutter zu
Und ruft mit Stimm- und Seelenbeben:
»Was muß ich mit dem Kind erleben!
Wie war ich in den gleichen Jahren
So kindlich rein und unerfahren –

Doch deine Enkelin Susanne,
Die hat es schon mit einem Manne!«
Ja, sie war hier. Sie bat um Rat.
Jedoch was sprach sie, als ich bat:
»So frag das Kind doch: wer, wie, wo!«?
Sie sprach: »Hach, ich genier mich so!«

Nun ja, bedenke und verstehe:
Sie spielt das Stück, genannt »Die Ehe«.
Sie spielt darin mit stolzer Miene
Die keusche Tugendheroine,
Die stets nur einen Partner liebte
Und nie zuvor mit andern übte.
Der Partner glaubt's, nach Bühnen-
    brauch –
Und drum glaubt sie sich's selber auch.
Und wenn sie Dich zur Beichte
    zwänge –
Was gäb das für Gedankengänge!
»Vielleicht war ich wie meine
    Tochter . . . ?
Vielleicht sogar noch ausgekochter . . . ?«
Der Glaube wankt, das Spiel wird
    schlecht,
Der Tugendton wirkt nicht mehr echt,
Der Partner stutzt, der Text setzt aus,
Statt Happy-End gibt's Krach im
    Haus –
Und drum kurzum: vor seinem Kinde
Geniert man sich nur ganz gelinde,
Die Sache wird bloß kompliziert,
Weil man sich vor sich selbst geniert.
Es glaubt halt jede Frau um vierzig,
Daß sie ein Engel war. Sie irrt sich.
Jedoch die Großmama um siebzig –
Die spielt sich nichts mehr vor. Das
    gibt sich.
Ich geb's Dir ohne weiteres zu:
Ich war wie Du!

Drum habe ich es übernommen,
Dir beizustehn und beizukommen.

Schreib mir getrost: wie ist der Mann?
Wie fing es an? Wie fing er's an?
Ich schreibe Dir dann klar und knapp:
Wie fängst Du ihn? Wie fängst Du's
    ab?
Ich bürge Dir für Diskretion.
(Mit Rücksicht auf den Opa schon:
Er glaubt bereits an fünfzig Jahr,
Daß er für mich der erste war.)

So schreib mir bald.
Genier Dich nicht, wie ich's nicht tu.
Ich bin zu alt
Und Du bist noch zu jung dazu.
Im Himmel schließt man zwar die Ehen,
Doch hier hat man sie durchzustehen,
Und Liebe fällt nicht von den Sternen,
Man muß sie höchst präzis erlernen;
Doch weil der Mann, was all-
    bekannt ist,
In dieser Kunst höchst ungewandt ist,
Muß sie die Frau (in allen Ehren!)
Nach dem Erlernen auch noch lehren.
Nun ja: zum Lieben sind wir da!
In diesem Sinn
              die Großmama

Mein liebes Enkelkind Susanne,

Ich fragte Dich nach einem Manne –
Und jetzt schreibst Du mir frank und
    frei,
Es sind schon drei!
Der erste ist, fügst Du hinzu,
Für Dich entbrannt, doch jung wie Du;
Der andre, für den Du entbrennst,
Hat schon fast dreißigmal gelenzt;
Der dritte aber, der Dich zart
Bedrängt mit seiner Gegenwart,
Teils komisch, teils jedoch voll Würde,
Trägt fünfzig Jahr des Lebens Bürde.
Nun, meinst Du, mußt Du Dich ent-
    scheiden:
Wen sollst Du minnen? Welchen
    meiden?
Die Antwort, räumst Du schließlich
    ein,

Sie wird für mich recht schwierig sein,
Weil wir in meinen Jugendjahren
So elterlich behütet waren,
Daß nur der vorbestimmte Gatte
Zu unsern Reizen Zutritt hatte –
Ach, Suse, was man da so spricht
Von alten Zeiten – glaub es nicht,
Trau nicht dem Kinderliedgeschmuse,
Dem alten: »Suse, liebe Suse,
Was raschelt da bei dir im Stroh …?«
Zwar ist's bei jeder Suse so,
Bei jeder raschelt's mal zur Nacht –
Nur kommt kein Gänschen in Betracht.

Nein, denk nicht, daß Du anders wärst!
Was Du mit den drei Herrn erfährst
Von fünfzehn, dreißig, fünfzig Jahren,
Hat Deine Oma schon erfahren.
Gewiß, der Knabe, der Dich schätzt
Und Dich davon in Kenntnis setzt,

Indem er Dich mit burschikösen,
Verwegnen Ellenbogenstößen
Derbmännlich in die Seite knufft
(Worauf Du tust, als sei er Luft) –
Er hat mir einst, zu meiner Zeit,
So manchen zarten Vers geweiht,
Er kam mehr lyrisch aus dem Häuschen
Und schenkte mir manch Veilchen-
  sträußchen
Und sprach von meines Haares Duft
(Worauf ich tat, als sei er Luft) –
Und doch: es ist der gleiche Knabe,
Knuff oder Vers: die gleiche Gabe,
Versetzt in gleicher stiller Ecke
Zum gleichen, ewig gleichen Zwecke.
Und auch der Beau, für den Du
  brennst,
Weil Du ihn von der Leinwand kennst,
Dem du, wachsbleich von Angesicht,
Erschaudernd nahst, und der dann
  spricht,
Umgeben von weit reifern Damen:
»Ein Autogramm? In Gottes
  Namen!« –
Er stand dereinst und ritt vor mir
Als Leibulanenoffizier,
Er sprach (und zwickte mich, nicht
  lange
Und dann nur in die obere Wange!):
»Nu man zu Muttern, kleene
  Puppe!« – –
Auch er blieb gleich. Wir sind ihm
  schnuppe.
Nun, und der Fünfziger, der noch
  forsche,
Einst im Fiaker, heut im Porsche,
Der zwar nicht schmachtet, aber
  schmeichelt,
Der zwar nicht zwickt, doch gerne
  streichelt
(Und dann zumeist die unteren
  Wangen),

Doch sonst dezent ist im Verlangen,
Mit lichtem Haupt, doch grauer
  Schläfe,
Der sich so gern mal mit uns träfe
Im Parke, ja, noch mehr allein
(»Ich könnte zwar Ihr Vater sein,
Mein liebes Kind, doch andrerseits
Hat grade dieses seinen Reiz!«) –
Der hat schon stets so angebandelt,
Der hat nicht mal die Form gewandelt.
Fürs junge Volk nach Zeit und Ländern
Mag sich die Form der Liebe ändern,
Doch die bewußten alten Hasen,
Die dreschen stets die gleichen Phrasen,
Denn hat schon Jugend keine Tugend,
Noch weniger hat die zweite Jugend.

Und macht die Frage Dir Bedenken:
Wem soll ich meine Liebe schenken?
So rate ich Dir dies, mein Kind:
Da es die alten Typen sind,
Wend auch die alte Weisheit an,
Daß man ja dreie lieben kann,
Doch halt Dich an das alte Mittel
Und liebe jeden nur ein Drittel,
Denn schließlich: jeder von den drein
Kann Dir ein Drittel nützlich sein.

Den ersten, der noch knabenhaft,
Voll Knuffer- oder Dichterkraft –
Ihn nütze aus zum Händchendrücken,
Zum langen In-die-Augen-Blicken,
Hingegen nur zum kurzen Küssen –
Lang wird er's erst noch lernen müssen.
Drum laß Dir, statt verliebter Sachen,
Von ihm die Schulaufgaben machen,
Er eignet sich, und er beweist es,
Mehr für die Förderung des Geistes,
Für Deines Körpers Förderung
Ist er entschieden noch zu jung.
Nutz auch die Kraft der Knabenhände
Zum Tragen schwerer Gegenstände,
Zum Autosteuern, Rudern, Segeln,
Denn hierin kennt er alle Regeln;
Hingegen zeigt die gleiche Hand
Sich ausgesprochen ungewandt,
Wofern sie, wenn die Stunde reift,
Nach Dir statt nach dem Steuer greift.
Beim Suchen nach den zarten Teilen
Pflegt sie sich meist zu übereilen,
Es reißt der Stoff, es schmerzt der Griff,
Es fehlt ihr noch der rechte Pfiff,
Auch ist sie, wie zu Recht Dich deucht,
Vor lauter Jugend etwas feucht,
Das schadet Deinem Kleid, zudem
Ist's auf der Haut nicht angenehm,
Und schließlich und aus manchen
    Gründen
Wird sie, was sie so sucht, nicht finden.
Denn heißt's auch in des Dichters
    Sange,
Ein guter Mensch im dunklen Drange
Sei sich des rechten Wegs bewußt –
Das stimmt nicht im Bereich der Lust.
Bei dunklem Drang tappt er vorbei
Am rechten Weg, so gut er sei:
Ein böser Mensch, wenn aufgeklärt,
Ist hier mehr als ein guter wert.
In dieser Hinsicht, denkst Du froh,
Rat ich Dir nun zu Typus zwo,

Der nicht mehr grün und noch nicht
   ranzig,
Kurz, zu dem Beau so Ende Zwanzig.
Nun gut: solang Du Dich begnügst,
Wenn Du ein zartes Küßchen kriegst,
Dann macht er das zwar reichlich
   flüchtig,
Doch macht er andre eifersüchtig:
Stets steigt die femme für hommes an
   Wert,
Wenn sie ein homme à femmes
   begehrt.
Doch wenn Du meinst, dank meiner
   Lehren
Wirst Du ihn ganz zu Dir bekehren,
Er wird Dich richtig lieben müssen,
Heiß wie im Film wird er Dich küssen,
Und gegen Küsse auf der Leinwand
Hat selbst der Kenner keinen Ein-
   wand –
Ach, Kind, dann ist das ein Genuß,
Vor dem Dich Oma warnen muß!

Denn ihn, den sich Dein Herz erkor,
Umgibt ein großer Damenflor.
Der Flor, an Kurven kühn und weicher
Und erotechnisch kenntnisreicher,
Läßt ihm so wenig Zeit und Kraft
Für Reize der Jungmädchenschaft,
Daß er, selbst wenn Du ihn erhaschst,
Dich nur so nebenbei vernascht,
Als Nummer x der langen Liste
Von Damen, die er nicht nur küßte,
Und dazu kreidet er's Dir an,
Daß er Dich ziemlich leicht gewann;
»Denn er war unser«, heißt's von
   Schiller;
Doch er, als Mann und Mädchenkiller,
Spricht schnöd: »Was kann schon an
   ihr sein?
Denn sie war mein!«
So sei das nicht mehr, meinst Du stolz?

Ihr wäret jetzt von anderm Holz?
Die Männer schätzten und verehrten
Nur Mädchen, die sie rasch erhörten,
Die Mädchen hätten gleiche Rechte
Und jede dürfe, die mal möchte?
Nun, als ich jung war, tat sie's schlicht,
Ob sie's nun durfte oder nicht –
Doch immer stand die Frage so,
Ob eine, die mit ihrem Beau
Zur Traumfahrt in die Liebe startet,
Das auch bekommt, was sie erwartet,
Kurzum, hier setzt die Praxis ein,
Und leider sagt die Praxis nein.

Denn schau, wenn so ein Wunsch-
   traummann
Die schönsten Mädchen haben kann,
So gar nicht steif, nein, äußerst willig,
So richtig reif und dazu billig,
Und leistet doch Verzicht auf diese
Und ist dafür auf Grüngemüse,
Auf Frühobst so wie Dich erpicht –
Dann stimmt was nicht.
Wenn er, obwohl sich's ihm doch beut,
Das Brechen starker Pflanzen scheut
Und sucht, wie er die schwachen
   breche –
Geschieht's aus Schwäche.
Auch hier braucht's Kraft, auch hier
   braucht's Mut,

Und nur was lange währt, wird gut,
Und wenn er sich am Wege bückt
Und Dich nur eben hastig pflückt –
Was hast Du von der Hast? Versteh:
Es tut nur weh.
Natürlich geht's vorbei. Es bleiben
Noch andre Knospen, die bald treiben.
Nur: diese erste, schön und schwach –
Ach, Suse, die wächst niemals nach.

Denn wächst dies Blümchen auch am
    Wege –
Es braucht die gärtnerische Pflege,
Es braucht den Fachmann, reif an
    Jahren,
Denn was der Jüngling einst erfahren
Und was der Mann dann eifrig tat,
Das weiß er, nun das Alter naht,
Mit klugem Sinn und zarten Händen
Spar- und behutsam anzuwenden.
Darum laß Dir von mir empfehlen
Die Herrn, die über fünfzig zählen!
Denn sie, die viel Beredeten,
Die allgemein Befehdeten,
Die Veteranen früher Lieben,
Die mit den Nach-Johannistrieben,
Die mit den Schläfen-Silberfädchen,
Die »guten Onkels« kleiner Mädchen –
Vor'm Nahn des ersten Schlaganfalles
Tun sie für ihre Nichten alles!
Sie düngen diese zarten Blüten

Mit viel Bonbons aus großen Tüten,
Sie lassen über diese Kleinen
Die Sonne ihrer Glatze scheinen,
Begießen sie auch oft und gern
Mit Weinen à la Haûtes-Sauternes,
Und woll'n sie einmal voll Entzücken
Ins Innere der Knospe blicken,
Dann biegen sie in stillem Glück
Die Hüllen Stück für Stück zurück
Wie Blütenblatt um Blütenblatt
Und sehn und tasten sanft sich satt.
Mehr tun sie nicht: ein kluger Mann
Tut stets nur das, was er auch kann,
Und bittere Erfahrung spricht:
Solang man's kann, kann man's noch
    nicht,
Und wenn man's kann, kann man's
    nicht mehr ...
(Für Damen gilt dies nicht so sehr,
Und dies Gefühl gibt allen Frauen
Sicherheit und Selbstvertrauen.)

Drum sage ich, die alten Herrn
Hat jedes kluge Mädchen gern.
Sie atmen halt wie schweren Wein
Den süßen Duft der Jugend ein
Und fühlen schon ihr Herze puppern,
Wenn sie die Knospen nur
    beschnuppern –
Auch David schätzte, nah der Gruft,
Nur Abisag von Sunems *Duft*,
Obwohl besagte Abisag
Doch nackt mit ihm der Ruhe pflag.
Drum gönn Dich ihnen. Spiel ihr Spiel.
Und außerdem: Du lernst da viel
Und kannst es dann im spätern Leben
An jüngre Herren weitergeben,
Denn wie es in der Staatskunst Brauch,
Ist's in der Kunst der Liebe auch:
Nur die schon ältere Person
Kennt und bewahrt die Tradition.
Und doch: warum, fragst Du mit Recht,

Macht man die alten Herrn so schlecht?
Man warnt vor ihnen und man tut,
Als saugten sie Jungmädchenblut,
Man macht bereits das Schulkind
  glauben,
Daß sie im Sturm die Unschuld rauben,
Sie, die doch Gott als Onkels schuf!
Woher kommt bloß ihr schlechter Ruf?

Sie haben ihn, höchst geckenhaft,
Aus Eitelkeit sich selbst verschafft,
Sie halten, subjektiv ganz ehrlich,
Sich selbst für sinnlich so gefährlich,
Daß die gesamte andre Welt
Sie gleichfalls für gefährlich hält.
(Zum Beispiel sieh Dir meinen Mann,
Ja, Deinen alten Opa an!
Ein kesser Blick ist unausbleiblich
Nach jedem Halbwuchs, falls er
  weiblich,
Er hält sich grad, er schwingt sein
  Stöckchen

Mein liebes Enkelkind Susanne,

So kühn wie sie ihr kurzes Röckchen,
Sein Lächeln spricht: »Die wär schon
  richtig,
Doch kenn' ich mich, und drum ver-
  zicht ich!«
Dann aber, milden Angesichts,
Sagt er mir tröstend: »Fürchte nichts!
Du weißt, daß mir als Mann und Christ
Die Ehe etwas Heiliges ist!«)

Nun ja. Ob Boy, ob Greis, ob Beau:
Sie sind mal so.
Sie tuen oft nicht, was sie sollten.
Sie können oft nicht, was sie wollten.
Doch fehlt's Dir selber an Talenten,
Wenn sie nicht wollen, falls sie
  könnten.
Bedenk, daß mir das nie geschah!
In diesem Sinn
          die Großmama

Du fürchtest also eine Panne,
Weil mancher Knabe, mancher Greis
Dich ernstlich zu gefährden weiß,
Und wehrst Du Dich, er tut es doch,
Der eine schon, der andre noch.
So wird der Knabe, sonst kaum
  schädlich,
Eventuell doch pubertätlich,
Und ältre Herrn mit Sex-Appeal
Erreichen ihren Jugendstil.
Beim Beau hingegen, oh, wie sündlich,
Da wird Dir manchmal selber
  schwindlig,
Denn unvermutet tritt die Kraft
Die Leidenschaft, die Leiden schafft –
Und mithin, wenn's gefährlich wird,
Und wenn sich eine Hand verirrt – –
Wo findet, fragst Du, diese Hand
Den vorgeschriebnen Widerstand?

Zunächst geb' ich Dir eines zu:
Wir hatten's besser als jetzt Du,
Indem zur Rettung aus Gefahr
Die Mode äußerst dienlich war.
Wir fühlten unsre Fischbeinkragen
Sanft würgend bis zur Kehle ragen,
Die Bluse selbst war voller Drehs,
Voll Rüschen, Falbeln und Plissees,
Und viele Häkchen voller Tücken,
Nicht etwa vorne, nein, im Rücken,
Die äußerst schwierig aufzuhakeln,
Erschwerten es, uns abzutakeln.
Dann, von der Taille bis zum Schuh,
War für Verehrer alles zu,
Zwar war da irgendwo das Knie,
Sie ahnten's, doch sie sahen's nie,
Der Blick von rückwärts und auf
    Treppen,
Der heut so reizvoll, fand nur
    Schleppen,
Kurz, vor'm gesamten Unterstock
War alles Rock.

Ich sage nicht, daß dies nur schockte.
Ich sage nicht, daß dies nicht lockte.
Sah mancher nur vom Schuh die Spitze,
Dann brachte ihn das schon in Hitze,
Und ging der Blick bis zu den
    Knöcheln,
Dann hörte man ihn beinah röcheln.
Doch folgte dann dem Blick die Hand –
Ach, sie geriet in Feindesland!
Auch wenn wir selbst durchaus bereit,
Wenn günstig die Gelegenheit,
Begann für die schon leicht Nervösen
Die Tantalidenqual der Ösen,
Begann sogar für kluge Köpfe
Der Sisyphuskomplex der Knöpfe!

Bereits der Schuh (den Knöchel
    deckend),
Ihn aufzunesteln, war erschreckend,

Das Strumpfband oberhalb der Waden
War hinderlich und kam zu Schaden,
Im Anschluß, am noch schönern
    Plätzchen,
Gab's wieder Knöpfe, Bund und
    Lätzchen,
Ein Labyrinth von Kunstverschlüssen
Lag vor den höheren Genüssen,
Und galt's dann, das Korsett zu lösen
Samt Eisenhaken, Eisenösen,
Und knackten sie die Panzersperre
Nach viel Gedrücke und Gezerre,
Und gab sie endlich, endlich nach
Mit dumpfem Krach –
Dann wollte es nicht mehr gelingen,
Die Festung gänzlich zu bezwingen,
Denn war die Festung auch nicht
    prüde –
Umsonst. Die Helden waren müde.
(Noch heut, nach einem Halbjahr-
    hundert,
Wird Opa drum von mir bewundert,
Und seine Leistung wird erst jetzt
Von mir so richtig eingeschätzt.)

Doch heutzutag? Ach Suse, Suse!
Kein Fischbeinkragen krönt die Bluse,
Statt Rüschen, Falbeln und Plissees
Trägt jeder Backfisch Dekolletés,
Die früher nur erlaubt für Damen,
Falls sie aus höheren Schichten kamen,
Das Stahlkorsett, dem sie entquollen
Und das sie schützte, ist verschollen
Und wich für Damen jeden Alters
Dem Pseudoschutz des Büstenhalters,
Der Wollstrumpf ward zum Seiden-
    söckchen,
Der lange Rock zum kurzen Röckchen,
Die strenge Hose ward zum Höschen,
Kein Knöpfchen stört, es hemmt kein
    Öschen – –
Weh, dreimal weh euch Enkelkindern!

Wie wollt ihr den Verehrer hindern,
Wonach er greifen will, zu greifen,
Wonach er streift, auch abzustreifen?
Sich wehren? Imponiert ihm nicht.
Ein Tränlein weinen? Rührt ihn nicht.
Mit Vater drohn? Wer fürchtet Väter!
Mit Pfarrern drohn? Er beichtet's –
    später.
Ins Antlitz spein? Gott, wie veraltet!
Was tut ihr nur, daß er erkaltet ...??
Kein Retter da?
              Es will mir scheinen:
In Deinem Alter gibt's noch einen!
Du kennst ihn nicht. Er kennt Dich
    nicht.
Nie sahst Du ihn von Angesicht.
Und dennoch: er, der Strafverfüger,
Der Feind der Gauner und Betrüger,
Der jeden greift und jeden haßt,
Der mal in fremde Taschen faßt,
Der stets bereit, die Jagd zu fördern
Nach Lust- und anderweit'gen
    Mördern,
Und das bei kärglichem Gehalt,
Mit einem Wort: der Staatsanwalt –
Er jagt, weil dazu angestellt,
Auch Männer, die Dich nicht um Geld,
Nein, die aus sinnlichem Vergnügen
Um Deine Unschuld Dich betrügen,
Die keinesfalls nach fremden Taschen,
Jedoch nach fremden Brüsten haschen,
Vor allem: er, der nie geschont
Die Mörder, welche lustbetont,
Er haßt und greift in gleicher Weise
Die allzu lustbetonten Greise,
Denn was auch ihrem Opfer droht,
Verführung oder Zucht der Not –
Falls minderjährig oder kindlich,
Ist es in seinem Schutz befindlich.
Hier, weil Jurist und somit sittlich,
Zeigt er sich meistens unerbittlich;
Wenn's ginge, träf sein Strafantrag

Selbst David (wegen Abisag):
Trotz oder wegen hohen Alters
Und trotz dem Milderungsgrund des
    Psalters
Und nur an ihr gerochen habend,
Verbrächte er den Lebensabend
Vereinsamt im Gefängnistrakt,
Denn schließlich: Abisag war nackt!

Doch andrerseits und bei Bedarf
Ist man auch gegen Jüngere scharf.
Zum Beispiel was dereinst geschah
Mit Romeo und Julia –
Der Fall käm heut nicht vor den
    Dichter,
Er käme vor den Jugendrichter
Als Unzucht zwischen zwar will-
    fährigen,
Doch einwandfrei noch Minder-
    jährigen,
Und beide büßten, statt im Grab,
Die Schuld in Zwangserziehung ab.
Es war darum, das zeigt sich schlüssig,
Das Trauerspiel ganz überflüssig:
Humaner, selbst der Laie sieht's,
Als der Poet ist die Justiz.

So kann man denn im ganzen sagen:
Juristen schaffen viel Behagen,
Weil sie nicht nur Gesetze geben
Fürs menschliche Zusammenleben,
Nein, auch exakte Paragraphen
Fürs menschliche Zusammenschlafen,
Was absolut in Ordnung geht,
Weil jenes erst durch dies entsteht.

Drum, Suse, mach Dir dies zunutz
Und stell Dich unter ihren Schutz!
Ich rate, wenn Du auf mich hörst:
Wird einer kühn, dann red nicht erst,
Dann zieh ein Photo rasch und bieder
Aus Täschchen, Röckchen oder Mieder,

Dies Photo stelle einen dar,
Der streng von Blick, schwarz von
    Talar
(Du kannst Dir's irgendwo entleihn,
Auch kann's ein Zeitungsausschnitt
    sein),
Und fragt dann er, vielleicht schon
    blaß:
»Wer ist denn das?« –
Dann sage lässig, aber kalt:
»Mein Onkel. Er ist Staatsanwalt.«

Die Wirkung war noch stets enorm.
Der Deine hält fortan auf Form,
Und ruhig wird es am B.H.
In diesem Sinn
                    die Großmama

Mein liebes Enkelkind Susannchen!

Der Phototrick vertrieb so manchen?
Er unterließ den Griff ans Mieder,
Doch leider kam er dann nicht wieder?
Nun fragst Du mich, ein wenig bange:
Wie hält man Männer bei der Stange?
Wie kann man Männer zwar ver-
    treiben,
Doch so, daß sie dann trotzdem
    bleiben,
Wie kann man ihren Wunsch ver-
    weigern
Und trotzdem ihre Wünsche steigern?
Wie weit gewährt man und riskiert,
Was sie an uns so intressiert,
Wie weit darf man sich des bedienen,
Was uns so intressiert an ihnen?
Tja, Evas alte Doppelfrage!
Und wenn ich nun die Antwort wage,
Fang ich beim zweiten Thema an:
Beim Mann.

Nicht daß er intressanter wär,
In dem Punkt gibt er nicht viel her
Und ist hierin trotz andern Thesen
Das weitaus primitivre Wesen.

Denn der Verstand, den wir durchs
    Lieben
Erst kriegen, aber dann auch üben,
Er setzt beim Mann, beim liebestollen,
Ganz plötzlich aus und bleibt ver-
    schollen –
Daher sein Haß auf kluge Frauen:
Sie stören ihn im Selbstvertrauen.
Und selbst wenn wir vom Geiste
    schweigen:
Was wär ihm sonst erotisch eigen?
Was soll uns schon ein Wadenpaar,
Das meist zu dünn und stets voll Haar,
Was Lippen, die zwar Küsse nippen,
Doch lieber ihre Schnäpse kippen,
Was Backen, die zum Schreck der Frau
Stets oben stopplig, rückwärts rauh?
So ist er, erogen genommen,
Beim Schöpfungsakt schlecht weg-
    gekommen,
Und sein erotisches Gefälle,
Es sammelt sich an *einer* Stelle,
In *einer* erogenen Zone –
Doch diese, sagt er, sei nicht ohne.

Ach, armes Stiefkind der Natur,
Daß dem so sei, das denkst du nur,
Selbst dieser Stolz, er wird zunichte
Beim Blick in jede Kunstgeschichte!
Betrachtet nur zu dem Behuf
Die Statuen, die einst Hellas schuf,
Das Land der Schönheit und der
    Plastik,
Der Kunst, des Eros, der Gymnastik,
Fragt jeden Galerieinspektor
Nach Zeus, Apoll, Achill und Hektor,
Nach allen Göttern, allen Helden,
Von denen seine Sagen melden –
Ach, ob Olympier oder Heros:
Die Stelle, die fürs Spiel des Eros
Allein geeignet und empfindlich,
Gerade sie ist stets fast kindlich

Hat's ignoriert und, kaum zu fassen,
Ganz schnöd und einfach weggelassen!
Wenn er beim Gotte das Bewußte
Zwar ändern, doch gestalten mußte,
Ward's hier zum künstlerischen
    Nichts,
Ja, zum Objekt des Kunstverzichts –
An diesem Punkt ist Aphrodite
Ästhetisch eine glatte Niete.
Und, Suse, sieh's in voller Klarheit:
So ist es ja. So ist die Wahrheit.
Stets bleibt dies Negativobjekt
Versteckt, auch wenn man's nicht
    verdeckt,
Trotz ziemlich gründlicher
    Erkundung
Hat's weder Form noch Eck noch
    Rundung;
Wenn's auf Gemälden, leicht geniert,
Auch noch ein Schattendasein führt,
Geduldet von der Kunstverwaltung,
Entbehrt's zur plastischen Gestaltung
Doch der Figur wie des Gewichts –
Und im Formate sehr gemildert,

Kurz: miniatürlich abgebildert,
Und das, obwohl wir viel erfuhren
Von den olympischen Amouren,
Zum Beispiel Zeus tat's zwar als
　　Schwan,
Doch auch als Stier, ja, als Orkan –
So wußte denn vor andern Plätzen
Der Grieche diesen Platz zu schätzen,
Er war ihm Lieblingsplatz, ja
　　Fetisch – –
Und doch fand er ihn nicht ästhetisch
Und griff bei der Versteinerung
Zum Kunstgriff der Verkleinerung
(Der Faun, bei dem es umgekehrt,
War schon halb Tier und nicht viel
　　wert).
Daran erkenne, liebe Suse:
Hier stockt der Künstler, schweigt die
　　Muse,
So stock und schweige denn auch Du
Und mach getrost die Augen zu:
Der Anblick ist, ich sag's Dir schonend,
Ästhetisch ganz und gar nicht lohnend.

Doch wenn die Form selbst bei Apoll
Hier auch nicht ist, wie sie sein soll,
So frage ich Dich andrerseits:
Ist Venus hier voll Formenreiz?
Wie hat die Schönste aller Frauen
Der Grieche einst in Stein gehauen?
Haar, Stirn und Auge, Mund und Nase
Versetzten ihn fast in Ekstase,
Auch Schultern, Arm und Busenrund
Berauschten ihn durchaus mit Grund,
Fuß, Schenkel, Hüfte, Knie und Rücken
Schuf er mit innigem Entzücken,
Besonders mit den Hinterwangen,
Da wußte er viel anzufangen –
Nur eines hat er nicht versteinert,
Hat's nicht verstärkt und nicht ver-
　　kleinert,
Kurzum, es ist tatsächlich – nichts.

Wenn drum ein Mann gegebnenfalles
Dies Nichts so sucht, als sei es alles,
Und sucht nur das, und sucht's so-
　　gleich –
Dann bleibe hart. Dann werd nicht
　　weich.
Wem's nur um Deine Seele geht –
Nun ja. Er ist vielleicht Poet.
Macht einem Deine Stimme heiß –
Vielleicht ein Musiker. Wer weiß.
Schätzt einer Deine Brust enorm –
Auch gut. Der Künstler liebt die Form.
Selbst wen es mehr nach rückwärts
　　triebe –
Er sucht doch Dich. Er sucht die Liebe.
Doch will er jenen Punkt berühren,
Will er nicht lieben. Nur verführen.
Für diese Art der Huldigung
Fehlt jegliche Entschuldigung.
Glaub ihm kein Wort. Glaub mir:
　　er bricht's.
Sein Lieben endet stets im – Nichts.

Hier zeugt nun, denkst Du sicherlich,
Urmutter Eva gegen mich:
Warum, wenn sie doch dort nichts
     hatte,
Verbarg sie's unterm Feigenblatte?
Nun, Suse, Eva war halt Frau.
Was schön war, bot sie stolz zur Schau,
Die Beine wußte sie zu zeigen,
Vom vollen Busen ganz zu schweigen,
Wo irgend Form war, blieb sie nackt –
Nur diese Stelle ward verpackt,
Und Adam, wie der Mann schon ist,
Schloß just aus dieser kleinen List,
Daß (ein höchst maskuliner Schluß!),
Was zweckvoll ist, auch schön sein
     muß.
Und nun bedenke und betrachte,
Wie Evas Einfall Schule machte!
Sowohl Reklame wie auch Mode
Beruhn auf ihrer Grundmethode,
Was man versteckt, reizt jedermann,
Was man bedeckt, da ist was dran,

Erst die Verpackung schafft die Mythe,
Sei's schickes Kleid, sei's bunte Tüte,
Und je bescheidener die Füllung,
Um so gekonnter die Umhüllung.
Was für den Kaufmann die Reklame,
Das ist die Mode für die Dame,
Und die, zwecks männlicher Erhitzung,
Leiht nur den Kurven Unterstützung,
Zeigt Busen, Schultern oder Knie –
Das Ziel der Kurven aber nie!

Drum zeig auch Du den Sex-Appeal
Nur an den Kurven, nicht am Ziel!
Nun, wie ich gern bescheinige:
Du hast ja deren einige,
Und jedem Manne, der begehrlich,
Ist, was da rund ist, unentbehrlich,
Ja vollends, wenn er *sehr* gesund,
Entzückt ihn jedes Doppelrund.
Wer zählt die Dichter, die besangen
Das holde Doppelrund der Wangen,
Dazu das stets so heiß begrüßte,
Begehrte Doppelrund der Büste,
Ja selbst das Doppelrund der Knie,
Die doch meist spitz, besangen sie –
Nur eines wurde nie besungen,
Obwohl's besonders hold
     geschwungen,
Obwohl die Dichter, die's vergaßen,
Bei ihrem Dichten doch drauf saßen –
Weshalb denn ich hier kurz verweile
Beim treusten aller Körperteile!

Wie ward er immer unterschätzt,
Der frühste Freund aus Kindertagen!
Ihm ward der erste Schlag versetzt,
Er hat den ersten Schmerz ertragen –
Und doch: sein wohlgelungnes Rund,
Nie hielt man es dem Licht entgegen,
Er blieb im feuchten Untergrund,
Und einen Kuß von Mutters Mund
Bekam er nur beim Trockenlegen.

Hat sie auch eine Furche nur,
So bringt sie dennoch reiche Ernte.
Und ist ihr Umfang minimal,
Zwei Hügel bloß und bloß zwei
    Grübchen –
Auch in der Liebe Gastlokal
Zecht nur die Plebs im großen Saal,
Der Kenner schätzt das Hinter-
    stübchen!

Hier mag die Feder vorerst ruhn.
Du hast zunächst genug zu tun,
An maskulinen Gegenständen
Der Oma Lehren anzuwenden.
Sei klug. Vergiß sie nicht.
             Indessen
Bei Einem wirst Du sie vergessen,
Sie werden sein wie nie geschrieben –
Den wirst Du mit dem Herzen lieben.
Wenn's soweit ist, gib mir Bericht –
Nur, Suse, übereil es nicht!

Denn Herzen sind zwar unbestechlich,
Doch andrerseits auch höchst zer-
    brechlich,
So daß sich größte Vorsicht lohnt,
Bis einer kommt, der Herzen schont.
Darum begnüge Dich einstweilen
Mit weniger heiklen Körperteilen.
Der Teil, der so viel für uns duldet,
Und dem man Dank und Achtung
    schuldet,
Bewege ihn, verleih ihm Schwung,
Das gibt ihm Kraft, das hält ihn jung!
(Als er mich heut im Bad erblickt,
War sogar Großpapa entzückt
Und sagte mir – –)
            Indessen nein,
Großmütter soll'n nicht eitel sein,
Und was er sah – Du ahnst es ja!
In diesem Sinn
           die Großmama

Was man an Streichen dann erfand,
Er büßte es in stiller Schwäche:
Für Vaterhand wie Lehrerstand
War er nichts als Erziehungsfläche,
Das Antlitz, frei zum Licht gewandt,
Es blühte auf wie eine Rose,
Und speziell am Badestrand
Blieb fast der ganze Leib vakant –
Nur er blieb immer in der Hose.

Man sitzt und rutscht auf ihm herum,
Der doch die Zierde aller Frauen –
Er rächt sich nicht, er duldet stumm,
Er denkt nicht dran, sich aufzurauhen,
Hormon- und Nightcream sah er nie
Und hat sich dennoch jung erhalten,
Brust, Antlitz, Leib, wie altern sie!
Nur er, voll Kraft und Energie,
Hat (außer einer) keine Falten.

Er ist die sanfte Ackerflur,
Auf der Gott Amor pflügen lernte:

Mein liebes Enkelkind Susette —

So nennt Dich der, der Dich gern hätte,
Weshalb, so ist es Dein Beschluß,
Dich jedermann so nennen muß.
Nun, Pfarrer, welche Mädchen taufen,
Sind es gewöhnt, Gefahr zu laufen,
Daß späterhin gewisse Männer,
Die theologisch keine Kenner
Und fern den Heiligenkalendern,
Die Namen der Geliebten ändern.
Und wirklich: süß beim Boogie-Woogie
Klingt Mausi, Hasi, Baby, Schnucki,
Und zweifellos klingt auch Susettchen
Direkt pariserisch nach Bettchen,
Und freilich ist's dort warm und gut —
Bedenke nur, eh man das tut,
Da opfern wirklich kluge Damen
Zum Vor- noch den Familiennamen!
Manch Fräulein Putzi Meier litt
Ja schon durch Umgang mit Herrn
  Schmidt
Und fühlte sich bedeutend freier
Als Frau P. Schmidt geborne Meier.
In *dem* Sinn grüß ich Deinen Horst,
Dem Du ja schon die Treue schworst,
Und wünsche ihm wie Dir, Susette,
Legalen Weg zu Tisch und Bette.

Du freilich schreibst, daß, was legal ist,
Dir wie auch Horst total egal ist
Und hältst, damit auch ich was lerne,
Mir Vortrag über die Moderne.
Das Drama Liebe, machst Du klar,
Ist nicht mehr das, was es einst war,
Man spielt es in der Gegenwart
Nicht auf die klassisch-schwere Art.
Das Weib, das sich verweigern muß
Bis hin zum Akt- und Eheschluß,
Der Aufbau, der einst so gepackt:
Fünf Akte ohne einen Akt,
Kurz, die Dramatik à la Schiller

Ist heut nicht Schnulze und nicht
  Knüller,
Im Gegenteil, solch Weib wirkt niedrig,
Berechnend und fast sittenwidrig.
Heut beut die Heldin ihren Schoß
Berechnungs- und bedingungslos,
Und sollten sich selbst Folgen zeigen,
So hüllt der Held sich nicht in
  Schweigen,
Nein, er, der diesfalls einst gekniffen,
Er zeigt sich heut zutiefst ergriffen
Und führt, wenn auch nach Tag und
  Jahr,
Sie, die ihm so ergeben war,
Zu Standesamt und Kirchentreppe,
Und sieh, wer trägt des Brautkleids
  Schleppe?
Nicht fremde, nein, die eignen Kinder —
Ein Schlußbild, rührend und gesünder.

So meinst auch Du: genug geprobt!
Jetzt aufgeführt und ausgetobt!
Denn wo sind schließlich die Gefahren,
Die einst damit verbunden waren?
Der Vater zwar erklärt verstohlen:
»Ein Jüngling kann sich leicht was
  holen,
Was er dann, unbewußt vielleicht,
Von andern an dich weiterreicht«;
Die Mutter flüstert unter Beben:
»So manche litt daran fürs Leben«;
Der Pfarrer selbst spricht ernstumflort:
»Gerade hierbei gilt das Wort
Vom Fluche, der sich weiterzieht
Ins dritte, ja ins vierte Glied« –
Und nur der Onkel Doktor spricht:
»Mein Kind, so schlimm ist's wieder
  nicht,
Die Wissenschaft hat hier vielleicht
Ihr allerschönstes Ziel erreicht,
Und wenn's geschieht, so tröste dich:
Die Wissenschaft erlöste dich!«
Und, liebe Suse, er hat recht:
Ihr seid ein glückliches Geschlecht.
Man warf in Hautfachärztekreisen
Den alten Fluch zum alten Eisen,
Was man einst jahrelang getragen,
Das heilt man jetzt in ein paar Tagen,
Und wenn's den Arzt auch heimlich
  kränkt,
Daß dies die Honorare senkt,
Bleibt ihm als Ausgleich und Ent-
  sprechung
Doch mancher Fall von Leistungs-
  schwächung
Samt Freudschen Sexualneurosen,
Um sich daran gesundzustoßen.

Und nun bedenke, muß ich bitten:
Wie hat die Menschheit einst gelitten!
Zwar lobe ich mir insoweit
Des Mittelalters dunkle Zeit,

Da man das körperliche Lieben
Ganz ohne jede Angst betrieben,
Da, was sich liebte, sich auch neckte –
Bis man Amerika entdeckte,
Was, wie wir leider heut erst wissen,
Man hätte unterlassen müssen:
Von dort, in ganzen Serien,
Erschienen die Bakterien.
Jetzt ging's den Liebenden ans Leder,
Es schlossen die Familienbäder,
Allwo sich in Gemeinschaftswannen
So zarte, nackte Bande spannen,
Denn bei erotischen Idyllen
Wirkt nichts so störend wie Bazillen –
Ob ihrer Unerbittlichkeit
Entschloß man sich zur Sittlichkeit.
Denn ach, es ließ sich nicht vermeiden:
Die, wie es hieß, diskreten Leiden,
Sie wurden meistens augenscheinlich,
Und das war peinlich.
(Stell Dir nur Deinen Opa vor:
Er sang Tenor im Männerchor
Und fuhr mit dem Gesangverein
Zum Bundesfest nach Köln am Rhein.
Doch kam er von der Dampferreise
Sehr still zurück und sagte leise,
Er habe sich, weil kühl der Mai,
Erkältet bei der Lorelei;
Er wolle meinen Schlaf nicht stören,
Ich könnte ja sein Husten hören –
So schlief er, rücksichtsvoll wie immer,
Acht Wochen lang im Fremdenzimmer
Und mied sogar den Alkohol –
Der täte ihm jetzt auch nicht wohl.
Ich war voll Güte und behaupte,
Er glaubt noch heut, daß ich ihm
  glaubte;
Doch ach! Als des Vereines Damen
Zum Kaffeeklatsch zusammenkamen,
Da wußte man's bald überall:
Dein Opa war kein Einzelfall,
Erkältet hatten sich, ich schwöre,

Neun Bässe sowie zwölf Tenöre,
Die Hälfte vom Gesangverein
Schlief just acht Wochen lang allein.
Und wenn sie dann, als das vergangen,
Das Mädchen ach so wunderbar
Mit güldnem Kamm und güldnem
    Haar,
Die schöne Lorelei besangen,
Dies Mädchen aus uralten Zeiten –
Dann wußten wir, was soll's bedeuten,
Daß sie, die doch den Rhein befahren,
Dabei so ehrlich traurig waren.)
So war's. Doch wenn man heute hört,
Die Menschheit sei von Angst verstört,
Vorm eignen Fortschritt sei ihr mies –
Dann lächle still und denke dies:
Politisch zur Verschlimmerung
Führt die Atomzertrümmerung,
Doch die Zertrümmerung der Mikroben
Im Sektor Liebe ist zu loben.
Und wenn der Moralist noch spricht
Von ewigem Fluch und Strafgericht –
Jetzt fällt das aus, jetzt strahlt der
    Himmel

Auf Sündenmaid und Sündenlümmel,
Und mag man nukleare Waffen
Nun schmutzig oder sauber schaffen,
Der Liebe Waffen sind zur Zeit
Entschärft und voller Sauberkeit
Und bei Verwendung äußerst
    praktisch,
Sei sie strategisch oder taktisch.
Und doch: geht in euch und bedenkt:
Ward euch ein Strafgericht geschenkt,
Das uns beim Lieben einst beklemmt,
So seid ihr doch nicht ganz enthemmt,
Denn sei die Liebe noch so frei,
Ein Risiko bleibt stets dabei:
Wo zwei sich lieben hier auf Erden,
Da können immer drei draus werden!

Gewiß, Du lächelst und Du meinst,
Der Mann ist heute nicht wie einst,
Er zeigt sich technisch aufgeklärt,
Er weiß genau, wie man verfährt,
Er sieht sich vor in Gras und Bette,
Weil er ja sonst das Nachsehn hätte,
Er nimmt kein Risiko in Kauf,
Und kurz und gut: er paßt schon auf.

Ich gebe zu, daß es das gibt,
Doch kaum, wenn er Dich wirklich
    liebt.
Natürlich würde es sich lohnen,
Dann wenn's drauf ankommt, Dich zu
    schonen –
Jedoch bedarf's zu diesem Werke
Ganz ungemeiner Willensstärke,
Die, weil er jung und liebestoll,
Nicht so parat ist, wie sie soll.
Denn überhaupt: es mag im Leben
So was wie Willensfreiheit geben,
Doch in des Lebens schönsten Stunden
Wird sie entschieden unterbunden.
Und spricht er auch, vom Rausch
    erwacht,

Wie Kaiser Wilhelm nach der Schlacht,
Indessen Deine Träne rollt:
»Bei Gott, das hab' ich nicht gewollt!« –
Es ist zu spät, es gilt die Lehre
Fürs Feld der Liebe wie der Ehre:
Verließ die Kugel erst den Lauf,
Hält sie kein Kaiser Wilhelm auf.
Drum traue Du dem Deinen nicht,
Auch wenn er Dir von Schonung
    spricht,
Nein, wenn Du klug bist, hindre diesen
Am besten überhaupt am Schießen!
Heut ist ja alle Welt so weit,
Sie schreit nach nichts als Sicherheit,
Statt miteinander anzubandeln,
Verläßt man sich auf das Verhandeln.
So zieh ihn frei-fromm-fröhlich-frisch
Vom Bette zum Verhandlungstisch,
Erklär ihm frisch-fromm-fröhlich-frei,
Wie reizend das auf Dauer sei,
Dann biet ihm frei-frisch-fröhlich-
    fromm
Als Gattin herzlichen Willkomm
Und sag ihm frisch-fromm-frei und
    fröhlich:
»Jetzt darfst du, denn jetzt ist es
    ehlich!«
Du siehst, hier bleibt die Oma hart
Trotz der modernen Gegenwart.
Der echte Mann geht drauf wie Blücher,
Die echte Frau auf Nummer Sicher.
Denn wenn der Mann stets teuer fand
Den schon benutzten Gegenstand,
So zahlt er für den neuen willig,
Was Du verlangst – drum sei nicht
    billig.
Und will Dir das berechnend
    scheinen –
Bedenke, Du hast nur den einen!
Ich hoffe doch, er ist noch da ...??
In diesem Sinn
                    die Großmama

Ach liebe, arme, ganz konfuse
Susann, Susette oder Suse – –

Dein Eilbrief kam. Sehr schlimm. Indes
Ich ahnte es. Mir schwante es.
Ich bin nicht bös. Nur wüßt' ich gerne:
Wo bleibt die Heldin der Moderne?
Das alte tragische Theater,
Die Angst vor Mutter und vor Vater,
Die Angst vorm Kind, Du kannst nicht
    mehr,
Sechs Wochen ist es auch schon her,
Und Onkel Doktor hat gesprochen:
»Ich denke so in dreißig Wochen,
Wofern der Himmel nicht bereit ist,
Hier einzugreifen, wenn's noch Zeit
    ist!« –
Ach, armes Kind, ich sag's Dir ehrlich:
Der Eingriff ist zwar ungefährlich
Und selbst vom Strafgesetz erlaubt,
Nur kommt er seltner, als man glaubt.
So rechne denn als kluge Maid,
Statt mit dem Himmel mit der Zeit.

Du meinst, in einem Vierteljahr,
Da sei's noch Zeit zum Traualtar –
Doch kennt die Menschheit, hier nicht
    blind,
Kein Fünf- und kein Dreimonatskind,
Sie flüstert hämisch unter sich:
»Das zeugten die vorehelich!«
Hingegen schuf sie, hier sehr lieb,
Den Siebenmonatskindertyp
Und redet sich mit Eifer ein:
»Das *kann* noch von der Brautnacht
    sein!«
Wer wollte diesen Typ nicht nützen?
Wer wollte die Moral nicht stützen?
Und weil's schon vor sechs Wochen
    war,
So mache Dir das eine klar:
Schon in zwei Wochen oder dreien,
Sei's wie es sei, muß er Dich freien!
Nun schreibst Du zwar, Du weißt
    bestimmt,

Daß er Dich nimmt.
Nur eines weißt Du nicht und fragst:
Wie Du's ihm sagst.
Oh höre, was die Oma spricht,
Und sag's ihm nicht!!!

Zwar tätest Du's – er bliebe Dein.
Ein Mann tritt für sein Mädchen ein,
Indem er es, in Treue fest,
Nicht sitzen läßt.
Nur wird er, wenn Du ihm gesagt,
Wonach kein Mann von sich aus fragt,
Kopfschüttelnd sprechen und
    beklommen:
»Ich hab' mich doch in acht
    genommen!?«
(Betonung deutlich auf dem »Ich«.)
Nur fragt er später sicherlich
Zerstreut und scheinbar nebenbei:
»Wann war denn das? So Mitte Mai,
Als du sowie dein Vetter Kurt
Gemeinsam in das Grüne fuhrt,
Und das bei reichlich schlechtem
    Wetter?!«
(Betonung deutlich auf dem »Vetter«.)
Indessen dann, ganz Kavalier:
»Natürlich, Kind, vertrau ich dir!«,
Und endlich gnädig: »Weine nicht!
Gottlob, ich kenne meine Pflicht!«
Und wenn er Dich auch noch so
    schätzte –
Dies Pflichtbewußtsein ist das letzte!
Denn ach, wie wohl tut es dem Mann,
Wenn er sich ständig sagen kann,
Daß er die Freiheit seiner Jugend
Geopfert hat aus Pflicht und Tugend!
Wie baut er eifrig an der Mythe
Von Mannesstolz und Mannesgüte!
Er sagt's sogar nach Mannesbrauch
Nicht nur sich selbst, er sagt Dir's auch,
Wenn Krach am Ehehimmel droht,
Dann schmiert er Dir's aufs Butterbrot,

Ist Ultimo der Beutel leer,
Dann zählt er seine Freunde her,
Die, sagt er, wurden erst zu Gatten,
Nachdem sie Geld und Stellung
    hatten,
Um nicht zu reden von den Fällen
Der göttlich freien Junggesellen –
Und schweigt er selbst, korrekt und
    zart,
Es ist ein Schweigen eigner Art,
Daß Du's erschaudernd spüren mußt:
»Sei dankbar. *Ich* war pflichtbewußt.«

Kurz, Dir verzeiht's kein Mann und
    Christ,
Daß er zu Dir so edel ist.
Gib einem Geizhals Dich fürs Leben –
Es ist zwar schlimm, doch kann sich's
    geben.
Du kannst auch den Verschwender
    nehmen –
Sei sparsam, und Du wirst ihn zähmen.
Nimm Defraudanten, nimm Betrüger,
Sie werden älter und drum klüger,
Sie wissen bald legal zu stehlen
Und werden zur Finanzwelt zählen.
Selbst falls man Casanovas ehlicht –
Was tut es? Auch Potenz beseligt.
Gefährlich ist's, den Leu zu wecken,
Verderblich ist des Tigers Zahn,
Jedoch der schrecklichste der Schrecken,
Das ist der Mensch im Goethewahn,

Der edel ist, hilfreich und gut,
Weil er sich so damit betut;
Hingegen die ein bißchen Bösen
Sind meist ganz angenehm gewesen.
Drum sag ihm nichts, drum mach ihn
    nicht
Zum Märtyrer der Mannespflicht!
Nein, ihn laß hängen, ihn laß drängen,
Denn drängst Du ihn, läßt er Dich
    hängen,
Nein, laß Dir erst nach vielen Mühen
Das Jawort aus der Nase ziehen,
Nein, sprich, wenn Du sein Sehnen
    stillst:
»Na schön, doch bloß, weil du es
    willst!« –
Dann sagt er's stolz der ganzen Stadt,
Wie schwer er Dich errungen hat!
Und kommt das Kind im siebten Mond,
Dann wirst Du sehn, es hat gelohnt,
Vorausgesetzt, daß er nichts ahnt
Und daß ihm nichts vom neunten
    schwant.
Denn was der Mann, so lang er frei,
Im Freien treibt und nebenbei,
Gleich Säuger, Vogel, Fisch und Molch,
Nur diese mit weit mehr Erfolg,
Wovon er später sagt und trübe:
»Für fünf Minuten Nächstenliebe,
Wo man nicht richtig bei sich war,
Zahlt man nun volle sechzehn Jahr,
Zahlt volle sechzig Mark im Monat

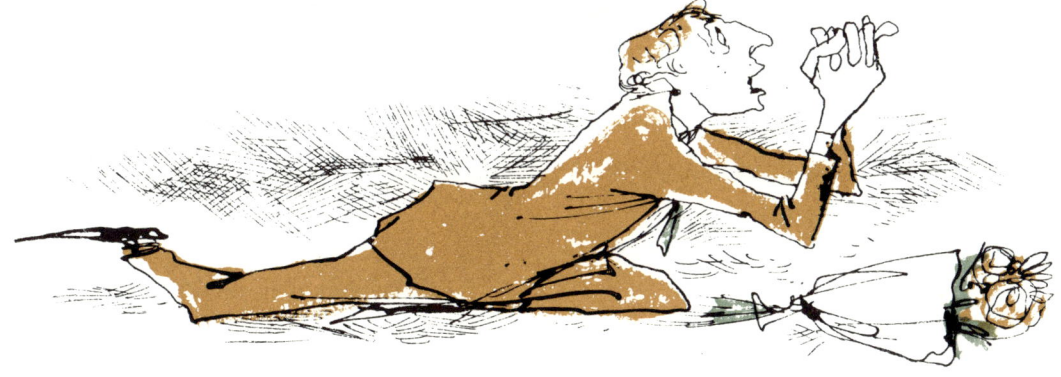

Nur weil ein Mädchen einen Sohn hat,
Von dem sie sagt, auch meiner sei's,
Doch, ob sie's wirklich weiß – wer
    weiß?« –

Dies leichte Spiel des ledigen Mannes,
Das jeder spielt, denn jeder kann es,
Erfährt im Ehbett die Verwandlung
Zu männlich-schöpferischer Handlung:
Nur seine ungemeine Kraft,
So glaubt der Gatte, hat's geschafft,
Dem Weib, mit dem es ihm gelang,
Gebührt sein lebenslanger Dank,
Mit Blumen wird das Bett geziert,
Drin sie den jungen Gott gebiert,
Und für dies kleine Ungeheuer
Ist ihm für ewig nichts zu teuer,
Es kostet, noch darob bewundert,
Pro Mond statt sechzig ein paar
    hundert,
Vor Wonne stumm, vor Stolz ganz
    dumm
Zeigt er's im ganzen Städtchen rum,
Auch Du, weil's ehelich geschah,
Stehst jäh als Tugendgöttin da,
Denn daß nur er das Werk
    vollbracht –
Da kommt kein Zweifel in Betracht!
So weiß denn jeder Ehemann
Just das, was er nicht wissen kann,
Und hierin liegt, soviel ich sehe,
Der Unsinn – und der Sinn der Ehe.

Und nun noch, Suse, knapp gefaßt,
Wie Du es anzupacken hast.
Du sagst ihm (Schluchzer in der
    Brust!),
Daß Du sofort verreisen mußt,
Weil Mutter seine Briefe fand,
Und darin stand doch allerhand,
Und junge mittellose Herrn
Hat kein betuchter Vater gern,

356

Und leider ist ein Onkel da
(Am besten wohl in USA),
Und dann (hier bitte ein paar Tränen!)
Wär noch ein Vetter zu erwähnen,
Der gilt als prächtige Partie,
Natürlich, nein, den nimmst Du nie,
Doch andrerseits, wie Eltern sind,
Sie wollen's, und Du bist ihr Kind,
Du mußt gehorchen, Kindespflicht,
Und wie Du's trägst, Du weißt's noch
    nicht
(Jetzt wär ein Weinkrampf ange-
    messen),
Und nie, nein, nie wirst Du's vergessen,
Wie schön die Stunden mit ihm
    waren – –
Und in drei Wochen mußt Du fahren.

Hier, wette ich, spricht er gewandt:
»So löse dich von Vaters Hand,
So wage es, auf mich zu bauen,
Und laß dich heimlich mit mir trauen!«
Jetzt lächle weh und hintergründig:
Du seist ja leider noch nicht mündig,
Drum tue Vaters Hand noch not
Zur Unterschrift beim Aufgebot.

Und nun sagt er und atmet auf
(Und sagt er's nicht, so bring ihn
    drauf):
»Ich hab's! Wir sagen's unumwunden,
Was zwischen uns schon stattgefunden:
Des Vaters Nein ist schnell beseitigt,
Falls eine Liebe Folgen zeitigt!«
Nun stotterst Du, ganz süße Kleine:
»Ach Horst, sie zeitigte doch keine!«
Und spricht er listig-kühn: »Gottlob! –
Doch kann man ja so tun, als ob!« –
Dann schrei ihn an, Stolz in den Zügen:
Du kannst nicht und Du willst nicht
    lügen,
Und Deine Eltern zu erpressen,

So weit wirst Du Dich nie vergessen!
Kurzum, Du machst ein Weilchen
    Krach,
Und peu à peu gibst Du dann nach,
Und zeigst, wie schwer er Dich besiegt,
Wie mühsam er Dich rumgekriegt,
Denn was Du tust, tut ihm nur gut,
Sofern er glaubt, daß er es tut.
Sprich auch, nach Deinem leisen Ja,
Gerührt von mir, der Großmama,
Erzähl ihm, wie Du auf mich baust,
Ich Dir vertrau, Du mir vertraust,
Mir, aller Omas Preis und Zier –
Und dann? Dann brennt ihr
                       durch. Zu mir.
Denn Deine Eltern einzuweihn –
Das laßt nur meine Sache sein!
Der Tochter Fall ist leicht bereinigt,
Wenn man dem Elternpaar bescheinigt,
Daß es, bevor's zur Ehe kam,
Einst gleichfalls einen Vorschuß
    nahm –
Fast jede Eheschlußerklärung
Erfolgt erst nach Kreditgewährung.
Nun gut: ich liefre die Bescheinigung
Und rechne fest auf schnelle Einigung.

So naht das Stück sich einem Schluß,
Den Schiller selbst bewundern muß:
Der Held, wenn auch leicht angelogen,
Wird doch nicht um den Sieg betrogen,
Drum war's moralisches Theater,
Denn schließlich *ist* er ja der Vater,
Und glücklich preise ich den Mann,
Der dieses von sich sagen kann!
Zu Eurer Hochzeit bin ich da.
In diesem Sinn
                die Großmama

Man hört es doch mit viel Genuß,
Es zeugt doch von des Vaters Kraft
und ist für diesen schmeichelhaft,
Und überdies weiß jeder Christ,
Daß sieben eine Glückszahl ist!
Drum halt Dich still, denn Deine
      Sorgen,
Sie enden bald, vielleicht schon
      morgen!
Schon seit des Ehebetts Erfindung
Folgt der Verbindung die Entbindung,
Denn erst die letztere bestätigt,
Daß man sich mit Erfolg betätigt,
Sie ist der Wert- und Stärkemesser,
Und kommt sie früher – um so besser!
In diesem Sinne halt Dich stramm – –
Es schellt!
            Hurrah! Das Telegramm!

Mein lieber Horst,

nur Ruhe, Ruhe!
Nur kein hysterisches Getue!
Du suchst, entnahm ich Deinem
      Schreiben,
Im Schnaps Betäubung. Laß das
      bleiben.
Und frag nicht alle Ärzte aus,
Du störst das ganze Krankenhaus.
Die sieben Monat sind kein Grund,
Susette ist doch kerngesund
Und meines Wissens gut bei Futter,
Und sie sowohl wie ihre Mutter
Ersparten sich einst auch acht Wochen,
Der alte Brauch wird nicht gebrochen,
Das ist Familientradition,
Und trotzdem, lieber Schwiegersohn,
Kommt jedes Kind so vollgewichtig
(Besonders wenn der Vater tüchtig),
Daß jeder meint, die Prachtgestalt
sei mindestens neun Monat alt.
Und ist das auch ein falscher Schluß,

Na also! Ahnt' ich's doch mit Grund:
Trotz sieben Monat sieben Pfund.
Der Arzt, der Euch dies Kind gebracht
      hat –
Ich hör's direkt, wie der gelacht hat!
Auch ich darf lachen, meine ich –
Doch, Suse, plötzlich weine ich,
Aus Rührung – und, daß Ihr's nur
      wißt,
Aus Stolz, weil es ein Mädchen ist!

Zwar meinen viele, daß die Knaben
Den unbedingten Vorzug haben,
Weil sie die Fähigkeit entfalten,
Den vielgerühmten Stamm zu halten.
Du liebe Zeit! Im großen ganzen
Verstehn sie's zwar, den Stamm zu
      pflanzen,
Doch daß er wächst und daß er hält,
Dazu gibt's Frauen auf der Welt.
Denn recht gesehn und recht bedacht:
Den Stammbaum pflanzt man meist
      bei Nacht,

Weshalb er sich ganz logisch dann
Auch nur bei Nacht entwickeln kann.
Wer pflegt nun dieses Nachtgewächs
Mit Eifer, Zärtlichkeit und Sex?
Wer weiß ihn kunstreich zu begießen,
Läßt Sekt und notfalls Tränen fließen
Und reizt den oft zu oft Bemühten
Dadurch zum Treiben weiterer Blüten?
Wer hat sogar, falls er vermorscht,
Des Okulierens Kunst erforscht
Und ihm, ganz ohne daß er's spürt,
Manch fremdes Reis aufokuliert,
Denn mag's von andern Stämmen
 stammen,
Den Stammbaum hält's ja doch zu-
 sammen?
Wir Frauen sind's, weil wir von Ehen,
Von Nacht und Liebe mehr verstehen,
Und ohne diese Liebe bliebe
Der schönste Stammbaum ohne Triebe.

Und darum, Suse, gratulier ich!
Ein Sohn ist auch nicht weiter
 schwierig,
Der kommt in Kürze sowieso –
Doch heute jubelt und seid froh!
Glaubt einer Frau in meinem Alter:
Erfreulich ist der Stammerhalter,
Doch der weit höhere Gewinn,
Das ist die Stammerhalter*in*,
Und Gott sei Dank, die habt Ihr ja!
In diesem Sinn

Urgroßmama

Es ist nichts so blöd gesponnen,
Es wird doch von vorn begonnen!

erwandtschaft« heißt jiddisch »Mischpoche«, und die klugen Juden haben das noch klügere Wort: »Mischpoche ist gut, aber bös muß man mit ihr sein!« Fragt dann ein des Jiddischen Unkundiger: »Was ist denn Mischpoche, ist das was zum Essen?«, dann lautet die Antwort: »Nein, zum Kotzen!« Nun, und die beiden Größten unter den großen Vier, der gute Franz und der gute Alexander, waren den ganzen langen Wiener Kongreß über von nichts umgeben als von Mischpoche – und konnten sich nicht einmal leisten, bös mit ihr zu sein.

Jeder von beiden war mit einem guten Dutzend deutscher Fürsten verschwägert oder verschwiegervatert, und jeder dieser Schwäger und Schwiegersöhne wollte natürlich nicht nur nichts hergeben, sondern noch was dazubekommen, nach dem Motto: »Wer nichts erheirat' und nichts ererbt, der bleibt ein arms Luder, bis daß er sterbt.« Unter solchen Umständen war an eine Herstellung der deutschen Einheit, die Beseitigung auch nur eines der winzigen Staaten nicht zu denken; das hätte die Benachteiligung der Töchter und Schwestern, die Familienkatastrophe, den Familienkrach bedeutet. Und ein gelernter und gebrannter Familienvater scheut dies Feuer. Zar Alexander war offen genug, das dem Reichsfreiherrn vom Stein zu sagen: »Die deutschen Kleinstaaten müssen bleiben, denn wo soll ich sonst die passenden Partien für meine Großfürsten und Großfürstinnen herbekommen? Ich benötige Deutschland als russisches Gestüt!«

Nur eben der arme Onkel August mit seiner einen häßlichen Tochter konnte zu diesem Gestüt weder Hengst noch Stute beitragen und war mit niemandem verbandelt. Das war der englische Regent zwar auch nicht; aber der hatte mit seiner eigenen Ehe genug zu tun und war desinteressiert. Als man ihm später die Nachricht von Wellingtons Sieg bei Waterloo überbrachte, quittierte er nur mit dem Seufzer: »Was Wellington, was Waterloo! Sagt mir lieber, wie ich meine Frau loswerden kann!«

Blieb der vierte im Bunde, der Preußenkönig – als trauernder Witwer ebenfalls ein Außenseiter der Wiener Mischpochologie. Aber selbst er hatte sich im lüsternen Wiener Klima verliebt, und zwar in die bildschöne Gräfin Zichy. Zwar hatte die Arme nichts davon: ihre Tête-à-têtes bestanden darin, daß sie von ihm das preußische Exerzierreglement und die Geheimnisse der preußischen Rangabzeichen erlernen mußte, wofür sie sich mit frommen Liedern revanchierte, die wiederum der König lernte. So sah man das merkwürdige Paar denn ganze Abende lang »im traulichen, aber finsteren Beieinander«. Immerhin hinderte ihn die Liaison, sich ums Politische zu kümmern, das ihn sowieso nicht interessierte; er überließ es seinem Kabinett, und das, wie gesagt, wollte Onkel August ab- und Sachsen besetzen.

Einstweilen hatten es die Russen besetzt, und obwohl man sie ringsum als Barbaren beschimpfte, verstanden sie es auf die Dauer mit den Sachsen und insbesondere mit den schönen Sächsinnen recht gut: die pflückten sie fleißig und ohne große Mühe von den Bäumen, auf denen sie bekanntlich wachsen. Über ihre Männer aber ließen sie dafür einen Orden- und Titelregen niedergehen, und dem Volke öffneten sie den bisher dem Adel vorbehaltenen Brühlschen Garten: ganz Dresden wurde damals russophil. Außerdem blieb es frankophil: Napoleon hatte als erster dafür gesorgt, daß die sächsische Infanterie wenigstens Mäntel bekam, bis dahin hatte sie im Winter gefroren; und Napoleon hatte den Sachsen eine Lehre darüber erteilt, wie sich ein leidlich listiges Volk in Besatzungszeiten zu verhalten hat: »Entweder muß man den Mut haben, auf alle Annehmlichkeiten des Lebens zu verzichten, alles entbehren zu können, was angenehm und bequem ist, das Leben selbst hinzugeben, mit einem Worte seine Meinung mit seinem Blute zu besiegeln. Oder aber man hat diesen Mut nicht: dann tut man besser, sich um nichts zu bekümmern und die Welt ihren Gang gehen zu lassen.« Diese Ansicht ist, meine ich, des Nachdenkens noch immer wert, wenn auch vielleicht nicht der Zustimmung. Die Sachsen aber haben sie beherzigt.

Sicher ist, daß die Preußen, die dann Besatzungsmacht wurden, das Besatzungsgeschäft nicht so gut verstanden wie Franzosen und Russen. Mit preußischer Adelsarroganz bezeichneten sie gleich das ganze sächsische Volk als »eitel, leichtsinnig und *nur* höflich (sic!)«, und selbst der preußische Gesandte mußte nach wenigen Monaten des raffinierten Sich-unbeliebt-Machens feststellen: »Preußisch werden die Sachsen nie werden, das ist ihnen per Idiosynkrasie zuwider – wie manchen Menschen das Rückwärtsfahren.« Auslandspsychologie war nie Preußens starke Seite. Und so hatte es Onkel August nur den Preußen zu verdanken, daß ihn sein Volk mit heißer Liebe zurückzuersehnen begann.

Nun war die Meinung der Völker zwar noch nie ein politischer Faktor; man machte sich nichts daraus, es sei denn, man habe sie selbst zuvor gemacht. Aber ein bißchen umgedeutet paßte die Haltung der Sachsen jedem der Vier in seinen politischen Kram; man formulierte sie als die Forderung nach der sächsischen Einheit. Heute bringt man die Einigung Europas nicht zustande und hat sich infolgedessen darauf geeinigt, daß ihr die deutsche Einheit vorangehen müsse; damals brachte man die deutsche Einheit nicht zustande und einigte sich infolgedessen auf die sächsische. Sachsen muß ganz und ungeteilt bleiben – das erklärten alle zur »unabdingbaren Forderung«; aber Rußland sagte: unter dem Zaren, Preußen sagte: unter unserem König, Österreich sagte: unter dem Kaiser, und nur Onkel August sagte: unter Onkel August.

Unter so betrüblichen Umständen griff der bisher so überanständige sächsische König zu dem bewährten Mittel des württembergischen: er zahlte alles mit gutem sächsischem Geld, er bestach – ein bißchen Österreich und in größtem Maßstab Frankreich, dies in der Person des Herrn Talleyrand. Und siehe, das Ergebnis entsprach durchaus dem Verhältnis der aufgewandten Geldsummen: Österreich ließ sich nur zum Vermitteln herbei, Frankreich aber zu glühendem Eintreten für Onkel Augusts Rechte – ausgerechnet im Namen der »Legitimität«.

Doch es ist eine alte Erfahrung, daß der Mensch auf seinen größten Fehler am stolzesten ist, auf den größten Fehler seiner inneren Anlage sowohl wie einer äußeren Situation. Onkel August war stolz darauf, daß sein Sachsen das Land der europäischen Mitte war. Er meinte, wie ja auch seine Gegner, als solches müsse es erhalten bleiben. Aber machen wir uns nichts vor: wer unter lauter streitenden und habgierigen Nachbarn in der Mitte lebt, der hat am meisten zu leiden. Mitte sein ist nicht Segen und nicht Grund zum Stolz und kaum Aufgabe, sondern einfach Pech.

Während der Kongreß tanzte, marschierte plötzlich Napoleon; der »Robinson Crusoe«, wie man den Herrn von Elba in Wien nannte, wurde in wenigen Wochen wieder Herr von Frankreich. Es ging, wie es immer geht: kaum war ein gemeinsamer Gegner da, da wurde man sich einig – einig auf Kosten des Friedlichsten. Man brauchte ihn zum Mitkämpfen, aber man brauchte ihn nicht zu groß. Preußen erklärte, durch ein allzu aufgerüstetes Sachsen bedroht zu sein; und um die Einheit Europas zustande zu bringen, wurde Sachsen – geteilt. Sachsen-Polen wurde russisch, Nordsachsen preußisch, der bescheidene Rest onkelaugustisch – und damit eigentlich österreichisch, nicht nur, weil Österreich vermittelt hatte und Onkel August ihm dankbar sein mußte, und Dankbarkeit war ja sein Hauptfehler, sondern auch weil für das höfische und liebenswürdige Volk der Sachsen »Preußen immer die Ehefrau, Österreich aber die Mätresse war«.

So geht es immer, wenn vier große Sieger für die Einheit eines kleinen Besiegten sind: es endet mit seiner Teilung. Und trösten mochte den armen Onkel August und mag vielleicht auch unsere Zeit ein ganz, ganz klein wenig das dummschlaue Wort, das der gute Kaiser Franz an ihn richtete: »Nu, nu, was lassen S' denn den Kopf hängen? Schaun S', wann das Land geteilt wird – nachher kommt's am ersten wieder z'samm!«

Sachsen ist indessen nicht wieder zusammengekommen: seine Entmachtung hat Österreich fünfzig Jahre später den Sieg über Preußen gekostet. Und so hat wohl doch der gescheite Gentz recht, der damals feststellte, »daß gerade die sogenannten großen Sachsen zuletzt immer ein lächerliches Ende nehmen«.

Ja, die sogenannten großen Sachsen! Es gab seit der russisch-österreich-preu-ßischen Allianz von 1815 keine einzige Siegerkonferenz mehr, die ihre eiskalten Machtbeschlüsse nicht als heißes menschliches Anliegen pathetisiert hätte – oft, und das ist noch schlimmer, im besten Glauben. Man lese nur nach, wozu sich die drei Monarchen damals verbanden: »gemäß der Heiligen Schrift, die allen Menschen befiehlt, sich als Brüder zu lieben, durch die Bande der wahren und unauflöslichen Bruderliebe verbunden zu bleiben; sich stets Beistand und Hilfe zu leisten; die Religion, den Frieden und die Gerechtigkeit aufrechtzuerhalten. Sie betrachten sich nur als Glieder einer und derselben christlichen Nation, von der Vorsehung beauftragt, die Zweige einer Familie zu regieren. Sie fordern alle Mächte auf, die die gleichen Grundsätze anerkennen, zu diesem heiligen Bunde zu treten.« Ja, man lese nach, was da versprochen, und vergleiche, was dann gehalten wurde: das Ergebnis ist, es läßt sich nicht zarter sagen, das große Kotzen. England freilich trat damals nicht bei, das doch einiges von Toleranz, und auch der Papst nicht, der doch einiges von Brüderlichkeit, Vorsehung und Heiligkeit verstand. Und wenn der Geschichtsklatsch zuweilen lügt: so lügen wie der Beschluß dieser und mancher späteren Konferenz kann er gar nicht. Ja, der kleine Klatsch vermag nicht einmal so unwahr zu sein wie die großen Historiker. Denn die großen Historiker legen ihrer Geschichte Ideen zugrunde, und die wechseln, der Klatsch aber den Menschen, und der wechselt nicht.

Daß die Menschlichkeit keine große politische Rolle spielt, wird jeder zugeben; mancher aber wird glauben, daß die kleinen Menschlichkeiten überhaupt keine politischen Rollen mehr spielen. Ich weiß nicht, ob er ganz recht hat: irgendeines Feldherrn abnorme Sexualstruktur spielt zweifellos auch in heutige Kriegsabläufe und irgendeines Staatsmannes schlechter Gesundheitszustand auch in heutige Konferenzabläufe hinein; auch die Frauen, die sie pflegten oder nicht pflegten, die Ärzte, die sie behandelten, die Wunderkuren, an die sie glaubten, mithin das »Menschliche«, das man zu Unrecht und mit billiger Arroganz das »Allzumenschliche« nennt. Es »menschelt«, wie es der Schwabe so hübsch nennt, eben auch in der Geschichte, und fünfzig Prozent ihres Ablaufs sind auf dies Menscheln zurückzuführen – mindestens fünfzig Prozent.

Gewiß irrt der Klatsch oft, denn Klatsch ist ja das, was man zur Zeit noch nicht ganz genau weiß. Mindestens ebenso oft irrt aber auch die Geschichte, denn Geschichte ist ja nur das, was man lange nachher ganz genau zu wissen *glaubt*.

Und hier setzt der Aberglauben mancher Historiker ein: der Aberglauben, der annimmt, die Geschichte sei ein Schauspiel, dessen Akteure ihr Rollenbuch bereits vor ihrem ersten Auftreten bis zum Ende kennen, und ihre Rolle im

Dienst eines höheren Autors spielen, sei der ein Gott oder nur ein Prinzip. Ach nein, sie kennen die nächste Szene nicht, sie stottern heute und verhaspeln sich morgen und haben übermorgen den Text vergessen und sind über-übermorgen glänzend disponiert, sie werden durch familiäre Sorgen gelähmt und durch erotische Erfolge beflügelt, der Kritiker kann ihnen am nächsten Morgen nachweisen, daß sie ausgesprochenen Renaissancestil gespielt hätten, aber sie haben am Abend den Begriff Renaissance noch gar nicht gekannt und also nicht wissen können, was sie ihm schuldig waren oder schuldig blieben. Die da Stil- und Ideengeschichte schrieben, haben, so sagt es Frau von Staël, »die Geschichte anonym gemacht«.

Und darüber, geben wir es zu, ist die Geschichte langweilig geworden. Sie schreckt weniger darum ab, weil zu viele Zahlen, sondern darum, weil zu wenig Menschen in ihr vorkommen – Menschen wie du und ich. Geld, Müßiggang und Macht verdarben, verschlampten und verdummten nicht nur die Adelskaste früherer Jahrhunderte, sie ruinieren Herrn Müller oder Schulze samt Familie noch heute und genauso; es ist unsinnig, jene Adelskaste deshalb für schuldig zu halten: ihre Mitglieder haben seit den Herren Stein und Gneisenau, die sie allerdings erst dazu zwingen mußten, den Bildungsstand bürgerlicher Abiturienten einigermaßen erreicht. Dennoch wird ihnen eben der Bürgerliche das höher anrechnen als sich selbst; als Viktoria von England im vorigen Jahrhundert bei der Weltausstellung ihrem ungezogenen Söhnchen vor allen Leuten eine klebte, jauchzte alle Welt vor Glück, daß die Königin »genauso war wie unsereiner«, und heute zerfließen höchst vernünftige Leute vor Glück darüber, daß eine Königstochter gern Boogie-Woogie tanzt, auch wie unsereiner. Aber das ist nicht die Schuld der Könige, sondern der Bürger, die immer noch so furchtbar gern Untertanen sind. Und die Mätressenwirtschaft? Seitensprünge sind die Konsequenz der Vernunftehe, auch bei Bürgerlichen. Und die sonstige Mißwirtschaft gekrönter Häupter? Du lieber Himmel, ein treuer Gatte kann ein gehauener Bürger sein und ein heimlicher Lüstling ein Engel der Wohltätigkeit; wenn die Familiengeschichte der Sippe Meier so im Lichte der Öffentlichkeit gestanden hätte wie die der Stuarts oder der Hohenzollern, es würde heißen: Meier der Erste war ein Mehrer des Hauses, scheute aber vor gewagten Mitteln nicht zurück, Meier der Zweite hatte ein Verhältnis mit Schulze der Dritten, das nicht ohne Folgen blieb, und Meier der Sechste, genannt der Dicke, soff sich tot, von schlimmeren Dingen zu schweigen; ich will Herrn Meier nicht beleidigen, denn nichts ist beleidigender als die Wahrheit. Nein, der Klatsch setzt zwar auf kein Piedestal, aber er zieht eben deswegen auch von keinem Piedestal herab; er stellt nur gleich.

Aber unterstützt der Klatsch damit nicht die Meinung, aus der Geschichte könne man nur eines lernen, daß man nämlich nichts aus ihr lernen könne, und wie der kleine Moritz sie sich vorstelle, genauso sei sie? Wiederum nein: er negiert ja den Sinn und die Folgerichtigkeit nicht, er hat und anerkennt sogar seine ganz spezifische Art von Folgerichtigkeit und schafft sie da, wo die Geschichte sie nicht geben kann – siehe die Liebe im Hause Österreich, die Ohrfeige im Hause Preußen; er läßt nur auch dem Zufall seinen Platz. Er teilt durchaus Schillers große Meinung, die viele Historiker nicht zu teilen wagen, die Weltgeschichte sei das Weltgericht; aber er weiß und beweist, daß auch dem Weltgericht so mancher Justizirrtum passieren kann. Und wenn er die unzweifelhafte Neigung hat, solche Justizirrtümer dem Weltgericht mit Wonne nachzuweisen: um so besser! Gerade höchste Juristen brauchen breiteste Kritik. Und alles ungeprüfte Pathos landet und strandet in Heuchelei. Der ganz unpathetische Klatsch aber lacht nicht böser als das Pathos und lächelt versöhnlicher, und er entdeckte in der Weltgeschichte jene wirkende Kraft, deren die Historiker längst vergaßen: die ganz simple Liebe, die über Glück oder Unglück in Herrn Müllers enger Wohnung ebenso bestimmt wie über die gute oder schlechte Politik in den weiten Reichen der Kaiser. Sie gingen mitsammen aus dem Paradies, die Menschen, die Liebe und der Klatsch, sie blieben beisammen bis heute.

Diejenigen freilich, die nur den Beweis anerkennen und nicht den Hinweis, die im Ernst den Scherz nicht vertragen und im Scherz nicht den Ernst – sie werden sagen, dies sei ein leichtsinniges Buch. Sie haben recht, aber, wie ich zu hoffen wage, im alten, zweigeteilten Sinne des Wortes: es ist ein leicht-sinniges Buch. Vielleicht weniger – gewiß nicht mehr.

Ich stamme aus jenem winzigen Ländchen Anhalt-Bernburg, dessen letzter Herzog durch das Wort berühmt wurde: »Ich will auch eine Eisenbahn haben, und wenn sie tausend Taler kostet!« Sie kostete mehr als tausend Taler, jedoch sie wurde gebaut. Als sie aber zum ersten Male fahren und Serenissimus als erster Fahrgast einsteigen sollte, packte ihn die Angst. Indessen dann riß er sich zusammen, warf den Kopf zurück und sagte: »Wohlan denn! Im Dienste des Verkehrs wage ich mein Leben!«

Wohlan denn, im Dienste von Liebe und Klatsch – weiter mit der Weltgeschichte.

INHALT